한·중 유서문화 개관

한·중 유서문화 개관

초판 발행 2008년 4월 2일 | **초판 2쇄** 2008년 8월 7일

지은이 최 환 | **펴낸이** 우동기 | **펴낸곳** 영남대학교출판부 | **디자인** GukjeAD

출판등록 1975년 9월 5일 경산 제16-1호 | **주소** 경북 경산시 대동 214-1

전화 053) 810-1801~3 | **FAX** 053) 810-4722 | **홈페이지** book.yu.ac.kr

ISBN 978-89-7581-339-9 93010

• 값은 표지 뒷면에 있습니다.

• 잘못 만들어진 책은 바꾸어 드립니다.

한·중 유서문화 개관

최 환 지음

영남대학교출판부

머리말

5년 전 쯤의 일로 기억된다. 대구大邱 시청 부근의 고서점에서 《백미고사白眉故事》라는 목판본 중국 고서를 발견하고, 고대소설을 전공하고 있던 필자는 '백미고사'라는 제목에 끌려 무척 흥분된 마음으로 그 책을 펼쳤다. 그러나 이 책은 고사 위주의 소설 관련 책이 아니었으며, 비교적 자세하게 분류하여 항목별로 해당 자료를 싣고 있는 한 부部의 유서類書임을 알게 되었다. 당시 유서에 대해 그다지 많은 지식이 없었던 필자로서는 이 책을 계기로 유서에 대해 더욱 자세하게 살펴볼 기회를 가지게 되었던 것이다. 필자의 유서 연구는 이렇게 시작된 것이다.

옛사람들도 지금의 우리처럼 책을 가지고 공부를 했을 것이고, 또한 그런 공부를 조금이나마 편리하게 하기 위해 공구서工具書를 사용했을 것이다. 그렇다면 옛사람들은 어떤 공구서를 가지고 또 어떻게 그 공구서를 활용하였을까 라는 의문이 생긴다. 유서는 바로 옛날 사람들이 공부의 수월성 내지 편리성을 위해 사용했던 공구서의 일종一種으로, 실려 있는 내용의 광범위성에 비추어 보면 완전히 같다고는 할 수 없지만 현대의 백과사전과 비슷한 성격의 책이라고 할 수 있다.

좀 더 자세하게 말하면, 유서類書는 내용을 사항별로 분류하여 편찬한 책으로, 일찍이 중국에서 기원하여 우리나라와 일본에 전해 졌으며, 동양 고유의 독특한 서적 편찬형식을 지니고 있다. 이는 동양의 경經·사史·자子·집集의 전 영역 또는 일정 영역에 걸친 많은 서적으로부터 시문詩文·인물人物·전고典故·천문天文·지리地理·전장典章·제도制度·비금飛禽·조수走獸·초목草木·충어蟲魚 및 기타 많은 사물 등과 관련된 문장을 뽑아 유별類別·운별韻別·자별字別 등으로 분류하여 편찬함으로써 검색에 편리하도록 한 일종의 공구서이다. 중국에서는 일찍이 위魏 문제文帝 조비曹조가 학자들을 소집하여 당시 서적으로는 완전히 새로운 형식인《황람皇覽》을 편찬하게 하였는데, 이 책이 곧 중국의 첫 번째 유서라 할 수 있다. 그 후, 중국은 당唐·송宋·명明 그리고 청대淸代를 거치면서 수많은 유서를 편찬하게 된다. 한국 유서는 비록 중국 유서에 비해 역사도 짧고 그 수에 있어서도 비교가 되지 않지만, 중국 유서의 영향을 받으면서 그것을 모방하기도 하였으며, 아울러 그 나름대로 독특한 유서문화類書文化를 형성하기도 하였다. 우리 조상들은 중국으로부터 유입된 중국 유서를 이용하기도 하였지만, 직접 유서를 편찬하여 그것을 이용하기도 하였던 것이다.

본서는 조선시대 중국 유서의 전입 및 유행 상황, 조선시대에 간행 혹은 필사되어 사용된 한국 유서의 상황, 편찬자 · 체제 · 유형 및 용도 방면에서의 한국 유서의 특색 등을 파악함으로써 한국의 유서문화를 종합적으로 이해하기 위해 시도된 것이다. 또한 한국 유서가 중국 유서의 영향을 받은 이상, 한국의 유서문화를 종합적으로 이해하기 위해서는 우선 중국 유서문화의 전반적인 내용에 대한 파악도 반드시 필요하였다. 그래서 먼저 중국 유서의 기원과 역사 그리고 그 특색에 대해서도 개괄적으로 알아보았다.

또한 이상의 논의 과정 중에 파생된 문제인 중 · 한 초학자 학습용 유서에 대해서도 구체적으로 파악해 보았으며, 앞에서도 언급했던 중국 유서인 《백미고사》는 이국異國땅인 한국에서 꽤 환영을 받고 유행을 하였는데, 그 배경과 이유에 대해서도 살펴보았다. 그리고 역대로 명대明代는 유서 편찬과 소설 창작 상에서 가장 활발한 활동을 보여주었던 시기인 동시에 유서와 소설 간의 관계도 대단히 밀접하였는데, 이 문제에 대해서도 자세하게 알아보았다.

이상의 내용들을 담고 있는 문장들은 지금까지 필자가 여러 학술지에 발표한 논문들을 수정과 보완을 거친 후에 다시 이용한 것이다.

이어서 중국 최초의 유서인 《황람》에서 시작하여 청대의 《격치경원格致鏡原》까지 주요 중국 유서 38부部를 비교적 자세하게 소개하였으며, 아울러 필자가 재직하고 있는 영남대학교 중앙도서관 소장 귀중본 유서 8부에 대한 해제解題도 실었다. 이 부분은 주로 유서의 소개와 해제 부분인 관계로, 앞부분의 논문 중에서 언급한 내용을 인용하여 서술한 부분이 몇 군데 있어 내용의 중복이 불가피하였다. 이 점, 독자들의 양해를 바란다.

부록으로 두 편의 문장을 우리말로 번역하여 실었는데, 그 하나는 〈유서 자료의 검색과 이용〉이라는 문장인데, 동양학 전공 대학원생들의 공부와 학위논문 준비에 유익한 문장이라 할 수 있다. 또 다른 하나는 〈《고금도서집성古今圖書集成》의 구조와 체제〉라는 문장인데, 최대의 중국 유서이자 주요 도서관 참고열람실에 반드시 비치되어 있는 《고금도서집성》에 관한 내용으로, 자료 검색상에서 대단히 중요하면서도 거질巨帙인 관계로 참고하기가 쉽지 않은 《고금도서집성》에 대한 접근과 이해에 적지 않은 도움을 줄 것이다.

연구 과정상에서 수많은 유서를 모두 장악하기가 쉽지 않으므로, 비교적 대표성을 지니거나 특수한 성격을 지닌 중국 및 한국 유서 그리고 중국 유서로부터 비교적 많은 영향을 받은 한국 유서 등을 연구대상으로 삼았다. 그리고 참고문헌 목록은 각 논의에 대한 직접적인 자료정보 제공이라는 의미에서 각 논문 내지 소개 문장 뒤에 모두 붙여놓았다. 영남대학교 소장 귀중본 유서 해제 부분에서는 해제마다 참고문헌 목록을 붙여 참고에 편리하도록 하였다.

본서는 영남대학교 중국연구센터 중국연구총서 중의 한 권으로 발간된 것이다. 발간에 도움을 주신 중국연구센터 전 · 현임 소장님께 심심한 사의를 표한다. 또한 체제가 제각각인 여러 문장들을 하나로 통일시켜주고 꼼꼼하게 교정까지 해 준 이춘영 · 박명진 두 선생에게도 감사의 말을 전하고 싶다.

아직 완벽하지 않은 논의들을 감히 책으로 묶어 출간하는 것이 두렵기도 하다. 하지만 선배제현들의 따가운 질정이 오히려 앞으로의 논의에 도움이 될 것이기에 과감하게 이 책을 세상에 내놓는 것이다. 기탄없는 비판을 바랄 뿐이다.

2008년 2월 15일

영남대 막하재莫下齋에서 최환 적다

차례

중국 유서《백미고사白眉故事》의 한국 유행 연구

명대明代 유서와 소설

주요 중국 유서 소개

한국 유서類書의 종합적 연구(Ⅰ)

● 중국 유서의 전입 및 유행 ●

서론

유서類書는 내용을 사항별로 분류하여 편찬한 책으로, 일찍이 중국에서 기원하여 우리나라와 일본에 전해 졌으며, 동양 고유의 서적 편찬형식을 지니고 있다. 이는 동양의 경經·사史·자子·집集의 전 영역 또는 일정 영역에 걸친 많은 서적으로부터 시문詩文·인물人物·전고典故·천문天文·지리地理·전장典章·제도制度·비금飛禽·주수走獸·초목草木·충어蟲魚 및 기타 많은 사물 등과 관련된 문장을 뽑아 유별類別·운별韻別·자별字別 등으로 분류하여 편찬함으로써 검색에 편리하도록 한 일종의 공구서이다. 중국에서는 일찍이 위魏 문제文帝 조비曹丕가 학자들을 소집하여 당시 서적으로는 완전히 새로운 형식인 《황람皇覽》을 편찬하게 하였는데, 이 책이 곧 중국의 첫 번째 유서라 할 수 있다. 그 후, 중국은 당唐·송宋·명明 그리고 청대淸代를 거치면서 수많은 유서를 편찬하게 된다. 한국 유서는 비록 중국 유서에 비해 역사도 짧고 그 수에 있어서도 비교가 되지 않지만, 중국 유서의 영향을 받으면서 그것을 모방하기도 하였으며, 아울러 그 나름대로 독특한 유서문화類書文化를 형성하기도 하였다. 우리 조상들은 중국으로부터 유입된 중국 유서를 이용하기도 하였지만, 직접 유서를 편찬하여 그것을 이용하기도 하였던 것이다.

본 연구는 조선시대 중국 유서의 전입 및 유행 상황, 조선시대에 간행 혹은 필사되어 사용된 한국 유서의 상황, 편찬자 · 체제 · 유형 및 용도 방면에서의 한국 유서의 특색 등을 파악함으로써 한국의 유서문화를 종합적으로 이해하기 위해 시도한 것이다. 본고에서는 유서의 정의 내지 유서의 범위 설정과 직접적인 관련이 있는 유서의 속성에 대해 파악하고, 또한 한국 유서가 중국 유서의 영향을 받은 이상 한국의 유서문화를 종합적으로 이해하기 위해서는 중국 유서문화의 전반적인 내용에 대한 파악도 반드시 필요하다는 전제 하에 중국 유서의 기원과 역사 그리고 그 특색에 대해서도 개괄적으로 알아보았다. 아울러 본고의 주요 내용인 중국 유서의 한국 전입 과정과 간행 상황, 전입된 중국 유서(목록 집록) 그리고 한국에서 유행한 몇몇 중국 유서에 대해 알아보았다.

연구 과정상에서 수많은 유서를 모두 장악하기가 쉽지 않으므로, 비교적 대표성을 지니거나 특수한 성격을 지닌 중국 및 한국 유서 그리고 중국 유서로부터 비교적 많은 영향을 받은 한국 유서 등을 연구대상으로 삼았다.

유서의 속성

'유서' 라는 명칭은 송대宋代 이전에는 사용되지 않았다. 당대唐代에 편찬된 《수서隋書 · 경적지經籍志》에는 유서를 잡가雜家에, 《구당서舊唐書 · 경적지經籍志》에는 유사류類事類에 넣었다. 송대에 편찬된 《신당서新唐書 · 예문지藝文志》에 이르러서야 비로소 '유서류' 를 개설하였는데, 이때부터 '유서' 라는 용어가 사용되기 시작하였다.

유서의 가장 기본적인 속성은 바로 '분류' 라고 할 수 있다. '유類' 자가 나타내는 의미가 바로 그것으로, 서로 같거나 비슷한 사물을 종합하고 아울러 종유별로 분류한다는 의미를 지니고 있다. 분류는 인간의 사유활동 중에서 사물을 쉽게 구분하기 위해 동원되는 하나의 방법이라고 할 수 있는데, 《주역周易 · 계사상繫辭上》에서의 이른바 "일은 (선악이) 같은 종류끼리 모으고, 사물은 (선악이 같은) 무리로 나눈다(方以類聚, 物以群分)" 라고 한 말이 이 사실을 잘 대변해 주고 있다. 고대 중국인들은 이러한 방법을 유서라는 독특한 서적을 통해 사용함으로써 독자들로 하여금 사물을 구분하는 데 편리하게 하였다. 그렇다고 내용상에서 분류가 되어 있는 책을 모두 유서라고는 할 수 없을 것이다. 다시 말해, 분류는 유서의 필요조건이지 충분조건은 아니다. 중국의 서적들 중에는 유서 외에도 기본적으로 분류를 하고 있는 책들이 많기 때문이다. 그렇다면 분류 외에 유서에는 또 어떤 속성이 있는가? 그것은 바로 기존 '자료의 회편滙編' 이다. 즉, 이전의 서적 중에서 뽑은 자료들이나 개별 자료들(어휘나 물명物名 등)을 사항별로 엮어 참고하도록 한 사실이 유서의 또 다른 중요한 속성이라 하겠다. 일반적으로 유서를 언급하면서 현대의 백과전서와 비슷하다고 자주 얘기한다. 이는 백과전서가 지니고 있는 분류 속성 및 내용의 광범위한 속성에 근거를 두고 한 말로, 자료 회편이라는 속성 면에서는 양자가 서로 다르다고 할 수 있다. 유서는 해당 사항 아래에 기본적으로 기존 서적 중에서 따온 원시자료들을 나열하는 데 그친다. 물론 어떤 유서는 원시자료 외에 편찬자의 설명이나 고증 및 해석 등을 덧붙이기도 하지만, 그 주요 부분은 역시 원시자료이다. 그러나 일반적으로 백과전서는 기존의 원시자료들을 그대로 나열하지 않고 편찬자 본인(들)이 자신의 지식이나 다른 참고자료들을 동원하여 각 사항에 대해 설명하는 형식으로 되어 있다.

이상에서 보았듯이, 유서는 '분류'와 '자료 회편'이라는 두 가지 기본 속성을 반드시 지녀야 한다. 그러나 글자의 운韻이나 수數 등에 의해 편찬한 유서도 있는데, 이러한 것은 비록 진정한 분류 속성을 지녔다고는 할 수 없으나, 자료 회편의 속성을 분명히 지니고 있으며 검색의 편리함을 제공하고 있어 일반적으로 유서에 넣고 있다. 유엽추劉葉秋는 자료 회편의 범위를 가지고 유서를 두 종류로 나누고 있는데, 하나는 각종 내용의 자료들을 회편하는 일반유서로서 유서의 정통이라 하였으며, 다른 하나는 한 가지 내용의 자료만을 모으는 전문유서로서 유서의 별체別體라 하였다.[1] 전자는 자연계와 인류사회의 광범위한 지식을 포함하는 것으로, 이를테면 《태평어람太平御覽》·《영락대전永樂大典》·《고금도서집성古今圖書集成》 등의 유서가 바로 그것에 속한다. 후자는 하나의 전문 주제에 해당하는 자료들을 위주로 편찬한 것으로, 정치 사실史實 자료 위주로 편집되어 정사政事·역사歷史 성격을 지닌 《책부원귀冊府元龜》, 식물자료 위주로 편집된 《전방비조全芳備祖》, 사물의 기원 위주로 편집된 《격치경원格致鏡原》 등이 바로 그것이다. 본고에서는 물론 이 두 가지 종류의 유서를 모두 포함하여 논지를 전개하고자 한다.

중국 유서 개황

중국 유서의 기원

청대清代 마국한馬國翰은 《옥함산방문집玉函山房文集》 권3 〈치주낭서錙珠囊序〉에서 다음과 말하였다.

유서의 원류는 진秦에서 시작되어 한漢에서 널리 퍼지게 되었다. 내가 《여씨춘추呂氏春秋》를 보니, 〈십이기十二紀〉는 〈월령月

1 유엽추(劉葉秋), 《유서간설(類書簡說)》(上海 : 上海古籍出版社, 1980), 6쪽 참조.

令〉에서 취했으며, 〈지미至味〉편은 이윤伊尹의 책에서 취하였으며, 〈당염當染〉편은 묵자墨子의 책에서 취했으며, 〈상농上農〉·〈임지任地〉·〈변토辨土〉·〈심시審時〉 네 편은 후직后稷의 말을 기술하고 있어 《항창자亢倉子》에서 기재하고 있는 바와 대략 같다. 그리고 황제黃帝·노자老子·문자文子·자화자子華子의 설 등을 다양하게 취하였다. 뜻은 대개 주周의 〈월령〉으로써 기紀로 삼아 백가百家를 잡다하게 취하여 그것을 나누어 속하게 하였던 것이다. 이것이 최초의 유서이다. 《회남홍렬淮南鴻烈》은 실제로 《여람呂覽》을 모방하여 지었는데, 책 속에서 거의 다 문자의 말을 취하였으며, 기타는 대개 모두 참고한 바탕이 있다. 유향劉向의 《홍범오행전기洪範五行傳記》 및 《신서新序》·《설원說苑》는 대개 고설(古說)을 취하여 분류하고 조목별로 나누었는데, 모두 유서이다.[2]

여기서 마국한은 《여씨춘추》를 유서의 기원으로 보고 있으며, 《회남자淮南子》·《신서》·《설원》 등을 모두 유서로 간주하고 있음을 알 수 있다. 그는 잡가雜家에 속하는 《여씨춘추》의 내용이

2 《옥함산방문집(玉函山房文集)》 권3 〈치주낭서(錙珠囊序)〉 : "類書之源, 開於秦, 衍於漢. 余觀《呂氏春秋》, 〈十二紀〉取諸〈月令〉, 〈至味〉篇取伊尹書, 〈當染〉篇取墨子書, 〈上農〉·〈任地〉·〈辨土〉·〈審時〉四篇述后稷之言, 與《亢倉子》所載略同. 而取黃帝·老子·文子·子華子之說, 不一而足. 意蓋以周〈月令〉爲紀, 雜採百家分屬之. 此類書之最先者也. 《淮南鴻烈》實倣《呂覽》爲之, 書中採文子語幾盡; 其它大抵皆有所本. 劉向《洪範五行傳記》及《新序》·《說苑》, 率取古說, 分類條列, 皆類書也."

난잡하다는 사실과 〈월령〉에 기초하여 분류한 사실에 근거하여 그것을 유서로 취급하고 있다. 아울러 유향의 책들도 고대의 설을 취하고 조목별로 분류하였다고 하여 유서에 넣고 있다. 그러나 이 책들은 모두 자료 회편이라는 유서의 속성으로 본다면, 전문적으로 자료를 회편하려는 목적으로 편찬된 것이 아니라 고설을 인용하여 지은 이른바 '일가지언一家之言'에 속하는 책들로 볼 수 있기에 비록 분류가 되어 있다 하더라도 유서로 간주하기는 어렵다.

장순휘張舜徽는 마국한의 견해에 반대하면서, 유서의 기원으로 《이아爾雅》를 들었다. 그는 《청인문집별록淸人文集別錄》 권15에서 다음과 같이 말하였다.

> 마국한의 이 말은 곧 고서 체제에 대한 불분명한 이해 때문에 생긴 잘못일 뿐이다. 무릇 제자백가는 입언立言으로 종지를 삼고, 그 예로 대부분 옛날의 말을 원용하여 근거로 삼아 나타내고자 하는 뜻을 분명하게 했다. "《시경詩經》에서 말하기를"·"《서경書經》에서 말하기를"이라는 말은 《논어論語》·《맹자孟子》를 보면 또한 많이 나타나는데, 어찌 그것들을 모두 유서라 말할 수 있겠는가? 유서의 기원은 부류部類를 명확하게 나누고 사물에 의거하여 항목을 나타내는 것에서 시작되니, 대개 《이아》를 반드시 가장 먼저 나온 유서로 취급해야 할 것이다.[3]

장순휘는 입언서立言書인 제자백가의 책들이 유서가 될 수 없음을 예를 들어 분명히 지적하면서, 유서의 분류 속성을 들어 《이아》를 유서의 기원으로 삼았다. 《이아》는 확실히 풀이한 자字에 의거하여 석고釋詁 · 석언釋言 · 석훈釋訓 · 석친釋親 · 석궁釋宮 · 석기釋器 · 석악釋樂 · 석천釋天 · 석지釋地 · 석구釋丘 · 석산釋山 · 석수釋水 · 석충釋蟲 · 석어釋魚 · 석조釋鳥 · 석수釋獸 · 석축釋畜 · 석초釋草 · 석목釋木 등 모두 19류로 분류하고 있다. 분류한 내용을 보면 후에 등장하는 유서의 분류 체계와 유사한 점이 없지 않으나,[4] 《이아》의 성격을 가지고 말하면 분명히 문자훈고文字訓詁에 관한 책이다. 비록 유서가 자서字書를 수록하지 않은 것은 아니지만, 자료의 회편이라는 속성에서 본다면 그것은 유서가 될 수 없다. 필경 유서를 자서로 간주할 수는 없기 때문이다.

그러나 이상에서 언급한 책들이 유서와 전혀 무관하다고는 단정 지을 수 없다. 《여씨춘추》 등 잡가류의 책들이 여러 학설을 한데 종합했다는 사실은 일반유서의 성격을 얼마간 지니고 있음을 알 수 있으며, 《이아》가 항목을 분류했다는 사실 역시 유서와 유사한 점이라고 할 수 있다. 이렇게 본다면, 이 책들은 비록 유

3 《청인문집별록(淸人文集別錄)》 권15 : "國翰此言, 乃由乎不明古書體例而致謬戾耳. 夫諸子百家, 以立言爲宗, 例多援據舊語, 以明欲宣之義. '《詩》云' · '《書》云', 見之《論語》·《孟子》者, 亦已多矣, 安得悉謂爲類書耶? 類書之起, 昉於明分部類, 據物標目, 蓋必推《爾雅》爲最先."

4 뒤에 출현하는 유서를 보면, 천지(天地) · 산천(山川) · 충어(蟲魚) · 조수(鳥獸) · 초목(草木) 등을 분류 항목으로 넣고 있는 것이 많다. 분류 내용에 관해서는 뒤에서 다시 상론할 예정이다.

서의 진정한 기원은 될 수 없지만 적어도 뒤의 유서 출현에 일정 정도의 영향을 끼쳤다고도 볼 수 있다.

일반적으로 유서의 진정한 기원은 삼국三國시기 위나라 문제인 조비의 칙령에 의해 편찬된《황림》을 든다.

《삼국지三國志 · 위서魏書 · 문제기文帝紀》에는 다음과 같은 기록이 있다.

> 처음, 황제는 문학을 좋아하여 저술에 힘써 스스로 지은 작품이 1백 편에 달했다. 또한 여러 학자들로 하여금 경전經傳을 선집撰集하게 하여 종류에 따라 분류하였는데, 모두 1천여 편으로, 그 책을《황람》이라 하였다.[5]

또《삼국지 · 위서 · 유소전劉劭傳》에서는 다음과 같이 기술하고 있다.

> 황초黃初 연간 중에 상서랑尙書郎 · 산기시랑散騎侍郎이 되었다. 조서를 받아 오경군서五經群書를 모아서 종류에 따라 분류하여《황람》을 만들었다.[6]

5《삼국지(三國志) · 위서(魏書) · 문제기(文帝紀)》: "初, 帝好文學, 以著述爲務, 自所勒成, 垂百篇. 又使諸儒, 撰集經傳, 隨類相從, 凡千餘篇, 號曰《皇覽》."

6《삼국지(三國志) · 위서(魏書) · 유소전(劉劭傳)》: "黃初中, 爲尙書郎 · 散騎書郎. 受詔集五經群書, 以類相從, 作《皇覽》."

《황람》의 내용은 오경 및 오경을 주석注釋한 군서群書에서 왔으며, 그 체제는 고서들 중에서 취해 종류에 따라 분류하였다. 즉 경전 중의 문장자료를 일정한 수요에 따라 집록하고 문유별로 분류하여 편찬한 것으로, 황제가 열람하는데 편리하도록 한 책이었다. 이는 앞에서 언급한 분류와 자료 회편이라는 유서의 속성을 모두 갖추고 있기 때문에 유서가 틀림없다. 양한兩漢시기부터 유가사상儒家思想이 중국사회의 통치사상이 된 후에 유가경전儒家經典이 번영·발전하였으며 경전 서적이 대량으로 증가하였다. 그러나 경전의 숙독은 결코 쉬운 일이 아니었다. 이러한 상황을 이해하고 조비가 황권皇權을 이용하여 학자들에게 명하여《황람》이라는 유서를 편찬하게 한 것이다.[7] 이 유서는 고서 중의 경전만을 집록하고 기타 자료는 포함시키지 않았으니, 일종의 전문유서에 속한다고 할 수 있다.[8]

중국 유서의 발전

《황람》은 중국 문헌학사文獻學史 상에서 유서라는 특수한 체제를 창조한 책이라 할 수 있다. 후세의 많은 왕조들이 개국 초기

7 장천준(張天俊), 〈유서의 기원을 논하다(論類書之祖)—《황람(皇覽)》〉(《南通師傳學報》 11:4, 1995년 12월) 참조.

8 《황람》은 일찍이 실전(失傳)되었는데, 청대 손풍익(孫馮翼)이 각종 서적으로부터 일문(逸文)을 집록, 1권으로 만들어 《문경당총서(問經堂叢書)》에 넣었는데, 원래 40여 부(部)로 나뉘어져 있으며 각 부가 수십 편으로 되어 있는 총 8백여 만 자인 원서(原書)에 비하면 너무 적게 남아 있는 셈이다.(이상, 유엽추, 앞의 책, 6쪽 참조)

에 인력을 집중하여 대규모로 유서를 편찬함으로써 문치文治의 성盛함을 드러내었는데, 이 책이 하나의 모범이 되었다. 《황람》 이후에 역대의 제왕들은 그것을 모방하여 신하들로 하여금 황가皇家 장서藏書를 이용하여 유서를 편찬케 하였다.[9] 이렇게 제왕의 명령에 의해 국가적인 사업으로 편찬된 이른바 관찬官纂 유서가 중국 유서 발전에 끼친 영향은 말할 필요가 없지만, 그와 더불어 적지 않은 사찬私纂 유서의 출현 역시 중국의 유서를 더욱 발전시켰다. 여기서는 중국의 유서 발전 상황을 조대朝代 별로 나누어 개략적으로 파악해 보고자 한다.

남북조南北朝 시기는 문장을 짓는 데 변려대구騈儷對句를 숭상하고 전고典故의 사용을 강구함에 따라 전고를 뽑아 모으고 대구를 나열하는 것으로 기억력의 부족함을 메우고 검색에 이용하였으니, 일반 문인의 보편적인 수요에 부합하게 되었다. 이와 같이 문인들의 수요에 부합하고 황제의 필요에 의한 의도적인 편찬으로 자연히 유서가 등장하고 발전하게 되었다. 이 시기에 출현한 유서로 《수광서원壽光書苑》·《유원類苑》·《화림편략華林遍略》·《수문전어람修文殿御覽》 등을 들 수 있는데, 기본적으로 모두 관찬 유서이다. 그러나 수隋 이전의 유서는 현재 모두 산일散逸되었는데, 비록 일부의 일문은 남아 있으나 원서原書들은 볼 수 없게 되었다.

9 척지분(戚志芬), 《중국의 유서 · 정서와 총서(中國的類書 · 政書與叢書)》(臺北 : 臺灣商務印書館, 1995), 8쪽 참조.

수隋·당대唐代부터 유서는 새로운 발전이 있었다. 이전보다 수적으로 증가되었으며, 관찬 유서는 계속 편찬되었다. 수대의 관찬 유서로 양제煬帝의 명에 의해 편찬된《장주옥경長洲玉鏡》(실전됨)과《편주編珠》(실전됨)를 들 수 있다. 당대의 관찬 유서로는 고조高祖의 명에 의해 편찬된《예문유취藝文類聚》, 태종太宗의 명에 의해 편찬된《문사박요文思博要》(실전됨), 무측천武則天의 명에 편찬된《삼교주영三教珠英》(실전됨) 그리고 현종玄宗의 명에 의해 편찬된《초학기初學記》등이 있다. 이때에는 관찬 유서 외에 사찬 유서도 출현하였는데, 당나라 우세남虞世南이 수나라의 비서랑秘書郎으로 있을 때 편찬한《북당서초北堂書鈔》가 사찬 유서 중에서 비교적 일찍 나온 것이다. 또한 백거이白居易의《백씨육첩白氏六帖》, 온정균溫庭筠의《학해學海》가 나왔으며, 비교적 소형의 유서로 육구몽陸龜蒙의《소명록小名錄》·유갱劉賡의《계서稽瑞》등이 있다. 이처럼 당대에는 관찬 유서뿐만 아니라 사찬 유서가 출현하기 시작했으며, 유서의 편찬 체제 면에서도 새로운 형식이 시도되어 후세의 유서 편찬에 대단히 큰 영향을 끼쳤다. 《예문유취》에서부터 시도된 이 체제를 보면, 어떤 한 항목에 대해 먼저 여러 전적 중에서 그 항목과 관련된 문장을 뽑아 열거하고, 그 뒤에는 그 항목을 언급하고 있는 문장을 문장의 유형 별로 나누어 열거하고 있다.[10] 전자를 '사事', 후자를 '문文'이라 칭하는데, 현대의 사전적인 의미에서 말하면, '사'는 어떤 한 항목의 설명 부분에 가깝고, '문'은 그 항목에 해당하는 인용문에 가깝다. 이처럼 '사+문'이라는 편찬 체제가《예문유취》에서 시도된 것은 그 책의 성격 자체가 '문'을 주요 대상으로 삼았기 때문일 것이다. 유서의 본래적 체제인 '사' 부분을 그대로 유지하면서 그것과 관련된 '문' 부분을 추가한 것은 새로운 유서 체제의 시도일 뿐만 아니라, 독자의 입장에서 보면 유서의 이용효과를 제고시켰다고 할 수 있다.

송대宋代의 유서 편찬은 당대唐代에 비해 수적으로 더욱 많아졌으며, 종류도 다양해졌다. 관찬의 대형 유서들이 모두 송초宋初에 완성되었는데, 《태평어람》·《책부원귀冊府元龜》가 바로 그것이다. 이들 유서는 자료의 인용 범위에서 문헌의 내용에 이르기까지 당대의 유서들에 비해 뛰어나다. 이들 관찬 유서 외에 사찬 유서도 많이 나왔는데, 비교적 유명한 유서로 왕응린王應麟의 《옥해玉海》·《소학감주小學紺珠》, 일명佚名의 《금수만화곡錦繡萬花谷》, 축목祝穆의 《고금사문유취古今事文類聚》, 장준경章俊卿의 《산당고색山堂考索》(일명 《군서고색群書考索》라고도 함), 사유신謝維新의 《고금합벽사류비요古今合璧事類備要》, 임경林駉의 《원류지론源流至論》, 오숙吳淑의 《사류부事類賦》, 고승高承의 《사물기원事物紀原》, 공전孔傳의 《후육첩後六帖》(일명 《육첩신서六帖新書》라고도 함) 등을 들 수 있다. 이 중에서 《금수만화곡》(전前·후後·속집續集)·

10 《예문유취》의 이러한 체제에 대해 하나의 예를 들면 다음과 같다. 권36 인부(人部) 20 은일(隱逸) 상(上)을 보면, 먼저 은일에 관련된 기재를 《주역(周易)》·《논어(論語)》·《장자(莊子)》·《고사전(高士傳)》 등에서 인용하여 열거하고 있으며, 그 뒤에 은일을 언급하고 있는 문장들을 시(詩)·부(賦)·송(頌)·찬(贊)·잠(箴)·지(志)·훈(訓)·기(譏)·명(銘)의 유형 별로 나누어 싣고 있다.

《고금사문유취》(전前·후後·속續·별別·외外·신新·유집遺集)·《산당고색》(전前·후後·속續·별집別集)·《고금합벽사류비요》(전前·후後·속續·별別·외집外集) 등은 여러 해를 걸쳐 몇 차례 나누어 편찬되었는데, 특히 《고금사문유취》는 후인들이 이어서 편찬하였다.[11] 송대에는 거질巨帙의 사찬 유서도 편찬되었는데,《화일원귀畫一元龜》가 바로 그것이다. 이 책은 잔본殘本으로 중·일 양국의 네 곳의 장서처藏書處에 나누어 소장되어 있으며, 잔존 권수가 200여 권에 달한다. 오철부吳哲夫는 존권存卷의 상황에 의거해 이 책 원서의 권수를 1,000권 좌우로 추측하였다.[12] 사찬 유서로 이러한 거질이 나온 사실은 송대에 있어 유서 편찬이 얼마나 성행했는가를 짐작할 수 있다. 또한 송대에는 당대의 유서를 이어서 편찬된 것이 있는데, 이를테면《후육첩》은 당대 백거이의《백씨육첩》의 속편이라 할 수 있다. 후인들은 이 두 책을 합하여《백공육첩白孔六帖》이라 칭했다. 속편 외에 또 이전의 유서를 모방하여 편찬된 것도 있는데, 이를테면《고금사문유취》는 서

11 그 전·후·속·별집은 축목이, 외·신집은 원(元)나라 부대용(富大用)이, 유집은 원나라 축연(祝淵)이 편찬하였다.

12 《화일원귀(畫一元龜)》에 대한 논의는 오철부(吳哲夫)의 〈《화일원귀》로부터 일본 고한적(古漢籍) 수장을 논함(從《畫一元龜》談日本古漢籍的收藏)〉(《東亞人文學》 제2집, 2002. 12.) 참조. 오철부는 이 책이 갑(甲)·을(乙)·병(丙)·정(丁) 등 부(部)로 나누어져 있으며, 현존 각 편(編)의 서명도《유편비부도서화일원귀(類編秘府圖書一元龜)》·《태학신편화일원귀(太學新編畫一元龜)》·《유편군서화일원귀(類編群書一元龜)》로 되어 있는 사실로부터 이 책은 꽤 긴 시일이 걸려 완성되었으며 아울러 몇 차례 나누어 출판되었다고 추측하였다. 이 책은 장척화(張滌華)의《유서유별(類書類別)》(北京 : 商務印書館, 1985년) 〈존일(存佚)〉편의 유서목록에 잔본으로 저록되어 있다.(82-83쪽)

명 중의 '사문事文'이라는 말에서도 알 수 있듯이 《예문유취》의 체제를 모방하여 편찬한 유서이다. 송대에 더욱 발전된 과거제도는 응시자로 하여금 많은 지식을 필요하게 하였으니, 그러한 수요에 부합해서 응시대책應試對策 용의 유서도 송대에 출현하였는데, 위에서 언급한 왕응린의 《옥해》는 오로지 박학홍사과博學鴻詞科 시험을 위해 편찬된 유서이며, 진부량陳傅良의 《영가팔면봉永嘉八面鋒》도 과거시험 용 유서라 할 수 있다. 이 밖에 사회·문화생활의 수요에 의해 각종 용도의 유서가 나오기도 하였는데, 사물의 원류를 검색하는 유서인 《사물기원》과 화과초목花果草木의 자료를 모은 《전방비조全芳備祖》 등이 이 때에 나왔다.

금金·원元 양대의 유서는 뚜렷한 발전을 보이지 못했는데, 관찬 유서로 금나라 장종章宗의 명에 의해 편찬된 《편류진언문자編類陳言文字》(실전됨)와 원나라 문종文宗의 명에 의해 편찬된 《경세대전經世大典》(완전하지 않음)을 들 수 있다. 사찬 유서로는 글자의 운韻에 의해 분류한 원나라 음시부陰時夫의 《운부군옥韻府群玉》이 현존 유서들 중에서는 가장 가치 있는 책이라 할 수 있다.

명대明代의 유서는 앞 시기 유서 편찬의 기초 위에서 진일보 발전하였는데, 유서 수가 송대에 비해 더욱 많이 늘어났다. 중국 유서 중에서 가장 대규모 유서인 《영락대전永樂大典》(22,877권)이 나왔는데, 이 책은 성조成祖의 명에 의해 편찬되었다. 그러나 명대의 관찬 유서로 《영락대전》 외에 거론할 만한 유서는 거의 없다고 볼 수 있다. 사찬 유서로 비교적 대형 유서가 적지 않게 편찬되었는데, 이를테면 팽대익彭大翼의 《산당사고山堂肆考》(228권),

서원태徐元太의 《유림喩林》(120권), 유안기兪安期의 《당유함唐類函》(200권), 유중달劉仲達의 《유씨홍서劉氏鴻書》(108권), 장황章潢의 《도서편圖書編》(127권), 진인석陳仁錫의 《잠확거유서潛確居類書》(120권) 및 《경세팔편유찬經世八編類纂》(285권), 능치융凌稚隆의 《오거운서五車韻瑞》(162권), 왕기王圻의 《삼재도회三才圖會》(106권), 풍기馮琦의 《경제유편經濟類編》(100권), 당순지唐順之의 《형주패편荊州稗編》(120권) 등등이 있다. 《당유함》은 당대唐代의 유서[13]를 중복된 부분을 빼고 하나로 합친 것으로, 이전의 유서를 정리하고 개편하여 편찬한 셈이다. 《형주패편》은 송대 유서인 《산당고색》을 모방하여 편찬된 것이다. 《삼재도회》 및 《도서편》은 그림과 문장을 함께 싣고 있어, 유서의 또 다른 체제를 시도했다고 볼 수 있다. 규모가 비교적 작은 유서인 추도원鄒道元의 《회서상주滙書詳注》(36권)라는 책은 당·송대 유서의 내용을 채택하여 편찬되었는데, 각 세목細目에 주석을 달고 있다. 명대 유서의 특징 중의 하나는 과거제도의 진일보한 발전으로 응시대책 전용의 유서가 대량으로 출현하였다는 사실이다. 또한 전대에 비해 한 가지 내용 중심으로 되어 있는 이른바 전문유서가 많아진 사실 역시 하나의 특징으로 들 수 있다. 이를테면 《유림》은 전문적으로 고인古人의 비유사어譬喩詞語를 수록하고 있으며, 소형 유서인 왕지경王志慶의 《고려부古儷府》(12권)는 전문적으로 육조六朝·당·송의 변체

13 당대의 유서로 《예문유취》·《초학기》·《북당서초》·《백씨육첩》·《세화기려(歲華紀麗)》 및 정서(政書)로 《통전(通典)》을 이용하였다.

문騈體文 중의 문장들을 뽑아 모았다. 그러나 명대의 유서 특히 소형의 유서들 중에는 출처를 밝히지 않거나 교감校勘을 소홀히 한 책들이 상당히 많은데, 이는 명대 사람들의 저작著作에 있어서의 일반적인 병폐가 유서 편친에서도 그대로 나타난 결과라 할 수 있다.

청대의 유서 수는 명대에 비해 더욱 늘어났으며, 그 질質도 높아졌다. 관찬 유서가 강희康熙 · 옹정雍正 연간에 주로 편찬되었는데, 이를테면 《연감유함淵鑒類函》 · 《분류자금分類字錦》 · 《패문운부佩文韻府》 · 《변자유편騈字類編》 · 《자사정화子史精華》 · 《고금도서집성古今圖書集成》 등이다. 이들 유서는 모두 자료 수집의 범위가 광범위할 뿐만 아니라 내용 또한 풍부하여 지금도 많이 활용되고 있는 비교적 유명한 유서들이다. 사찬 유서도 많이 편찬되었는데, 진원룡陳元龍의 《격치경원格致鏡原》, 황보진黃葆眞의 《사류부통편事類賦統編》, 요지사姚之駰의 《유림신영類林新詠》, 등지모鄧志謨의 《고사원古事苑》, 고사기高士奇의 《속편주續編珠》, 납란영수納蘭永壽의 《사물기원보事物紀原補》, 이선李僎의 《만물권여萬物權輿》 등이 있다. 청대인들은 전대 유서의 기초 상에서 전인前人들의 경험과 성과를 이용하여 각종 다른 용도의 유서를 제공하였으니, 유서의 종류와 형식이 더욱 다양화되었다. 《연감유함》은 《당유함》을 저본으로 삼아, 《태평어람》 · 《옥해》 등 17종의 유서 및 21사史 등의 자료를 모아서 편찬〔集編〕되었다. 《유림신영》 · 《고사원》은 송대의 《사류부》를 모방하여 편찬〔倣編〕된 유서이다. 《속편주》는 수대의 《편주》를, 《사물기원보》는 송대의

청 강희제 상

《사물기원》을 이어서 편찬〔續編〕된 유서이다. 《만물권여》는 당대 유존劉存의 《사시事始》·《사물기원》· 명대 나기羅頎의 《물원物原》 등의 책에서 자료를 뽑아 편찬〔摘編〕한 유서이다. 이 밖에 청대에는 집대성集大成 유형의 유서들이 편찬되었는데, 이들 유서는 그 문헌가치가 대단히 높다고 하겠다. 이를테면 역대 대형 유서들을 집대성한 《고금도서집성》(10,000권)을 비롯하여, 원대의 《운부군옥》 및 명대의 《오거운서》를 저본으로 삼고 다시 경·사·자·집 중의 전고와 문장을 수록한 《패문운부》 및 그 자매편인 《변자유편》이 있다. 또한 송대 이후의 사물기원 유서들을 집대성한 《격치경원》이 나왔으며, 송대의 《소학감주》와 명대 장구소張九韶의 《군서습타群書拾唾》를 저본으로 삼아 송대 이후의 수數로써 분류한 유서들을 집대성한 궁몽인宮夢仁의 《독서기수략讀書紀數略》이 출현하였다. 진가모秦嘉謨의 《월령수편月令粹編》은 당대 한악韓鄂의 《세화기려歲華紀麗》와 청대 동곡사董穀士·동병문董炳文의 《고금유전古今類傳》을 기초로 하여 세시전고歲時典故와 관련된 사항을 집대성하였다.[14]

당대當代 유서의 편찬은 1980년대부터 비로소 시작되었다. 당대 유서는 금인今人이 각 종 고금문헌 중에서 원시자료를 뽑아,

14 이상의 '중국 유서의 발전' 부분은 주로 기존의 2차 자료에 근거하여 기술하였는데, 참고한 자료들을 열거하면 다음과 같다. 유엽추, 앞의 책 ; 척지분, 앞의 책 ; 장춘휘(張春輝), 〈유서의 범위와 발전(類書的範圍與發展)〉〔《문헌(文獻)》, 1987년 제1기〕; 장방영(莊芳榮) 編, 《중국유서총목초고(中國類書總目初稿) : 서명·저자색인편(書名·著者索引篇)》(臺北 : 臺灣學生書局, 1983).

분류하여 편집한 유서의 신편新編이다. 1990년과 1991년 2년 동안 중국에서 출판된 당대 유서는 4종이 있는데, 다음과 같다.

오풍吳楓 주편主編《중국사상보고中國思想寶庫》
문규門巋 주편主編《중국역대문헌정수대전中國歷代文獻精粹大典》
형분사邢賁思 주편主編《마르크스주의사상보고馬克思主義思想寶庫》
주한림周漢林 주편主編《서방사상보고西方思想寶庫》

당대 유서의 특징은 고대 유서의 기본 특징을 유지시키는 기록 위에 창신성創新性을 발휘한 사실이다. 분류 방면에서 고대 유서는 천天·지地·인人·사事·물物의 분류틀을 그대로 사용하였으나, 당대 유서는 과학적 분류 체제를 채용하였는데, 이를테면《중국역대문헌정수대전》은 정사政事·문예文藝·과기科技·경사經史·인물人物의 5권으로 분류하였다. 검색계통 방면에서 고대 유서는 단지 한 종류의 검색계통만이 있는데, 당대 유서는 분류검색을 제공하는 것 외에도 또한 보조검색을 증설하였다. 이러한 새로운 검색계통은 당대 유서의 '공구' 성질을 크게 증가시켰다. 이 밖에 당대 유서는 각 종 원시자료를 검토하는 동시에 편찬자 또한 자신의 주注와 해설 문장을 보편적으로 증가시켰다. 이를테면《마르크스주의사상보고》는 각 학과學科 아래에 개설概說을 증가시켜 해당 학과의 형성과정 및 발전특징을 천명하였는데, 자수字數가 10만자가 넘는다.[15]

위에서 서술한 내용을 총괄하면, 중국의 유서는 위나라에서 기원하여 수·당대에 발전하였으며, 송·명대에 번영하고 청대에 완비되었다고 할 수 있다. 이렇듯 중국 유서는 유구한 역사성을 지니면서, 그 내용·체제 및 편찬 방법상에 있어서도 다양성을 띄고 있다. 그리고 각 조대마다 주로 개국 초기에 국가적인 사업으로 관찬 유서를 편찬하여 문치文治를 표방하는 데에 이용하였다. 관찬 유서의 편찬은 사찬 유서의 발전에도 대단히 큰 영향을 미쳤는데, 유서 편찬자들은 자신들의 의도에 따라 특수 용도의 유서를 편찬하기도 하였으며, 다양한 편찬 방법을 동원하기도 하였다. 서적 편찬의 특수한 형식이라고도 할 수 있는 중국 유서는 중국의 독특한 서적문화라 할 수 있으며, 황제 및 편찬자를 비롯한 독자들의 필요성과 편찬 방법의 다양성 (집편集編·방편倣編·속편續編·적편摘編·집대성集大成 등) 등의 요인으로 그 수가 대단히 방대하여 다른 나라에서는 보기 드문 문화현상이라고 하겠다. 장춘휘張春輝는 역대 중국 유서의 수에 대해 통계를 낸 적이 있는데, 그의 견해에 따르면 실전된 유서를 포함하여 총 700여 종이나 된다고 하였다.[16] 장척화張滌華는《유서유별類書流別》에서 709종의 유서를 저록著錄하였는데,[17] 비록 의심이 가 유서로 확정하지 못한 것이 근 300종에 달하나[18] 그 수의 방대함을

15 이상 백빙(白氷)의《중문공구서사용(中文工具書使用)》(上海 : 上海古籍出版社, 2005), 199쪽 참조.

16 장춘휘, 위의 논문 참조.

17 장척화, 앞의 책, 〈존일(存佚)〉편 참조.

어렵지 않게 짐작할 수 있다. 장방영莊芳榮은 《중국유서총목초고中國類書總目初稿 : 서명 · 저자색인편書名 · 著者索引篇》에서 통전通典 · 회전會典류와 자서字書류 등을 포함시키는 광의적인 의미로 유서를 저록하였는데, 총 824종을 싣고 있다.[19] 이상의 여러 통계 결과를 보면, 비록 유서로 확정하지 못하거나 진정한 유서로 간주할 수 없는 것들도 포함시키고 있으나, 중국 유서가 그 수에 있어서 방대하다는 사실은 의심할 여지가 없다고 하겠다.

한국의 중국 유서 수용

중국 유서의 전입 및 간행

우리나라는 일찍부터 문물제도의 정비를 위해 중국의 유서를 참고로 삼았다. 현존 기록에 근거하면, 중국 유서가 가장 먼저 들어온 때는 고려高麗 선종宣宗 10년(1093)으로, 당시 송나라에 사신 황종각黃宗慤을 보내 《황제침경黃帝鍼經》을 바치고 많은 책을 사기를 청하였으나, 소식蘇軾이 반대하였는데, 후에 《책부원귀》를 구해 왔다고 하였다.[20] 이어 숙종肅宗 6년(1101)에 오연총吳延寵이

18 장방영, 앞의 책, 〈자서(自序)〉 부분 참조.
19 장방영, 위의 책 참조.

송나라 황제 휘종徽宗이 하사한《태평어람》1천 권을 가져왔다.[21] 이후 명종明宗 23년(1192)에는 송나라 상인商人이《태평어람》을 바쳤는데, 최선崔詵에게 명하여 잘못된 부분을 교감하게 했다.[22]이 두 부의 유서는 모두 관찬 유시로, 권수가 1,000권이니 되는 대형 유서들이다.《태평어람》은 천문 · 지리 · 인사 등 삼라만상의 내용을 포함하는 백과전서의 성질을 지닌 전형적인 일반유서로, 그 분류원칙과 배열방법도 대체로 천天 · 지地 · 인人 · 사事 · 물物 등의 순서로 되어 있어 유서의 가정 전형적인 형식을 취하고 있다. 이러한 형식은 뒤의 한국 유서 편찬에 있어 참고가 되었을 것이다. 반면,《책부원귀》는 정사政事 · 역사의 내용을 위주로 하는 일종의 사료史料 분류 회편의 전문유서라 할 수 있다. 이 책은 상고上古시대부터 오대五代까지의 군신사적君臣事蹟을 집록하면서, 그 사용 자료를 정사正史 위주로 하여 17사史 전체를 개괄하였다. 그 분류 항목을 보면, 제왕帝王 · 윤위閏位 · 참위僭僞 · 열국군列國君 · 저궁儲宮 · 종실宗室 · 외척外戚 · 재보宰輔 · 장수將帥 · 대성臺省 · 방계邦計 · 헌관憲官 · 간쟁諫諍 · 사신詞臣 · 국사國史 · 장례掌

20《송사(宋史)》권487 · 〈열전(列傳)〉246 외국(外國)3 고려(高麗) : "(元祐) 七年(8년이 맞음 :《宋史》권17 · 〈본기(本紀)〉17 원우(元祐) 8년에 고려가《황제침경(黃帝鍼經)》을 바친 일과 소식(蘇軾)이 고려의 책 구입에 반대한 내용이 기재되어 있음), 遣黃宗愨來獻《黃帝鍼經》, 請市書甚衆. 禮部尙書蘇軾言 : '高麗入貢, 無絲髮利而有五害, 今請諸書與收買金箔, 皆宜勿許.' 詔許買金箔, 然卒市《册府元龜》以歸."

21《고려사(高麗史)》권11 · 〈세가(世家)〉11 숙종(肅宗) 6년 6월 : "丙申, 王嘏吳延寵還自宋, 帝賜王《太平御覽》一千卷."

22《고려사》권20 · 〈세가〉20 명종(明宗) 22년 8월 : "癸亥, 宋商來獻《太平御覽》, 賜白金六十斤, 仍命崔詵校讎訛謬."

禮·학교學校·형법刑法·경감卿監·환위環衛·전선銓選·공거貢擧·내신內臣·목수牧守·영장令長·궁신宮臣·막부幕府·배신陪臣·총록總錄·외신外臣 등 총 31부로 나누었는데, 대부분 왕실 및 국가 경영에 반드시 필요한 항목들로 되어 있어, 그 이용 가치가 대단히 높았을 것으로 보인다. 실제로 고려 의종毅宗은 이 책을 보문각학사寶文閣學士 등에게 명하여 교감하도록 한 적도 있어(1151),[23] 이 책에 대한 관심도를 짐작할 수 있다. 또한 고려 공민왕恭愍王 13년(1364)에는 명주明州 사도司徒 방국진方國珍으로부터 송대의 사찬 유서인《옥해》를 전해 받았다는 기록도 있다.[24]

조선朝鮮 태종太宗 3년(1403)에 명나라 사신이 원자元子의 서책書册을 가져왔는데, 그 서책 중에는 송대의 사찬 유서인《산당고색》한 부가 들어 있다.[25] 광해군光海君 때에는 임진왜란壬辰倭亂으로 실전된 서적을 보완하는 차원에서 사신을 파견할 때마다 필요한 서적을 들여왔는데, 광해군 2년(1610)에는 천추사千秋使 편에 서적을 들여오게 하였는데, 그 중에《태평어람》이 들어 있었다.[26] 또한 광해군 5년(1613)에도 여러 서적을 구입하였는데, 그

23 《고려사》권17·〈세가〉17 의종(毅宗) 5년 6월 : "壬申, 命寶文閣學士待制及翰林學士, 日會精義堂, 校《册府元龜》."

24 심경호, 〈《대동운부군옥(大東韻府群玉)》의 구조〉〔심경호,《국문학 연구와 문헌학》(서울 : 태학사, 2002)〕참조.

25 《태종실록(太宗實錄)》권6 태종 3년 10월 : "辛未, 朝廷使臣黃儼·朴信·翰林待詔王延齡·鴻臚寺行人崔榮至, 賫冕服及太上王表裏·中宮冠服·元子書册而來." 이들 서책 중에는《산당고색》외에《원사(元史)》·《십팔사략(十八史略)》·《제신주의(諸臣奏議)》·《대학연의(大學衍義)》·《춘추회통(春秋會通)》·《직서산독서기(眞西山讀書記)》·《주자성서(朱子成書)》각 한 부씩이 더 들어 있다.

《태평어람》

중에 《옥해》가 들어 있었다.[27] 이 밖에도 조선시대에는 적지 않은 중국본 유서들이 전입되었다. 《규장총목奎章總目》 유사류類事類에는 중국본 유서 32종(유서가 아닌 책도 있음)이 저록되어 있는데,[28] 《운부군옥》과 《패문운부》는 경부經部의 소학류小學類에 저록되어 있다. 1909년 규장각奎章閣 도서과圖書課에서 편간한

26 《광해군일기(光海君日記)》권28 광해 2년 윤(閏) 3월 : "傳曰 :《後漢書》·《南北史》·《遼史》·《金史》·《元史》·《太平御覽》·《歷代名臣奏議》等册, 今此千秋史使行次, 令戶曹給價, 以官本極擇貿來事."

27 《광해군일기》권73 광해 5년 12월 : "傳曰 :《春秋四傳》·《通鑑纂要》·《杜氏通典》·《玉海》·《李善註文選》各一件, 奏請使之行, 竝以官本, 極擇貿來." 특히 광해군 때(광해 5년)에는 한국 유서인 《고사촬요(攷事撮要)》를 훈련도감(訓練都監)에서 출간〔印出〕하여 나누어 주기〔頒賜〕도 하였다.〔《고사촬요》 〈인출기(印出記)〉 및 〈내사기(內賜記)〉〕

28 《규장총목》에 저록되어 있는 32종의 유서 목록은 다음과 같다. 《북당서초(北堂書鈔)》·《예문유취(藝文類聚)》·《백공육첩(白孔六帖)》·《책부원귀(册府元龜)》·《사문유취(事文類聚)》·《사류부(事類賦)》·《한원신서전집(翰苑新書前集)》·《패사휘편(稗史彙編)》·《삼재도회(三才圖會)》·《당유함(唐類函)》·《명변유함(明辨類函)》·《패편(稗編)》·《우편(右編)》·《도서편(圖書編)》·《문기유림(問奇類林)》·

《제실도서목록帝室圖書目錄》 자부子部 유서류에는 130종의 중국본 유서가 저록되어 있다.[29] 이태진李泰鎭은 규장각 소장 중국본 유서의 수를 93종으로 조사한 바가 있는데,[30] 이는 대체로 《규장총목》에 저록된 책 수를 포함하여 조사 시점까지 수집된 책을 합친 수이다. 이정섭李廷燮은 국립중앙도서관 소장 중국본 유서의 수를 91종으로 조사한 바가 있는데,[31] 이 역시 조사 시점까지 수집된 책 수를 모두 포함한 숫자이다. 아무튼 적지 않은 중국 유서들이 한국에 전입되어 사용된 사실을 알 수 있다. 여기서 필자가 기존 목록서目錄書 및 도서해제 등에서 조사한 한국 전입 주요 중국 유서들을 소개하면 다음과 같다.

唐 歐陽詢 等　　《藝文類聚》(明 王元貞 校, 木板本)
唐 虞世南　　《北堂書鈔》(明 陳禹謨 校註, 木板本)

《홍서(鴻書)》·《산당사고(山堂肆考)》·《휘원상주(彙苑詳註)》·《시물전휘(時物典彙)》·《백가유찬(百家類纂)》·《천중기(天中記)》·《섭세웅담(涉世雄譚)》·《경제유편(經濟類編)》·《황명경제문집(皇明經濟文輯)》·《황명명신경제록(皇明名臣經濟錄)》·《팔편유찬(八編類纂)》·《광박물지(廣博物志)》·《도서집성(圖書集成)》·《연감유함(淵鑑類函)》·《변자유편(騈字類編)》·《광사류부(廣事類賦)》·《격치경원(格致鏡原)》

29 김영선(金永善), 〈역대 서목(書目)에 수록된 유서의 분류에 관한 고찰〉(《항심(恒心) 윤병태(尹炳泰)박사(博士) 정년기념(停年紀念) 논문집 : 한국서지학논집(韓國書志學論集)》, 1999. 2.) 참조.

30 이태진, 〈규장각(奎章閣) 중국본 도서와 집옥재도서(集玉齋圖書)〉(《민족문화논총(民族文化論叢)》제16집, 1996. 5.) 참조.

31 이정섭, 〈국립중앙도서관(國立中央圖書館) 소장 중국 고서의 정리현황〉(《민족문화논총》 제16집, 1996. 5.) 참조.

唐 徐堅 等	《古香齋鑒賞袖珍初學記》(木板本)
宋 李昉 等	《太平御覽》(木板本)
宋 王欽若 等	《册府元龜》(明 李嗣京 參閱 · 明 黃國琦 較釋, 木板本)
宋 吳淑	《事類賦》(木板本)
宋 祝穆	《新編古今事文類聚》(木板本)
宋 劉應李	《新編事文類聚翰墨全書》(木板本)[32]
宋 謝維新	《古今合璧事類備要》(木板本)
宋 高承	《事物紀原集類》(明 閻敬 校正 · 明 李果 批評, 木板本)
宋 王應麟	《小學紺珠》(《策題紺珠》, 木板本)
宋 王應麟	《玉海》(木板本)
宋 林駉	《新箋決科古今源流至論》(木板本)
宋 陳元	《新編纂圖增類群書類要事林廣記》(木板本)
宋 章俊卿	《群書考索》(一名《山堂考索》, 木板本)
元 陰時夫	《韻府群玉》(元 陰中夫 編註, 木板本)
元 陰時夫	《新增說文韻府群玉》(元 陰中夫 編註 · 明 王元貞 校正, 木板本)
元 佚名	《居家必用事類全集》(木板本)

32 장척화의 《유서유별》 중의 목록에는 《한묵대전(翰墨大典)》으로 저록되어 있으며, 《선본서실장서지(善本書室藏書志)》에 원간본(元刊本)이 있는데, 《신편사문유취한묵전서(新編事文類聚翰墨全書)》라 제(題)하였다고 설명하였다.

元 林禎	《聯新事備詩學大成》(木板本)〔《增廣事聯詩學大成》(木板本：覆刻),《增廣事聯詩學大全》(木板本)〕[33]
元 嚴毅	《詩學集成押韻淵海》(木板本)
明 龍陽子	《新刻萬用不求人便覽全書》(坊刻本)[34]
明 陳耀文	《天中記》(木板本)
明 彭大翼	《山堂肆考》(木板本)
明 章潢	《圖書編》(木板本)
明 黃道周	《博物典彙(혹은 滙)》(木板本)
明 馮琦	《經濟類編》(明 周家棟·吳光義 校, 木板本)
明 李攀龍	《新刊增補古今名家詩學大成》(明 唐順之 校正, 木板本)
明 李攀龍	《新刊增補古今名家韻學淵海大成》(明 唐順之 校, 木板本)
明 李衡(仲)	《新刻重校增補圓機活法詩學全書》(明 王世貞 校正, 楊淙 參閱, 24권, 木板 本)[35]
	《新刊校正增補圓機詩韻活法全書》(明 王世

33 이 책은 송나라 모직방(毛直方)의 《시학대성(詩學大成)》을 원나라 임정〔林禎 : 또는 정(貞)〕이 증집(增集)한 것이다.

34 왕중민(王重民)의 《중국선본서제요(中國善本書提要)》(臺北 : 明文書局, 1984)에는 《만용정종불구인전편(萬用正宗不求人全編)》(35권)으로 되어 있다.(318쪽)

35 이 책은 권수가 24권이다. 장척화의 《유서유별》 중의 목록에는 명나라 진형(陳衡)의 《원기시학활법전서(圓機詩學活法全書)》(24권)이 저록되어 있다.

貞 增校, 蔣先庚 重訂, 木板本)[36]

明 陳子壯 《新鐫陳太史子史經濟言》(明 陳鼎 新訂, 木板本)

明 土圻・王思義 《三才圖會》(明 王爾賓 重校, 木板本)

明 董斯張 《廣博物志》(明 楊鶴 訂, 木板本)

明 兪安期 《詩雋類函》(明 梅鼎祚 增定・曹學佺 訂, 木板本)

明 兪安期 《啓雋類函》(明 王嘉隣 訂正, 木板本)[37]

明 王世懋 《新刻古今類腴》(明 王世貞 較・管紹寧 訂, 木板本)

明 劉仲達 《劉氏鴻書》(木板本)

明 宋吉甫 《居家必備》(木板本)[38]

明 陳懋學 《事言要玄》(木板本)

明 謝肇 《五雜俎》(潘膺祉 校, 木板本)

明 凌稚隆 《五車韻瑞》(木板本)

明 陳仁錫 《潛確居類書》(木板本)

明 楊愼 《丹鉛總錄》(清 楊昶 校訂, 木板本)[39]

36 이 책은 권수가 14권이다. 장척화의 《유서유별》 중의 목록에는 명나라 이형(李衡)의 《원기운학활법전서(圓機韻學活法全書)》 (14권)가 저록되어 있으며, 또한 "구본(舊本)에는 왕세정(王世貞) 증교(增校)라고 되어 있다(舊本題王世貞增校)"라고 설명하였다.

37 장척화의 《유서유별》 중의 목록 및 장방영의 목록에는 이 책을 저록하지 않았다.

38 장척화의 《유서유별》 중의 목록 및 장방영의 목록에는 이 책을 저록하지 않았다.

明 陳繼儒	《增補萬寶全書》(毛煥文 增補, 木板本)
明 張溥	《新刻天如張先生精選石渠彙要萬寶全書》(蕭思訓 梓行, 木板本)
明 許以忠	《黃眉故事》(明 鄧百拙 彙編, 木板本),《精選黃眉故事》〔明 鄧景南(百拙)彙編, 木板本〕
明 許以忠	《白眉故事》(《增補註釋故事白眉》: 淸 許國球 校, 木板本)
明 鄧志謨	《鍥旁註事類捷錄(攷)》(木板本)
明 鄧志謨	《蘭雪堂古事苑定本》(淸 戴璁 等 參訂, 木板本)
明 程允升	《幼學須知句解》(木板本)
	《重訂幼學須知句解》(淸 錢元龍 校, 木板本)
	《寄傲山房塾課新增幼學故事瓊林》(原名 : 《幼學須知》, 淸 鄒聖脈 增補, 木板本)
	《掃葉山房訂幼學須知句解》(錢元龍 校訂, 木板本)
	《育正堂重訂幼學須知句解》(錢元龍 校訂, 木板本)
	《新增繪圖幼學故事瓊林》(淸 鄒聖脈 增補, 謝梅林 · 鄒可庭 共訂, 石印本)

39 양신(楊愼)은 《단연여록(丹鉛餘錄)》 17권 · 《단연속록(丹鉛續錄)》 12권 · 《단연적록(丹鉛摘錄)》 13권과 《단연총록(丹鉛總錄)》 21권을 편찬하였다.(장방영, 앞의 책, 19쪽 참조) 성균관대학교 중앙도서관에 소장된 위의 《단연총록》은 24권 9책으로, 건상각본〔수진본(袖珍本)〕이다.

清 林意誠　《事類統編》(93卷 48册, 木板本). 또 清 黃葆眞 增輯《增補事類統編》(石印本)[40]

清 張玉書 等　《佩文韻府》(木板本・石印本)

清 吳士玉 等　《駢字類編》(石印本)

清 王鳳　《續廣事類賦》(木板本)

清 潘永因　《宋稗類鈔》(木板本)

清 張英 等　《淵鑑類函》(木板本・石印本)

清 允祿 等　《子史精華》(木板本)

清 何　等　《分類字錦》(清 張廷玉 等 校勘, 木板本)

清 汪汲　《事物原會》(一名《古愚老人消夏錄》, 木板本)

清 汪輝祖　《史姓韻編》(聚珍字本)

清 孫璧文　《新義錄》(後에 書名을《六藝通考》로 바꿈. 木板本)

清 鄧愷　《韻府約編》(木板本)

清 包瑜　《類聚古今韻府續編》(木板本)

清 湯文潞　《詩韻合璧》(清 許時庚 校, 新活字本)

40 장척화의《유서유별》중의 목록에는 오숙(吳淑)의《사류부(事類賦)》(30권)와 황보진(黃葆眞)이 증집(增輯)한《사류부통편(事類賦統編)》(93권)〔"일본(一本)에는 청나라 임의성이 편찬했다고 되어 있다(一本題淸林意誠撰)"라고 하였다〕그리고 청나라 임미경(林味經)이 편찬한《사류통편(事類統編)》이 저록되어 있다. 장방영의 목록(앞의 책, 41쪽)에 의하면,《사류통편》과《사류부통편》은 같은 책이며,《사류통편》(93권)은 임의성이 편찬한 것인데 나중에 황보진이 증집(增輯)하였다고 하였다. 위의《증보사류통편》은 바로 황보진이 증집한 책이다.《고려대학교장서목록》에는《증보사류통편》과《사류통편》이 모두 들어 있는데, 두 책의 저자를 모두 송나라 오숙이라 하였다. 이는 오숙의《사류부》와 이들 유서와의 연관성으로 인해 생긴 착오인 듯하다.

清 余象斗 《詩學圓機活法大成》(清 李廷機 校正, 一名《仰止子詳考古今名家潤色詩林正宗》, 木板本)

清 劉文蔚 《詩學含英》(木板本), 《重訂詩學含英》(石印本)[41]

清 姚培謙 《類腋》(清 張翰純 補遺, 木板本)

清 翟灝 《通俗編》(木板本)

清 華希閔 《廣事類賦》(木板本)

清 吳世 《廣廣事類賦》(木板本)

清 閻其淵 《四書典制類聯音註》(清 方春池 鑑定, 木板本)

清 臧志仁 《四書人物類典串珠》(木板本)

清 陳叔齊 《籟紀(혹은 記)》(木板本)

清 張以謙 《記事珠》(清 王剛 重訂, 木板本)

清 錢湖 《校正尙友錄統編》(石印本)[42]

清 蔣廷錫 等 《欽定古今圖書集成》(活字本)[43]

이상은 중국판본의 유서들이다.

41 대구광역시립중앙도서관 소장본은 서명(書名)이 《시운함영(詩韻含英)》〔영본(零本), 일본(日本) 목판본(木板本)〕으로 되어 있다.

42 장방영의 목록에 명(明)나라 요용현(廖用賢)의 《상우록(尙友錄)》(22권)이 저록되어 있다.(앞의 책, 43쪽) 위의 책은 현재 간송문고(澗松文庫)에 소장되어 있는데, 24권 1갑(匣) 12책으로 되어 있다.

43 정조(正祖) 원년(元年 : 1777)에 《고금도서집성(古今圖書集成)》 5,020권 502갑을 구매했다는 기록이 있음.(《정조실록(正祖實錄)》권3 정조 1년 2월 : "進賀兼謝恩正使李·副使徐浩修等狀啓略曰 : '……伏念《四庫全書》實就《圖書集成》廣其規模, 則《集成》乃《全書》之原本也. 旣未得《四庫全書》, 則先購《圖書集成》, 更待訖役, 繼購《全書》, 未爲不可. 故問於序班等, 覓出《古今圖書集成》. 共五千二十卷, 五百二匣. 給價銀子二千一百五十兩, 今方載運.' ")

唐 李瀚	《蒙求》(朝鮮 徐子光 補注, 木板本/朝鮮 柳希春《續蒙求分註》, 木活字本)
宋 祝穆	《事文類聚》(《新編古今事文類聚》) (木板本・甲辰字本・筆寫本)
宋 林駉	《源流至論》(《決科古今源流至論》: 木板本, 《新箋決科古今源流至論》: 庚子字本・筆寫本)
宋 王應麟	《玉海》(丙子字本・筆寫本)
宋 羅大經	《玉露彙分》(筆寫本)[44]
宋 陳傅良	《永嘉八面鋒》(筆寫本)
宋 趙善璙	《自警編》(木板本)
宋 秦觀	《精騎集》(筆寫本)[45]
元 陰時夫	《韻府群玉》(元本覆刻本)
	《增續會通韻府群玉》(明 包瑜 增續, 木板本・乙亥字本・訓鍊都監字本・戊申字本)
	《新增說文韻府群玉》(元 陰中夫 編註・王元貞 校正, 木板本)
	《增刪韻府群玉定本》(元 陰中夫 編註・徐可先 甫訂・徐人鳳 增刪, 木板本)
元 嚴毅	《押韻淵海》(《增修詩學集成押韻淵海》: 乙

44 장척화의《유서유별》중의 목록 및 장방영의 목록에는 이 책을 저록하지 않았다.

45 이 책은 현재 영남대학교 중앙도서관에 소장되어 있다. 본서 86쪽 주 36을 참고하기 바람.

亥字本)

明 俞安期　《唐類函》(筆寫本)

明 彭大翼　《山堂肆考》(筆寫本)

明 唐順之　《荊川稗編抄》(《稗編》)(筆寫本)

明 盧效祖　《宇宙文芒》(《邵翰林評選舉業捷學宇宙文芒》: 木活字本)

明 李廷機　《故事捷錄註解》(《翰林便用故事捷錄註解》: 木板本 · 筆寫本, 《翰墨便用故事捷錄註解》: 淸 王相 補 · 淸 鄭漢 校梓, 筆寫本, 《幼學須知故事捷錄註解》: 筆寫本)[46]

明 沈津　《百家類纂》(木板本 · 筆寫本)

明 吳仕期　《古今名喩》(朝鮮 後期 活字本)

明 虞韶　《新增繪圖小學日記故事大全》(木板本 · 筆寫本)

明 鄧志謨　《事類捷錄》(筆寫本)[47]

明 鄧志謨　《名喩》(筆寫本)[48]

明 許以忠　《黃眉故事》(筆寫本)

明 許以忠　《白眉故事》(《註釋白眉故事》: 鄧志謨 校, 木板本)

46 장척화의 《유서유별》 중의 목록 및 장방영의 목록에는 이 책을 저록하지 않았다.

47 《사류첩록》은 원래 15권으로 되어 있는데(장방영, 앞의 책, 41쪽), 필자가 소장하고 있는 필사본에서는 권수를 명기하지 않았다.

48 이 책은 현재 한국학중앙연구원(韓國學中央硏究院) 고서실에 소장되어 있다.

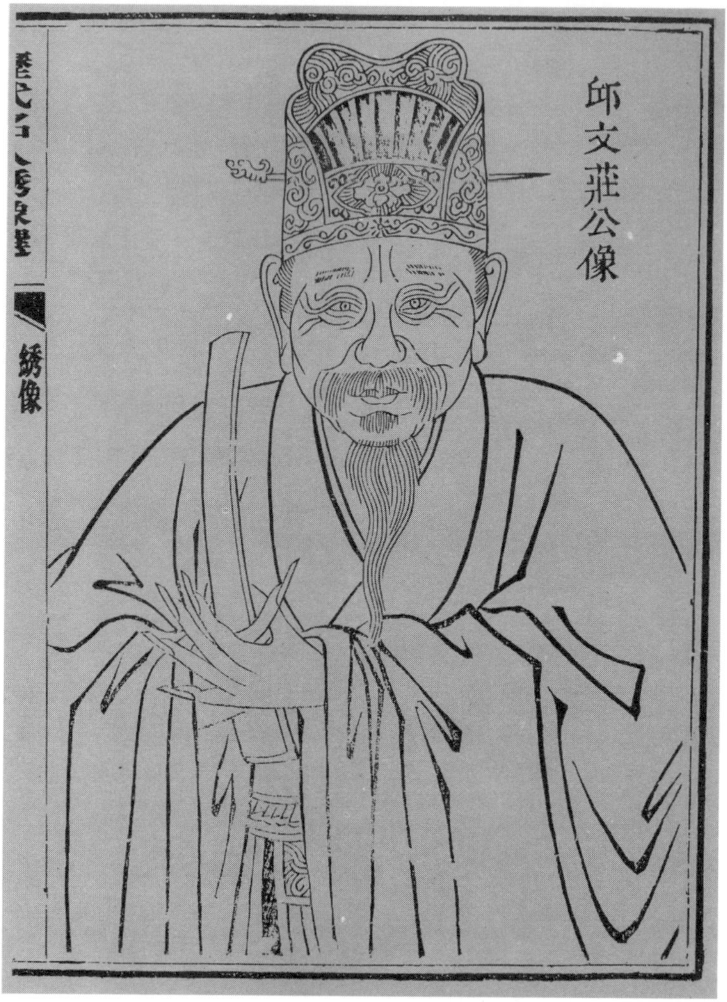

구준 상

明 丘濬 《故事成語必讀成語考》(《新鐫詳解丘瓊山故事成語必讀成語考》: 木板本 · 筆寫本, 《新鐫詳解丘瓊山故事成語考》·《新鐫詳解丘瓊山故事成語必讀考》: 筆寫本)

明 陳仁錫 《經世八編類纂》(木板本)[49]

明 佚名 《群書集事淵海》(木板本)

明 凌稚隆 《五車韻瑞抄選平聲》(筆寫本)

明 黃道周 《博物典彙》(筆寫本)

明 程允升 《敦化堂重訂幼學須知句解》(清 錢元龍 校梓, 筆寫本)

未詳 《萬寶全書》(筆寫本)

清 柴紹炳 《攷古類編》(筆寫本)

清 鄧愷 《韻府約編》(木活字本)

清 康基淵 《萬卷讀餘》(筆寫本)

清 蔣義彬 《千金裘》(筆寫本)

이상은 조선에서 간행된 유서 및 필사본 유서들이다.

明 璩崑玉 《古今類書纂要》(日本 木板本)[50]

清 劉文蔚 《詩韻含英》(日本 木板本)

49 일명 《팔편경세유찬(八編經世類纂)》·《팔편유찬(八編類纂)》·《경적팔편유찬(經籍八編類纂)》이라고도 하는데, 전 285권 84책으로 되어 있다.

50 이 책 복각천계본(覆刻天啓本)이 현재 일본에 남아 있으며, 우리나라에도 부산광역시 시립시민도서관에 이 책이 영본(零本) (전 12권 6책 중 10권 5책)으로 소장되어 있는데, 역시 일본 목판본이다.

이 밖에 조선시대에는 중국 유서를 초록抄錄해서 편찬하기도 하였는데, 이를테면 축목의 《고금사문유취》를 초록하여 편찬된 《사문유취초事文類聚抄》(혹은 《유취초類聚抄》·《사문유초事文類抄》·《사문초事文抄》·《사문초략事文抄略》)가 있으며, 《사문유취》 중에서 관제官制를 다룬 '백관百官' 부분을 뽑아 시문詩文을 빼고 사실事實만을 베껴서 모은〔抄集〕한 《고금사실유취古今事實類聚》가 있는데, 어떤 사람이나 관사官司가 백관 부분을 손쉽게 참고하기 위해서 또는 왕이나 담당 관사의 열람을 위해서 엮은 것으로 보인다. 서명을 완전히 달리한 《문원유초文苑類抄》(2책)·《문원유보文苑類寶》(1책) (두 책 모두 영남대학교 중앙도서관 남재문고南齋文庫 소장, 필사본)와 같은 책 역시 《고금사문유취》를 초록하여 엮어놓은 것들이다. 영남대학교 남재문고 소장의 《문취文聚》(1책, 필사본)라는 책 속에도 《고금사문유취》를 초록하여 싣고 있는데, 이 책에서는 《사물유취초》라고 하였다. 또한 시소병의 《고고유편》을 초록하여 편찬된 《고고유편초략攷古類編抄略》, 등개의 《운부약편》을 초록하여 필사된 《운부약편초韻府約編抄》, 《시학대성》을 초록하여 필사된 《시학대성초詩學大成抄》 등도 있다. 이밖에 《예원잡선藝苑雜選》(영남대학교 중앙도서관 소장, 12책冊, 필사본)이라는 책에서는 중국 유서인 《천중기》·《사문유취신집》·《오거운서》를 초록하여 싣고 있다.

필자가 조사한 위의 목록을 근거하여 보면, 조대朝代 별로는 명대의 유서가 가장 많이 전입되었고 그 다음으로는 청대와 송대 순이다. 중국에서도 비교적 중요한 유서로 취급되고 있는 《예문유취》·《북당서초》·《초학기》·《고금사문유취》·《옥해》·《운부군옥》·《천중기》·《산당사고》·《당유함》·《연감유함》·《자사정화》·《패문운부》·《고금도서집성》 등을 비롯한 적지 않은 중국 유서들이 전입되었으며, 그 중에서 조선에서 간행 혹은 필사하여 사용했던 유서도 적지 않음을 알 수 있다. 하나의 예를 들어 보면, 명나라 구준丘濬의 《고사성어필독성어고故事成語必讀成語考》 같은 유서는 조선에서 목판본으로 간행되기도 하였으며, 또한 적지 않은 필사본도 남아 있는데, 영남대학교 중앙도서관 남재문고에도 조선 간행 목판본과 세 종류의 필사본이 소장되어 있다.

중국 유서의 유행

위에서 살펴본 바와 같이, 적지 않은 중국 유서가 한국에 전입되어 사용되었는데, 현존 기록이나 간행 상황 및 목록서 중의 판본 상황 등을 근거하여 보면 몇몇 유서들은 조선시대에 매우 유행하여 사용 빈도가 높았음을 알 수 있다. 여기서는 조선시대에 유행한 몇몇 중국 유서에 대해 파악해 보기로 한다.

《고금사문유취古今事文類聚》

《고금사문유취》는 위의 목록에서 알 수 있듯이 조선에서 목판본·활자본으로 간행되기도 하였으며 필사되기도 하였다. 또한 초록 형식으로 편찬된 책도 꽤 많이 활용된 듯하다.(앞의 내용 참조) 이 유서는 앞에서도 언급했듯이 송나라 축목이 전집前集

60권 · 후집後集 50권 · 속집續集 28권 · 별집別集 33권을 편찬하였으며, 그 후 元나라 부대용富大用이 신집新集 36권과 외집外集 15권을, 원나라 축연祝淵이 또 유집遺集 15권을 편찬하였는데, 조선시대〔중종中宗-명종明宗 간(1506-1567) 및 조선 후기〕에는 각 집集 모두 간행되었다. 현존 기록으로만 근거한다면, 이 유서가 조선에 전입된 시기는 성종成宗 12년(1481)인데, 당시 명나라 헌제憲帝가 하사했다[51]는 기록이 있다. 그 후 동왕 24년(1493)에는 이 책을 출간하여 90건件을 문신文臣에게 나누어 주었다[52]는 기록이 보이며, 또한 중종 37년(1542)에도 이 책을 나누어 주었다[53]는 기록이 있다. 명종 7년(1552)에는 설경說經 안수安璲가 연달아 서책을 출간하여 나누어 줄 때는 소수서원紹修書院에도 한 건件을 나누어 줄 것을 청하여, 사서四書 · 오경五經 등을 하사받았는데, 그 중에 이 책도 포함되어 있었다.[54] 《사고전서총목四庫全書總目》에서는 이 책의 문장 인용에 있어 전문全文 인용 사실을 들어 송대의 유서 중에서 진실로 검색할 만한 가치가 있는 책으로 평가하

51 《성종실록(成宗實錄)》 권136 성종12년 12월 : "欽賜《資治通鑑》·《程氏遺書》·《眞西山集》·《事文類聚》·《致堂管見》·《宋朝文鑑》各一部, 銀一百兩."

52 《성종실록》 권282 성종24년 9월 : "庚申, 校書館印進《事文類聚》, 命以九十件頒賜文臣."

53 《신편고금사문유취 · 내사기(內賜記)》.

54 《명종실록(明宗實錄)》 권13 명종 7년 3월 : "說經安璲曰 : '慶尙道豐基郡有紹修書院, 高麗人安裕之故居也. 一道儒生濟濟相聚, 如朱文公之白鹿洞. 有志之士欲博覽諸書, 而窮鄕下邑, 簡册稀罕, 必貽有志之嘆. 請於印册之時, 各頒一件.'" 同4월 : "(領經筵事沈連源)又曰 : '豐基地紹修書院, 儒士多聚焉. 前以經筵官所啓, 已賜四書五經, 而所乏者《綱目》及《事文類聚》耳, 若國有餘藏, 特命賜之. 則有益於藏修學問矣.' 答曰 : '…… 紹修書院給册事, 如啓.'"

소수서원 장서각

였는데,[55] 조선시대에도 이 책을 비교적 높이 평가하여 여러 방면에서 이용한 것으로 보인다.

이 책은 《예문유취》와 《초학기》 등의 체제를 모방하여 상고上古에서 송대에 이르는 자료들을 유형별〔門類〕로 나누어 수록하였는데, 각 집集 아래에 또한 약간의 부部로 나누고 있다. 전집前集은 천도天道 · 천시天時 · 지리地理 · 제계帝系 등 13부로, 후집後集은 인륜人倫 · 창기娼妓 · 노복奴僕 · 초모肖貌 등 14부로, 속집續集은 거처居處 · 향차香茶 · 연음燕飮 · 식물食物 등 13부로, 별집別

55 《사고전서총목(四庫全書總目)》 권135 : "……獨是書所載, 必擧全文, 故前賢遺佚之篇, 間有藉以足徵者, ……而此備載其文, 是亦其體裁之一善. 在宋代類書之中, 固猶爲可資檢閱者矣."

集은 유학儒學 · 문장文章 · 서법書法 · 문방文房 등 8부로 나누었다. 각 부 아래에 또한 약간의 유類로 나누었으며, 각 유목類目 아래에는 먼저 '군서요어群書要語' 를 두어 역대 연혁沿革과 관련된 말들을 열기하였다. 그 다음에는 '고금사실古今事實' (사事)을, 그 다음에는 '고금문집古今文集' (문文)을 열거하였다. 그리고 인용 문장에는 모두 출처를 밝혔다. 뒤의 부대용과 축연이 각각 원서의 미비한 점을 보충하여 유목類目을 늘려 신집 · 외집과 유집을 편찬한 사실로 보아 원서의 중요성을 충분히 인식했음을 알 수 있다. 《예문유취》에서 시도된 '사事 + 문文' 이라는 새로운 유서 체제를 따르고 있는 이 책은 '사' 와 '문' 에 앞서 '군서요어' 를 더 첨가한 점에서 더 완벽한 체제를 갖추었으며, '문' 의 인용에서도 《예문유취》에 비해 수적으로 많았을 뿐 아니라 또한 '문' 부분에서 전문全文을 비교적 완벽하게 인용하고 있어 검색과 이용에 훨씬 편리하고 효율성이 높았을 것이다. 이러한 점들이 조선시대에 이 책이 널리 보급되고 유행하게 된 원인으로 작용했을 것이다.

《운부군옥韻府群玉》

조선시대에 유행한 또 한 부의 중국 유서로 원나라 음시부의 《운부군옥》을 꼽을 수 있는데, 이 유서는 위의 목록에서 알 수 있듯이 목판본으로 간행되기도 하였으며, 각 목록서에서도 많이 등장하는 책이다. 그리고 현존 기록에 의하면, 조선 세종世宗 18년(1436)에 이 책의 인간령印刊令이 있었으며,[56] 그 이듬해인 동왕 19

년(1437)에는 경연經筵이 소장한 《운부군옥》의 선본善本 두 부를 강원감사(江原監司 : 남수문南秀文)에게 보내 새겨서 간행하게 했다.[57] 이때 간행된 것으로 보이는 목판본의 영본은 국내외 도서관에 산견된다. 고려대 만송문고晩松文庫에도 영본 3책(권5 · 6 · 7)과 영본 1책(권6)의 두 종이 소장되어 있다.[58] 또한 중종 35년(1540)에는 영의정領議政 윤은보尹殷輔 등이 《운부군옥》 및 《아음회편雅音會編》의 간행할 것을 청하자 허락했다[59]는 기록이 있다. 동왕 39년(인종仁宗 즉위 년, 1544)에 《운부군옥》의 오류를 고증하고 중복을 삭제하기 위해 시킨 이희보李希輔가 사임했다[60]는 기록도 보인다. 그 후에 《운부군옥》의 속편이라 할 수 있는 《증속회통운부군옥增續會通韻府群玉》(명나라 포유包瑜가 증편함, 《운부속편韻府續編》 혹은 《유취고금운부속편類聚古今韻府續編》이라고도 함)[61]도 활자본으로 간행되었다. 즉, 명종明宗-선조宣祖 연간

56 〈운부군옥발(韻府群玉跋)〉.

57 〈운부군옥발〉.

58 심경호, 앞의 논문 참조.

59 《중종실록(中宗實錄)》 권94 중종 35년 11월 : "(尹)殷輔等議啓曰 : '……且天使若出來, 則以我國爲文獻之邦, 必以詩文相接也. 中朝之重我國, 亦以此也. 《韻府群玉》最要於述詩, 合新增而設局, 令能文堂上郞官主之. 以大字刊出七律五律, 以韻類聚. 如《雅音會編》亦設局刊出, 則便於文士之見, 而切於救時之急也.' 傳曰: '……《韻府群玉》·《雅音會編》印出事, 皆依啓.'"

60 《중종실록》 권104 중종 39년 8월 : "大護軍李希輔上疏曰 : '…… 不意黃髮殘年, 謬撰萃《群玉》之任, 自受命以來, …… 伏願殿下憐臣衰病, 察臣情懇, 亟遆不稱之任, 以授可堪之人. …….'"

61 《사고전서총목》권137에는 《운부속편(韻府續編)》이라는 서명으로 저록되어 있는데, 음시부(陰時夫)의 《운부군옥》의 빠진 부분을 보충하여 편찬한 책이라 하였다. 장척화(張滌華)의 《유서유별(類書類別)》 중의 목록에서도 동일 서명으로 이 책이 저록되

에 을해자乙亥字로 간행되었고,[62] 광해군光海君–효종孝宗 연간에도 훈련도감자訓鍊都監字로 간행되었다.[63] 또 숙종 43년(1717)에 교서관校書館에서 중인重印되었다.[64] 또한 《신증설문운부군옥新增說文韻府群玉》과 《증산운부군옥정본增刪韻府群玉定本》과 같은 증산본增刪本도 보이고 있다. 이러한 사실들은 《운부군옥》이 조선시대에 매우 중시되고 유행하였음을 충분히 설명하고 있다. 중종 때 윤은보 등이 임금에게 《운부군옥》은 시를 짓는 데에 가장 요긴하다고 아뢴 적이 있는데, 이 사실에 비추어 보아 이 책은 당시 시문창작 방면에 있어 매우 중요한 유서였음을 알 수 있다.[65] 또한 이희보는 중종에게 올리는 상소문에서 "《운부군옥》의 글은 유가儒家의 큰 모범이므로, 하나라도 잘못된 데가 있으면 만세에 폐단을 끼치게 됩니다"[66]라고 하였는데, 이 말은 당시 《운부군옥》이 매우 중요한 책이었음을 단적으로 보여주고 있다.

또한 운자韻字에 따라 자료들을 배열했다는 점에서 항목에 따

어 있는데, 《손씨사당서목(孫氏祠堂書目)》에서는 이 책을 《유취고금운부속편(類聚古今韻府續編)》이라고 하였다는 설명이 붙어 있다. 장방영(莊芳榮)의 앞의 책에서는 이 두 가지 서명을 모두 저록하면서 각기 따로 열거하였다. 한국의 목록서에서는 포유(包瑜) 속편(續編) 《증속회통운부군옥(增續會通韻府群玉)》이라는 서명으로 저록되어 있다.

62 고려대학교 만송문고(晩松文庫)에 영본(零本) 2책이 소장되어 있다.(심경호, 앞의 논문 참조)

63 국학자료보존회(國學資料保存會)에서 편찬한 《한국전적종합목록(韓國典籍綜合目錄)》(4) 중의 성암문고(誠庵文庫)〔조병순(趙炳舜) 소장〕부분 364쪽 참조. 고려대학교 만송문고에 영본 18책이 소장되어 있다.

64 《증속회통운부군옥 · 인출기(印出記)》.

65 주 59 참조.

66 "況《韻府》之書, 儒家大範, 一有所誤, 貽弊萬世." (《중종실록》 권104 중종 39년 8월)

라 분류한 유서에 비해 당시 운韻을 이해하고 있었던 시인이나 문인들의 입장에서는 검색이 더욱 편리했다는 점도 이 책이 유행하게 된 요인 중의 하나로 작용했을 것이다. 뒤에 권문해權文海는 이 책을 모방하여 《대동운부군옥大東韻府群玉》이라는 유서를 편찬하였다.

이퇴계李退溪는 수택본手澤本 1,700여 책을 소장하고 있었는데, 중국의 경·사·자·집이 159종, 한국의 것이 55종이었다. 중국 관계 서적 159종 가운데 당시 조선에서 간행된 것도 많았지만, 퇴계는 정탁鄭琢·유성룡柳成龍 등 명明나라에 사신으로 나간 경력이 있던 제자들로부터 사오게 했거나 구독한 중국본이 상당히 많았다. 그 가운데 유서로는 위의 《사문유취》·《운부군옥》·《증속운부군옥》 및 《산당고색》이 들어 있다.[67]

《백미고사白眉故事》

이들 유서 외에 조선시대에 유행한 중국 유서로 주목할 만한 또 한 부의 유서가 있는데, 바로 《백미고사》라는 책이다. 이 책은 중국 유서로서는 그다지 유명하지 않은 유서인데도 불구하고 조선에 전입된 후에 이국異國에서 오히려 더 유행한 것으로 보인다. 이 책에 대해서는 뒤의 〈중국 유서 《백미고사》의 한국 유행 연구〉 부분에서 자세하게 논술하였다.

67 이수건(李樹健), 〈영남대 중앙도서관 소장 중국 고서의 현황과 그 성격〉(《민족문화논총》제16집, 1996. 5.) 참조.

결론

유서는 내용을 사항별로 분류하여 기존 자료를 회편하여 편찬한 책으로, 즉 '분류'와 '자료 회편'이라는 기본적인 속성을 지니고 있다. 이 유서는 일찍이 중국에서 기원하여 우리나라에 전입되어 한국의 유서문화에 많은 영향을 끼쳤다. 한국에서는 전입된 중국의 유서를 그대로 활용하기도 하였지만, 중국 유서를 직접 간행 혹은 필사하여 사용하기도 하였다. 또한 조선시대에는 중국 유서를 초록해서 편찬하여 사용하기도 하였는데, 특히 《고금사문유취》는 《사문유취초》·《유취초》·《사문유초》·《사문초》·《사문초략》·《문원유초》·《문원유보》 등 여러 다른 서명으로 초록하여 편찬된 사실이 있었다. 고려 때에 이미 송대의 관찬 유서인 《책부원귀》와 《태평어람》 및 사찬 유서인 《옥해》 등이 들어왔으며, 그 후 조선시대에도 많은 중국 유서들이 전입되었다. 필자가 조사한 한국 전입 중국 유서 목록에 근거하여 보면, 조대 별로는 명대의 유서가 가장 많았으며 그 다음으로는 청대와 송대 순이었다. 그리고 중국 유서 중에서도 《고금사문유취》·《운부군옥》·《백미고사》 등은 조선시대에 대단히 유행했음을 알 수 있었다. 그 중에서 특히 《백미고사》는 한국에서 간행된 건상각본(수진본袖珍本)이 거꾸로 중국에 전입되기도 하였는데, 중국 유서인 이 책은 이국인 한국에서 더 유행했던 유서라 할 수 있다.

한국 유서의 종합적 연구(II)

● 한국 유서의 간행 및 특색 ●

서론

본 연구는 주로 조선시대에 간행 혹은 필사되어 사용된 한국 유서의 상황, 편찬자 · 체제 · 유형 및 용도 방면에서의 한국 유서의 특색을 중국 유서와의 비교 관점에서 파악해 보았다.

한국 유서의 간행

중국 유서가 한국에 전입된 후에 조선시대에는 중국 유서를 직접 간행 · 필사하여 사용했을 뿐만 아니라, 또한 직접 유서를 편찬하여 사용하기도 하였다. 중국 유서의 형식을 기본적으로 따르면서 한국 문화에 걸 맞는 한국 유서를 편찬하여 활용함으로써 한국의 유서문화類書文化를 나름대로 형성하게 되었다.

한국 유서가 언제부터 편찬되어 사용되었는지는 명확히 알 수 없으나, 대개 중국의 유서들을 수입하여 이를 그대로 다시 새기거나 다시 간행하는 일부터 이루어진 것으로 추측될 뿐이다. 우리가 쉽게 접할 수 있는 한국 유서들은 대개 15세기 이후에나 출현된다.[1]

본 장에서는 한국 유서의 간행 상황을 파악하기 위해 기존의 목록서나 도서해제 등에 근거하여 그 서목書目을 집록輯錄해 보기로 한다.[2]〔書名(卷 · 册數)－編著者－刊寫年－刊行形態 順〕

1 홍윤표(洪允杓), 〈18 · 19세기 한글 주역본(註釋本) 유서에 대하여 특히 '물명고(物名考)' 류에 대하여〉(《주시경학보(周時經學報)》1, 1988. 7) 참조. 허홍식(許興植)은 〈고려시대의 서적 간행〉(《국사관논총(國史館論叢)》 제71집, 1996)이라는 논문의 부록 '고려의 일서(逸書) 목록' 유서류(類書類)에 김지(金祉)의 《주관육익(周官六翼)》을 저록하였다. 이 책은 고려 후기에 편찬된 정치와 법제 따위를 정리한 정치참고서로 알려져 있다. 현존하지 않아 구체적인 내용과 형식에 대해서는 알 수 없으나, 이색(李穡)의 《목은문고(牧隱文藁)》에 실려 있는 〈주관육익서(周官六翼序)〉에서의 "육방(六房)으로 핵심으로 삼고, 각각 소관된 일을 분류하여 목(目)을 만들어 관(官)에 거하는 자로 하여금 다 그대로 준수하여……(以六房爲綱, 各以其事疏之爲目, 俾居官者, 咸有所遵守……)라는 말로부터 이 책은 확실히 6방 아래 다시 자세한 조목으로 세분하고 있음을 알 수 있다. 그래서 완전한 저작이 아닌 자료 회편이라는 속성을 지니고 있다면 틀림없이 고려시대에 편찬된 유서로 간주할 수 있겠으나, 더 진일보된 자료들이 나오지 않는 이상 자료 회편의 속성을 지녔다고 단정하기는 이르다. 허홍식은 이 책은 고려의 문물제도를 육전(六典)으로 정리한 것이며, 그 형식은 《주례(周禮)》 · 《통전(通典)》 · 《문헌통고(文獻通考)》 등의 육전을 따랐으며, 법전(法典)의 참고서였지만 법전이라고는 볼 수 없다고 여겼다.〔이상 허홍식의 언급과 이 책의 저자(편찬자?) · 내용 및 이 책을 인용한 전적들에 대해서는 허홍식의 〈김지의 《선수집(選粹集)》 · 《주관육익(周官六翼)》과 그 가치〉(《규장각(奎章閣)》4, 1981)를 참조하기 바람.〕 허홍식은 이처럼 이 책을 법전의 참고서로 간주하고 유서류에 넣었던 것이다.

2 본 집록은 아직 완전하지 않으며, 앞으로 지속적인 보완을 요한다. 즉, 시간상의 문제로 적지 않은 유서들은 확인 과정을 거치지 않고 목록서에 기재된 사실에만 근거하여 저록하였다. 또한 목록서에서 유서류로 저록된 유서들 중에 원서(原書)를 확인하지 못하여 본 집록에서 제외시킨 것도 일부 있다. 물론 일부 목록서 내지 도서해제 등에는 유서의 범위를 너무 넓게 설정한 나머지 유서의 속성을 완전하게 갖추지 못한 책들을 유서류에 포함시킨 예도 적지 않았다. 이들 대부분은 확인을 거쳐 본 집록에서 제외시켰다.

《家政》(부분 1冊) 未詳 未詳 筆寫本

《家政日用寶鑑》(1冊) 李喆柱 1912年 筆寫本

《簡牘要抄》(1冊) 未詳 未詳 筆寫本

《簡牘精要》(1冊) 未詳 〔1861年(哲宗 12年) 8月 弓溪에서 新板됨〕[3] 木板本·筆寫本

《簡牘精要抄》(1冊, 附錄《儒胥必知》) 未詳 未詳 筆寫本

《簡牘會粹》(1冊) 未詳 未詳 木板本

《簡牘彙纂》(1冊) 未詳 未詳(高宗 年間) 木板本

《見睫錄》(6卷6冊) 未詳 未詳 筆寫本

《見睫錄抄》(1冊) 未詳 未詳 筆寫本

《經史集說》(15卷 7冊) 未詳 未詳(肅宗-英祖 年間) 傳陶活字本·木活字本·木板本

《經書類抄》(5卷 3冊) 未詳 未詳(朝鮮朝 後期) 傳陶活字本·木活字本·木板本·筆寫本

《經類》(2冊) 未詳 未詳(朝鮮朝 後期) 筆寫本

《古今類聚》(7卷 2冊) 未詳 未詳 筆寫本

《古今說苑》(10卷 10冊) 吳命釐 1654年(孝宗 5年) 筆寫本

《攷事撮要》(3卷 3冊) 魚叔權 編

1568年(宣祖 1年) 乙亥字本

1576年(宣祖 9年)[4] 乙亥字覆刻本

3 윤병태(尹炳泰) 편찬, 《한국서지연표(韓國書誌年表)》(서울 : 한국도서관협회, 1972), 141쪽 참조.

1585년(宣祖 18年) 木板本

朴希賢 增補 1613年(光海君 5年) 訓鍊都監字本

崔鳴吉 修正 1636年(仁祖 14年) 倣甲寅字訓鍊都監字本 · 戊申字本

仁祖 年間 再鑄甲寅字本

1674年(顯宗 15年) 戊申字本

1675年(肅宗 1年) 戊申字本(朴希賢 增補)

(5卷 5册) 英祖 年間[5] 芸閣印書體木活字本

《攷事新書》(15卷 7册)[6] 徐命膺 1771年(英祖 47年) 芸閣印書體字本 · 筆寫本

《攷事新書抄》(1册) 未詳 未詳 筆寫本

《骨董》(1卷 1册) 朴政陽 1868年(高宗 5年) 筆寫本

《國朝彙言》(13册) 未詳 未詳 筆寫本

《窮源錄》未詳 未詳 筆寫本

《규합총서》(1册) 憑虛閣 李氏 1809年(純宗 9年) 筆寫本

《錦繡叢花》(6册) 未詳 未詳(18世紀 以後) 筆寫本

《課程日錄》(2卷 1册) 未詳 未詳(朝鮮朝 後期) 筆寫本

4 1576년(선조 9년) 7월 수표교(水標橋) 아래 북쪽 이제리(二第里)의 하한수가(河漢水家)에서 이 책을 각판(刻板)하여 사고자 하는 사람이 오면 팔았다는 기록이 있다.〔같은 책 간기(刊記), 윤병태 편, 앞의 책, 61쪽 참조〕

5 영조 19년(1743) 3월에 운각(芸閣)으로 하여금《고사촬요(攷事撮要)》를 간행하게 하였다는 기록이 있다.〔《영조실록(英祖實錄)》 권57 영조 19년 3월 : "《攷事撮要》亦令芸閣印出."〕

6 이 책은《고사촬요》를 개정 · 증보한 것이다.

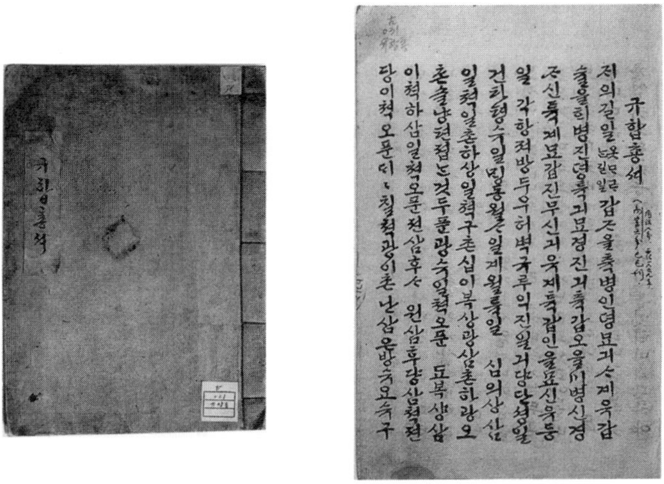

《규합총셔》 필사본

《廣才物譜》(4卷 4册) 未詳 未詳 筆寫本

《觀書隨書》(1卷 1册) 未詳 1800年(正祖 24年) 筆寫本

《記蹟全部》(12卷 12册) 未詳 未詳 筆寫本

《大東韻府群玉》(20卷 20册) 權文海 1812年(純祖 12年)-1836年(憲宗 2年) 木板本

《大東掌攷》(13册) 洪敬謨 未詳(純祖 年間) 筆寫本

《大東彙纂》(25卷 25册) 南泰良 1774年(英祖 50年)

《大一統》(2卷 2册) 李自明 未詳 筆寫本

《桃杏膓錄》(1册)[7] 尹鳳翰 1851年(哲宗 2年) 筆寫本

《東錄》(14册) 未詳 未詳 筆寫本

7 윤봉한(尹鳳翰)의 문집(文集)《청수헌유고(聽水軒遺稿)》 권8에 실려 있음.

《東稗》(14冊) 李瀷 未詳 筆寫本

《東圃彙言》(14冊) 金時敏 未詳 筆寫本

《萬家叢玉》(12卷 8冊) 未詳 未詳 木活字本 · 筆寫本

《萬家叢玉抄》(1冊) 未詳 未詳 筆寫本

《萬物叢攷》(2冊) 未詳 未詳 筆寫本

《萬物類纂》(10卷 4冊) 未詳 未詳 筆寫本

《萬寶全書諺解》(17冊)[8] 未詳 未詳 筆寫本

《萬言分類》(果默洪先生萬言分類) (17卷 9冊)[9] 洪寀 未詳 木活字本

《名數咫聞》(24卷 13冊) 閔魯行 1840年(憲宗 6年) 筆寫本

《咫聞別集》(12卷 6冊)[10] 閔魯行 未詳 筆寫本

《蒙求彙語》(1冊) 未詳 未詳 筆寫本

《蒙喩篇》(2卷 1冊) 張混 1810年(純祖 10年) 木活字本 · 筆寫本

8 중국의 《만보전서(萬寶全書)》로는 명(明) 진계유(陳繼儒)의 37권본(일명 《만권수기전서(萬卷搜奇全書)》)과 명(明) 유자명(劉子明)의 36권본이 있으며, 원(元) 허형(許衡) 편찬 · 청(淸) 황랑헌(黃朗軒) 속찬(續撰) 《회도증보만보전서(繪圖增補萬寶全書)》 5권본이 있다.(장방영, 앞의 책, 67-68쪽 참조) 또 앞의 한국에 전입된 중국 유서 목록에서 언급한 명(明) 장부(張溥)의 《신각천여장선생정선석거휘요만보전서(新刻天如張先生精選石渠彙要萬寶全書)》(標題 : 《증보만보전(增補萬寶全書)》)가 더 있다. 필자는 위의 언해본이 이들 책 중에서 어떤 책을 언해하였는지는 아직 확인하지 못하였다.〔장척화의 《유서유별》 중의 목록에는 편자 미상의 명간본(明刊本) 《신판증보천하편용문림묘금만보전서(新板增補天下便用文林妙錦萬寶全書)》(4권)과 청(淸) 모문환(毛文煥)의 《증보만보전서(增補萬寶全書)》를 저록하였다.〕

9 이 책은 현재 한국학중앙연구원(韓國學中央硏究院) 및 영남대학교 중앙도서관 미산문고(味山文庫)에 소장되어 있는데, 영남대본은 영본(零本)(전 9책 중에서 11-12권 부분의 1책이 빠져 있음)이다.

10 이 책은 《명수지문(名數咫聞)》을 개편한 것이다.

《文字類輯》(1冊) 未詳 未詳(純祖－高宗 年間) 木板本 · 筆寫本

《文彙》(9冊) 未詳 未詳(肅宗 年間) 筆寫本

《物名考》(5卷 2冊)[11] 柳僖 未詳 筆寫本

《物名括》(1冊)[12] 丁若鏞 未詳 筆寫本

《物名纂》 柳雨日 1890年(高宗 16年) 筆寫本[13]

《物譜》(1冊) 李嘉煥 · 李載威[14] 未詳 筆寫本

《嵋露摘華》(1冊) 未詳 未詳 筆寫本

《博物新編》(18冊) 未詳 未詳(朝鮮朝 後期) 筆寫本

《拔彙》(1冊) 未詳 未詳 筆寫本

《百家類聚》(1冊) 未詳 未詳 筆寫本

《白眉》(1冊) 未詳 1861年(哲宗 12年) 筆寫本

《百憲總要》 耐翁 未詳 筆寫本

《沙金錄》(?)[15] 未詳 未詳 筆寫本

《事文撮要》(4冊) 未詳 未詳 筆寫本

《事文合部》(1冊) 未詳 未詳 筆寫本

《四三單語文字》(1冊) 未詳 未詳(朝鮮朝 後期) 筆寫本

《四要寶鑑》(1冊) 未詳 未詳 筆寫本

11 일명 《물명유고(物名類考)》라고도 한다.

12 일명 《물명고(物名考)》라고도 한다.

13 이상 '물명고(物名考)' 류 유서의 편자 및 서명 등에 대해서는 홍윤표(洪允杓)의 앞의 논문을 참조하기 바람.

14 《물보(物譜)》의 편찬자에 대해서는 이가원(李家源)의 〈《물보》와 실학사상(實學思想)〉〔연세대 《인문과학(人文科學)》5, 1960〕 참조.

15 만송문고(晩松文庫)에 영본(零本) 6책(1-4, 7-8책)이 소장되어 있다.

《事類博解》(2卷 1冊) 金炳圭 1855年(哲宗 6年) 木板本 · 筆寫本

《山林經濟》(4卷 4冊) 洪萬選 未詳(17世紀 末葉–18世紀 初葉) 筆寫本

《增補山林經濟》(16卷 12冊) 柳重臨 1766年(英祖 42年) 筆寫本

《三事比類》(4卷 2冊) 尹鳳翰 1820年(純祖 20年) 石印本(1939年 刊行)

《星湖僿說》(30卷 30冊) 李瀷 未詳 筆寫本

《星湖僿說類選》〔10卷 10冊(13冊 · 5冊본도 있음)〕[16] 安鼎福 未詳 筆寫本 · 鉛印本

《笑噸局》(2冊) 安鼎福 未詳 筆寫本

《疏箚類纂》(2卷 2冊) 崔漢綺 未詳(朝鮮朝 後期) 筆寫本

《小華文獻》(2卷 2冊) 未詳 1780年 頃 筆寫本

《屬蒙求分註》(8卷) 柳希春 木活字本

《松南雜識》(7卷 14冊) 趙在三 未詳 筆寫本

《袖香編》(6卷 3冊) 鄭元容 1854年(哲宗 5年) 手稿本

《瑣說類纂》(4冊) 許穆 未詳 筆寫本

《隨錄》(1冊) 未詳 未詳 筆寫本

《詩名多識》(4卷 2冊) 丁學祥 編(卷1 · 卷2) · 丁學圃 輯(卷3 · 卷4) 未詳 筆寫本

《時覽》(1冊) 未詳 未詳 筆寫本

《新修自警編》(20卷 10冊)[17] 朴世采 1684年(肅宗 10年) 古活

16 이 책은 《성호사설(星湖僿說)》을 다시 분류하여 개편한 것이다.

字本(改鑄甲寅字)

《後自警編》(6卷 6册) 金昌集 未詳 筆寫本

《儒胥必知》(1册) 未詳 1872年(高宗 9年) 木板本

1890年(高宗 27年) 筆寫本

1906年(光武 10年) 木板本

1911년 全州 西溪書鋪 發行本

《新式儒胥必知》(1册)[18] 黃泌秀 1901年(光武 5年) 木板本

《新編標題纂圖寰瀛誌》(2卷 1册) 魏伯珪 1822年(純祖 22年) 木板本

《新編玉叢》(4卷 2册) 未詳 未詳 木板本

《兒戲原覽》(1册) 張混 1803年(純祖 3年) 木板本・筆寫本

《訓兒遊覽》(1册)[19] 未詳 未詳 筆寫本

《盎葉記》(8卷 4册) 李德懋 未詳 筆寫本

《語彙》(1册) 未詳 未詳 筆寫本

《儷彙》(4册) 未詳 未詳 筆寫本

17 송(宋)나라 조선료의 《자경편(自警編)》을 개편하여 새로 만든 책이다.

18 《유서필지》는 공문서 서식(書式)에 관한 유서이다. 《신식유서필지》는 《유서필지》를 개정한 것으로, 1894년 갑오경장(甲午更張) 이후의 공문서 서식의 변동 내용을 보충하였다. 최근에 이 책이 우리말로 번역되어 출판되었다.〔전경목 외 역, 《유서필지(儒胥必知)》(서울 : 사계절출판사, 2006)〕

19 이 책은 영남대학교 중앙도서관에 소장되어 있는데, 대부분 《아희원람》의 내용을 취하고 있으나, 분류 항목이나 편차(編次)가 다르며 생략한 부분도 있다. 아마 필사자가 《아희원람》을 참고로 하면서 자신이 편리한 대로 재편집하여 서명을 달리 붙인 것 같다. 두 책의 다른 점을 한 가지만 예로 든다면, 《아희원람》은 '수휘(數彙)'를 책 뒤에 부록으로 달아두었는데, 이 책은 첫 분류 항목인 '형기(形氣)' 뒤에 두었다. 또 필자가 소장하고 있는 《아희원람》(1책, 필사본)은 대체로 원래의 《아희원람》 내용을

《歷代彙要》未詳 未詳 稿本

《藝苑新編》(24卷 12冊) 未詳 未詳(壬辰倭亂 後) 傳陶活字本·木活字本

《五洲衍文長箋散稿》(60冊) 李圭景 未詳 筆寫本

《五洲衍文長箋散稿十五抄》(1冊) 李王職 未詳 筆寫本

《玉纂》(19卷 11冊) 未詳 未詳 陶活字本·傳匏活字本·木活字本·筆寫本

《玉通》(8冊) 未詳 未詳 筆寫本

《溫古捷徑》(2卷 2冊) 未詳 未詳(朝鮮朝 後期) 筆寫本

《琬琰同號抄》(2卷 1冊) 金世均 高宗 命 編 未詳 筆寫本

《琬琰通考》(6卷 3冊) 金世均(奉教命撰) 1877年(高宗 14年) 筆寫本

《琬琰通考抄》(1冊) 金世均(奉教命撰) 1877年(高宗 14年) 筆寫本

《原流》(1冊) 未詳 未詳 筆寫本

《類選》(2冊) 未詳 未詳 筆寫本

《類苑叢寶》(47卷 22冊) 金堉 1643年(仁祖 21年) 木板本·筆寫本

그대로 필사하면서 '수부(壽富)' 부 뒷부분을 '요수(夭壽)'와 '가동(家僮)' 부로 나누었으며, 뒷부분에 '고간지(古幹枝)'·'고자(古字)'·'조선입송일본물과(朝鮮入送日本物科)'·'일본출래물과(日本出來物科)'·'제선생문인록(諸先生門人錄)'·'팔고조(八高祖)'……'주대명년기(朱大明年紀)'·'본조년기(本朝年紀)'·'대청년기(大清年紀)'·'국기(國忌)' 등등 잡다한 내용을 덧붙여 놓고 있는데, 필사자가 원서를 필사하고 나서 동몽 교육용으로 필요한 내용을 나름대로 추가하여 놓은 셈이다.

《類苑叢寶抄》(1册) 未詳 未詳 筆寫本

《類叢》(1册) 未詳 未詳 筆寫本

《類聚》(1册) 未詳 未詳(朝鮮朝 後期) 筆寫本

《類彙》(1册) 未詳 未詳(朝鮮朝 後期) 筆寫本

《類海》(1册) 未詳 未詳 筆寫本

《新編類海》(10卷 10册) 未詳 未詳 筆寫本

《翼道編門》(53卷 23册) 李宇興 · 李宇昌 · 李宇鎭 共編 朝鮮朝 後期 筆寫本

《日用要覽》(書牘) (1册) 未詳 未詳(朝鮮朝 後期) 筆寫本

《林園十六志》(113卷 50册)[20] 徐有榘 未詳 筆寫本

《林下筆記》(39卷 33册) 李裕元 未詳 筆寫本

《雜同散異》(53册) 安鼎福 未詳 筆寫本

《才物譜》(4卷 4册)[21] 未詳 未詳 筆寫本

《廷考》(1卷 1册) 未詳 未詳 筆寫本

《精騎集》(2册) 未詳 未詳 筆寫本

《朝野彙言》(8册)[22] 金時敏 未詳 筆寫本

《助筆》(9册) 未詳 未詳(朝鮮朝 後期) 筆寫本

20 이 책은 일명 《임원경제지(林園經濟志)》 혹은 《임원경제십육지(林園經濟十六志)》라고도 불린다.

21 일명 《만물보(萬物譜)》라고도 한다. 김근수(金根洙)는 이 책의 편자는 한산(韓山) 이만영(李晩永)〔자(字) 성지(成之)〕이고, 편찬연대는 정조(正祖) 22년(1798)이라고 하였다.〔김근수, 〈《재물보(才物譜)》 해제(解題)〉(《재물보》, 서울 : 아세아문화사, 1980)〕

22 이 책의 내용은 《동포휘언(東圃彙言)》과 대동소이하여, 그 내용이 모두 《동포휘언》 속에 수록되어 있다.

《竹僑便覽》(9卷 3冊) 韓錫斅 1849年(憲宗 15年) 筆寫本

《宙衡》(27卷 10冊) 李縡 編 · 兪言鏶 校補 未詳 筆寫本

《芝峯類說》(20卷 10冊) 李睟光 1614年(光海君 6年) 木板本 · 筆寫本

《尺牘要覽》(1冊) 未詳 未詳(1900年代) 筆寫本

《尺牘完編》(6卷 2冊) 崔性學 1904年(光武 8年) 新鉛活字本, 1908年(隆熙 2年) 筆寫本

《千文類聚》(1冊) 未詳 未詳 筆寫本

《掇英》(10冊) 未詳 未詳 筆寫本

《策類》(7冊) 未詳 未詳 筆寫本

《體論類編》(33卷 20冊) 李裕元 未詳(高宗 年間) 筆寫本

《叢書》(3冊) 未詳 未詳(朝鮮朝 後期) 筆寫本

《叢類合抄》未詳 未詳 筆寫本

《聚精會神》(18冊) 未詳 未詳 筆寫本

《通彙》未詳 未詳(朝鮮朝 後期) 筆寫本

《波斯》(7冊) 未詳 未詳 筆寫本

《片錦》(1冊) 未詳 未詳 筆寫本

《學語》(1冊) 朴載哲(朴斯文) 〔1862年(哲宗 13年) 1月 鳳山에서 新刊되어, 1868年(高宗 5年) 8月에 印行됨〕[23] 筆寫本만 보임

《寒暄箚錄》(5卷 3冊) 金宏弼 未詳 木活字本 · 木板本 · 筆寫本

23 윤병태 편, 앞의 책, 141 · 143쪽 참조.

《解渴瓊漿》(1冊) 未詳 未詳 筆寫本

《海東類說》(3冊) 未詳 未詳 筆寫本

《彙略》未詳 未詳 筆寫本

《彙語》(60卷 22冊) 金堉 1653年(孝宗 4年) 木板本 · 筆寫本

《彙語抄》(1冊) 未詳 未詳(朝鮮朝 後期) 筆寫本

《新補彙語》(59卷 25冊)[24] 金堉 1684年(肅宗 10年) 木活字本, 未詳(朝鮮朝 後期) 木板本, 未詳(英祖-哲宗 年間) 筆寫本

《彙言》(1卷 1冊) 金始炯 未詳(英祖 年間) 筆寫本

《彙通》(3卷 3冊) 未詳 未詳(朝鮮朝 後期) 筆寫本

《繪事備考》(8卷) 王毓賢 未詳 筆寫本

《訓語集編》(3卷 1冊) 柳榮茂 1823年(純祖 23年) 筆寫本

이상 총 140여 부의 한국 유서를 집록하였는데, 일부 미확인 유서들을 포함한다면 이 수보다 더 많을 것으로 추정된다. 이는 역사가 유구한 중국 유서의 수를 최고 800여 종으로 가정하더라도 결코 적은 수가 아님을 알 수 있다. 더군다나 중국에서 전입된 유서들을 합친다면, 조선에서는 꽤 많은 유서들이 활용되었음을

24 일명 《신편휘어(新編彙語)》라고도 한다. 상해도서관과 대만 중앙도서관에도 이 《신편휘어》(59권)가 소장되어 있는데, 조선 효종조(孝宗朝 : 1650년) 각본(刻本)이라고 하였다.(황건국 · 김초승 주편, 앞의 책, 107쪽 참조) 또한 북경대학도서관에도 영본(零本)으로 소장되어 있다.〔이선죽(李仙竹) 주편, 《북경대학도서관 소장 고대 조선문헌 해제(北京大學圖書館館藏古代朝鮮文獻解題)》(北京 : 北京大學出版社, 1997), 192-193쪽 참조〕

확인할 수 있다. 한국 유서로는 비록 대규모의 유서는 출현하지 않았지만, 《경사집설經史集說》·《고금설원古今說苑》·《고사신서攷事新書》·《국조휘언國朝彙言》·《기적전부記蹟全部》·《대동장고大東掌攷》·《동록東錄》·《동패東稗》·《동포휘인東圃彙言》·《만가총옥萬家叢玉》·《만보전서언해萬寶全書諺解》·《만언분류萬言分類》·《명수지문名數咫聞》·《지문별집咫聞別集》·《문휘文彙》·《박물신편博物新編》·《증보산림경제增補山林經濟》·《성호사설유선星湖僿說類選》·《송남잡지松南雜識》·《신수자경편新修自警編》·《신편유해新編類海》·《예원신편藝苑新編》·《옥찬玉纂》·《옥통玉通》·《조야휘언朝野彙言》·《주형宙衡》·《지봉유설芝峯類說》·《철영掇英》·《책류策類》·《취정회신聚精會神》·《파사波斯》 등은 비교적 규모를 갖춘 유서들이라 할 수 있다. 특히 《대동운부군옥大東韻府群玉》·《대동휘찬大東彙纂》·《성호사설星湖僿說》·《오주연문장전산고五洲衍文長箋散稿》·《유원총보類苑叢寶》·《익도편문翼道編門》·《임원십륙지林園十六志》·《임하필기林下筆記》·《잡동산이雜同散異》·《체론유편體論類編》·《휘어彙語》·《신보휘어新補彙語》 등은 모두 20책이 넘어 한국 유서 중에서는 규모가 꽤 큰 유서들이라 할 수 있다. 그밖에는 대부분이 소규모 유서로, 1책冊으로 된 책도 적지 않게 출현하였다. 그리고 위의 집록에서 필사본 유서들이 매우 많음을 확인할 수 있는데, 학자들이 수시로 자신이나 후학들을 위해 개인적으로 유서를 많이 편찬했음을 알 수 있다.

《고사촬요攷事撮要》는 명종明宗 9년(1554)에 어숙권魚叔權이 편찬하였는데, 간행연도를 알 수 있는 한국 유서 중에서 비교적 이른 시기인 선조宣祖 연간에 간행되었으며, 어숙권의 원찬原撰에서부터 영조英祖 47년(1771) 서명응徐命膺이 《고사신서》로 대폭 개정·증보하기까지 무려 12차에 걸쳐 간행되기도 하였다.[25] 또한 숙종肅宗 원년(1675)에 이 책을 나누어 주었다[26]는 기록과 동왕同王 10년(1684)에는 이식李植이라는 사람이 《속고사촬요續攷事撮要》를 초록하였으나 병자丙子 이후에 실전되어 거두지 못하였으니 제조提調 1인으로 하여금 1질秩을 편성編成할 것을 남구만南九萬이 청했다[27]는 기록이 있다. 특히 현종顯宗 5년(1664)에 왜인倭人이 이 책을 알고 구입하려 했으나, 불허했다[28]는 기록도 남아 있다. 이러한 사실은 《고사촬요》라는 유서가 조선시대에 꽤 주목을 받고 유행하였음을 증명하고 있다.

이 밖에도 철종哲宗 연간에 초간初刊되었을 거라고 추정되는 《유서필지儒胥必知》 역시 고종 9년(1872)과 광무 10년(1906)의 중간본重刊本을 비롯하여 간행년을 알 수 없는 여러 판본과 필사본이 전해지고 있으며,[29] 또한 그 책을 개정한 《신식유서필지新式儒胥必知》가 나온 것으로 보아, 비록 조선 후기에 나왔지만 간행된

25 《한국민족문화대백과사전》2(한국정신문화연구원, 1991), 512쪽 참조.

26 《고사촬요·내사기(內賜記)》.

27 《숙종실록(肅宗實錄)》 권15 하(下) 숙종 10년 8월 : "九萬曰 : '事大交隣文書, 藏置承政院, 而丙子以前, 故判書李植抄《續攷事撮要》, 其後散佚不收, 宜令提調一人句管, 編成一帙, 以作掌故之資. …….'"

28 《현종실록(顯宗實錄)》 권8 현종 5년 윤(閏) 6월 : "倭人求貿《退溪集》·《攷事撮要》, 不許."

29 《한국도서해제(韓國圖書解題)》(고려대학교 민족문화연구소, 1990 재판), 408쪽 참조.

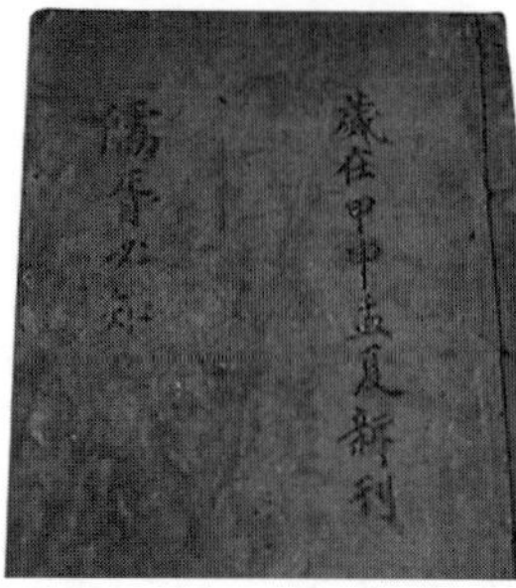

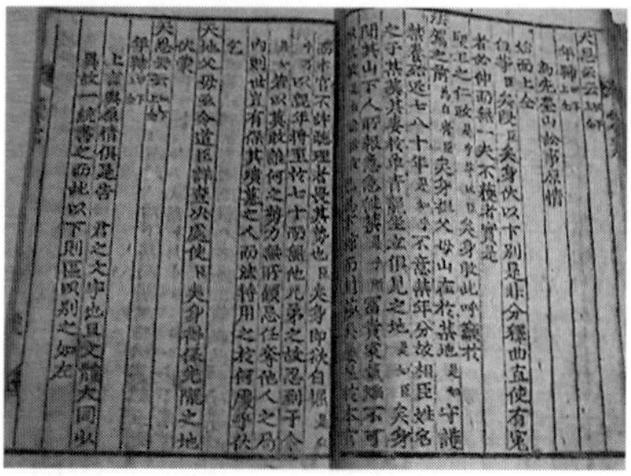

《유서필지》 목판본

이후에 꽤 유행하였음을 알 수 있다.[30] 이 두 부部의 유서는 일종의 전문유서라 할 수 있는데, 전자는 조선시대의 사대교린事大交隣과 기타 각종 사항에 있어 일용日用에 필요한 것을 뽑아 엮었으며, 후자는 공문서식 용례집으로, 일반 서리들의 사무에 있어서의 편람용便覽用 유서이다. 이렇듯 이 두 부의 유서는 특히 관리들에게는 실용적인 측면에서 효율성이 매우 높았기 때문에 자주 활용되었을 것으로 보인다.

이상에서 언급된 책들 외에 간행형태의 종류가 다양하거나 목록서에 자주 보이는 책들은 비교적 활용도가 높았던 유서로 볼 수 있는데, 이를테면 《경사집설》·《경서유초》·《만가총옥》·《신편옥총》·《아희원람》·《옥찬》·《유원총보》·《한훤차록》·《신편휘어》 등등을 들 수 있다. 위의 《고사촬요》·《고사신서》·《유서필지》·《신식유서필지》를 비롯한 이 책들은 모두 중국으로 전입

30 《유서필지》가 최근 우리말로 번역되어 출간된 것을 보더라도 이 책의 중요성을 알 수 있다. 〔전경목 외 역, 《유서필지》(서울 : 사계절출판사, 2000)〕

되었는데,[31] 이 사실은 이 책들이 당시 조선에서 얼마나 활발하게 유통되었는지를 가늠할 수 있게 하는 또 하나의 증좌라 하겠다.

한국 유서의 특색

한국 유서는 비록 많은 방면에서 중국 유서의 영향을 받았지만, 어떤 방면에서는 한국 유서 나름대로의 특색을 지니고 있다. 본 장에서는 중국 유서와의 비교 관점에서 그들 상호 간의 유사한 점을 비롯하여 한국 유서가 지니고 있는 특색 등을 파악해 보기로 한다.

편찬자

중국 유서의 특징 중의 하나로 대형유서가 많다는 사실을 들 수 있는데, 황제의 칙명을 받고 여러 사람들이 협력하여 편찬한 이른바 관찬官纂 유서가 대부분 이들 대형유서에 속한다고 할 수 있다. 주지하다시피, 《예문유취藝文類聚》·《태평어람太平御覽》·《책부원귀冊府元龜》·《영락대전永樂大典》 등이 그것에 속한다. 중국의 매 왕조 초기 군주들은 거의 모두 칙명을 내려 대규모의 유

31 황국건 · 김초승 주편, 앞의 책, 107-108쪽 ; 이선죽 주편, 앞의 책, 188-193쪽 참조.

서를 편찬케 했는데, 이 시기는 전쟁과 혼란이 끝나고 사직이 안정되어 바로 학문을 닦아 나라를 태평하게 할 때이므로 대형유서 편찬 사업을 추진했던 것이다. 황제들은 대규모의 인력과 재력을 동원하여 이러한 대형유서를 편찬함으로써 '문치文治의 성함'을 과시하였을 뿐만 아니라, 많은 학자들을 편찬 사업에 흡수함으로써 내부적인 모순을 완화시키는 수단으로도 사용하였던 것이다.[32]

조선시대에도 꽤 많은 관찬 서적들이 나왔는데, 이를테면 《국조오례의國朝五禮儀》(세종世宗) · 《칠서언해七書諺解》(선조宣祖) · 《규장전운奎章全韻》(정조正祖) · 《국조역상고國朝曆象考》(정조正祖) · 《대전통편大典通編》(정조正祖) · 《대전회통大典會通》(고종高宗) 등이 바로 그것들이다. 그러나 유서로서 관찬 유서는 거의 보이지 않는데, 위의 한국 유서 목록 중에서는 김세균金世均이 고종高宗의 명을 받고 편찬한 《완염통고琬琰通考》(《완염통고초琬琰通考抄》) · 《완염동호초琬琰同號抄》만이 관찬 유서에 속한다고 할 수 있다. 두 책은 같은 성격의 전문유서로서, 묘호廟號 · 존호尊號 · 능호陵號 · 연호年號 등에 대해 여러 가지 내용으로 분류하여 중국과 한국의 역대 자료들을 휘편彙編함으로써 존호 등을 의논하여 정하는 데 참고하도록 편찬되었다. 이 책들을 제외한 거의 모든 한국 유서는 사찬私纂 유서이다. 사찬 유서가 많음으로

32 장춘휘(張春輝), 〈유서의 범위와 발전(類書的範圍與發展)〉〔《문헌(文獻)》, 1987년 제1기〕 참조.

해서 규모가 방대한 유서는 적으며, 소형 그 중에서 특히 1책으로 이루어진 유서가 비교적 많다. 또한 한국 유서 중에서 편찬자가 밝혀진 책은 그렇게 많지 않은 편인데, 이는 편찬자가 전인前人의 저술 중에서 필요한 사실만을 발췌하여 기록하고, 간행할 목적보다는 가까이 두고 수시로 참고하기 위해 편찬한 것에 그 원인이 있는 것으로 보인다.[33] 즉, 편찬자 개인적으로 차후의 활용을 위한 비망록備忘錄의 성격을 지니고 편찬하였기 때문이다. 앞에서도 언급했듯이, 매우 많은 한국 유서가 편찬자나 필사시기를 알 수 없는 필사본으로 남아 있는 사실 역시 이를 뒷받침하고 있다.

편찬자가 밝혀진 한국 유서 중에서 편찬자가 2인 이상인 유서로는 이가환李嘉煥 · 이재위李載威 부자父子에 의해 편찬된 《물보物譜》, 정약용丁若鏞의 조카 정학상丁學祥과 아들 정학포丁學圃가 편찬한 《시명다식詩名多識》, 재령載寧 이씨李氏 집안의 형제인 이우흥李宇興 · 이우창李宇昌 · 이우진李宇鎭이 편찬한 《익도편문翼道編門》을 들 수 있다.

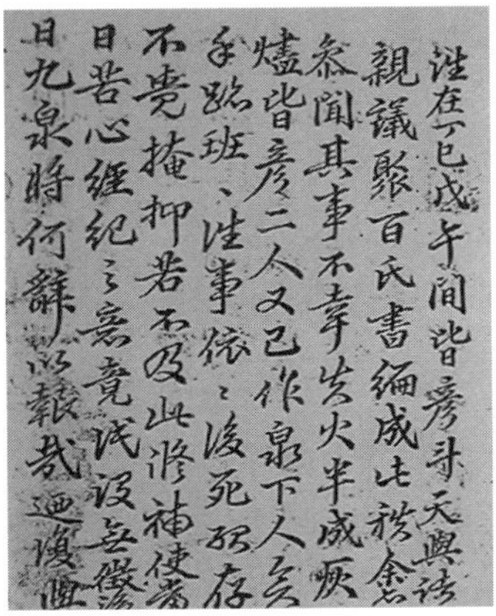

《익도편문》 발문跋文 일부

33 김영선(金永善), 〈역대 서목에 수록된 유서의 분류에 관한 고찰〉〔《항심(恒心) 윤병태(尹炳泰) 박사(博士) 정년기념(停年紀念) 논문집: 한국서지학논집(韓國書志學論集)》, 1999. 2〕 참조.

밝혀진 한국 유서의 편찬자 중에는 조선시대의 실학자實學者들이 적지 않게 포함되어 있다는 사실 또한 하나의 특색이라 할 수 있는데, 이를테면 《지봉유설》의 이수광李睟光, 《대동운부군옥》의 권문해權文海, 《유원총보》의 김육金堉, 《성호사설》의 이익李瀷, 《잡동산이》와 《성호사설유선》의 안정복安鼎福, 《고사신서》의 서명응徐命膺, 《물명괄》의 정약용, 《오주연문장전산고》의 이규경李圭景, 《소차유찬》의 최한기崔漢綺, 《임원십륙지》의 서유구(徐有榘 : 서명응이 손자), 《물보》의 이가환(이익의 종손從孫) · 이재위, 《물명고》의 유희柳僖 등이다. 이렇게 본다면, 편찬자가 알려지지 않은 유서 중에서도 실학자가 편찬한 책이 적지 않을 것으로 추정된다. 한 가지 예를 들면, 위의 목록 중에 보이는 《고금유취古今類聚》라는 유서의 분류 항목에 후생류厚生類와 이용류利用類가 들어 있는데, 이는 이용후생을 강조했던 조선시대의 실학사상과 관련이 있는 것 같다. 한국 유서와 조선시대 실학과의 관계에 대해서는 뒤에서 다시 언급할 것이다.

체제

유서는 편찬 체제상에서 유편유서類編類書 · 운편유서韻編類書 · 자편유서字編類書 · 수편유서數編類書 · 시편유서時編類書 등

34 웅독(熊篤) · 허정계(許廷桂) 편저, 《중국고전문헌학(中國古典文獻學)》(重慶 : 重慶出版社, 2000), 89쪽 참조.

크게 다섯 가지로 나눌 수 있는데,[34] 아래에서는 이 다섯 가지 유서를 중심으로 중국 유서와 한국 유서의 체제에 대해 파악해 보기로 한다.

첫째, 유편유서는 사류事類에 따라 부部와 유類 등으로 나누어 편찬한 유서를 말한다. 예를 들면, 《북당서초北堂書鈔》·《예문유취》·《초학기初學記》·《책부원귀》·《고금도서집성古今圖書集成》 등등이 이에 속하는 유서들이다. 이 체제는 유서 편찬에서 가장 보편적으로 사용된 것으로, 대부분의 유서들이 이 체제를 사용하고 있다. 많은 한국 유서들도 중국 유서의 이러한 체제를 그대로 답습하여 유서를 편찬하였다. 여기서 먼저 《예문유취》에서 나눈 부部의 상황을 예로 들어본다.

> 天部－歲時部－地部－山部－水部－符命部－帝王部－后妃部－儲官部－人部－禮部－樂部－職官部－封爵部－治政部－刑法部－雜文部－武部－軍器部－居處部－産業部－衣冠部－儀飾部－服飾部－舟車部－食物部－雜器物部－巧藝部－方術部－內典部－靈異部－火部－藥香草部－草部－寶玉部－百穀部－布帛部－果部－木部－鳥部－獸部－鱗介部－蟲豸部－祥瑞部－災異部

유형별〔類別〕로 분류한 유서 중에서 중국과 한국 유서의 가장 뚜렷한 유사점은 부를 나누는 방법이라 할 수 있다. 고대사회의 정치·경제·문화·제도·사회생활의 필요에 따라 분류하고 있는데, 대체로 먼저 천지天地 · 제왕帝王이 나온 후, 전장典章 · 제도制度가 나오고, 그 다음은 기타 인사人事 · 비금飛禽 · 주수走獸 · 초목草木 · 충어蟲魚 등이 등장한다. 천지와 제왕을 먼저 앞세우는 이 배열순서는 중국 고내의 경천敬天 · 존군尊君 관념을 반영했다고 할 수 있다. 이것과 비교하여 한국 유서인 《유원총보》와 《지봉유설》에서 나눈 문門과 부部의 상황을 각각 살펴보면 다음과 같다.

天道門－天時門－地道門－帝王門－官職門－人倫門－人道門－人事門－文學門－珠寶門－器用門－飯食門－冠服門－草木門－鳥獸門－蟲魚門

天文部－時令部－災異部－地理部－諸國部－君道部－兵政部－官職部－儒道部－經書部－文字部－文章部－人物部－性行部－身形部－語言部－人事部－雜事部－技藝部－外道部－宮室部－服用部－食物部－卉木部－禽蟲部

양국의 유편유서의 편찬 체제를 비교하면 비록 설정 항목은 다르나, 천天－지地－인人－사事－물物의 배열구조는 기본적으로 서로 유사하다고 할 수 있다.

물명고류物名攷類 유서 중의 하나인 《재물보才物譜》는 서명書名 그대로 재보才譜 즉 천 · 지 · 인 삼재三才의 보譜에다 물보物譜를 더한 것으로, 만물의 옛 이름과 별칭 · 한자명 · 속명俗名 등을 모아 태극太極 · 천보天譜 · 지보地譜 · 인보人譜 · 물보物譜로 크게 나누고, 이것을 다시 약 250여 항목으로 세분하고 있는데, 이 역시 유편유서의 천-지-인-물의 배열구조를 충실히 따르고 있다. 그러나 또 다른 물명고류 유서인 유희의 《물명고物名考》는 그 편찬체제가 독특한데, 즉 유정류有情類 · 무정류無情類 · 부동류不動類 · 부정류不靜類의 4부류로 나누고, 이를 다시 14항목으로 세분하였다.

이른바 전문유서들은 이러한 배열구조와 관계없이 전문 주제에 걸맞게 부를 나누고 있는데, 초학자들의 교재용으로 편찬된 《아희원람兒戱原覽》을 예로 들어 보면 다음과 같다.

形氣－創始－邦都－國俗－誕育－姿生－才敏－壽富－變異－傳運

이 책은 초학자들에게 필요한 내용만을 간추려 편찬되었기에 그 내용에 맞게 분부分部를 한 것이다. 서식용례 유서인 《유서필지》를 보면, 상언上言 · 격쟁擊錚 · 원정原情 · 소지류所志類 · 단자류單子類 · 고목류告目類 · 문권류文卷類 · 통문류通文類로 분류하여 어떤 종류의 서식용례를 들고 있는지 분명히 알 수 있게 하여 검색에 편리하게 하였다. 또 《소차유찬》은 명사名士의 상소문 중에서 후세에 모범이 되고 활용할 수 있는 구절을 뽑아 유별로 엮은 유서로, 그 분류가 매우 구체적으로 되어 있어 이용하기에 매우 편리하도록 하였다. 그 분류 상황을 보면 다음과 같다.

卷上：頭辭・叙歷・情勢・才品・承批・除拜・感恩・不
稱・難進・辭職・結辭・言事・疾病・讓賢・勉學
卷下：大臣・大提學・吏判・戶判・禮判・兵判・刑判・
工判・山林・泮長・臺諫・玉署・內閣・道臣・守
臣・人言・攻邪・時弊・民瘼・繳還・乞郡・掃
墳・賞典・求言・致仕

《만가총옥萬家叢玉》은 전편全篇을 천도부天道部・군도부君道部・신도부臣道部・치정부治政部・도학부道學部・이부吏部・호부戶部・형부刑部・공부工部・잡부雜部 등으로 나누어 제도와 사대교린에 관한 내용을 위주로 편찬되었는데, 잡부 중에서 또한 인형人刑・인사人事・인품人品・인륜人倫・채소菜蔬・조수鳥獸・어충魚蟲에 관한 내용을 포함시키고 있어, 전체적으로 보면 유편유서의 배열구조를 기본적으로 따르고 있는 종합유서라고 할 수 있다.

둘째, 운편유서韻編類書는 운韻으로 부部를 삼은 유서를 말한다. 예를 들면, 《운부군옥韻府群玉》・《오거운서五車韻瑞》・《영락대전》・《삼체척운三體摭韻》〔청淸 주곤전朱昆田〕・《사성운편史姓韻編》・《패문운부佩文韻府》 등이 이에 속하는 유서들이다. 특히 중국의 초학자의 교재敎材로 명나라 소양유蕭良有가 편찬한 《용문편영龍文鞭影》도 운편유서에 속한다고 할 수 있다. 최초의 운편유서는 당나라 안진경顔眞卿의 《운해경원韻海鏡源》을 들 수 있으나, 이 책은 일찍이 실전되어 전하지 않는다. 그래서 현존하는 가장 오래된 운편유서는 원대元代에 나온 《운부군옥》이라 할 수 있다. 이 책은 앞에서도 언급하였지만 한국 유서문화에 많은 영향을 끼쳤는데, 조선 선조 때의 권문해權文海는 이 책을 모방하여 《대동운부군옥》을 편찬하였다. 《대동운부군옥》이 운목별韻目別로 표제어휘를 배열하고 고사故事의 원문을 발췌하여 기록하는 방식은 《운부군옥》과 그 계열본(앞에서 언급)을 모델로 삼은 것이지만, 우리나라의 문헌 174종과 중국의 문헌 15종에서 우리나라의 지리地理·국호國號·성씨姓氏·인명人名(종실宗室이 덧붙여져 있음)·효자孝子(효녀孝女가 덧붙여져 있음)·열녀烈女·수령守令·선명仙名·목명木名·화명花名·금명禽名과 관련된 어휘와 사실을 총망라하였고, 자류字類 가운데 수록할 사실이 없을 때에는 옛 사람들의 시구詩句를 뽑아 보충함으로써 독자적인 내용을 갖추고 있다.[35]

셋째, 자편유서字編類書는 기본적으로는 유편유서와 마찬가지로 사유별로 분류를 한 후에 글자 위주(1字 혹은 2·3·4자 순)로 표제標題를 세워 관련 문구文句를 인용한 유서이다. 예를 들면, 《사류부事類賦》(일명 《일자제부一字題賦》, 14부 100자목子目)는 각 자목 아래에 1자字로 표제를 세워 그것에 해당되는 부賦 한 편을 인용하고 있으며, 《분류자금分類字錦》(40문門 601류類)은 각 류類 아래에 2자·3자·4자 순으로 표제를 세워 관련 문구文句를 인용

35 심경호, 〈《대동운부군옥(大東韻府群玉)》의 구조〉〔심경호, 《국문학 연구와 문헌학》(서울 : 태학사, 2002)〕 참조. 《대동운부군옥》의 체제에 대한 상세한 정보는 심경호의 이 논문을 참조하기 바람.

하였다. 이밖에 《변자유편駢字類編》도 이에 속하는 유서이다. 한국 유서 중에서는 자편유서가 보이지 않는다. 그러나 《사요보감四要寶鑑》 같은 유서는 기본적으로는 유편유서에 속하지만 그 분류 방법상에 있어서는 자편유시의 성격을 얼마간 띠고 있다고 볼 수 있다. 그 분류 상황을 보면 다음과 같다.

> 天 : 天道門 / 地 : 人道門 / 玄 : 人倫門 / 黃 : 人品門 / 宇 : 異端門 / 宙 : 性理門 / 洪 : 德 / 荒 : 命 · 性 / 日 : 心 / 月 : 情 · 志 · 意 · 氣 / 盈 : 仁 / 昃 : 義 / 辰 : 禮 / 宿 : 智 / 列 : 信 / 張 : 善 / 寒 : 誠 / 來 : 敬 / 暑 : 學術門 / 往 : 知行門 / 秋 : 言行門 / 收 : 經籍門 / 冬 : 文學門 / 藏 : 民生門 / 閏 : 稽古門 / 餘 : 三代總論 / 成 : 濂洛諸賢

즉, 《천자문千字文》의 글자 순으로 크게 분류를 하였는데, 이는 유목類目 분류와는 상관없이 일련번호와 같은 작용을 하는 기호에 불과하다. 그러나 앞뒤의 문별門別 분류 외에 중간 부분(성리문性理門에 속함)에는 글자 한 자로써 유목類目을 삼고 있는데, 이는 자편유서의 글자 위주의 표제와 닮아 있다.

넷째, 수편유서數編類書는 기본적으로는 유편유서와 마찬가지로 사유별로 분류를 한 후에 숫자가 첫 글자로 들어가는 단어들로 자목을 세운 유서이다. 예를 들면, 《소학감주小學紺珠》〔17문門〕 율력류律曆類에는 '육률六律' · '육여六呂' · '사시四時' · '팔정八正' · '십이월十二月' 등의 자목을 세우고 있는데, 이 유서는 사실史實 · 전고典故 · 문구文句 중에서 숫자가 들어 있는 것을 검색할 때 편리하도록 편찬되었다. 이밖에 청대淸代 궁몽인宮夢仁의 《독서기수략讀書紀數略》도 이에 속하는 유서이며, 위의 《변자유편》도 '수목數目' 1문門을 포함하고 있는데, 이 문은 수편유서의 체제와 유사하다. 한국 유서 중에서 수편유서로 《명수지문名數咫聞》이 있는데, 이 세상의 모든 사물에는 명名과 수數가 있으므로 인간이 지각이 나면 먼저 명 · 수를 알아야 한다는 견지에서 모든 사물을 수로 분류하였다. 경 · 사 · 자 · 집 및 제자백가의 서적에서 숫자가 들어 있는 문구文句만을 뽑아 수록한 책이다. 1지류1之類 · 첩1지류疊1之類 · 2 · 3 · 4 · 5 · 6 · 7 · 8 · 9 · 10지류 · 11~14지류 · 15~20지류 · 20~30지류 · 31~59지류 · 60~108지류 · 120~384지류 · 극수류極數類로 나누어 사물을 유형에 따라 모았다. 이를테면 '1지류' 에는 '도생일道生一', '5지류' 에는 '오행五行 수水 · 화火 · 목木 · 금金 · 토土', '10지류' 에는 '십간十干 갑甲 · 을乙 · 병丙 · 정丁 · 무戊 · 기己 · 경庚 · 신辛 · 임壬 · 계癸' 등과 같이 되어 있다. 그리고 《아희원람》의 부록 '수휘數彙' 는 《소학감주》의 형식과 대동소이한데, 이를테면 일원一元 · 이기二氣 · 이의二儀 · 삼재三才……십철十哲 · 십이장十二章 · 십삼경十三經 · 십팔학十八學 · 이십팔장二十八將으로 자목을 세우고 있다. 그래서 이 책은 부분적으로 수편유서의 형식을 도입하였다고 볼 수 있다. 윤봉한尹鳳翰의 《도행장록桃杏腸錄》 역시 부분적으로 수편유서의 형식을 도입한 책으로, 이 책의 「십응十應」 부분에는 1~10에 해당하는 단어들을 각각 자목으로 세워 나열하고 있다.

다섯째, 시편유서時編類書는 월일月日 혹은 시령時令·절후節候로써 배열을 한 유서이다. 예를 들면, 명대明代 진계陳階의 《일섭편日涉編》은 역사사실이나 시가詩歌를 유취類聚하였는데, 매월 1권씩으로, 날짜에 의거 배열하면서 시령時令을 맨 앞에다 두었다. 청대淸代 동곡사董穀士의 《고금유전古今類傳》도 이에 속하는 유서이다. 한국 유서 중에서는 《정기집精騎集》[36]이 시편유서에 속한다. 이 책의 체제를 보면 전형적인 시편유서임을 알 수 있는

《정기집》 필사본

36 이 책(2책, 필사본)은 영남대학교 중앙도서관에 소장되어 있는데, 그 서명(書名)이 북송(北宋)의 사(詞) 작가로 유명한 진관(秦觀)이 편찬한 유서인 《정기집精騎集》과 같다. 진관의 《정기집》은 지금 남아 있지 않으며, 단지 그 서문(序文)만이 남아 있다. 이 책의 편자가 진관이 편찬한 유서의 서명을 자신이 편찬한 유서에다 사용했을 가능성이 높다고 할 수 있다. 여기서 참고로 《회해집(淮海集)》 후집(後集) 권6에 보이는 진관의 〈정기집서(精騎集序)〉를 인용해 둔다. 〈정기집서〉 : "予少時讀書, 一見輒能誦, 暗流之亦不甚失. 然負此自放, 喜從滑稽飮酒者游, 旬朔之間, 把卷無幾日. 故雖有彊記之力, 而常廢於不勤. 比數年來, 頗發憤自懲艾, 悔前所爲. 而聰明衰耗, 殆不如時十一二, 每閱一事, 必尋繹數終. 掩卷茫然, 輒復不省. 故雖然有勤苦之勞, 而常廢於善忘. 嗟夫! 敗吾業者, 常此二物也. 比讀齊史, 見孫搴荅邢詞云 : '我精騎三千, 足敵君羸卒數萬.' 心善其說, 因取經傳子史事之可爲文用者, 得若干條, 勒爲若干卷, 題曰《精騎集》云. 噫! 少而不勤, 無如之何矣. 長而善忘, 庶幾以此補之."

데, 절기節氣 순서로 배열을 하면서 각 절기마다 관련 어휘들을 나열하였으며, 각 어휘 아래에는 인용서명을 밝히고 해당 문구(文句)를 인용하였다. 또 앞부분의 '화월령花月令' 과 '하소정월령夏小正月令' 부분에서는 월별月別로 분류를 하였다.

유서 체제상에서의 또 다른 면을 살펴보자. 일반적인 관점에서 본다면, 유서는 경經 · 사史 · 자子 · 집集 중의 문구文句 · 시문詩文 · 전고典故 및 기타 각종 자료들을 뽑아 집성한 책으로, 편자 자신의 견해를 첨가하지 않는다. 그래서 중국 유서를 보면, 대부분이 군서群書의 자료를 발췌하여 기록할 뿐 편찬자 개인의 견해나 의론을 첨가한 경우가 그렇게 많지 않다. 그러나 예외도 있어, 청대 방중덕方中德의 《고사비古事比》 같은 유서는 편찬자가 고서를 적록하면서 수시로 자신의 의론을 첨가함으로써 자료 검색이라는 공구서의 역할을 넘어 가독성可讀性이 매우 높은 '일가지언一家之言' 의 책으로도 손색이 없다. 이러한 유서는 편찬編纂〔자료 집록〕과 저술著述〔편찬자 자신의 견해〕이라는 두 가지 요소를 모두 갖춘 책이라 할 수 있다. 한국 유서 중에도 이러한 책들이 얼마간 보이는데, 이를테면 《지봉유설》·《성호사설》·《오주연문장전산고》·《임하필기》·《임원십륙지》 등의 책을 들 수 있다. 《지봉유설》의 편찬자인 이수광은 이 책 편찬 상에 있어 자신의 견해를 첨가한 사실에 대해 다음과 같이 말하였다.

> 보잘것없는 지식으로 어찌 감히 망령되이 책을 저술하는 축에 들기를 흉내낼 수 있겠는가. 오직 한두 가지씩을 대

강 기록하여 잊지 않도록 대비하려는 것이 진실로 나의 뜻이다. 일의 신비하고 괴이한 것에 이르러서는 일체 기록하지 않았으되, 옛 사람의 시문詩文에 대하여는 간혹 나의 좁은 소견을 적어 두었으니 본래부터 매우 외람되고 지나친 일임을 안다. 그러나 감히 나의 의견이 옳다고 하지는 않는다. 오직 안목이 높은 이가 가려주기를 바랄 뿐이다.[37]

그는 또 다음과 같이 말하였다.

적어둔 바는 고서에서 나왔거나 견문에서 온 것은 반드시 그 출처를 써놓았다. 그리고 꽤 많은 것은 나의 뜻으로 함부로 결론을 내렸으니, 그 출처를 말하지 않은 것은 곧 나의 망령된 생각에서 나온 것이다.[38]

이수광은 이 책을 편찬하면서 자료 회편이라는 유서의 기본적인 속성에 충실하면서 자신의 견해도 첨가하였음을 분명히 밝히고 있다. 그리고 《성호사설》·《오주연문장전산고》·《임하필기》는 주로 사물에 대한 편찬자의 고증을 덧붙인 책으로, 그 형식

37 《지봉유설 · 서(序)》: "余以款啓劣識, 何敢妄擬於述作之林, 略記一二, 以備遺忘, 寔余志也. 若事涉神怪者, 一切不錄, 而於古人詩文, 間或參以臆見, 則固知僭越之甚. 然非敢以己意爲是, 惟具眼者擇焉."

38 《지봉유설 · 범례(凡例)》: "所記出自古書及聞見者, 必書其出處, 而頗以妄意斷之, 其不言出處者, 乃出妄意者也."

적인 면에서는 유서의 유별 자료 회편이라는 속성을 유지하고 있다. 이익은 〈성호사설자서星湖僿說自序〉에서 "옹(이익 자신을 가리킴)은 20년 동안 경서經書를 연구하면서 성현이 남긴 뜻을 보고 이해한 대로 각각 설을 지었다. 또 저술을 즐겨 사물을 접하고 느낀 소감, 다른 사람과 서로 답한 것, 서序 · 기記 · 논論 · 설說을 별도로 채집하였다"[39]라고 하여, 자신의 견해 피력이라는 저술 성격과 자료 회편이라는 유서의 속성을 동시에 언급하고 있다. 이규경도 〈오주연문장전산고서五洲衍文長箋散稿序〉에서 "나는 장구章句에 매달려 이러한 유용한 학문에는 아는 것이 없어 그 기초도 모르나, 마음은 몰래 이것을 좋아하여 세월이 쌓이는 동안에 혹은 책 중에서 얻은 바도 있고 혹은 생각을 마음 위에 일으킨 것도 있으니 합계하면 무릇 약간의 조條가 된다"[40]라고 하였다. 이규경이 이 책의 모든 자목子目 뒤에 '변증설辨證說'이라는 말을 붙이고 있는 것을 보더라도, 그가 각 사물에 대해 고증하여 교정하고 변증을 하였음을 알 수 있다. 《임하필기》 역시 기존의 편저를 축약한 것, 야사野史나 잡기雜記 기타 장고서掌故書에서 관련된 내용을 뽑아 재편집한 것, 저자의 견문과 생각을 바탕으로 편찬한 것, 저자의 문학 작품 등으로 구성되어 있으며,[41] 서명書名에서의 '필기筆記'라는 말을 통해 이유원李裕元 자신은 이 책의 성격

39 翁窮經二十年, 凡見解聖賢遺意, 各有成說. 又喜著書, 其寓物酬人序記論說, 別有采輯.

40 不佞墨守章句, 於此等有用之學, 蔑如也, 莫識其端倪, 而其心則竊好之, 積累歲月或有獲於書中, 或起思於心上, 總計之, 則凡若干條.

41 안대회(安大會), 〈《임하필기》 해제〉(조동영 · 조순희 역, 《국역 임하필기》1, 서울 : 민족문화추진회, 1999) 참조.

에 대해 저술에 더 무게를 두고 있음을 알 수 있다. 《임원십륙지》는 농업기술을 다룬 전문유서인데, 이 책 역시 국내외 서적 총 821종(자신의 저작도 포함)을 인용하여 자료를 회편하면서 편찬자 자신의 견해를 충분히 살려 편찬되었다. 이상에서 언급된 책들은 대부분이 실학자들의 저술로서,[42] 그들은 백과사전적인 실학저술을 유서의 체제형식을 빌어 편찬하면서 자신들의 실학사상을 그 책들을 통해 표현하였던 것이다. 바꾸어 말하면, 실학적인 박학태도를 표현하기 위해서는 자료 회편이라는 유서 체제가 가장 적합하였으며, 거기에다 자신들의 견해나 고증적인 내용을 덧붙임으로써 저술의 성격이 가미되었던 것이다. 《잡동산이》·《문휘》 등의 책은 비록 편자의 견해가 가미되었지만, 자료 회편의 성격이 훨씬 더 짙은 유서라 하겠다.

유형 및 용도

앞에서 유서의 유형을 자료 회편의 범위에 따라 종합유서와 전문유서로 크게 나누었는데, 여기서는 좀더 세부적인 유형으로 나누어 그들 유형으로부터 당시 한국 유서의 다양한 용도를 파악해 보기로 한다.

42 이유원의 《임하필기》 역시 18세기 이래 조선 지식인들의 박물학적 경향의 영향을 받았다고 할 수 있다.(안대회, 〈《임하필기》 해제〉 참조)

43 등사우(鄧嗣禹), 《연경대학도서관목록초고(燕京大學圖書館目錄初稿)》(1935), 〈유서지부(類書之部)〉 참조.

등사우鄧嗣禹는 중국 유서의 유형을 유사類事 · 전고典故 · 박물博物 · 전제典制 · 성명姓名 · 패편稗編 · 동이同異 · 감계鑑戒 · 몽구蒙求 · 상식常識 등 10문門으로 나누었다.[43] 이 분류는 너무 세밀하여 내용상에서 중복되는 부분도 있고, 또한 유서의 범위를 너무 넓게 설정한 나머지 전제문典制門에 《통전通典》·《통지通志》·《문헌통고文獻通考》 등 사부史部의 정서政書도 포함시키고 있다. 또한 이들 10문 중의 유사문類事門에 속하는 책들이 유별 분류를 한 유서를 가리킨다면, 이는 앞에서 언급한 유편유서에 속한다고 할 수 있다. 그래서 유사문을 체제가 아닌 내용 방면에서 나눈 나머지 다른 유형〔門〕들과 함께 논하는 데에는 문제가 있다. 한 가지 예를 들어보면, 전고문典故門에 속하는 유서는 당연히 유사문에도 속한다고 할 수 있다. 그러나 등사우가 《예문유취》·《북당서초》·《태평어람》 등의 책을 이 문門 속에 포함시킨 것을 보면, 아마도 유별 분류를 한 종합유서를 이 유형에 넣은 것 같다. 또한 고사성어나 전고를 위주로 한 이른바 '달제지서獺祭之書'를 집대성한 《연감유함淵鑑類函》 같은 책은 당연히 전고문에 속하면서, 아울러 황가皇家의 '호인호사好人好事' 중심의 가언의 행집(嘉言懿行集 : 본받을 만한 유익한 말과 좋은 행실을 기록한 책)[44]으로 간주할 수 있어 감계문에도 속한다고 할 수 있다. 이와 같은 유형 내용상에서의 중복 현상은 유서의 본래 성격상 불가피한 것으로,

44 방사탁(方師鐸), 《전통문학과 유서의 관계(傳統文學與類書之關係)》(天津 : 天津古籍出版社, 1986), 238쪽 참조.

유서의 유형 분류 작업에서 비교적 자주 부딪히는 문제점이라 할 수 있다. 설사 이상의 문제들이 존재하더라도 이 분류법은 유서의 유형을 이해하는 데에 여전히 유용하다. 한국 유서는 비록 수적數的인 면에서 중국 유서에 비해 많지 않지만, 그 유형 면에서는 중국 유서의 유형을 거의 대부분 포함하고 있다. 등사우의 분류법에 의해 그 예를 들어보면 다음과 같다.

유사문類事門 : 《고금사실유취》·《고금유취》·《신편옥총》·《예원신편》·《유원총보》·《옥찬》·《지봉유설》 등

전고문典故門 : 《경사집설》·《경사유초》·《기적전부》·《대동운부군옥》·《대일통》·《문자유집》·《문휘》·《사삼단어문자》·《소빈국》·《원류》·《책류》·《천금구》 등

박물문博物門 : 《명수지문》·《지문별집》·《몽유편》·《물명고》·《물명괄》·《물명찬》·《물보》·《박물신편》·《재물보》·《광재물보》·《사류박해》·《시명다식》 등

전제문典制門 : 《견첩록》·《고사촬요》·《고사신서》·《관서수서》·《대동장고》·《만가총옥》 등

성명문姓名門 : 《완염동호초》·《완염통고》·《완염통고초》 등

패편문稗編門 : 《국조휘언》·《동패》 등

감계문鑑戒門 : 《대동휘찬》·《삼사비류》·《신수자경편》·

《주형》·《파사》·《후자경편》 등

몽구문蒙求門 : 《도행장록》·《몽구휘어》·《아희원람》·《훈아유람》·《편금》·《학어》 등

상식문常識門 : 《가정》·《가정일용보감》·《간독요초》·《간독정요》·《간독정요초》·《간독회수》·《간독휘찬》·《소차유찬》·《유서필지》·《신식유서필지》·《일용요람》·《죽교편람》·《척독요람》·《척독완편》·《한훤차록》 등

비록 앞의 한국 유서 목록에 저록된 책들을 모두 분류하지는 못했으며, 또한 분류된 책들 중에는 내용상에서 서로 중복되는 경우도 있지만, 한국 유서의 유형 역시 중국 유서와 마찬가지로 매우 다양함을 알 수 있다. 단지 등사우가 분류한 10문 중에서 동이문同異門에 속하는 유서를 찾지 못했다. 그러나 등사우가 동이문에 포함시킨 중국 유서 중에 《고사비古事比》라는 책이 있는데,[45] 이 책은 청나라 방중덕이 편찬한 유서로, 특별히 '비比' 자에 중점을 두어 같은 유類의 사항을 원인과 결과가 서로 같은 것〔同〕이나 서로 다른 것〔異〕을 함께 배열함으로써 비교에 편리하도록 하였다. 즉, 모종某種의 '동同'의 표상表象 중에서 '이異'의 실질을 찾아내게 하였다. 이 '이異'의 실질은 주로 선善과 불선不

45 등사우는 동이문에 《고사비》 외에 송(宋) 조숭현(趙崇絢)의 《계륵(鷄肋)》·청(淸) 여전(厲荃)의 《사물이명록(事物異名錄)》 등의 책을 더 포함시키고 있다.

善의 구분으로 나타나고 있다. 한국 유서 중에서 감계문에 들어 있는 조선 이재(李縡 : 1680-1746)의 《주형宙衡》은 비록 원인과 결과에서 '동同'이나 '이異'를 함께 배열하지는 않았지만, 주로 처사處事에 있어 선善한 것과 불선不善한 것〔異〕을 함께 배열하고 있는 점에서 《고사비》와 얼마간 유사한 점이 있다. 특히 유별 내지 분류 항목 상에서 두 책은 서로 유사한 항목을 적지 않게 설정하였는데, 이를테면 '부자父子'·'군신君臣'·'부부夫婦'·'형제兄弟'·'붕우朋友'·'처은원處恩怨–은원恩怨'·'처고구處故舊–고구故舊' 등이다. 이렇듯 두 책은 인생의 입신처세立身處世의 도리 등을 포함하여 도덕적 교훈에 중점을 두고 편찬된 유서라고 할 수 있다. 조선에서는 이처럼 도덕적 교훈의 목적으로 편찬된 유서가 위의 감계문에서 보듯이 적지 않았다.

편찬 당시의 용도로부터 본다면, 유서를 크게 일반 검색용 유서·시문詩文 제재를 고르는 용도의 유서·과거응시용 유서·초학자 교재용 유서·일용日用유서 등으로 나눌 수 있다.[46] 일반적인 검색은 유서의 가장 기본적인 용도로, 사류별事類別로 분류한 종합유서는 거의 대부분이 이에 속한다. 중국 유서 중에서 가장 전형적인 유서로 《예문유취》·《태평어람》 등을 들 수 있으며, 한국 유서로는 위의 유사문에 속하는 유서들이 이에 속한다. 그러나 기타 유형〔門〕에 속하는 유서들도 당연히 검색용으로 활용되

46 호도정(胡道靜), 《중국 고대의 유서(中國古代的類書)》(北京 : 中華書局, 1982), 11쪽 참조.

었는데, 특히 전고문이나 전제문에 속하는 유서들은 주로 전문분야 내지 특수용도 상의 검색으로 사용되었다. 이를테면 시나 문장을 지을 때 주제와 관련된 어휘나 전고 등을 검색하는 데 이런 유서들이 활용되었는데, 《사삼단어문자四三單語文字》 같은 유서는 서명書名에서도 알 수 있듯이 시를 지을 때 어휘나 어구 선택에 도움이 되도록 편찬되었다고 할 수 있다. 《대일통大一統》·《원류原流》 등과 같은 유서는 대구對句들을 분류하여 열거하고 있어, 역시 시를 지을 때 도움이 되도록 편찬된 책이라 할 수 있다. 《대동운부군옥》도 본래는 시부詩賦와 문을 짓는 사람들이 사조詞藻·대우對偶를 따오고 전고·일문軼文을 찾아서 압운押韻과 대구對句를 맞추는 데 편리하도록 편찬된 책이었다.[47] 정범조丁範祖는 〈대동운옥서大東韻玉序〉에서 다음과 같이 이 책의 용도상에서의 효용성에 대해 언급하고 있다.

> 한림원翰林院의 모임에서 운韻을 집어내고 다른 사람에게 짓기를 부탁할 때에 책을 펼쳐서 잠깐 열람하기만 해도 기이한 상상이 세차게 솟아오르고 기묘한 경지가 곁으로 모여서, 압운이 많을수록 창조한 시어가 더욱 새로워져 도도하게 백 편을 이룰만한 기세가 있게 되니, 웅장한 시문을 도와 발전하게 하는 힘이 어떠한가![48]

47 심경호, 앞의 논문 참조.

48 "若夫詞垣之會, 拈韻授簡, 而開卷乍閱, 則奇思坌湧, 竗境旁會, 押韻愈多而刱語愈新, 有滾滾百篇之勢, 其助發鴻藻之力何如哉!"

조선시대에는 시문 창작에 있어 관련 중국 유서들도 많이 활용한 것 같다. 《책부원귀》·《예문유취》·《태평어람》·《북당서초》·《운부군옥》 등 비교적 유명한 유서 외에 《사류부》·《연신사비시학대성聯新事備詩學大成》·《시학집성압운연해詩學集成押韻淵海》·《신간증보고금명가시학대성新刊增補古今名家詩學大成》·《신간증보고금명가운학연해대성新刊增補古今名家韻學淵海大成》·《신각중교증보원기활법시학전서新刻重校增補圓機活法詩學全書》·《시준유함詩雋類函》·《패문운부》·《변자유편》·《속광사류부續廣事類賦》·《시운합벽詩韻合璧》·《시학원기활법대성詩學圓機活法大成》·《시학함영詩學含英》·《광사류부廣事類賦》·《광광사류부廣廣事類賦》 등의 시문 창작과 관련된 중국의 전문유서들이 적지 않게 보인다. 또한 과거시험용으로도 많은 유서들이 활용되었는데, 이른바 '과문육체科文六體' 중에서 시詩와 부賦는 물론 사육변려문四六騈儷文을 사용하는 표表·책策에는 위의 시문 창작과 관련된 유서들이 활용되었을 것이다. 물론, 이러한 유서 외에도 《고문진보古文眞寶》·《문장궤범文章軌範》·《정선당송천가연주시격精選唐宋千家聯珠詩格》·《백련초(해)百聯抄(解)》 등의 책은 과거응시의 시문詩文과 관련하여 문학계몽도서로서 아동 교육에 사용되었다. 이렇듯 당시의 시문 창작과 과거시험 그리고 아동 교육과는 불가분의 관계에 있었다고 할 수 있다.

이 밖에 전문적으로 과거시험 준비를 위해 편찬된 유서들도 적지 않게 보이는데, 이를테면 《기적전부》·《소빈국》·《책류》·《천금구》 등이 이에 속한다. 아울러 중국의 과거시험용 전문유서인《옥해玉海》·《영가팔면봉永嘉八面鋒》·《우주문망宇宙文芒》(《소한림평선거업첩학우주문망邵翰林評選擧業捷學宇宙文芒》) 등의 책들도 보이고 있다. 또한 경서經書의 어구語句를 발췌하여 기록하고 유형별로 모아놓아 경서의 색인서索引書라 할 수 있는《경서유초》와 경서經書·사서史書 및 후세의 제학자들의 저술에 들어 있는 어휘를 유별로 모아놓은《경사집설》, 그리고 12문門으로 나누어 경·사·자·집과 옛 성현들의 말에서 뽑은 문구文句를 수록하면서 각 문마다 대단히 세밀하게 분류하여 놓은《문휘》등과 같은 책도 과거시험용으로 활용되었을 것이다.

그리고 중국의 초학자 및 동몽 교재용 책을 보면, 그들에게 일목요연하게 분류된 내용을 제시하여 학습에 편리하도록 하기 위해 유서의 체제를 원용하고 있는 경우가 많은데, 한국에 보이는 중국 유서 중에서《초학기》·《몽구蒙求》·《신증회도소학일기고사대전新增繪圖小學日記故事大全》·《백미고사白眉故事》·《황미고사黃眉故事》·《명유名喩》[49]·《유학수지구해(유학고사경림)幼學須知句解(幼學故事瓊林)》·《유학수지고사첩록주해幼學須知故事捷錄註解》등이 이에 해당한다. 한국 유서 중에서도 초학자 및 동몽 교재용 책들이 있는데, 위에서 든《도행장록》·《몽구휘어》·《아희원람》·《훈아유람》·《편금》·《학어》등이 바로 이에 속한다. 명말明末에 나온《유학고사경림》이라는 초학자들을 위한 책은 중

49 이상《백미고사》·《황미고사》·《명유》의 초학자 교재에 관한 언급은 앞의 〈한국 유서의 종합적 연구(Ⅰ) 중국 유서의 전입 및 유행〉 및 뒤의 〈중국 유서《백미고사(白眉故事)》의 한국 유행 연구〉를 참조하기 바람.

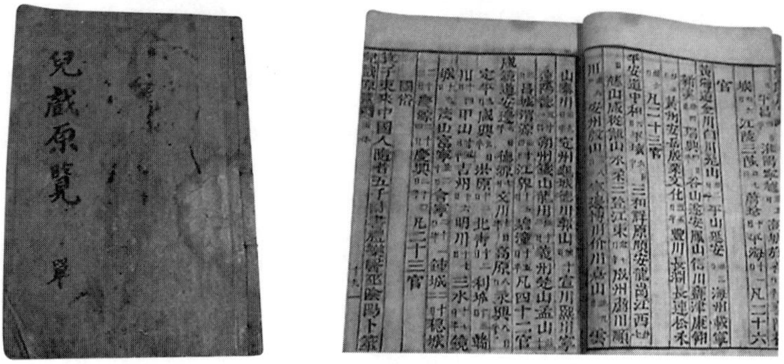

《아희원람》 목판본

국에서도 활용도가 대단히 높았으며 현재도 계속해서 출간되고 있는 책으로,[50] 앞의 한국 전입 중국 유서 목록을 보면 조선시대에도 여러 중국 목판본과 필사본이 있었음을 알 수 있다. 이 책 역시 《백미고사》처럼 한국의 초학자들에게 꽤 많이 읽혀졌던 동몽교재 중의 하나였을 것이다. 한국 유서 중의 《아희원람》도 여

50 필자는 《백화유학경림(白話幼學瓊林)》(西安 : 三秦出版社, 1996)과 왕설매(王雪梅)이 편집하고 주석한 《몽학(蒙學) 계몽의 교재(啓蒙的課本)》(北京 : 中央民族大學出版社, 1996) · 상성덕(尙聖德)이 주편(主編)한 《중화경전몽서집주(中華經典蒙書集注)》(北京 : 華文出版社, 2002) 중의 《유학경림》을 소장하고 있다. 이밖에 대만(臺灣)의 노고출판사(老古出版社) · 종합출판사(綜合出版社) · 문화도서공사(文化圖書公司) · 동해출판사(東海出版社) 등에서도 이 책을 간행한 적이 있다.〔임문보(林文寶), 《역대 계몽교재의 초보적 탐색(歷代啓蒙教材初探)》(臺北 : 萬卷樓圖書有限公司, 1997), 143쪽 참조. 《유학고사경림》에 대한 상세한 정보는 이 책을 참조하기 바람〕 방사탁(方師鐸)은 이 책과 《용문편영(龍文鞭影)》은 사서오경(四書五經)과 더불어 옛날 글방에서 반드시 읽어야 하는 책으로, 유서 성질을 지닌 '악성복습교재(惡性複習教材)' 라고 하였다. 동몽교재로 중국 근대에 유행한 《삼자경(三字經)》 · 《용문편영》 · 《유학경림》 등은 체제상에서 당대(唐代) 이후부터 줄곧 유행했던 이한의 《몽구》로부터 많은 영향을 받았으며, 아울러 많은 자료를 그 책으로부터 취하고 있는데, 더욱이 《용문편영》은 《몽구》의 복사판이라고 할 수 있다(방사탁, 앞의 책, 264 · 272쪽 참조)

러 목록서 및 시중 고서점에서 자주 보이는 것으로 보아 활용도가 꽤 높았던 책이라 할 수 있다. 윤봉한의 《도행장록》 역시 《아희원람》과 비슷한 성격의 책인데, 이 책의 서문序文에서 윤봉한은 "무릇 자주 보이거나 쉽게 알 수 있는 일을 도행장사桃杏膓事라 하고, 자주 보이고 쉽게 알 수 있는 글을 도행장문桃杏膓文이라고 한다(夫常見易知之事, 謂之桃杏膓事 ; 常見易知之文, 謂之桃杏膓文)" 고 하면서, 개산포開山浦의 어느 집에 손님으로 있을 때 주인 아들과 상대하면서 그 아이의 몽매함을 알고 자신이 알고 있는 '도행장'의 일을 가르쳤으며, 또한 그것을 오래도록 잊지 않으려고 적어 달라는 그 아이의 요청으로 이 책을 엮었다고 하였다.[51]

또 일용유서는 문자 그대로 일상생활 중에서 수시로 활용할 수 있도록 관련 사항들을 유별로 정리하여 편찬된 책으로, 일용에 필요한 상식적인 특성을 가진 유서라 할 수 있다. 한국 유서 중에는 위의 상식문에 속하는 책들이 이에 속한다고 할 수 있는데, 공문서식과 편지글 관련 책들이 거의 대부분이다. 서식 용례집이라 할 수 있는 《유서필지》(앞에서 이미 언급)나 공사公私 전반의 소식문消息文에 관한 용어 · 문례文例 · 서식 등을 매우 상세하게 소개하고 있는 《한훤차록》 등은 활용도가 꽤 높은 책이었다. 《죽교편람》은 상례喪禮 · 제례祭禮 및 농업 관련 일상사를 다루고 있다. 농업에 관한 전문유서라고 할 수 있는 《임원십륙지》

51 〈도행장록서(桃杏膓錄序)〉 : "余客于玆, 數月頗有閒隙, 與主人子相對. 其言貌則軒渠, 行事則蒙騃. ……以余所知桃杏膓, 敎之不倦, 主人子亦學之不厭, 日有所增. 而持一空卷, 請記之, 作爲愈久不忘之資云."

등과 같은 유서도 일용유서의 성격을 지닌 책으로 간주할 수 있다. 한편 한국에 전입된 중국 유서 중에서는《거가필비居家必備》·《만보전서萬寶全書》 등이 이에 속한다.

이상에서 보듯이, 한국에서도 다양한 용도에서 유서를 편찬하여 활용했으며 아울러 해당 중국 유서도 이용했던 사실을 알 수 있다.

유서의 용도상에서 본다면, 조선시대에 있어 또 하나의 중요한 사실은 앞에서도 언급한 유서와 조선시대 실학實學과의 관계이다. 비교적 저명한 한국 유서 중에서 적지 않은 책들이 조선시대의 실학자 및 그 사상과 관련이 있다. 당시의 실학자들은 지식체계와 문헌의 백과전서식 집성을 통해 사유활동의 개방을 촉진하였다. 또한 이들 유서에 나타난 지식에 대한 광범위한 수용 및 체계적 분류로부터 그들 사상의 기본입장과 특색을 파악할 수도 있다.[52] 실학자들의 공통 현상으로 지적할 수 있는 것이 박학다식의 경향이고, 이런 경향을 가장 잘 표현한 것이 백과전서류의 학문방법이다. 성리학자性理學者들이 언급조차 회피했던 이단사상까지 지식의 대상으로 삼는 학문의 개방성이 바로 백과전서류 학문의 특색이다.[53] 이수광은 "대개 박학은 자신을 위해 하는 것이지 다른 사람을 위한 것이 아니다. 지금 박학으로써 다른 사람을 위한다고 말하는 것은 아마도 잘못된 의론이다"[54]라고 하였

52 한국철학회 편찬,《한국철학사(韓國哲學史)》(하권)(서울 : 東明社, 1987), 91-97쪽 참조.

53 한국철학사연구회,《한국실학사상사》(서울 : 도서출판 다운샘, 2002), 334쪽 참조.

54《지봉유설》권5·〈유도부(儒道部)·학문(學問)〉: "蓋博學所以爲己, 非爲人也. 今以博學謂之爲人, 則恐非的論也."

다. 그가 박학에 대한 개인적 신념을 중시하고 있음을 알 수 있는데, 그는 이러한 박학에 대한 개인적 신념을 《지봉유설》이라는 유서를 통해 반영하였던 것이다. 이규경의 《오주연문장전산고》를 보면, 천문天文 · 역법曆法 · 수리數理 · 시령時令 · 종족種族 · 역사歷史 · 지리地理 · 경제經濟 · 문학文學 · 문자文字 · 음운音韻 · 금석金石 · 고기古器 · 전적典籍 · 서학西學 · 서교西教 · 도교道教 · 불교佛教 · 서화書畵 · 의약醫藥 · 음양오행陰陽五行 · 술수術數 · 상서祥瑞 · 재이災異 · 제도制度 · 습속習俗 · 예제禮制 · 복식服飾 · 유희遊戲 · 주거舟車 · 교량橋梁 · 야금冶金 · 도요陶窯 · 병학兵學 · 무기武器 · 기구器具 · 양전量田 · 양조釀造 · 종축種畜 · 외래물종外來物種 · 초목草木 · 어충魚蟲 · 조수鳥獸 · 광속鑛屬 등의 내용을 매우 박학다식하게 다루고 있다. 아울러 이규경은 정통의 '생명의리의 학문性命義理之學' 보다 '명물도수의 학문名物度數之學' 을 더 중시하였는데,[55] 즉 실제 생활에 활용할 수 있는 실용적인 학문을 강조하였던 것이다. 실학자들의 이러한 박학적인 학문 경향을 반영하는 데에는 유서와 같은 체제가 무엇보다 적합하였다. 즉, 분류와 자료 회편이라는 유서의 기본적인 속성이 그들의 학문 성격과 맞아떨어졌던 것이다. 실학자들의 유서 편찬은 곧 이러한 용도에서 이루어지게 되었는데, 앞에서 보았듯이 그들의 유서는 편폭이 비교적 크고 포괄하는 내용 또한 상당히 광범위하였다. 그리고 위의 박물문에 속하는 '물명고' 류 유서 중에서도 실학사

55 〈오주연문장전산고서(五洲衍文長箋散稿序)〉 참조.

상과 관련이 있는 책들이 있는데, 이를테면 《물명고》(유희) · 《물명괄》(정약용) · 《물명찬》(유우일) · 《물보》(이가환 · 이재위) · 《시명다식》(정학상 · 정학포) 등이다. 이들 유서는 모두 사물을 유별로 분류하고 그것에 대해 우리말이나 한문으로 주석을 달아 놓은 책들이다. 18세기에 이르러 이른바 '명물도수名物度數'의 학문이 성립되어, 18세기 말에는 '물명고' 류의 유서가 전성기를 맞이하게 되는데, 이러한 '물명고' 류의 유서를 통해 명물에 대해 관심을 가진 것은 이용후생의 측면을 강조한 것으로 해석할 수 있다.[56] 한국에 전입된 중국 유서 중에서 박물문에 속하는 책으로는 송대의 《사물기원집류事物紀原集類》 · 《원류지론源流至論》, 명대의 《박물전휘博物典彙》 · 《삼재도회三才圖會》 · 《광박물지廣博物志》, 청대의 《사물원회事物原會》 등이 보인다. 이 중에서 도설식圖說式 유서인 《삼재도회》는 《재물보》 등 조선의 박물류 유서에 영향을 미쳤다. 또한 실학자인 이수광이 자신이 편찬한 유서인 《지봉유설》에서 이 책을 인용하고 있는 것을 보더라도, 이 책은 당시 실학자들에게도 많은 영향을 미쳤을 것이다.[57]

56 홍윤표, 앞의 논문 참조.

57 《삼재도회》는 일본에까지 영향을 미쳤는데, 일본에서는 그것을 모방하여 사도양안(寺島良安)이 《화한삼재도회(和漢三才圖會)》를 만들었지만 일본적 지식을 풍부하게 담고 있다. 《화한삼재도회》는 18세기 중엽 조선에 수입되어 실증적 학문을 전공한 학자들에게 널리 읽힘으로써 조선의 문화에 영향을 미쳤다. 이덕무(李德懋)는 《청장관전서(靑莊館全書)》 등 그의 저작에서 10여 차례나 이 책을 인용하였으며, 서유구(徐有榘)도 《임원십륙지(林園十六志)》에서 이 책을 아주 중요한 전거(典據)로 이용하였다.〔이상 안대회(安大會), 〈《화한삼재도회》와 조선후기 실학〉(제3회 동아인문학회 국제학술대회 발표논문집, 2002.11.16.) 참조〕

결론

중국에서 기원하여 우리나라에 전입된 유서는 한국의 유서문화에 많은 영향을 끼쳤다. 중국의 유서를 그대로 활용하기도 하였지만, 우리 문화에 맞게 직접 유서를 편찬하여 사용하기도 하였다. 한국 유서는 비록 수적數的인 면에서 중국 유서에 미치지 못하지만, 역사가 유구한 중국 유서에 비해 결코 적은 편이 아니다. 한국 유서 중에서 《고사촬요》·《유서필지》·《경사집설》·《경서유초》·《만가총옥》·《신편옥총》·《아희원람》·《옥찬》·《유원총보》·《한원차록》·《신편휘어》 등이 비교적 활용도가 높았던 책으로, 이 책들은 모두 거꾸로 중국으로 전입되었다. 중국 유서 중에는 황제의 명을 받고 편찬된 대규모의 관찬 유서가 많은 데 비해, 한국 유서는 대부분이 사찬 유서로, 중국의 관찬 유서처럼 대규모의 유서는 나오지 않았다. 물론 10책 이상 심지어 20책 이상으로 된 규모가 꽤 큰 유서도 적지 않게 간행되었지만, 여전히 소형유서의 수가 높은 비율을 차지하고 있으며, 또한 편찬자가 미상인 유서도 그 비율로 보면 많은 편이다. 이는 편찬자가 전인前人의 저술 중에서 필요한 사실만을 발췌하여 기록하고, 간행할 목적보다는 가까이 두고 수시로 참고하기 위해 즉, 비망록의 성격을 지니고 편찬하였기 때문으로 볼 수 있다. 한국 유서 중에 필사본이 많다는 사실 역시 이를 뒷받침하고 있다. 한국 유서는 그 편찬 체제 면에서 중국 유서의 체제 유형을 대부분 수용하고 이용하였다. 특히 유편유서 중에는 가장 전형적인 천-지-인-

사-물의 배열구조를 기본적으로 따르고 있는 책들이 매우 많다. 그러나 전문유서들은 그 주제와 걸맞으며 검색에 편리하도록 하기 위해 나름대로 분류하여 편찬되었다. 한국 유서 중에는 또한 운편유서 · 자편유서 · 수편유서 등도 나온 것으로 보아 그 체제면에서 다양한 유서를 편찬하여 활용한 것으로 볼 수 있다. 그리고 유서 중에 자료 회편이라는 유서의 기본적인 속성에 충실하면서 자신의 견해도 첨가하여 편찬의 성격과 저작의 성격을 동시에 드러내고 있는 책들도 있는데, 이는 대부분 조선의 실학자들이 편찬한 유서들이다. 한국 유서의 유형을 보면, 중국 유서가 지니고 있는 유형을 거의 대부분 포함하고 있는데, 이를테면 유사類事 · 전고典故 · 박물博物 · 전제典制 · 성명姓名 · 패편稗編 · 감계鑑戒 · 몽구蒙求 · 상식常識 등과 같은 것으로, 유형 역시 매우 다양함을 알 수 있다. 유형의 다양함은 곧 용도상에서도 다양하게 편찬되고 활용되었음을 뜻하는데, 한국 유서는 일반 검색 외에도 시문 창작 · 과거시험 · 초학자 및 동몽 교재 · 일상생활 및 상식 등의 용도상에서 비교적 집중적으로 편찬되었으며, 감계鑑戒 및 전제典制를 다룬 전문유서도 적지 않게 출현하였다. 또한 조선의 실학자들은 자신들의 박학적인 학문 경향을 반영하기 위한 용도로 유서라는 형식을 빌어 책을 편찬하기도 하였는데, 비교적 유명한 한국 유서 중에서 적지 않은 책들이 이에 속한다. 특히 18세기 말에 집중적으로 등장한 '물명고' 류 유서들의 명물에 대한 관심은 이용후생의 측면을 강조한 실학사상과 불가분의 관계가 있다고 할 수 있다.

【參考文獻】

서울大學校奎章閣 編,《奎章閣韓國本圖書解題》(史部) 1993年 初版2刷

高麗大學校民族文化研究所 編,《韓國圖書解題》, 高麗大學校民族文化研究所出版部, 1990年 再版

韓國精神文化研究院 編,《藏書閣圖書解題 I》, 1995.

《장서각한글자료해제》, 2000.

서울特別市立鐘路圖書館 編,《藏書目錄 : 古書解題篇》, 1970.

서울特別市立南山圖書館 編,《藏書目錄 : 古書解題篇》, 1981.

金榮鎭,《農林水産古文獻備要》, 韓國農村經濟硏究院, 1979.

韓國國會圖書館 編,《韓國古書綜合目錄》, 1968.《古書目錄》, 1995.

國立中央圖書館 編,《藏書目錄》, 1982.

國史編纂委員會 編,《古書目錄》, 1983.

李相殷 編,《古書目錄》, 保景文化社, 1987.

藏書閣 編,《藏書閣圖書韓國版總目錄》, 1972.

《藏書閣圖書中國版總目錄》, 1974.

韓國精神文化研究院 編,《藏書目錄 : 古書篇1》, 1991.

國學資料保存會 編,《韓國典籍綜合目錄》(第1輯), 1974/(第2輯), 1974/(第3輯), 1974/(第4輯), 1975/(第5輯), 1975.

文化財管理局 編,《韓國典籍綜合調査目錄》(第1輯), 1986/(第2輯), 1988/(第3輯), 1989/(第4輯), 1990/(第5輯), 1991/(第6輯), 1992/(第7輯), 1993/(第8輯), 1994/(第9輯), 1996.

서울大學校圖書館 編,《奎章閣圖書韓國本綜合目錄》, 1994年(修正版) 1刷
《奎章閣圖書中國本綜合目錄》, 1982.
《奎章閣圖書韓國本總目錄》, 1980年 補訂版
《奎章閣圖書中國本總目錄》, 1972.
高麗大學校中央圖書館 編,《漢籍目錄 : 舊藏》(高麗大學藏書目錄, 第18輯), 高麗大學校出版部, 1984.
《貴重圖書目錄》(高麗大學校藏書目錄, 제15輯), 1980.
《晩松金完燮文庫目錄》, 1979.
啓明大學校中央圖書館 編,《古書目錄》, 1987.
慶尙大學校圖書館 編,《慶尙大學校漢籍目錄》, 1996.
東國大學校中央圖書館 編,《古書目錄》, 1981.
成均館大學校中央圖書館 編,《古書目錄》, 1979/(第2輯), 1981.
延世大學校中央圖書館 編,《古書目錄》, 1977/(第2輯), 1987.
嶺南大學校中央圖書館 編,《藏書目錄》(漢古籍篇), 1973.
《古書·古文書目錄 : 味山文庫》, 2000.
《古書目錄 : 南齋文庫》(第1輯), 2001.
忠南大學校圖書館 編,《古書目錄》, 1993.
安東大學校圖書館 編,《古書目錄》, 1994.
龍仁大學校傳統文化硏究所 編,《古書目錄》, 2000.
釜山廣域市立市民圖書館 編,《古書目錄》, 1995.
大邱廣域市立中央圖書館 編,《大邱廣域市立中央圖書館 古文獻室《樂育齋》所藏 資料目錄》, 2001.

慶州文化院 編,《慶州地方古書調査目錄》, 1992.
韓國民族美術硏究所 編,《澗松文庫漢籍目錄》, 1967.
韓國精神文化硏究院 編,《한국민족문화대백과사전》2, 1991.
祝鴻熹 · 洪湛侯 主編,《文史工具書詞典》, 杭州 : 浙江古籍出版社, 1996.
《四庫全書總目》, 臺北 : 藝文印書館, 1979年5版
王重民 撰,《中國善本書目提要》, 臺北 : 明文書局, 1984年 初版
屈萬里 撰,《普林斯敦大學葛思德東方圖書館中文善本書志》, 臺北 : 藝文印書館, 1975年 初版
鄧嗣禹,《燕京大學圖書館目錄初稿》, 1935.
李仙竹 主編,《北京大學圖書館館藏古代朝鮮文獻解題》, 北京 : 北京大學出版社, 1997.
黃建國 · 金初昇 主編,《中國所藏高麗古籍綜錄》, 上海 : 漢語大詞典出版社, 1998.
駱兆平 編著,《新編天一閣書目》, 北京 : 中華書局, 1996.
모리스 꾸랑 原著 · 李姬載 飜譯,《韓國書誌》(修訂飜譯版), 서울 : 一潮閣, 1994.
尹炳泰 編,《韓國書誌年表》, 한국도서관협회, 1972.
《韓國古書年表資料》, 大韓民國國會圖書館
국립중앙도서관 서지학부,《조선 서지학 개관》, 평양 : 국립출판사, 1955(서울 : 한국문화사 영인본, 1999).
신양선,《조선후기 서지사 연구》, 서울 : 혜안, 1997.
熊篤 · 許廷桂 編著,《中國古典文獻學》, 重慶 : 重慶出版社,

2000.

曾貽芬・崔文印,《中國歷史文獻學史述要》, 北京：商務印書館, 2000.

杜澤遜,《文獻學概要》, 北京：中華書局, 2001.

劉葉秋,《類書簡說》, 上海：上海古籍出版社, 1980.

鄭鶴聲・鄭鶴春,《中國文獻學概要》, 上海：上海古籍出版社, 2001.

洪湛侯,《中國文獻學要籍解題》, 杭州：杭州大學出版社, 1997.

《中國文獻學新編》, 杭州：杭州大學出版社, 1997.

胡道靜,《中國古代的類書》, 北京：中華書局, 1982.

張滌華,《類書流別》(修訂本), 北京：商務印書館, 1985.

戚志芬,《中國的類書・政書與叢書》, 臺北：臺灣商務印書館, 1995.

方師鐸,《傳統文學與類書之關係》, 天津：天津古籍出版社, 1986.

裴　芹,《古今圖書集成研究》, 北京：北京圖書出版社, 2001.

史金波・黃振華・聶鴻音,《類林研究》, 銀川：寧夏人民出版社, 1993.

吳小如・莊銘權 編著,《中國文史工具資料擧要》, 臺北：明倫出版社, 1978.

張旭光 編著,《文史工具書評介》, 楊州師範學院歷史系教材, 1983.

吳小如・吳同賓,《中國文史工具資料書擧要》, 天津：天津古籍出版社, 2002.

白　氷,《中文工具書使用》, 上海：上海古籍出版社, 2005.

鄭士德,《中國圖書發行史》, 北京：高等教育出版社, 2000.

莊芳榮 編,《中國類書總目初稿: 書名·著者索引篇》, 臺北：臺灣學生書局, 1983.

戚志芬,《中國的類書·政書與叢書》, 臺北：臺灣商務印書館, 1994.

《白話幼學瓊林》, 西安：三秦出版社, 1996.

王雪梅 編注,《蒙學 啓蒙的課本》, 北京：中央民族大學出版社, 1996.

尙聖德 主編《中華經典蒙書集注》, 北京：華文出版社, 2002.

林文寶,《歷代啓蒙教材初探》, 臺北：萬卷樓圖書有限公司, 1997.

小川陽一,《日用類書による明淸小說の硏究》, 東京：硏文出版, 1995.

韓國哲學會 編,《韓國哲學史》(下卷), 서울：東明社, 1987.

한국철학사연구회,《한국실학사상사》, 서울：도서출판 다운샘, 2002.

전경목 외 역,《儒胥必知》, 서울：사계절출판사, 2006.

王　立,〈類書與中國傳統文學中的主題類分〉,《上海師範大學學報》(哲社版) 1999:1

金允植,〈類書에 對한 書誌的 考察〉,《國會圖書館館報》19:4, 1982.7·8 합병호.

金抱玉,〈中國의 類書考〉,《圖書館》40:1, 1985.1·2.

張滌華 論述·鄭光水 譯,〈類書의 源流와 그 體制〉,《圖書館》40:5, 1985.9·10.

柳東春,〈類書小考〉,《中國文學》21, 1993.12.

張天俊,〈論類書之祖《皇覽》〉,《南通師傳學報》11:4, 1995.12.

張春輝, 〈類書的範圍與發展〉, 《文獻》 1987:1
吳哲夫, 〈從《畫一元龜》談日本古漢籍的收藏〉, 《東亞人文學》2, 2002.12.
金永善, 〈歷代 書目에 收錄된 類書의 分類에 관한 考察〉, 《恒心 尹炳泰 博士 停年紀念論文集 : 韓國書志學論集》, 1999.2.
李家源, 〈《物譜》와 實學思想〉, 연세대 《人文科學》5, 1960.
김근수, 〈《才物譜》 解題〉, 《才物譜》, 서울 : 아세아문화사, 1980.
심경호, 〈《大東韻府群玉》의 구조〉, 심경호, 《한문학의 자료와 해석》, 서울 : 태학사, 2002.
安大會, 〈《林下筆記》 해제〉, 조동영 · 조순희 역, 《국역 임하필기》1, 서울 : 민족문화추진회, 1999.
〈《和漢三才圖會》와 朝鮮後期 實學〉, 《제3회 동아인문학회 국제학술대회 발표논문집》 2002.11.
이태진, 〈奎章閣 中國本 圖書와 集玉齋圖書〉, 《民族文化論叢》 16, 1996.5.
이정섭, 〈國立中央圖書館 所藏 中國古書의 整理現況〉, 《민족문화논총》16, 1996.5.
李樹健, 〈嶺南大 中央圖書館 소장 中國古書의 현황과 그 성격〉, 《민족문화논총》16, 1996.5.
洪允杓, 〈十八, 十九世紀의 한글 註釋本 類書에 대하여 특히 '物名考' 類에 대하여〉, 《周時經學報》1, 1988.7.
許興植, 〈高麗時代의 書籍刊行〉, 《國史館論叢》71, 1996.

〈金祉의《選粹集》·《周官六翼》과 그 價値〉,
《奎章閣》4, 1981.

吳聖昔,〈鄧志謨鄕里 · 字號 · 生年探考〉(《鄧志謨考論》之一),
《明淸小說硏究》1992:2.
〈鄧志謨經歷 · 家境 · 卒年探考〉,《明淸小說硏究》
1993:3.

金文京,〈晩明小說 · 類書作家鄧志謨生平初探〉, 辜美高 · 黃霖
主編,《明代小說面面觀 : 明代小說國際學術硏討會論
文集》, 上海 : 學林出版社, 2002.

金永善,〈韓國 類書의 書誌學的 硏究〉, 중앙대학교 대학원 박사
학위논문, 2003.

*참고한 유서 목록은 일일이 열거하지 않았음.

중·한 초학자 학습용 유서

서론

일반적으로 유서의 가장 중요한 용도는 자료의 검색이라 할 수 있다. 더욱이 학문에 막 발을 들여놓은 초학자들에게 자료의 검색은 매우 중요한 공부 수단 중의 하나이다. 이러한 이유로 역대 유서 중에는 초학자를 위한 학습교재용으로 만들어진 유서가 적지 않게 전해지고 있다. 바꾸어 말하면, 검색에 간편한 유서의 형식이 초학자용 교재 편찬에 원용된 경우라고 할 수도 있다. 유서의 분류 체계 및 기존 자료의 수집과 집중 또한 초학자용 교재 편찬에 유리함을 제공하였다. 이러한 검색상의 간편함 내지 편찬상의 유리함이 처음부터 초학자들의 학습을 위한 용도로 유서를 편찬하게 하였다고 할 수 있다. 당대唐代 서견徐堅·장열張說 등의 《초학기初學記》라는 유서는 현종玄宗의 명령을 받들어 편찬한 것으로, 황제 자제들이 글을 지을 때 사류事類와 사조辭藻를 찾기 위한 용도로 사용되었다.[1] 제목 그대로 처음 공부하는 사람들에게 도움이 되도록 하는 데 그 편찬의 목적이 있었던 것이다. 이 책은 물론 일반유서의 분류체계와 성격을 지니고 있지만, 그 편찬 목적만을 가지고 본다면 분명히 초학자를 위한 유서임에 틀림없다. 그리고 등사우鄧嗣禹는 일찍이 유서의 유형을 유사類事 · 전고典故 · 박물博物 · 전제典制 · 패편稗編 · 동이同異 · 감계鑑戒 · 몽구蒙求 · 상식常識 등 10문門으로 나눈 적이 있는데,[2] 그 중에 몽구문蒙求門을 하나의 유형으로 삼고 있는 것을 볼 수 있다. 아울러 그는 이 유형에 속하는 유서로 《몽구집주蒙求集注》·《십칠사몽구十七史蒙求》·《기사주記事珠》·《유학고사경림幼學故事瓊林》 등의 책을 들고 있다. 이러한 사실로부터 유서의 유형 중에서 초학자 학습교재용 유서가 차지하는 비중이 결코 가볍지 않음을 알 수 있다.

본고에서는 중국과 한국에서의 초학자 학습교재용 유서의 편찬 상황에 대해 알아보고, 아울러 그러한 유서의 형식과 분류 체계(즉 체제), 구체적인 용도 및 내용상에서의 성격 특징 등에 대해 파악해 보려고 한다.

1 유엽추(劉葉秋) 지음, 김장환(金長煥) 옮김, 《중국유서개설(中國類書槪說)》(서울 : 學古房, 2005), 68쪽 참조.

2 등사우(鄧嗣禹), 《연경대학도서관목록초고(燕京大學圖書館目錄初稿)》(1935), 〈유사지부(類書之部)〉 참조.

중국의 초학자 학습용 유서

중국에서는 일반적으로 초학자 학습용 유서로 《몽구집주》와 《유학고사경림》 등의 책을 대표적인 예로 들면서, 이 책들이 자주 거론되고 있다. 이 두 부의 책은 지금까지도 그 영향력을 무시할 수 없으며, 한국에도 적지 않은 영향을 끼쳤다.[3] 여기서는 우선 중국에서 편찬된 초학자 학습교재용 유서의 목록을 파악해 보기로 한다.

《蒙求集註》 2권 唐 李瀚 撰

《姓氏急就篇》 2권 宋 王應麟 撰

《標題補註蒙求》 3권 五代晉 李瀚 撰, 宋 徐子光 註

《名物蒙求》 宋 方逢辰 撰

《十七史蒙求》 宋 王令 撰

《兩漢蒙求》 11권 宋 劉班 撰

《務學須知》 2권 宋 鄒應龍 撰(逸)

《日記故事》 7권 宋 撰者不明

《聚課瓊珠詩對》 9권 撰者不明

《對屬發蒙》 2권 撰者不明

《賦學剖蒙》 2권 撰者不明

《純正蒙求》 3권 元 胡炳文 撰

3 이들 문제에 대해서는 뒤에 다시 거론하기로 한다.

《歷代蒙求》元 陳櫟 撰

《歷代蒙求纂註》1권 元 王芮 撰, 元 鄭鎭孫 纂註

《南北通用事箋字解九十五門對屬指蒙》4권 元 撰者不明

《左氏蒙求注》1권 元 吳化龍 撰, 淸 許乃濟 · 王慶麟 註

《幼學故事瓊林》5권 明 程允升 撰

《正音攟言》4권 明 王荔 撰

《註釋啓蒙對偶續編》4권 明 孟紱 撰

《廣蒙求》37권 明 姚光祚 撰

《訓蒙駢句》1권 明 司守謙 撰

《聲律發蒙》1권 明 蘭茂 撰[4]

《龍文鞭影》4권 明 蕭漢冲 撰

《幼學須知故事捷錄註解》明 李廷機 撰

《對類》20권 撰者不明

《李氏蒙求補注》6권 淸 金三俊 撰

《千金裘》27권 淸 蔣義彬 撰

《千金裘二集》26권 淸 蔣義彬 · 徐元麟 撰

《幼學編》淸 撰者不明

《漢書蒙拾》3권 淸 杭世駿 撰

《後漢書蒙拾》2권 淸 杭世駿 撰

4 유점천(劉占泉)의 《한어문교재개론(漢語文教材概論)》(北京 : 北京大學出版社, 2004)에서는 청대(淸代) 양림란(楊林蘭)이 지었다고 하였다.(67쪽) 여기서는 장방영(蔣芳榮)이 편찬한 《중국유서총목초고(中國類書總目初稿) : 서명(書名) · 저자색인편(著者索引篇)》(臺北 : 學生書局, 1983)을 참고하였다.(80쪽) 앞으로 확인 과정이 필요함.

《國志蒙拾》2권 清 郭鏖 撰

《家塾蒙求》5권 清 康基淵 輯

《記事珠》10권 清 張以謙 撰

《記事珠選》10권 清 張以謙 撰

《初學數紀典故便錄》27권 清 李元春 撰

《初學須知》5권 清 孫應符 撰(逸)

《新編分類歷史揭要》12권 清 蕭雨春 撰

《初學必讀》6권 撰者不明

《新幼學句解》2권 陳霽辰 撰

《寫景麗言》民國19年 高殿澍 撰

《養正錄》民國20年 胡瑞芝 撰

이상의 목록에서 보면, 중국의 초학자 학습용 유서의 특징은 《몽구》와 같은 대류對類〔偶句隸事〕의 책이 많다는 사실이다. 《몽구》라는 책이 나온 이후에 그것과 유사한 책들이 꽤 많이 나왔는데, 위의 목록에서도 보듯이 《명물몽구名物蒙求》·《십칠사몽구十七史蒙求》·《양한몽구兩漢蒙求》·《순정몽구純正蒙求》·《역대몽구歷代蒙求》·《역대몽구찬주歷代蒙求纂註》·《좌씨몽구주左氏蒙求注》·《광몽구廣蒙求》·《가숙몽구家塾蒙求》 등이 바로 그러한 책들이다. 이 밖에도 《용문편영龍文鞭影》·《유학고사경림幼學故事瓊林》 등도 그 체제상에서 당대 이후에 줄곧 유행했던 《몽구》로부터 영향을 받았으며, 아울러 많은 자료를 그 책으로부터 취하고 있는데, 더욱이 《용문편영》은 《몽구》의 복사판이라고 할 수 있

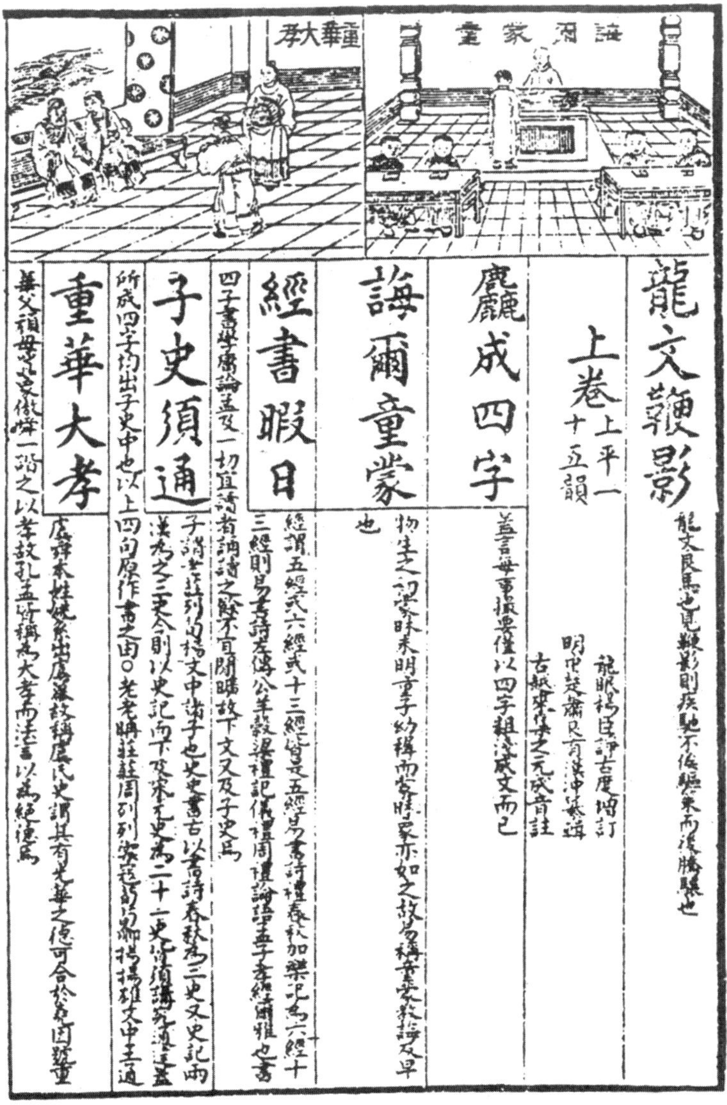

龍文鞭影

龍文良馬也見鞭影則疾馳不俟驅策而後騰驤也

上卷 上平一 十五韻

麤成四字

誨爾童蒙

經書暇日

子史須通

重華大孝

《용문편영》

다. 방사탁方師鐸은 《유학고사경림》과 《용문편영》은 사서四書 · 오경五經과 더불어 옛날 글방 중에서 반드시 읽어야 하는 책으로, 유서 성질을 지닌 '악성복습교재惡性複習教材' 라고 하였다.[5] 유서의 편찬 체제[6]상에서 보면, 《몽구》와 《용문편영》은 운편유서韻編類書에 속하는데, 본문正文은 모두 4언으로 하나의 단구短句를 이루고 있으며, 상하 두 구는 대구對句를 이루고 있는데, 각기 하나의 전고典故를 서술하고 있다. 짝수 구에 압운押韻을 하여 그 운부韻部에 의거해 배열하였다. 이는 한편으로 아동들이 입으로 외우기에 편리하도록 한 것인데, 바꾸어 말하면 초학자들의 학습에 편리함을 제공하기 위해 이와 같은 운편유서의 체제를 원용하여 교재를 편찬한 것이라고 볼 수 있다. 아울러 이와 같은 대구와 압운의 형식은 초학자들이 시를 짓는데 직 · 간접적으로 도움을 주었을 것이다. 《유학고사경림》[7]은 《몽구》와 같이 대류對類의 형식으로 정문을 이루고 있지만, 그 편찬 체제상에서 보면 유편유서에 속한다. 이는 유서의 가장 보편적인 형식인 유편유서의 체제를 원용한 것으로, 어떤 면에서 초학자들에게 검색의 편리성을 제공하고 있다고 할 수 있다. 즉, 천문天文 · 지여地輿 · 세시歲

5 방사탁(方師鐸), 《전통문학과 유서의 관계(傳統文學與類書之關係)》(天津 : 天津古籍出版社, 1986), 264 · 272쪽 참조.

6 유서는 편찬 체제상 일반적으로 유편유서(類編類書) · 운편유서(韻編類書) · 자편유서(字編類書) · 수편유서(數編類書) · 시편유서(時編類書) 등 크게 다섯 가지로 나눌 수 있다.

7 이 책의 원명(原名)은 《유학수지(幼學須知)》이며, 《성어고(成語考)》라고도 한다. 청(淸)나라 사람인 추성맥(鄒聖脈)이 증가하고 보충한 후에 비로소 《유학경림》이라 하였다. 〔방사탁(方師鐸), 앞의 책, 265쪽〕

時·조정朝廷·문신文臣·무직武職·조손부자祖孫父子·형제兄弟·부부夫婦·숙질叔侄·사생師生·붕우빈주朋友賓主·혼인婚姻·여자女子·외척外戚·노유수탄老幼壽誕·신체身體·의복衣服·인사人事·음식飮食·궁실宮室·기용器用·진보珍寶·빈부貧富·질병사상疾病死喪·문사文事·과제科第·제작制作·기예技藝·송옥訟獄·석도귀신釋道鬼神·조수鳥獸·화목花木 등 총 33부部로 분류하였는데, 포괄하고 있는 내용 범위가 매우 광범위하여 일종의 백과지식사전과 같다고도 볼 수 있다. 전고와 성어成語는 물론 초학자 수준에서 알아두어야 할 일반적인 상식도 꽤 많이 실려 있다. 예를 들면, 「외척」부에 실려 있는 다음과 같은 구절들이 바로 그것이다.

帝女乃公侯主婚, 故有公主之稱；帝婿非正駕之車, 乃是駙馬之職.

: 황제의 딸은 공후公侯가 혼인을 주관하기 때문에 공주라는 칭호를 가진다. 황제의 사위는 정가正駕의 수레를 타지 못하기에 부마의 직책인 셈이다.

郡主·縣君, 皆宗女之謂; 儀賓·國賓, 皆宗婚之稱.

: 군주郡主·현군縣君은 모두 황족의 딸을 일컫는 말이다. 의빈儀賓·국빈國賓은 모두 황족의 사위를 지칭하는 말이다.

舊好曰通家, 好親曰懿戚.

: 옛날부터 잘 사귀어 지내는 것을 통가通家라 하고, 친척으로 잘 지낸 사이를 의척懿戚이라 한다.

위의 예를 보면, '공주公主'와 '부마駙馬'라는 명칭이 생겨난 배경을 설명하고 있으며, 또한 '군주郡主'·'현군縣君', '의빈儀賓'·'국빈國賓' 그리고 '통가通家'·'의척懿戚'이란 단어의 개념을 설명하고 있어, 초학자들의 상식과 공부에 적잖은 도움을 주었을 것이다. 더군다나 이 책은 33부部로 분류가 되어 있어 자신이 알고 싶어 하는 단어나 성어를 해당 부에 들어가 검색할 수 있는 편리함을 지니고 있다고 할 수 있다.

이 밖에도 아동의 덕성 및 인성교육을 위해 편찬된《일기고사日記故事》라는 책 역시 유서의 체제를 원용하고 있는데, 이 책은 통속적인 언어로 효제충신孝悌忠信 및 예의염치禮義廉恥류의 이야기를 생지生知·학지學知·감동感勵·효행孝行·효감孝感·효념孝念·우제友悌·융사隆師·교의交誼·목족睦族·제가齊家·원색遠色·벽사闢邪·청개淸介·고매高邁·검약儉約·인은仁恩·덕보德報·관후寬厚·염결廉潔·선정善政·이정異政·충간忠諫·충경忠梗·신도臣道·자도子道·여도女道·부도婦道·처도妻道 등 모두 29류로 분류하여 싣고 있다. 교훈적인 이야기를 이처럼 자세하게 분류하여 싣고 있는데, 이는 인성교육뿐만 아니라 유서의 원래 목적인 해당 이야기에 대한 검색 효과를 얻기 위한 것이라고도 할 수 있다. 민국民國 시기에 나온《양정록養正錄》이라는 책 역시 《일기고사》와 비슷한 성격과 체제를 지니고 있다. 이 책은 사천四川 사람인 호서지胡瑞芝가 당시 학교에서 전통의 도덕교육을 소홀히 하는 데 불만을 품고 육경六經의 격언과 백가百家의 훌륭한 말을 수집하여 민국 20년(1931)에 편찬되었다.[8] 그는 또한 이 책을 편찬하면서 효친孝親 · 형제兄弟 · 부부夫婦 · 치가治家 · 목족睦族 · 화린和鄰 · 교우交友 · 독서讀書 · 단품端品 · 심술心術 · 개과改過 · 적덕積德 · 근언謹言 · 청언聽言 · 신행愼行 · 염치廉恥 · 근로勤勞 · 석음惜陰 · 권농勸農 · 공예工藝 · 상업商業 · 화화和伙 · 절검節儉 · 교육敎育 · 여잠女箴 · 계음戒淫 · 계도戒賭 · 계연戒煙 · 계송戒訟 · 보신保身 · 치국治國 · 용인用人 · 관잠官箴 · 방환防患 · 관인觀人 · 원해遠害 · 식량識量 · 제급濟急 · 열력閱歷 · 겸허謙虛 · 인양忍讓 · 인정人情 · 빈부貧富 · 선악善惡 · 수요壽夭 · 애물愛物 · 인과因果 · 귀신鬼神 · 천명天命 · 오락娛樂 · 달관達觀 · 물리物理 등 총 52류로 대단히 자세하게 분류하였다. 초학자들의 도덕 교과서라고 할 수 있는 이 책에서 편찬자가 이렇듯 세분하여 자료를 싣고 있는 사실은 분명 교육의 효율성을 제고시키기 위해서일 것이다. 이 책에서는 또한 당시의 사회 상황을 반영하는 내용도

8 이처럼 서양 학교제도가 도입된 민국 시기에도 유서 형식의 초학자 학습용 교재가 나왔는데, 이 책 외에도 또 하나의 예를 들어보면 위의 목록에 기록되어 있는 민국 19년에 출간된 고전주(高殿澍)의 《사경여언(寫景麗言)》(인쇄본)이라는 책이다. 이 책의 자서(自序)를 보면, 편자는 학생들을 가르치면서 학생들의 작문에 도움을 주기 위해 이 책을 편찬하였다고 하였다.(學子文藝中, 所當研求者也, 惟是尋章摘句, 必須旁搜遠紹, …… 殿澍教讀十載, 每爲學子苦之, 因默擬一救助法) 이 책은 모두 42개의 유목(類目)으로 분류되어 있으며, 각 유목에는 그것과 관련된 아름다운 시구(詩句)나 문구(文句)를 집록하고 있어 초학자들의 시문 창작에 많은 도움을 주었을 것이다.

엿볼 수 있어 매우 흥미로운데, 이를테면 계연류戒煙類에 실려 있는 문장들은 모두 담배(아편 포함) 폐해의 심각성에 대한 당시의 속담이나 당시 사람들이 직접 한 말인데, 여기서 몇 가지 예를 들면 다음과 같다.

> 販者視爲奇貨, 吃者多成廢人.
> : 파는 사람은 기이한 물건으로 취급하나, 피우는 자는 대부분 폐인이 된다.

> 細想全無益, 所損有百端, 能使人精神耗散, 能使人身體單寒, 能使人形容枯槁, 能使人臟腑生炎, 能使人斷絶後嗣, 能使人辱及祖先, 能使人白日廢事, 能使人深夜不眠. 弱人還弱家, 家弱國相連, 奉勸世上人, 及早戒洋煙.(饒弼臣)
> : 자세히 생각해 보면 완전히 무익하며 손해만 백 가지나 된다. 사람들의 정신을 소모하게 하며, 신체를 허약하게 하며, 모습을 마르게 하며, 오장육부에 염증이 생기게 하며, 후사를 단절시키며, 조상이 욕을 먹으며, 심야에 잠 못 이루게 한다. 사람이 약해지니 집 또한 약해지며, 집이 약해지는 것은 나라와도 서로 관련이 있으니, 세상 사람들에게 받들어 권하니 조속히 금연하기를.

이 문장들은 동몽들에게 담배에 대한 경각심을 불러일으킬 뿐만 아니라, 아울러 이 문장들은 현대의 사회 전체 금연 캠페인에도 도움을 줄 수 있다.

사실 등사우鄧嗣禹가 분류한 중국 유서의 유형 10문門 중에 감계문鑑戒門이 있었는데, 넓은 의미에서 보면 몽구문蒙求門 중의 도덕용 유서들은 이러한 유형의 유서에 속한다고도 할 수 있다. 또한 바꾸어 말하면, 감계문에 들어가는 일부 유서들은 동몽들의 도덕교육에 사용되었을 가능성도 있다고 할 수 있다.[9]

이밖에 역사적 사실을 이용하여 동몽들의 지식교육뿐만 아니라 도덕교육을 위해 편찬된 유서 형식의 학습서도 출현하였는데, 이를테면 《신편분류역사게요新編分類歷史揭要》[10](12권 4책, 등사본謄寫本)와 같은 책이 바로 그것이다. 이 책은 봉천奉天 광녕현廣寧縣 공학당公學堂 교장校長을 역임한 소우춘蕭雨春이 선통宣

《신편분류역사게요》

9 등사우는 감계문에 해당되는 유서로 《유림잡설증광분문(類林雜說增廣分門)》·《곡옥유편(谷玉類編)》·《인수금감(人壽金鑑)》 등을 들고 있다.

10 이 책은 필자가 길림성(吉林省) 길림시(吉林市) 소재 한 고서점에서 발견하여 구입한 것으로, 옛 봉천(奉天)인 오늘날 심양시(瀋陽市) 소재 요령성도서관(遼寧省圖書館)에는 이 책을 소장하지 않고 있었다. 반면, 아래에서 언급한 소우춘의 또 다른 초학자 교재인 《봉천광녕현향토지(奉天廣寧縣鄉土志)》라는 책은 그 도서관에 소장되어 있었다. 또 한 가지 재미있는 사실은 이 책의 가장 뒷면에 정가("大洋貳圓")와 "구입하고자 하는 분은 서한을 보내주시면 즉시 보내드리겠습니다(願購者通函卽發)" "판권이 획득되었으므로, 해적판에 대해서는 반드시 조사할 것입니다(板權所有翻印必究)" 등의 표기가 있는 것으로 보아, 편찬자는 이 초학자 교재를 편찬한 후에 판매하기도 하였음을 알 수 있다.

統 2년(1910)에 편찬하였다. 그는 또한 이보다 앞서 광서光緖 33년(1907)에 《봉천광녕현향토지奉天廣寧縣鄉土志》[11](1책, 등사본)를 찬하여 초등소학의 교과서로 사용하기도 하였다. 이러한 사실로부터 공학당 교장으로서의 소우춘이 학생들의 교재 개발에 꽤 많은 정력을 쏟은 사실을 엿볼 수 있다. 특히 《신편분류역사게요》는 편찬자인 소우춘이 체제나 내용 방면에서 대단히 많은 공력을 기울여 편찬된 책임을 알 수 있다. 즉, 그 분류가 대단히 상세하다. 역사적 사실을 이렇게 자세하게 분류하여 싣고 있는 책은 아마도 그리 흔치 않은 것 같다. 여기서 그 분류 상황을 열거해 보면 다음과 같다.

賢君－暴君－帝學－帝範－帝孝－符命－國統－神武－巡幸
仁愛－寬恕－誠信－猜忌－勤政－納諫－省行－濫刑－國儉－
國奢－建親－養老－求賢－任賢－禮遇－恩遇－棄賢－察佞－
　　養奸
君臣－太后－奸后－皇后－妬后－太子－藩王－使臣－宦寺
賢父－賢母－孝子－兄弟－夫婦－朋友－師弟－擇交
薦擧－諫議－諭儲－輔幼－大受－小知－忠良－奸佞

11 이 책의 〈향토지목(鄉土志目)〉을 보면, 광계전도(廣界全圖)·광녕성도(廣寧城圖)·광녕역사(廣寧歷史)·정적록(正績錄)·병사록(兵事錄)·기구록(耆舊錄)·인류(人類)·호구(戶口)·씨족(氏族)·종교(宗敎)·실업(實業)·지리(地理)·구성(區城)·산(山)·수(水)·도로(道路)·물산(物産)·상무(商務)로 되어 있는데, 이는 소우춘이 학생들에게 자신들이 속해 있는 고장의 지리·역사·사회·문화 등에 대한 교육을 얼마나 중요시했는가를 엿볼 수 있게 하는 대목이라 할 수 있다.

將略－功勳－勇力

勤職－興利－化俗－仁聲－荒政－儉官－奢官

和衷－植黨－致仕－未遇－隱逸－幼慧

理學－博學－好學－不學－志氣－度量－容儀－言語－謹愼－
放蕩－謙讓－驕放

節義－剛毅－威嚴－鎭定－才能－識鑑－先見－遠慮－施與

正直－諂諛－公平－酷虐－廉潔－貪婪－信實－僞託

名譽－毁謗－報德－報怨－知恥－改過

이상 총 102개의 유목類目으로 나누었는데, 진秦 · 한漢 양대 이후부터 원元 · 명대明代까지의 역사적 사실을 각 유목에 맞게 뽑아 싣고 있으며, 각 유목마다 실려 있는 사실들은 시대 순으로 열거되어 있다. 그리고 쉬운 문장 내지 그다지 길지 않은 문장으로 서술되어 있어 초학자들이 보기에 무리가 없으며 아울러 지루함도 없다. 몇 가지 예를 들어보면 다음과 같다.

권1 賢君

漢高祖豁達大度, 入關除秦苛法, 遂以收人心而成帝業.

: 한漢 고조高祖는 활달하고 도량이 커 입관入關 후에 진秦나라의 가혹한 법을 없애고, 마침내 인심을 수습하여 제업帝業을 이루었다.

권3 君臣

後漢鄧禹追及光武於河北, 帝問其來意, 禹曰 : "願效尺寸, 垂功名於竹帛耳." 帝大悅.

: 후한後漢의 등우鄧禹가 하북河北까지 광무제光武帝를 좇아가니, 광무제가 그 의도를 묻자, 등우가 "조금이나마 공적을 이루어 후세에 공명功名을 남기고 싶을 뿐입니다"라고 말하였다. 광무제가 크게 기뻐하였다.

권11 正直

宋王安國, 安石弟也. 安石與呂惠卿論法, 安國吹笛於內. 安石曰 : "請學士放鄭聲." 安國卽應曰 : "願相公遠佞人, 朝士請其直."

: 송나라의 왕안국王安國은 왕안석王安石의 동생이었다. 왕안석이 여혜경呂惠卿과 법法을 논하고 있을 때, 왕안국이 안에서 피리를 불었다. 왕안석이 "학사學士를 청하였는데 음탕한 음악을 부는구나"라고 하자, 왕안국이 즉시 그 말에 응하여 "상공相公께서는 구변이 좋아 아첨 잘 하는 사람을 멀리 하시고, 조정의 관리는 정직한 사람을 청하시기를 바랍니다"라고 하였다.

또한 위의 유목類目만을 보더라도 현군賢君 · 인애仁愛 · 관서寬恕 · 군신君臣 · 효자孝子 · 절의節義 · 정직正直 등등 이 책은 주로 유가적儒家的인 사상을 많이 담고 있어 초학자들의 도덕교육에 많이 활용되었을 거라고 추론할 수 있다. 편자는 이 책의 〈편집대의編輯大意〉에서 이 책의 상세한 "분류는 암기와 검색하는 데 편리하게 하기 위해서인데, 이는 전체 역사를 볼 때 느끼는 아득하고 끝이 없는 것과는 같지 않다(分門別類便於記誦, 易於稽査, 不似全史之渺無涯際也)"라고 편찬 의도를 설명하면서, 아울러 이 책은 '박고지첩경博古之捷徑' 이라고 하였다. 즉, 이 책의 편자는 도덕교육과 '박고지첩경' 을 위해 유서의 가장 기본적인 속성이라 할 수 있는 자료의 분류와 집록輯錄의 형식을 빌려 이 책을 편찬한 것이라고 할 수 있다.

또 한 가지 언급할 것은 어떤 유서를 보면 그 중의 한 유목類目이 동몽에 대한 교육 관련 내용으로 자료를 집록하고 있다는 사실이다. 예를 들면, 송宋나라 진원정陳元靚이 편찬한 《사림광기事林廣記》[12] 중에는 유학류幼學類가 있는데, 여기에는 「유학수지幼學須知」·「훈몽팔규訓蒙八規」·「독서오계讀書五戒」·「초입학법初入學法」·「소아사자법小兒寫字法」·「소아독서법小兒讀書法」 등의 내용이 집록되어 있다.[13] 이 책은 일용백과전서 유형의 중국 고대

12 1999년에 북경(北京) 중화서국(中華書局)에서 편찬한 《사림광기(事林廣記)》에는 《찬도증신군서유요사림광기(纂圖增新群書類要事林廣記)》와 《신편군서류요사림광기(新編群書類要事林廣記)》 두 판본을 복사하여 싣고 있다. 《사림광기》의 여러 판본 상황에 대해서는 이 책 뒤에 실려 있는 호도정(胡道靜)의 〈1963년 중화서국 영인본 서언(一九六三年中華書局影印本前言)〉과 일본 학자 모리타 켄지(森田憲司)의 〈일본에 있는 《사림광기》의 여러 판본에 관하여(關於在日本的《事林廣記》諸本)〉 두 편의 문장을 참고하기 바란다.

13 이 여섯 가지 내용은 또한 명대의 일용유서(日用類書)인 《만용정종(萬用正宗)》 권6 사유문(師儒門)에 그대로 실려 있다. 《사림광기》와 명대의 일용유서인 《만용정종》·

의 민간유서民間類書로서, 이 책의 유학류幼學類 부분을 통해 당시 민간에서의 동몽교육에 대한 내용을 엿볼 수 있을 뿐만 아니라, 더욱이 한 부의 일용백과전서 형식의 유서 중에 이처럼 동몽교육 관련 자료를 집록하고 있다는 사실은 당시 민간에서도 이미 동몽교육에 대한 중요성을 매우 깊게 인식하고 있었음을 알 수 있을 것이다.

이상 중국의 초학자 학습용 유서를 보면, 그 용도상에서 주로 시문창작 · 지식교육(역사지식교육 포함) · 도덕교육을 위해 편찬되었는데, 주로 분류의 세밀성에 주안점을 두고 자료의 다양성 내지 검색의 편의성을 고려하여 편찬되었다. 이런 책들은 비록 초학자 학습용으로 쓰이는 교재라고는 하지만, 그 체제 및 속성 면에서 일반유서와 별반 다를 바가 없다고 할 수 있다.

한국의 초학자 학습용 유서

조선시대에 중국으로부터 들어온 중국의 초학자 학습용 유서 목록을 열거해 보면 다음과 같다.

《만보전서(萬寶全書)》의 비교에 관해서는 일본 학자 사카이 다다오(酒井忠夫)의 〈명대의 일용유서와 서민교육(明代の日用類書と庶民教育)〉〔하야시 도모하루(林友春) 편찬, 《근세 중국 교육사 연구(近世中國教育史硏究)》(東京 : 國土社, 1958)〕이라는 논문을 참고하기 바란다.

明 程允升《幼學須知句解》(木板本)

《重訂幼學須知句解》(清 錢元龍 校, 木板本)

《寄傲山房塾課新增幼學故事瓊林》(原名 :《幼學須知》, 清 鄒聖脈 增補, 木板本)

《掃葉山房訂幼學須知句解》(錢元龍 校訂, 木板本)

《育正堂重訂幼學須知句解》(錢元龍 校訂, 木板本)

《新增繪圖幼學故事瓊林》(清 鄒聖脈 增補, 謝梅林 · 鄒可庭 共訂, 石印本)

清 張以謙《記事珠》(清 王剛 重訂, 木板本)

이상은 중국판본의 책들이다.

唐 李 瀚《蒙求》(宋 徐子光 補注, 木板本/朝鮮 柳希春《續蒙求分註》, 木活字本)

明 李廷機《故事捷錄註解》(《翰林便用故事捷錄註解》: 木板本 · 筆寫本, 《翰墨便用故事捷錄註解》: 清 王相補 · 清 鄭漢 校梓, 筆寫本, 《幼學須知故事捷錄註解》: 筆寫本)

明 程允升《敦化堂重訂幼學須知句解》(清 錢元龍 校梓, 筆寫本)

清 蔣義彬《千金裘》(筆寫本)

이상은 조선에서 간행되거나 필사된 책들이다.

이한 지음, 유동환 옮김 《몽구》(홍익출판사, 1996년 초판 ; 1999년 35판)

明 程登吉 選, 淸 鄒聖脈 註, 임동석 역주 《유학경림》(2권. 고즈윈, 2005년)

이상은 한국어로 번역된 책들이다.

이상의 목록을 보면, 《유학고사경림》의 여러 중국 판본이 전입되었으며 아울러 필사본까지 보이는 것으로 보아 가장 많이 본 책으로 추정할 수 있다. 최근에 우리말 번역본까지 출간된 것으로 보아 이 책에 대한 관심이 얼마나 깊은지를 알 수 있다. 《몽구》라는 책 역시 우리나라에서 많이 읽혀져 왔는데, 조선의 유희춘柳希春은 《속몽구분주續蒙求分註》라는 책을 목활자본木活字本으로 출간하기도 하였다. 이 책 역시 1996년에 우리말 번역본 초판이 나온 이래, 1999년에는 35판이나 출간되었다. 이 책들의 한국에서의 적지 않은 영향력을 얼마간 짐작할 수 있다.

위의 목록 중에 보이는 이정기李廷機의 《고사첩록주해故事捷錄註解》라는 책과 내용 및 체제상에서 거의 비슷한 중국 유서들이 조선시대에 적지 않게 들어왔는데, 전입된 후에는 주로 초학자들의 학습용 교재로 사용된 것으로 추정된다. 그 중에서 가장 대표적인 책들이 이정기와 동시대인인 명대의 등지모鄧志謨가 편찬한 유서들이다. 특히 《백미고사白眉故事》라는 유서는 조선시대에 대단히 유행을 하였는데, 이 책은 현대의 전고사전典故辭典과 비슷

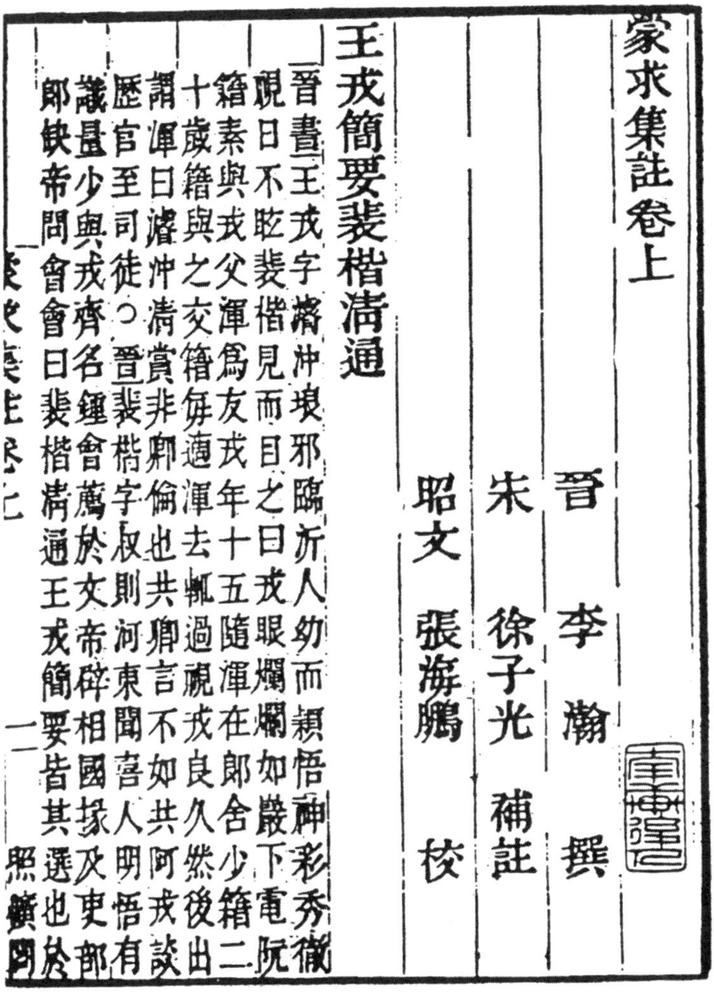
蒙求集註卷上

晉 李瀚 撰

宋 徐子光 補註

昭文 張海鵬 校

王戎簡要裴楷清通

晉書王戎字濬沖瑯邪臨沂人幼而穎悟神彩秀徹視日不眩裴楷見而目之曰戎眼爛爛如巖下電阮籍素與戎父渾爲友戎年十五隨渾在郎舍少籍二十歲籍與之交籍每適渾去輒過視戎良久然後出謂渾曰濬沖清賞非卿倫也共卿言不如共阿戎談歷官至司徒○晉裴楷字叔則河東聞喜人明悟有識量少與戎齊名鍾會薦於文帝辟相國掾及吏部郎缺帝問會會曰裴楷清通王戎簡要皆其選也於

蒙求集註卷上 一 照曠閣

《몽구집주》

하여 어떤 어휘나 전고에 대해 몰랐던 사람에게 분명히 도움을 주었을 것이다. 현대의 사전들이 주로 한자의 획수나 한어병음 순으로 항목을 배열하고 있어 글을 읽으면서 모르는 어휘나 성어가 출현하면 검색하기에 편리한 데에 비하여, 이 책과 같이 고대의 유서는 대부분 항목별(혹은 주제별)로 분류를 하여 자료를 집록하고 있어 오히려 문장을 지을 때 자신이 쓰고 있는 내용 및 자신의 창작 의도나 주제에 맞춰 적당한 항목을 해당 부류에서 찾아 활용하는 데 편리하였을 것이다. 《백미고사》와 같은 유서도 당연히 문장을 짓거나 시를 쓰는 활동을 하는 초학자들에게 매우 유용하게 사용되었을 것이다. 이 책은 모두 25부部 269류類의 자목子目으로 이루어져 있어 그 분류가 아주 상세하여 검색용으로서의 편리함으로 인해 초학자들에게 많은 편리함을 제공하였을 것이다. 중국 유서인 이 책은 중국에서의 편찬 당시의 용도가 무엇이었던지 간에 한국에 전입된 이후에는 초학자들의 학습용 공구서로서의 활용 빈도가 대단히 높았음이 틀림없다.[14] 이 《백미고사》 외에도 등지모가 편찬한 《황미고사黃眉故事》·《사류첩록事類捷錄》·《고사원古事苑》 등의 유서가 한국에 전입되었다. 이 책들은 모두 《백미고사》와 성격이 비슷한 것으로 보아 여전히 초학자들의 학습용 교재 내지 공구서로 활용되었을 가능성이 높다. 이 밖에 《명유名喩》라는 책 역시 등지모가 편찬한 유서로, 이 책은 총 27개의 유목類目으로 나누어 백가어百家語 중에서 가장 기묘한 말을 뽑아 대구對句가 되게 배열하였으며, 아울러 집록한 구절들의 내용은 대부분 역사 이야기로 되어 있다. 여기서 이 책의

14 이상은 뒤의 〈중국 유서 《백미고사(白眉故事)》의 한국 유행 연구〉 참조. 필자는 이 논문에서 《백미고사》의 판본 그리고 한국 유행 상황 및 원인에 대해 구체적으로 기술하였다.

'보화寶貨' 중에서 몇 개의 대구를 뽑아 예로 들어본다.

> 舜棄黃金于嶄岩之山, 禹投白璧于五湖之淵
>
> ……
>
> 玉盃之作不能挽商室之傾危, 和璧之歸竟無救趙國之成敗
>
> ……
>
> 呂公著于寶器之跌而不惜, 韓魏公于玉盃之碎而不驚
>
> 寶土地寶政事寶人民, 諸侯之寶也. 司馬公以陰德遺子孫
>
> 寶善言寶詩書寶子孫, 君子之寶也. 楊伯超以淸白遺後裔

이렇듯 이 책은 앞에서 소개한 《몽구》 등 대류對類 형식의 책과 기본적인 성격상에서 거의 비슷하다고 할 수 있는데, 아마도 대구 형식으로 되어 있어 초학자들이 외우기에 편리하여 역사 지식 습득에 용이하였으며, 또한 집록된 대구들은 시문 창작 연습상에 활용되었을 것이다. 이 책은 한국에 필사본으로 남아 있는데, 필사한 사람이 아마도 주위에 있는 초학자들에게 이러한 용도와 목적으로 활용하기 위해 이 책을 베껴 썼을 가능성이 높다고 할 수 있다.[15]

다음은 한국에서 직접 편찬된 동몽 교육용 유서들을 살펴보자. 여기에서 그 목록을 열거하면 다음과 같다.

15 이 책은 한국학중앙연구원(韓國學中央硏究院)에 소장되어 있는데, "饒安百拙生鄧志謨著"라고 적혀 있다.

桃杏腸錄(1冊)[16] 尹鳳翰 1851年(哲宗 2年) 筆寫本

蒙求彙語(1冊) 未詳 未詳 筆寫本

蒙喩篇(2卷 1冊) 張混 1810年(純祖 10年) 木活字本 · 筆寫本

兒戲原覽(1冊) 張混 1803年(純祖 3年) 木板本 · 筆寫本

訓兒遊覽(1冊)[17] 未詳 未詳 筆寫本

片錦(1冊) 未詳 未詳 筆寫本

學語(1冊) 朴載哲(朴斯文) 〔1862年(哲宗 13年) 1月 鳳山에서 新刊되어, 1868年(高宗 5年) 8月에 印行됨〕 筆寫本만 보임

위의 목록 중에서 《아희원람兒戲原覽》과 같은 책은 여러 장서기관藏書機關 내지 시중 고서점에서 어렵지 않게 보이는데, 조선시대에 활용도가 꽤 높았던 동몽교재였다. 이 책은 형기形氣 · 창시創始 · 방도邦都 · 국속國俗 · 탄육誕育 · 자성姿性 · 재민才敏 · 수

16 윤봉한(尹鳳翰)의 문집 《청수헌유고(聽水軒遺稿)》 권8에 실려 있음.

17 이 책은 영남대학교 중앙도서관에 소장되어 있는데, 대부분 《아희원람》의 내용을 취하고 있으나, 분류 항목이나 편차(編次)가 다르며 생략한 부분도 있다. 아마 필사자가 《아희원람》을 참고로 하면서 자신이 편리한 대로 재편집하여 서명을 달리 붙인 것 같다. 두 책의 다른 점을 한 가지만 예로 든다면, 《아희원람》은 '수휘(數彙)'를 책 뒤에 부록으로 달아두었는데, 이 책은 첫 분류 항목인 '형기(形氣)' 뒤에 두었다. 또 필자가 소장하고 있는 《아희원람》(1책, 필사본)은 대체로 원래의 《아희원람》 내용을 그대로 필사하면서 '수부(壽富)' 부(部) 뒷부분을 '요수(夭壽)'와 '가동(家僮)' 부로 나누었으며, 뒷부분에 '고간지(古幹枝)' · '고자(古字)' · '조선입송일본물과(朝鮮入送日本物科)' · '일본출래물과(日本出來物科)' · '제선생문인록(諸先生門人錄)' · '팔고조(八高祖)' …… '주대명년기(朱大明年紀)' · '본조년기(本朝年紀)' · '대청년기(大淸年紀)' · '국기(國忌)' 등등 잡다한 내용을 덧붙여 놓고 있는데, 필사자가 원서를 필사하고 나서 동몽 교육용으로 필요한 내용을 나름대로 추가하여 놓은 셈이다.

부壽富 · 변이變異 · 전운傳運(동국東國이 덧붙여짐) 등 10개 유목類目으로 나누어 각 유목마다 관련 자료를 집록한 것으로 보아, 분명 유서의 일반적인 체제를 갖추고 있는 한 부部의 유서라고 할 수 있다. 이 책의 편찬자인 장혼張混은 "조선 후기의 뛰어난 교육이론가"[18]라 할 수 있는데, 이 책을 이렇게 유서의 체제를 빌려 편찬한 이유는 이 책의 서문序文에서 자신이 지적한 기존의 동몽 교재가 대부분 "다화소실多華少實"는 폐단이 있었기 때문이었다. 기존의 아동교육서들은 주로 유교의 윤리와 도덕을 중심으로 수기치인修己治人하는 유자상儒者像을 배양하기 위한 목적에서 쓰여 졌으나, 장혼의 이 책은 기존 체제에서 벗어나 생활주변에서 흔히 볼 수 있는 기초 상식 즉 실생활 위주의 기초 지식을 주된 내용으로 하는 백과전서 형식으로 편찬하였던 것이다.[19] 편자는 이러한 점을 고려하여 이 책을 편찬하면서 자연스럽게 유서의 형식을 원용하게 된 것이다.

18 정순목(丁淳睦) 편찬, 《한국유학교육자료집해(韓國儒學敎育資料集解)(1): 동몽교육편(童蒙敎育篇)》(서울: 學文社, 1983), 27쪽. 장혼은 유서 형식의 《아희원람》과 《몽유편》 외에도 《시종당률(詩宗唐律)》 · 《집영리견(集英利見)》 · 《근취편절용방(近取篇切用方)》 · 《동몽수방도(童蒙數方圖)》(이상 출판하였음) · 《비단집(菲段集)》(20권) · 《고문사칙(古文詞則)》 · 《정하지훈(庭下至訓)》 · 《대동고시(大東故是)》 · 《소단광락(騷壇廣樂)》 · 《초학자휘(初學字彙)》 · 《동민수지(東民須知)》 · 《문단성보(文壇姓譜)》 · 《제의도식(祭儀圖式)》(이상 출판하지 않았음) 등의 책이 더 있는데, 그 중에서 《비단집》을 제외한 대부분의 책은 모두 동몽교육서라고 할 수 있다.〔이상 장혼의 저서 목록은 조선 총독부에서 간행한 《조선도서해제(朝鮮圖書解題)》의 《아희원람》 조에 기재되어 있음〕 《아희원람》에 대해서는 또한 홍우흠(洪瑀欽)의 〈《아희원람》에 대한 간략한 소개(《兒戲原覽》簡介)〉(《第10屆中國域外漢籍國際學術會議 발표논문집》, 1995. 10, 187-190쪽)라는 논문을 참고할 수 있다.

19 이문원, 《한국의 교육사상가》(서울: 문음사, 2002), 240 · 243쪽 참조. 이문원은 이 책

또한 이 책의 뒷부분에 부록 형식으로 붙어 있는 수휘數彙에는 1 · 2 · 3 등 숫자에 맞춰 서로 다른 어휘들을 천天 · 지地 · 인人 세 부분으로 나누어 제시하고 있다. 재미있는 사실은 부록인 이 수휘 부분만을 놓고 본다면, 유서의 편찬 체제상에서 수편유서數編類書의 형식을 취하고 있다고 할 수 있다. 이렇게 본다면, 《아희원람》의 전체 편찬 체제는 유편유서類編類書와 수편유서의 체제를 전후로 동시에 지닌 것으로 볼 수 있다. 이른바 수편유서는 기본적으로는 유편유서와 마찬가지로 사유별로 분류를 한 후에 숫자가 첫 글자로 들어가는 단어들로 자목子目을 세운 유서이다.[20]

윤봉한의 《도행장록桃杏膓錄》 역시 《아희원람》과 비슷한 성격의 책인데, 이 책의 서문序文에서 윤봉한은 "무릇 자주 보이거나 쉽게 알 수 있는 일을 도행장사桃杏腸事라 하고, 자주 보이고 쉽게 알 수 있는 글을 도행장문桃杏腸文이라고 한다(夫常見易知之事, 謂之桃杏腸事 ; 常見易知之文, 謂之桃杏腸文)" 고 하면서, 개산포開山浦의 어느 집에 손님으로 있을 때 주인 아들과 상대하면서 그 아이의 몽매함을 알고 자신이 알고 있는 '도행장' 의 일을 가르쳤으며, 또

에서 《아희원람》의 "구성은 현대적 교육과정과 비슷하게 짜여져 있다. 역사 · 자연 · 지리 · 산수 · 사회생활 · 문학(탄생설화) 등의 내용을 골고루 갖추었다. 그리고 아동들의 상상력을 자극시킬 수 있는 가상적 상황, 즉 신선 · 귀신 · 설화 등을 풍부히 담고 있다. 이러한 내용은 아동들에게 동화적 상상력을 펼 수 있는 기회를 제공할 수 있었을 것으로 판단된다. 이는 장혼이 아동들의 발달 특징을 잘 고려한 것으로 보인다" 라고 했다.(248쪽)

20 수편유서에 관해서는 앞의 〈한국 유서의 종합적 연구(II) : 한국 유서의 간행 및 특색〉에 자세하게 기술되어 있으니, 그 부분을 참고하기 바람.

한 그것을 오래도록 잊지 않으려고 적어달라는 그 아이의 요청으로 이 책을 엮었다고 하였다.[21] 이로부터 이 책이 생활주변의 상식을 위주로 하여 편찬된 동몽 학습용 교재라는 사실을 분명히 알 수 있다.[22] 《도행장록》 역시 부분적으로 수편유서의 형식을 도입하였는데, 이 책의 〈십응十應〉 부분에는 1-10에 해당하는 단어들을 각각 자목으로 세워 나열하고 있다. 이는 위의 《아희원람》이 뒷부분에서 수편유서의 형식을 도입한 것과 비슷한데, 둘 다 모두 동몽들의 편리한 학습을 위한 배려라고 할 수 있다.

주지하다시피 조선시대에는 중국의 많은 유서를 받아들여 활용하였는데, 동몽 학습용 유서로서는 《유학고사경림》과 《몽구》 등의 책이 비교적 많이 알려져 있다. 이 책들은 최근에 한국어로 번역되어 출판되기까지 하였으니, 이 두 부의 책에 대한 관심도를 얼마간 짐작할 수 있다. 또한 중국의 일부 유서들은 한국에 전입된 후에 매우 유행을 하였는데, 그것은 주로 동몽 학습용 공구서로서 시문 창작 및 해독解讀에서의 검색용으로 사용되었기 때문이다. 이러한 관점에서 주목할 만한 사실은 명대 등지모가 편찬한 유서들이 대부분 조선으로 전입되었으며, 아울러 그 중의

21 〈도행장록서(桃杏膓錄序)〉 : "余客于玆, 數月頗有閒隙, 與主人子相對. 其言貌則軒渠, 行事則蒙騃. ……以余所知桃杏膓, 教之不倦, 主人子亦學之不厭, 日有所增. 而持一空卷, 請記之, 作爲愈久不忘之資云."

22 이 책의 내용을 보면 다음과 같다. "首言太極陰陽造花之理, 次以方名干支五行星宿之所屬, 星躔分野年時屬, 明算數之法, 呼應之例, 聖賢名位理學字解與夫修身齊家之道, 三才四物之理, 文牒之法, 尺牘之式以及五禮四術, 歷代年紀, 大典制律."〔나만강(羅萬綱)의 〈도행장록서〉, 이 서문은 윤봉한의 문집 《청수헌유고(聽水軒遺稿)》 권3에 실려 있음〕

《백미고사》와 같은 일부 유서들이 조선에서 대단히 유행하였다는 것이다. 그리고 다른 용도의 유서와 마찬가지로 한국에서 직접 편찬한 동몽 교재용 유서도 나왔는데, 그 중에서 가장 활용도가 높았던 책은 장혼의《아희원람》이다. 이 책은 실제 생활상의 상식을 주요 내용으로 하고 있기 때문에, 편자가 자연스럽게 유서의 형식을 원용하고 있다. 이러한 점에서 본다면 윤봉한의《도행장록》도《아희원람》과 비슷한 성격의 동몽 학습용 유서라고 할 수 있다. 아울러 이 두 부의 책은 유편유서와 수편유서의 형식을 동시에 지니고 있어 그 편찬 체제 면에서도 비슷한 양상을 띠고 있는데, 모두 동몽들에게 학습의 편의를 제공하기 위해 그러한 형식을 취했다고 할 수 있다.

결론

이상에서 우리는 중국과 한국에서의 초학자 학습용 유서의 편찬 상황 및 그 용도 등에 대해 파악해 보았다.

이들 초학자 학습용 유서들은 유서가 지니고 있는 분류와 자료 집록輯錄이라는 가장 기본적인 속성을 원용한 것으로 볼 수 있는데, 주로 분류의 세밀성에 주안점을 두고 자료의 다양성 내지 검색의 편의성을 고려하여 편찬되었다고 볼 수 있다. 이런 책들은 비록 초학자 학습용으로 쓰이는 교재라고는 하지만, 그 체제 및 속성 면에서 일반유서와 별반 다를 바가 없다고 할 수 있다. 다시 말해, 이렇게 편찬된 책들은 초학자들의 교육용 교재로서뿐만 아니라 시문 창작이나 문장 해독을 위한 검색이라는 유서의 가장 기본적인 용도상에서도 많이 활용되었다. 또한 이러한 유서들은 역사 등을 포함한 지식교육과 상식교육 그리고 인성 및 도덕교육 등 다양한 방면에 사용되었다.

주지하다시피 《천자문千字文》과 같은 문자 학습용 교재들을 비롯하여 어문 · 상식 · 공민公民 · 국학 · 역사 · 학습정신 등을 포함한 종합적인 성격을 지니고 있는 《삼자경三字經》 등등 중국과 한국에서는 초학자 학습용 교재들이 많이 출간되었다.[23] 본고에서는 그러한 교재들 중에서 단지 유서의 형식 및 체제를 지니고 있는 책만을 연구 대상으로 삼았기 때문에 다른 일반 초학자 학습용 교재들과의 비교 관점에서는 언급이 되지 않았으며, 그것들과 비교 관점 하에서 초학자 학습용 유서에 담겨져 있는 교육 내용에 대해서도 구체적으로 서술하지 못했다. 이런 점들은 앞으로 계속해서 연구할 과제로 남겨두고자 한다.

23 초학자 학습용 교재에 대해서는 임문보(林文寶)의 《역대계몽교재초탐(歷代啓蒙教材初探)》(臺北 : 萬卷樓, 1997), 유점천(劉占泉)의 《한어문교재개론(漢語文教材概論)》(北京 : 北京大學出版社, 2004), 정아재(鄭阿財) · 주봉옥(朱鳳玉)의 《돈황몽서연구(敦煌蒙書研究)》(蘭州 : 甘肅教育出版社, 2002) 등의 책을 참고할 수 있음.

【參考文獻】

尹鳳翰,《聽水軒遺稿》

《事林廣記》, 北京 : 中華書局, 1999.

鄧嗣禹,《燕京大學圖書館目錄初稿》, 1935.

蔣芳榮 編,《中國類書總目初稿 : 書名 · 著者索引篇》, 臺北 : 學生書局, 1983.

方師鐸,《傳統文學與類書之關係》, 天津 : 天津古籍出版社, 1986.

劉葉秋 지음, 金長煥 옮김,《中國類書概說》, 서울 : 學古房, 2005.

林文寶,《歷代啓蒙教材初探》, 臺北 : 萬卷樓, 1997.

鄭阿財 · 朱鳳玉,《敦煌蒙書研究》, 蘭州 : 甘肅教育出版社, 2002.

劉占泉,《漢語文教材概論》, 北京 : 北京大學出版社, 2004.

林右春 編,《近世中國教育史研究》, 東京 : 國土社, 昭和33年.

丁淳睦 編著,《韓國儒學教育資料集解(1) : 童蒙教育篇》, 서울: 學文社 1983.

이문원,《한국의 교육사상가》, 서울 : 문음사, 2002.

졸　고, 〈中國 類書《白眉故事》 연구〉,《중국학보》 제47집, 2003. 6.

졸　고, 〈한국 類書의 종합적 연구(II) : 한국 유서의 간행 및 특색〉,《중어중문학》 제32집, 2003.6.

洪瑀欽, 〈《兒戲原覽》簡介〉,《第10屆中國域外漢籍國際學術會議 발표논문집》, 1995.10.

*참고한 유서 목록은 일일이 열거하지 않았음.

중국 유서 《백미고사白眉故事》의 한국 유행 연구

서론

유서는 일반적으로 내용을 사항별로 분류하고 기존 전적典籍들 중에서 사항별 해당 자료들을 뽑아 집성한 책으로, 동양 고유의 서적 편찬형식을 지닌 고대의 백과전서라고 할 수 있다. 중국에서 기원한 유서는 우리나라에 전입되어 한국 유서 편찬에 많은 영향을 끼쳤는데, 고려高麗 때 전입된 《책부원귀冊府元龜》·《태평어람太平御覽》·《옥해玉海》를 필두로 적지 않은 중국 유서가 한국에 들어왔으며, 《고금사문유취古今事文類聚》·《운부군옥韻府群玉》 등의 중국 유서는 조선에서 대단히 유행하기도 하였다. 또한 조선시대에는 중국 유서의 영향 하에 우리 조상들이 직접 유서를 편찬하여 사용하기도 하였는데, 그 수 또한 적지 않다.[1]

본고는 중국에서 전입된 《백미고사》라는 유서가 중국에서보

1 중국 유서의 한국 전입 상황에 대해서는 앞의 〈한국 유서의 종합적 연구(I)－중국 유서의 전입 및 유행〉을 참조하기 바라며, 한국 유서의 간행 상황에 대해서는 앞의 〈한국 유서의 종합적 연구(II)－한국 유서의 간행 및 특색〉을 참조하기 바람.

다 오히려 조선에서 더 많이 유행하게 된 상황 및 원인에 대해 파악해 보았으며, 아울러 《백미고사》와 한국 유서문화와의 상호 관계에 대해 동몽 내지 초학자 관련 유서 활용이라는 용도상의 한 특색을 중심으로 연구 토론해 보았다. 이보다 앞서 《백미고사》라는 유서에 대해서는 판본 · 편찬자 · 체제 · 내용 등을 중심으로 비교적 자세하게 살펴봄으로써, 이 책의 한국 유행 상황 및 유행 원인에 대한 파악에 도움이 되도록 하였다.

《백미고사》에 대하여

판본 및 편찬자

《백미고사》는 중국에서 간행된 책으로, 한국에는 그 책의 중국 목판본이 전입되었을 뿐만 아니라, 직접 그 책을 간행하여 사용하기도 하였다. 우선 기존의 목록서 등에 저록된 서지사항을 중심으로 《백미고사》의 판본 및 편찬자에 대해 살펴보기로 한다.

莊芳榮 編,《中國類書總目初稿：書名 · 著者索引篇》(臺北：臺灣學生書局, 1983)：

《白眉故事》(一名《故事白眉》) 12卷 明 鄧志謨 撰.

張滌華,《類書類別》(北京：商務印書館, 1985)〈存佚〉편의

유서 목록 :

《白眉故事》 12卷 鄧志謨 撰. 按: 一名《故事白眉》라고도 함(書名一作《故事白眉》).

《白眉故事》 10卷 明 許以忠, 通行本.

屈萬里 撰,《普林斯敦大學葛思德東方圖書館中文善本書志》 권3(臺北 : 藝文印書館, 1975年 初版) 子部 :

《新刻註釋故事白眉》 10卷 明 許以忠 撰. 明末葉傅氏版築居刊本. ……이 책은 25문門으로 분류하였는데, 각 문은 또 자목子目으로 나누었다. 실려있는 자료는 모두 자주 보이는 역사 사실로, 대개 초학자를 위해 개설하였다. 이충以忠은 자字가 관일貫日로, 오吳 지방 사람이다. 권卷의 앞쪽에 〈등지모서鄧志謨序〉가 있는데 쓰여진 시기는 쓰지 않았다. 《사고전서총목》에는 저록되지 않았다(是書分二十五門, 每門又各分子目. 所載皆習見之故實, 蓋爲初學設也. 以忠, 字貫日, 吳人. 卷端有鄧志謨序, 未署年月. 《四庫全書總目》未著錄).

韓國精神文化硏究院《藏書目錄》(古書篇1) :

《註釋白眉故事》 10卷 5冊 明 許以忠 集 · 明 鄧志謨 校. 木板本

《增補註釋故事白眉》 10卷 5冊(10卷 8冊 本도 있음) 明 許以忠 集 · 淸 許國球校. 中國 木板本.

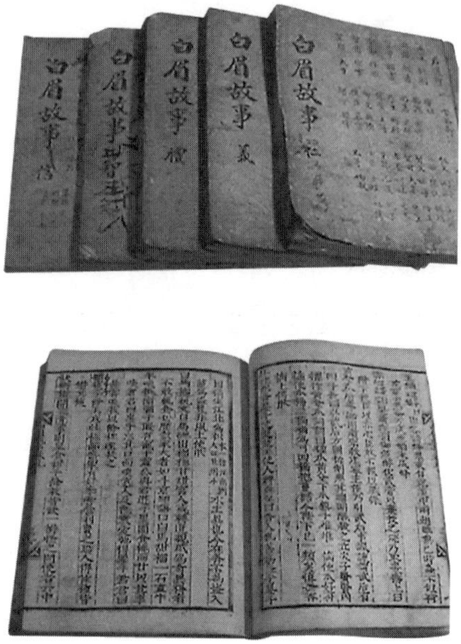

《백미고사》 목판본

한국에서 가장 보편적으로 통행되던 판본은 조선시대에 간행된 목판본《주석백미고사註釋白眉故事》10권 본인데, 장척화에 의하면 중국에서도 이 판본이 통행본이었음을 알 수 있다. 이 책은 위의 서지사항에 근거하면 명나라 허이충許以忠이 편찬한 사실을 알 수 있다. 그리고《백미고사》는 등지모鄧志謨와 깊은 관련이 있음을 알 수 있다. 등지모 '찬撰'과 '교校'라고 적은 판본이 동시에 존재하고 있는데, 사실 등지모는 평생 적지 않은 유서를 편찬한 적이 있다.《안인현지安仁縣志》권8 〈은일隱逸〉에 "저서로《고사원古事苑》·《사류첩록事類捷錄》·《황미고사黃眉故事》·《백미고사白眉故事》의 여러 책이 있다(著有《古事苑》·《事類捷錄》·《黃眉故

事》·《白眉故事》諸書行世)"[2]라고 하였으나, 이 기록만으로는 등지모가《백미고사》를 '찬撰' 했다는 사실을 확정할 수가 없다. 영남대학교 도서관에는《주석백미고사》외에도《신각정보진본고사백미新刻訂補眞本故事白眉》(동빈문고東濱文庫 소장, 영본零本, 제5권이 보존됨, 중국 목판본)가 소장되어 있다. 이 두 종류의 판본을 비교하면 비록 문門의 순서는 동일하나 자목子目의 분류 및 열거한 항목의 수가 다르다. '화목花木' 부部를 예로 들어 보면, 전자는 백화류百花類·백목류百木類·과실류果實類·소채류蔬菜類·초류草類로 분류하고 있는 데에 반해, 후자는 이러한 분류를 하지 않았다. 또한 전자의 화목부 중에는 총 56조의 항목이 있으며, 후자에는 단지 48조의 항목이 있는데, 뺀 것도 있고 새로 첨가한 것도 있다. 누가 이렇게 항목을 첨삭添削했는지는 알 수 없지만, 등지모가 허이충의《백미고사》를 교감한 적이 있으며, 후에 허씨의 책을 첨삭하여 또 다른《백미고사》를 편찬했을 가능성도 있다고 볼 수 있다. 위의 서지사항에서 보이는 12권본은 모두 등지모 '찬撰' 으로 되어 있는데, 이 판본이 곧《신각정보진본고사백미》일 가능성이 높다.[3]

우리에게 명대明代 도교소설道教小說 작가로 더 잘 알려져 있는 등지모[4]는 평생 소설보다 유서를 더 많이 편찬하였는데, 이 사

2 오성석(吳聖昔), 〈등지모(鄧志謨)의 고향·자호(字號)·생년(生年) 고찰(鄧志謨鄉里·字號·生年探考)〉(《명청소설연구(明清小說研究)》 1992년 제2기)에서 재인용.

3 이에 대해서는 앞으로 중국에 있는 판본들과 대조하여 확인 과정을 거칠 것이다.

4 적어도 중국문학 전공자 그 중에서도 특히 중국고대소설 전공자들 중에는 등지모를 유서 편찬자가 아닌 소설가로 인식하는 사람이 더 많다.

실은 그가 소설 창작보다 유서 편찬에 더 심혈을 기울였음을 알 수 있다.[5] 김문경金文京은 등지모가 편찬한 유서 목록을 다음과 같이 저록하였다.[6]

《刻注釋藝林聚錦故事白眉》10卷 安仁鄧志謨鼎所補 書林余元熹長公訂 萬曆27(1599)年萃慶堂刊本

《鍥旁注事類捷錄》15卷[7] 饒安百拙生鄧志謨明甫(編) 萬曆31(1603)年萃慶堂刊本

《精選故事黃眉》10卷 雲錦鄧百拙生輯 羊城丘毛伯校 萬曆42(1614)年萃慶堂刊本

《鍥旁訓古事鏡》12卷 萬曆43(1615)年萃慶堂刊本

《新刻四六旁訓古事苑》23卷[8] 饒安百拙生鄧志謨著 汝川毛伯父丘兆麟校 繡谷應圓父龔居中閱 萬曆45(1617)年四德堂鄭大經刊本

5 등지모가 창작한 소설 작품으로는 《신계진대허정양득도금교철수기(新鍥晉代許旌陽得道擒蛟鐵樹記)》〔2권(卷) 25회(回)〕·《계당대여순양득도비검기(鍥唐代呂純陽得道飛劍記)》(3권 13회)·《계오대살진인득도주조기(鍥五代薩眞人得道咒棗記)》(3권 14회)가 있다.

6 김문경(金文京), 〈만청소설·유서 작가 등지모 생평에 대한 초보적 탐구(晚清小說·類書作家鄧志謨生平初探)〉, 고미고(辜美高)·황림(黃霖) 주편(主編), 《명대소설면면관(明代小說面面觀) : 명대소설 국제학술토론회 논문집(明代小說國際學術研討會論文集)》(上海 : 學林出版社, 2002) 참조.

7 이 책은 현재 한국에 중국 목판본과 필사본이 남아 있다. 필자는 이 책의 필사본을 소장하고 있는데, 필사본에는 권수(卷數)를 명기하지 않았다.

8 《고사원》은 《사고전서총목제요(四庫全書總目提要)》권139 유서류(類書類) 존목(存目)3에 저록되어 있다.

《蘭雪堂古事苑定本》12卷[9] 饒安鄧志謨景南編輯 古閩余應陟瞻校閱 康熙25(1686)年蘭雪堂刊本[10]

위의 목록에서 김문경은《안인현지》에 소개된 유서 외에《계방훈고사경鍥旁訓古事鏡》(12권)을 더 들고 있는데, 이 책은 장방영의 목록에도 저록되어 있다. 필자의 조사에 의하면, 이 책은 한국에서 보이지 않으나, 나머지 네 부의 유서는 모두 한국에 전입되었다.[11] 이 밖에 한국학중앙연구원韓國學中央硏究院 소장《명유名喩》(1906-1907년 필사)라는 유서도 등지모가 지은 것으로 되어 있다.[12] 장척화 · 장방영의 목록 그리고 김문경의 등지모 저작목록에는 이 책을 저록하지 않았다. 필자가 확인한 바에 의하면, 이 책은 유서가 분명하다. 즉, 천미擅美 · 감응感應 · 근학勤學 · 사도師道 · 교도交道 · 보덕報德 · 신수愼修 · 예의禮儀 · 제사祭祀 · 평품評品 · 간험奸險 · 흉잔兇殘 · 참참讒譖 · 사상死喪 · 궁실사치宮室奢侈 · 보화寶貨 · 석교釋敎 · 형체形體 · 천루舛累 · 가복가화賈覆嫁

9 《속수사고전서(續修四庫全書)》1247책(冊) 자부(子部) 유서류(類書類)에 이 책이 실려 있다.

10 이 외에도 장척화의 중국 유서 목록에는 만력간본(萬曆刊本)《신각일찰삼기(新刻一札三奇)》4권(장척화의 안(按)에 따르면, 북경대학도서관(北京大學圖書館) 소장《이씨서목(李氏書目)》에는《신각일계삼기(新刻一啓三奇)》8권이라고 저록되어 있다고 하였음)이 저록되어 있는데, 김문경은 이 책(8권)을 유서류에 넣지 않고 서신(書信) · 운어류(韻語類)에 넣고 있다. 김문경은 서신 · 운어류에 이 책 외에도《풍운정서(豐韻情書)》(6권)와《신각쇄쇄편(新刻灑灑篇)》(6권) 두 부를 더 저록하고 있다.

11 앞의 〈한국 유서의 종합적 연구(Ⅰ)—중국 유서의 전입 및 유행〉 중의 '한국 전입 중국 유서 목록'을 참조하기 바람.

12 "饒安百拙生鄧志謨著"라고 적혀 있다.

禍 · 천거薦擧 · 부탁附托 · 진지眞知 · 시수時數 · 출처出處 · 동이同異 · 이수理數의 27문門으로 나누어 백가어百家語 중에서 가장 기묘한 말을 뽑아 대구對句가 되게 배열하였다. 이상에서 보면, 등지모가 편찬한 유서(혹은 등지모가 '교교' 한 유서) 여섯 부 중에서 다섯 부가 한국에 전입되었음을 알 수 있는데, 이는 그의 유서들이 조선시대 독자들에게 용도상에서 맞아떨어진 결과라고도 할 수 있다. 《백미고사》의 용도 및 그것과 관련하여 그 책이 조선시대에 유행하게 된 원인에 대해서는 뒤에서 언급하겠다.

체제 및 내용

유서는 편찬 체제상에서 유편유서類編類書 · 운편유서韻編類書 · 자편유서字編類書 · 수편유서數編類書 · 시편유서時編類書 등 크게 다섯 가지로 나눌 수 있다.[13] 이 중에서 유편유서는 사류事類에 따라 부部와 유類 등으로 나누어 편찬한 유서를 말한다. 예를 들면, 《북당서초北堂書抄》 · 《예문유취藝文類聚》 · 《초학기初學記》 · 《태평어람》 · 《고금사문유취》 · 《책부원귀》 등등이 이에 속하는 유서들이다. 이 체제는 유서 편찬에서 가장 보편적으로 사용된 것으로, 대부분의 유서들이 이 체제를 사용하고 있다. 많은 한국 유서들도 중국 유서의 이러한 체제를 그대로 답습하여 유서

13 웅독(熊篤) · 허정계(許廷桂) 편저, 《중국고전문헌학(中國古典文獻學)》(重慶 : 重慶出版社, 2000), 89쪽 참조.

를 편찬하였다. 여기서 《예문유취》에서 나눈 부部의 상황을 예로 들어본다.

天部－歲時部－地部－山部－水部－符命部－帝王部－后妃部－儲官部－人部－禮部－樂部－職官部－封爵部－治政部－刑法部－雜文部－武部－軍器部－居處部－產業部－衣冠部－儀飾部－服飾部－舟車部－食物部－雜器物部－巧藝部－方術部－內典部－靈異部－火部－藥香草部－草部－寶玉部－百穀部－布帛部－果部－木部－鳥部－獸部－鱗介部－蟲豸部－祥瑞部－災異部

고대사회의 정치·경제·문화·제도·사회생활의 필요에 따라 분류하고 있는데, 대체로 먼저 천지天地·제왕帝王이 나온 후, 전장典章·제도制度가 나오고, 그 다음은 기타 인사人事·비금飛禽·주수走獸·초목草木·충어蟲魚 등이 등장한다. 천지와 제왕을 먼저 앞세우는 이 배열순서는 중국 고대의 경천敬天·존군관념尊君觀念을 반영했다고 할 수 있다.[14] 이러한 천天－지地－인人－사事－물物의 기본적인 배열구조는 《백미고사》에서는 순서가 얼마간 바뀌고 있지만, 기본적으로는 이 유편類編의 체제를 따르고 있음을 할 수 있다. 여기서 통행본 《백미고사》에서 나눈 부部와

14 이상, 앞의 〈한국 유서의 종합적 연구(II)－한국 유서의 간행 및 특색〉 참조. 유편유서 외에 나머지 네 가지 체제에 대해서도 이 논문을 참고하기 바람.

유類의 상황을 보기로 한다.

君道部：上皇/太后/皇帝/聖節/聖壽/皇后/太子/宗室/外戚/詔書/赦書/朝制

官品部：宰相/參政/尙書/學士/諫官/御史/使臣/郡守/縣宰/幕官/縣丞/主簿/縣尉/吏

人道部：祖父母/父母/賢父/賢母/孝養/子孫/女子/兄弟/伯叔/子姪/兄嫂/姊妹/夫妻/妬婦/宗族/閥閱/翁壻/親戚/師生/賓主/惡客/寵妾/奴僕

法教部：神仙/仙食/仙居/仙術/佛教/僧類/僧亡/講僧/道教/鬼神

人品部：隱逸/漁釣/農夫/商賈/醫士/相士/地師/卜士/星士/滑稽/畵者/傳神/射者/技藝

交際部：朋友/薄交/謁見/不遇/干求/餽送/托庇/請託/感佩/遜謝/讚歎/間濶/會晤/訪臨/瞻仰/敍擾/送行/問歸

德器部：人材/志氣/手標/力量/正直/德量/聲名/材幹/奬譽/警戒/談論/幼敏/壽考/富厚

庸劣部：奢豪/貧乏/儉薄/自足/自敍/惡貌/殘疾/惡性/小見/評論

入學部：經籍/文章/詩詞/字學/僞字/歌咏/書柬/問學/不學/圖書

人事部：盟誓/戱謔/求教/爭鬪/怨仇/報復/訟獄/讒讚/善報/惡報/笑哂/兩可/畏懼/改行/屈服/履險/夢寐

吉事部：婚姻/媒妁/慶誕/生子/生孫/生女

凶事部：疾病/死喪/親喪/喪妻/祭挽/賻喪/殯葬/墳墓/生壙

雜劇部：博奕/樂技/賭賽/燕樂/遊樂

仕進部：諸科/登科/及第/門生/同年/不捷/濫爵/寵賜/薦擧/被召/入官/同官/遷陞/淸廉/執法/貪酷/恤刑/致仕/任子/遺愛/小用/罪戮/不調/黜降

天文部：天類/日類/月類/星辰/雷霆/風類/雨類/雪類/霜類

地理部：山類/水類/都邑/市肆/鄕村/關隘/邊塞

歲時部：春類/元旦/人日/元夜/社日/上巳/淸明/夏類/端午/秋類/七夕/中秋/重九/冬類/至日/除夕/豊凶

宮室部：宮殿/樓閣/亭臺/第宅/學校/齋舍/僧舍/道觀

花木部：百花/百木/百果/百蔬/百草

禽獸部：禽類/獸類/水族/昆蟲

器用部：文具/武具/飮器/臥具/燈火/雜用/音樂

珍寶部：金類/玉類/珠類/錢類/錦類

衣服部：衣類/帶類/裘類/冠類/履類

身體部：頭首/面目/心膽/手足/筋骨/肢體/脣吻/臟腑

飮食部：茶類/酒類/羹類/飯類/殽饌/藥餌

이상 총 25부로 나누고, 각 부 아래에 총 269류의 자목子目으로 분류하였다. 분류가 매우 상세하고, 아울러 이들 자목으로부터 이 책은 시문詩文 · 인물人物 · 전고典故 · 천문天文 · 지리地理 · 전장典章 · 제도制度 · 비금飛禽 · 주수走獸 · 초목草木 · 충어蟲魚

및 기타 많은 사물 등과 관련된 내용을 두루 포괄하고 있음을 알 수 있으며, 심지어 신선 · 불교 · 도교 · 귀신 등과 관련된 내용은 물론, 덕기 · 용렬 · 인사부 등에서는 인간의 심성心性과 관련된 내용도 실려 있음을 볼 수 있다. 각 자목의 매 항목 아래에는 여러 전적典籍들로부터 비교적 잘 알려진 한 가지 역사 사실을 인용하거나 그 항목이 들어 있는 문장을 인용하였다.

한국에서의 《백미고사》 유행 및 활용

《백미고사》는 중국 유서로서는 그다지 유명하지 않은 유서인데도 불구하고[15] 조선에 전입된 후에 이국異國에서 오히려 더 유행한 것으로 보인다. 필자가 조사한 바에 의하면, 매우 많은 한국의 도서관 및 개인이 이 책을 소장하고 있으며, 사가私家에서도 이 책을 꽤 많이 활용하였다. 아울러 소장지도 전국 각지에 분포되어 있다.[16] 또한 프랑스 학자 모리스 꾸랑Maurice Courant은

15 《사고전서총목》에서는 이 책을 저록하지 않았다.

16 이 책은 현재 고서점(古書店)에서 어렵지 않게 구할 수 있는데, 필자도 대구시 소재 몇 곳의 고서점에서 이 책을 보았으며, 그 중 한 질을 구입하여 소장하고 있다. 필자의 조사에 의하면, 규장각(奎章閣) · 연세대 · 고려대 · 숙명여대 · 전북대 · 부산대 · 부산산업대 · 충남대 · 청주교육대 · 경희대 · 영남대〔김상기(金庠基) 동빈문고(東濱文庫) · 박정노(朴庭魯) 미산문고(味山文庫) · 의령(宜寧) 남씨(南氏) 문중의 남재문고(南齋文庫) 포함〕 · 중앙대 · 성균관대 · 전남대 · 원광대 · 국민대 · 동국대 · 동아대 · 경상대 · 이화여대 · 계명대 · 용인대 · 해군사관학교 · 경성대 박물관 · 국립중

《한국서지韓國書誌(Bibliographie Coréenne)》 중의 사서부史書部 중사류中史類 '유서類書 · 초록抄錄' 부분에서 중국 유서로는 유일하게 《백미고사》(10권 5책)를 저록하고 있다.[17] 이 책의 조선 간행본이 오히려 중국으로도 전입되었는데, 중국 국가도서관國家圖書館(옛 북경도서관北京圖書館)에는 《주석백미고사注釋白眉故事》(10권, 허이충 편집 · 등지모 교정) 조선 건상각본(수진본袖珍本)을 소장하고 있다.[18] 이 책이 조선에서 휴대하기에 편리한 수진본으로 간행된 사실은 이 책의 활용 빈도가 높았음을 증명하는 또 하나의 증거일 수도 있다. 또한 한국 소장 《백미고사》의 판본을 보면, 중국 목판본은 물론 한국 목판본과 필사본이 남아 있는데, 이 사실 역시 조선시대에 있어 이 책의 유행 정도를 짐작하게 한다.

앙도서관 · 한국정신문화연구원 장서각 · 국사편찬위원회 · 국회도서관 · 경주시립도서관 · 전형필(全鎣弼) 간송문고(澗松文庫) · 한덕우(韓悳愚) 덕우문고(悳愚文庫) · 김완섭(金完燮) 만송문고(晩松文庫) · 문박(文樸) 인수문고(仁壽文庫) · 이병기(李炳麒) 완수문고(玩樹文庫) · 조병순(趙炳舜) 성암문고(誠庵文庫) · 이겸노(李謙魯) · 이숭녕(李崇寧) · 박학종(朴學鍾) · 강주진(姜周鎭) · 필자 등을 비롯하여, 김무조(金戊祚 : 부산시) · 최재호(崔載浩 : 경남 진주시) · 남두환(南斗煥 : 경북 안동군 풍산읍) · 이태영(李台永 : 경북 성주군) · 황호령(黃鎬領 : 전남 강진군) · 선옥규(宣玉奎 : 전남 보성군) · 文昶集(문창집 : 전남 영암군) · 유재영(柳在泳 : 전북 이리시) · 김경식(金璟植 : 전북 고창군) · 배성수(裵聖洙 : 전북 고창군) 등이 이 책을 소장하고 있다.

17 모리스 꾸랑 원저(原著) · 이희재(李姬載) 번역, 《한국서지(韓國書誌)》(수정번역판)(서울 : 一潮閣, 1994), 520쪽 참조. 그는 《백미고사》의 저자를 명대 유학자(儒學者)인 진계유〔陳季儒: 자 미공(眉公)〕라 하였다. 이 책의 편찬자에 대해서는 앞의 내용을 참조하기 바람.

18 황건국(黃建國) · 김초승(金初昇) 주편, 《중국소장고려고적종록(中國所藏高麗古籍綜錄)》(上海 : 漢語大詞典出版社, 1998), 106-107쪽 참조.

그렇다면, 《백미고사》가 왜 조선에서 유행하게 되었는지를 실제 그 책 속에서 인용하고 있는 하나의 항목을 들어 살펴보자. 권9 화목부花木部 백화류百花類의 '일념홍一捻紅' 항목을 보면 다음과 같다.

> 【一捻紅】(牡丹稱一捻紅) 唐明皇時, 有獻牡丹者. 貴妃匀面口脂在手, 印于花上. 詔栽于仙春館. 來歲花開, 有指印紅迹. 帝名爲一捻(音聶)紅.(괄호 안의 문자는 쌍행雙行의 소주小注임)
>
> :【一捻紅】(모란을 일념홍이라 함) 당나라 명황 때, 어떤 사람이 모란을 바쳤는데, 귀비가 얼굴에 화장을 하고 연지를 묻은 손으로 꽃 위에 찍었다. (그 꽃을) 선춘관에 심으라고 명하였다. 다음해 꽃이 피었는데, 붉은 흔적의 지장指章이 있었다. 황제가 (그 꽃을) 일념(섭聶으로 읽음)홍이라 이름하였다.

여기서 우리는 '일념홍' 이 모란牡丹이라는 사실을 알 수 있을 뿐만 아니라, 편찬자가 서명에서 그 의도를 나타냈듯이 간단한 '백미성白眉性의 고사故事' 한 편을 다른 전적典籍에서 인용하여 들고 있어 '일념홍' 이라는 단어가 어떤 배경 하에서 출현하게 되었는지에 대해서도 쉽게 파악할 수 있다.[19] 이밖에도 대부분 흔히

19 '일념홍(一捻紅)' 의 인용 전적은 바로 《청쇄고의(靑瑣高議)》이다.

볼 수 있는 성어成語나 전고典故가 내포된 단어들로 항목을 설정하고 있다. 그리고 항목 설명 부분이 한 편의 재미있는 이야기로 되어 있어 독자들이 더욱 쉽게 접근할 수 있었을 것이다. 이러한 형식은 현대의 사전 특히 전고사전典故辭典의 형식과 대동소이한데, 여기서 하나의 항목을 예로 들어 현대의 전고사전과 비교 검토해 보기로 한다. 먼저 《백미고사》 권5 용렬부庸劣部 사호류奢豪類의 '일식만전一食萬錢' 항목을 보기로 한다.

> 【一食萬錢】(晉)何曾性極奢侈, 一日食近萬錢, 猶云無下箸處. 其子劭每食必盡四方珍饌, 一日之供, 以二萬爲限.
>
> :【一食萬錢】(진晉)하증은 성격이 지극히 사치스러워 하루에 거의 1만 전 어치의 음식을 먹으면서 오히려 젓가락 갈 곳이 없다고 하였다. 그 아들 하소도 매번 식사할 때 반드시 사방의 진기한 음식을 두루 먹었는데, 하루 공급량을 2만 전으로 제한하였다.

다음은 현대에 출간된 《고서전고사전古書典故辭典》의 '일식만전一食萬錢' 항목을 보기로 한다.

> 【一食萬錢】形容飮食的華豪奢侈.《晉書・何曾傳》:"性奢豪, 務在華侈, 帷帳車服, 窮極綺麗, 廚膳滋味, 過於王者……日食萬錢, 猶曰無下箸處." 其子何劭亦有父風, "食必盡四方珍異, 一日之供, 以錢二萬爲限."《晉書・任愷

傳》："愷既失職, 乃縱酒耽樂, 極滋味以自奉養. 初, 何劭以公子奢侈, 每食必盡四方珍饌; 愷乃踰之, 一食萬錢, 猶云無可下筯處." 踰：超過. 筯：同'箸', 筷子.

: 음식이 호화롭고 사치스러움을 형용한다.《진서 · 하증전》: "성격이 사치스럽고 호화스러워 그 일에 힘썼으니, 휘장 · 수레 · 의복은 지극히 아름다웠으며, 주방의 음식 맛은 왕의 그것을 넘어섰다. ……하루에 1만 전 어치의 음식을 먹으면서 오히려 젓가락질 할 때가 없다고 하였다." 그의 아들 하소 역시 아버지의 그런 성격을 지니고 있었으니, "식사할 때 반드시 사방의 진기한 음식을 두루 먹었는데, 하루 공급량을 2만 전으로 제한하였다."《진서 · 임개전》: "임개가 실직하여 마음내키는 대로 술을 마시고 주색에 빠져 마음껏 즐기면서, 지극히 맛이 좋은 음식으로 스스로 봉양하였다. 처음에는 하소가 공자로서 사치를 하여 매번 식사할 때 반드시 사방의 진기한 음식을 두루 먹었는데, 임개가 곧 그를 넘어서니, 한 번 먹을 때 1만 전 어치의 음식을 먹으면서 오히려 젓가락 갈만한 곳이 없다고 하였다." 유踰는 초과의 의미이다. 저筯는 '저箸'와 같으며, 젓가락이라는 뜻이다.[20]

20 사전편사조(辭典編寫組) 편찬,《고서전고사전(古書典故辭典)》(臺北：華世出版社, 1987), 6쪽.

후자의 현대 사전의 경우, 그 기술記述이 상세하고 인용 문장 자체도 완벽한 데 비해, 《백미고사》의 인용문은 원래의 출전 문장을 줄이거나 바꾸어 이용하였다. 즉 《진서 · 하증전》에서 문장을 약간 바꾸어 이용하거나 핵심적인 부분만을 그대로 인용하고 있는 셈이다. 《백미고사》의 인용문만을 두고 보더라도 '일식만전'의 의미와 전고를 충분히 파악할 수가 있어, 이 단어를 몰랐던 검색자에게는 분명히 도움이 되었을 것이다. 현대의 사전들이 주로 한자의 획수나 한어병음 순으로 항목을 배열하고 있어 글을 읽으면서 모르는 어휘나 성어가 출현하면 검색하기에 편리한 데 비해, 고대의 유서는 대부분 주제별로 분류를 하고 있어 오히려 문장을 지을 때 자신이 쓰고 있는 내용 및 자신의 창작 의도에 맞추어, 적당한 항목을 해당 부류에서 찾아 활용하는 데 편리하였을 것이다. 《백미고사》와 같은 유서도 당연히 문장을 짓거나 시를 짓는 활동을 하는 초학자들에게 매우 유용하게 사용되었을 것이다.[21] 다시 말해, 이 책은 앞서 보았던 상세한 분류 및 시문

21 이러한 관점에서 본다면, 현대의 전고 혹은 성어사전을 편찬할 때 고대의 유서 체제를 원용하고 발전시켜 편찬한다면 문장을 짓거나 시작 시에 더욱 편리하게 활용할 수 있을 것으로 생각된다. 중국에서는 현재 비록 유서 체제를 완전하게는 원용하지 않았지만(즉, 유서처럼 주제를 세분하지는 않았지만) 그래도 주제별로 크게 분류한 형식의 사전들이 적지 않게 나오고 있다. 이는 대부분 하나의 장르나 작품을 대상으로 한 이른바 전문사전들, 이를테면 《삼국지연의사전(三國志演義辭典)》(沈伯俊 · 譚良嘯 編著, 成都 : 巴蜀書社, 1989년 제1판) · 《무협소설감상대전(武俠小說鑑賞大典)》(溫子建 主編, 桂林 : 漓江出版社, 1994) · 《문사공구서사전(文史工具書詞典)》(祝鴻熹 · 洪湛侯 主編, 杭州 : 浙江古籍出版社, 1990년 제1판) · 《중국희곡곡예사전(中國戲曲曲藝詞典)》〔상해예술연구소중국희극협회상해분회(上海藝術研究所中國戲劇協會上海分會 편(編), 上海 : 上海辭書出版社, 1981〕 등등이지만, 앞으로 전고나

창작 검색용으로서의 편리함으로 인해 초학자들에게 많은 편리함을 제공하였을 것이다. 이러한 사실이 조선시대에 이 책이 유행하게 된 하나의 중요한 원인이 되었다고 할 수 있다. 중국 유서인 이《백미고사》는 중국에서의 편찬 당시의 용도가 무엇이었던지 간에 한국에 전입된 후에는 초학자들의 학습 공구서용으로서 활용 빈도가 대단히 높았던 책이었음이 틀림없다.

그리고 등지모가 편찬한 유서 중의 하나인《황미고사黃眉故事》는《백미고사》의 자매편이라고 할 정도로 그 책의 체제나 성격이 비슷하다. 부部의 명칭 상에서는 '관품官品'·'인품人品'·'세시歲時' 만이 같고 나머지는 모두 다른 명칭을 쓰고 있으나, 그 분부分部 내용 면에 있어서는 대부분이 서로 유사하다.[22] 아울러

성어사전 심지어 일반 어휘사전 등도 고대의 유서 체제를 원용·발전시켜 편찬할 수 있을 것이다. 이창경(李昌炅)은 또 다른 각도에서 고대 유서의 현대 활용에 대해 "새로운 매체 등장에 따른 출판 환경의 변화는 당연히 독자층의 취향 변화를 가져왔다. ……유서의 디지털화는 각 도서관에서 구축 서비스하고 있는 서지사항 및 해제 수준에 머물러 있다. 유서를 기반으로 하는 컨텐츠 개발을 위해서는 고전의 디지털화가 1차로 이루어져야 한다. ……고전의 새로운 가치 창조는 국역을 통한 대중화 도모, 전산화를 통한 DB구축에 머물지 않고, 생명력을 가진 새로운 컨텐츠로 재생산될 때 진정한 가치가 있다. 유서는 문헌의 주제별 정리, 주제를 향한 집중력 등의 특성을 가진 도서다. 수록 내용들이 여러 형태의 컨텐츠로 개발되어 독자를 찾아갈 때, 고전으로서의 가치도 증대될 것이다"〔〈유서 편찬(編纂)의 전개양상 고찰〉(국립문화재연구소,《문화재(文化財)》35, 2002)〕라고 언급하였는데, 여기서도 유서의 주제별 분류에 착안점을 두고 다양한 컨텐츠 개발을 주장하고 있음을 알 수 있다.

22 《황미고사》는 건상(乾象)·곤여(坤輿)·세시(歲時)·제통(帝統)·관품(官品)·인품(人品)·윤도(倫道)·예술(藝術)·이교(異敎)·여자(女子)·신체(身體)·미덕(美德)·열성(劣性)·길례(吉禮)·흉례(凶禮)·인사(人事)·사진(仕進)·거실(居室)·기용(器用)·의복(衣服)·문사(文史)·보화(寶貨)·음찬(飲饌)·중화(衆花)·중목(衆木)·과실(果實)·백초(百草)·익금(翼禽)·제수(蹄獸)·육산(育産)·수족(水族)·곤충류(昆蟲類)로 부(部)를 나누었다.

《사류첩록》 필사본

《백미고사》와 같은 인용문구의 동일한 항목도 보인다. 각종 목록서에서 비록 《백미고사》보다는 적게 보이지만, 그래도 《황미고사》를 소장하고 있는 도서관이 적지 않게 있는 것으로 미루어 이 책 역시 《백미고사》와 더불어 초학자들에게 적지 않게 활용된 것 같다. 등지모는 또 한 편의 유서인 《사류첩록事類捷錄》이라는 책을 더 편찬하였는데,[23] 위에서 예로 든 '일념홍一捻紅' 이라는 항목은 이 세 부의 책에 모두 출현하고 있다. 앞에서도 언급하였지만, 이 세 부의 책을 비롯하여 《고사원古事苑》과 《명유名喩》 등 등지모 유서들이 대부분 한국에 전입되어, 그 중에서 일부의 책이 유행하기까지 했던 것은 하나의 흥미로운 사실이 아닐 수 없다.

23 《사류첩록》은 천문(天文) · 지여(地輿) · 군도(君道) · 관품(官品) · 인품(人品) · 성정(性情) · 여자(女子) · 법교(法敎) · 세시(歲時) · 궁실(宮室) · 윤도(倫道) · 신체(身體) · 덕기(德器) · 인사부(人事部)로 부(部)를 나누었다.

결론

중국에서 기원하여 우리나라에 전입된 유서는 한국의 유서문화에 많은 영향을 끼쳤다. 중국의 유서를 그대로 활용하기도 하였지만, 우리 문화에 맞게 직접 유서를 편찬하여 사용하기도 하였다. 한국 유서는 비록 수적인 면에서 중국 유서에 미치지 못하지만, 역사가 유구한 중국 유서에 비해 결코 적은 편이 아니다. 중국 유서 중에는 조선에서 간행 혹은 필사하여 사용한 책도 다수 있었는데, 《고금사문유취》·《운부군옥》·《백미고사》 등의 유서는 조선시대에 그 통행 범위가 대단히 넓었다. 그 중에서 《백미고사》는 중국 유서로서는 그다지 유명하지 않은 유서인데도 불구하고 조선에 전입된 후에 이국에서 오히려 더 유행한 것으로 보인다. 매우 많은 한국의 도서관 및 개인이 이 책을 소장하고 있으며, 사가私家에서도 이 책을 꽤 많이 활용하였다. 아울러 소장지도 전국 각지에 분포되어 있다. 심지어 이 책의 조선 간행본이 오히려 중국으로도 전입되었는데, 중국 국가도서관에는 조선 건상각본(수진본)의 이 책을 소장하고 있다. 이 책이 조선에서 휴대하기에 편리한 수진본으로 간행된 사실은 이 책의 활용 빈도가 높았음을 증명하는 또 하나의 증거일 수도 있다. 또한 한국 소장 《백미고사》의 판본을 보면, 중국 목판본은 물론 한국 목판본과 필사본이 남아 있는데, 이 사실 역시 조선시대에 있어 이 책의 유행 정도를 짐작하게 한다. 《백미고사》가 조선에서 유행하게 된 것은 다음과 같은 원인이 있었기 때문이다. 편찬자가 서명에서 그 의도를 나타냈듯이 해당 항목(단어)에 대해 간단한 '백미성의 고사' 한 편을 다른 전적에서 인용(혹은 개작)하고 있어, 그 단어의 뜻은 물론 그것이 어떤 배경 하에서 출현하게 되었는지를 쉽게 파악할 수 있다. 이 밖에도 대부분 흔히 접할 수 있는 성어나 전고가 내포된 단어들로 항목을 설정하고 있다. 이러한 형식은 현대의 사전 특히 전고사전의 형식과 대동소이하다. 그렇지만 현대의 사전들이 주로 한자의 획수나 한어병음 순으로 항목을 배열하고 있어 글을 읽으면서 모르는 어휘나 성어가 출현하면 검색하기에 편리한 데 비해, 고대의 유서는 대부분 주제별로 분류를 하고 있어 오히려 문장을 지을 때 자신이 쓰고 있는 내용 및 자신의 창작 의도에 맞추어, 적당한 항목을 해당 부류에서 찾아 활용하는 데 편리하였을 것이다. 《백미고사》와 같은 유서도 당연히 문장을 짓거나 시작 활동을 하는 초학자들에게 매우 유용하게 사용되었을 것이다. 다시 말해, 이 책은 상세한 분류 및 시문 창작 검색용으로서의 편리함으로 인해 초학자들에게 많은 편리함을 제공하였을 것이다. 이러한 사실이 조선시대에 이 책이 유행하게 된 하나의 중요한 원인이 되었다고 할 수 있다. 조선의 유서 편찬의 용도상에서 보면, 초학자 및 동몽 교재용 유서 활용이 매우 중요한 부분인데, 중국 유서인 이 《백미고사》도 한국에 전입된 후에는 초학자들의 학습 공구서로서 활용 빈도가 대단히 높았던 책이었음을 알 수 있었다.

본 논의에서 미진했던 부분인 《백미고사》의 판본 및 등지모 편찬 문제에 대해서는 차후에 다른 판본들을 확인하는 과정이 필요하다. 아울러 등지모 유서의 대부분이 한국에 전입된 것도 하나의 흥미로운 사실인데, 이 문제에 대해서는 그의 유서들을 분석하고 아울러 그 분석의 토대 위에서 한국 유서문화의 일반적 상황과 관련 지워 논의할 필요가 있다.

【參考文獻】

韓國精神文化硏究院 編,《藏書目錄：古書篇1》, 1991.

文化財管理局 編,《韓國典籍綜合調查目錄》(第1輯), 1986/(第2輯), 1988/(第3輯), 1989/(第4輯), 1990/(第5輯), 1991/(第6輯), 1992/(第7輯), 1993/(第8輯), 1994/(第9輯), 1996.

嶺南大學校中央圖書館 編,《藏書目錄》(漢古籍篇), 1973.

《古書・古文書目錄：味山文庫》, 2000.

《古書目錄：南齋文庫》(第1輯), 2001.

辭典編寫組 編,《古書典故辭典》, 臺北：華世出版社, 1987.

沈伯俊・譚良嘯 編著,《三國志演義辭典》, 成都：巴蜀書社, 1989년 제1판

溫子建 主編,《武俠小說鑑賞大典》, 桂林：漓江出版社, 1994.

祝鴻熹・洪湛侯 主編,《文史工具書詞典》, 杭州：浙江古籍出版社, 1990년 제1판

上海藝術硏究所中國戲劇協會上海分會 編,《中國戲曲曲藝詞典》, 上海：上海辭書出版社, 1981.

《四庫全書總目》, 臺北：藝文印書館, 1979年5版

屈萬里 撰,《普林斯敦大學葛思德東方圖書館中文善本書志》, 臺北: 藝文印書館, 1975年 初版

李仙竹 主編,《北京大學圖書館館藏古代朝鮮文獻解題》, 北京：北京大學出版社, 1997.

黃建國·金初昇 主編,《中國所藏高麗古籍綜錄》, 上海：漢語大詞典出版社, 1998.

모리스 꾸랑 原著·李姬載 飜譯,《韓國書誌》(修訂飜譯版), 서울：一潮閣, 1994.

熊篤·許廷桂 編著,《中國古典文獻學》, 重慶：重慶出版社, 2000.

莊芳榮 編,《中國類書總目初稿：書名·著者索引篇》, 臺北：臺灣學生書局, 1983.

張滌華,《類書類別》, 北京：商務印書館, 1985.

李昌炅,〈類書 編纂의 展開樣相 考察〉,《文化財》35, 2002.

졸 고,〈한국 類書의 종합적 연구(I) 중국 유서의 전입 및 유행〉,《중국어문학》41, 2003. 6.

〈한국 類書의 종합적 연구(II) 한국 유서의 간행 및 특색〉,《중어중문학》32, 2003. 6.

吳聖昔,〈鄧志謨鄉里·字號·生年探考〉(《鄧志謨考論》之一),《明清小說研究》1992:2

〈鄧志謨經歷·家境·卒年探考〉,《明清小說研究》1993:3

金文京,〈晚明小說·類書作家鄧志謨生平初探〉, 辜美高·黃霖 主編,《明代小說面面觀：明代小說國際學術研討會論文集》, 上海：學林出版社, 2002.

*참고한 유서 목록은 일일이 열거하지 않았음.

【명대明代 유서와 소설】

서론

우리는 노신魯迅이 《태평어람太平御覽》·《태평광기太平廣記》[1]·《예문유취藝文類聚》·《초학기初學記》·《북당서초北堂書鈔》 등의 유서로부터 실전된 고소설을 집록輯錄하여 《고소설구침古小說鉤沈》이라는 책을 편찬한 사실을 이미 잘 알고 있다. 이때의 유서는 비록 자료 검색이라는 원래의 가장 기본적인 용도로 활용된 것이 아니라 후대인들의 실전된 서적들을 모으는 작업에 활용된 것으로, 이는 유서의 부가적인 용도라고 할 수 있다. 다시 말해, 고대의 유서들이 후대 학자들의 집일이라는 학술 작업에 활용되었다고 할 수 있는데, 이는 유서의 매우 중요한 용도 하나가 후대에 더해진 것이라고 할 수 있다. 이상은 유서와 소설의 관계를 언급하면서 가장 먼저 생각할 수 있는 사실이다. 유서와 소설의 관

1 《태평광기》가 유서인가 아니면 총집인가 등등, 그것의 성격 규정에 관해서는 뒷부분에 자세히 언급되어 있다.

계선 상에서 보면, 이 사실 외에도 고사故事만을 뽑아 분류하여 싣고 있는 고사전문유서도 있다는 사실을 들 수 있다. 등사우鄧嗣禹는 중국 유서의 유형을 유사類事 · 전고典故 · 박물博物 · 전제典制 · 성명姓名 · 패편稗編 · 동이同異 · 감계鑑戒 · 몽구蒙求 · 상식常識 등 10문門으로 나누었는데,[2] 이 중에서 패편문稗編門이 곧 고사전문유서를 가리키는 유형으로, 그 예로 《태평광기》 · 《청이록淸異錄》 · 《설략說略》 · 《송패유초宋稗類鈔》를 들었다.

본고에서는 명대의 유서와 소설에 관해 파악해 보았는데, 역대로 명대는 유서 편찬과 소설 창작 상에서 가장 활발한 활동을 보여주었던 시기이기도 하다. 본고는 먼저 명대의 유서 간행 상황에 대해 알아보고, 아울러 명대에 간행된 중국 최대 유서인 《영락대전》(일반유서)과 고사전문유서, 이른바 유서체類書體 소설집을 통해 명대의 유서와 소설 간의 관계에 대해 파악해 보았다. 그리고 명대 도교道敎소설가인 등지모鄧志謨와 그가 편찬한 유서에 대한 파악을 통해서도 유서와 소설(혹은 유서 편찬과 소설 창작) 간의 관계를 좀더 구체적으로 파악해 보았다.[3]

2 등사우(鄧嗣禹), 《연경대학도서관목록초고(燕京大學圖書館目錄初稿)》(1935), 〈유서지부(類書之部)〉 참조.

3 지금까지 유서와 문학 간의 관계에 대한 논의는 그렇게 많이 진행되지 않았다. 1986년 방사탁(方師鐸)은 《전통문학과 유서의 관계(傳統文學與類書之關係)》(天津 : 天津古籍出版社)라는 책에서 주로 사부(辭賦) · 문(文)과 유서 · 문학전문유서 · 유서의 일반 내용 등에 대해 언급하였으나, 유서와 소설과의 관계에 대한 논의는 하지 않았다. 1995년 일본 학자 오가와 요이치(小川陽一)는 《일용유서에 의한 명 · 청소설 연구(日用類書による明清小説の研究)》(東京 : 研文出版)라는 책 중의 제일편 '일용유서 및 그 재료(日用類書とその素材)' 부분에서 처음으로 유서를 통해 명 · 청소설을 연구한 선례

명대 유서 개황

명대의 유서는 앞 시기 유서 편찬의 기초 위에서 진일보 발전하였는데, 유서 수가 송대宋代에 비해 더욱 많이 늘어났다. 중국 유서 중에서 가장 대규모 유서인《영락대전永樂大典》(22,877권)이 명대에 나왔는데, 이 책은 성조成祖의 명에 의해 편찬되었다. 그러나 명대의 관찬官纂 유서로《영락대전》외에 거론할 만한 유서는 거의 없다고 볼 수 있다. 그러나 명대에는 전대前代에 비해 인쇄사업이 더욱 발달하여 유서 편찬에 유리한 조건을 제공하였다. 또한 과거科擧를 특별히 중시하였으나, 경의고거經義考據에 대해서는 크게 연구하지 않았으며, 선비들은 과거시험에서 반드시 시문(時文 : 팔고문八股文)을 지어야 했다. 그리하여 이러한 시험 방법에 대응하는 데 필요한 공구서인 과거전문유서가 많이 편찬되었다.

를 남기게 되었다. 특히 그는 일용유서의 내용과 명·청소설 내용 사이의 관계에 관심을 두었는데, 명말부터 유행한 인정소설(人情小說)은 세태일정(世態人情)을 묘사하고 있어 명·청시기의 도시 거주자의 다양한 일상생활이 구체적으로 묘사된 것이 그 특색이라고 지적하면서 이 특색은 일용유서의 특색과 서로 바꾸어 읽을 수 있다고 했다. 즉 그는 이 두 가지가 배경으로 하는 제반적인 기반은 공통되는 요소가 많다고 주장한 동시에, 그 때문에 일용유서를 명·청소설 연구에 적극적으로 이용할 수 있을 것이라고 생각하였다. 역시 일본 학자인 마쓰오 유키타다(松尾幸忠)는 〈唐代 類書에 있어서의 詩跡的 觀點에 관하여(唐代の類書における詩跡的觀點について)〉(早稲田大學中國文學會,《中國文學硏究》제29기, 2003. 12.)라는 논문에서 당대(唐代) 유서와 시적(詩跡)에 관해 연구 토론하였다. 최근(2004년)에 송리화(宋莉華)는《명청시기의 소설 전파(明淸時期的小說傳播)》(北京 : 中國社會科學出版社)라는 책 중의 제7장 '유서와 문언소설의 유전(類書與文言小說的流傳)' 부분에서 소설의 전파 관점으로부터 유서와 소설의 관계를 매우 상세하게 언급하였다. 본 논문은 송리화의 이 책으로부터 적지 않은 시사(示唆)를 받아 작성되었음을 밝혀둔다.

명 성조 상

사찬私纂 유서로 비교적 대형 유서가 적지 않게 편찬되었는데, 이를테면 팽대익彭大翼의 《산당사고山堂肆考》(228권), 서원태徐元太의 《유림喻林》(120권), 유안기兪安期의 《당유함唐類函》(200권) 및 《시준유함詩雋類函》(150권), 유중달劉仲達의 《(유씨)홍서(劉氏)鴻書》(108권), 장황章潢의 《도서편圖書編》(127권), 진인석陳仁錫의 《잠확거유서潛確居類書》(120권) 및 《(경적)팔편유찬〔(經籍)八編類纂〕》(285권), 능치륭凌稚隆의 《오거운서五車韻瑞》(162권), 왕기王圻의 《삼재도회三才圖會》(《삼재도설三才圖說》이라고도 함)(106권), 풍기馮琦의 《경제유편經濟類編》(100권), 당순지唐順之의 《(형주)패편〔(荊州)稗編〕》(120권), 진우모陳禹謨의 《보주북당서초補注北堂書鈔》(160권) 등등이 있다. 《당유함》은 당대唐代의 유서[4]를 중복된 부분을 빼고 하나로 합친 것으로, 이전의 유서를 정리하고 개편하여 편찬한 셈이다. 《형주패편》은 송대 유서인 《산당고색山堂考索》을 모방하여 편찬된 것이다. 《삼재도회》 및 《도서편》은 그림과 문장을 함께 싣고 있어, 유서의 또 다른 체제를 시도했다고 볼 수 있다. 또한 진요문陳耀文의 《천중기天中記》(60권), 동사장董斯張의 《광박물지廣博物志》(50권), 왕가대王可大의 《국헌가유國憲家猷》(56권), 정양유程良孺의 《여고략茹古略》(80권), 이청李清의 《제사동이諸史同異》(68권) 등등 50권 이상 100권 미만의 분량인 유서도 적지 않게 편찬되었다. 책 분량이 비교적 적은 추도원鄒道元의

4 당대(唐代)의 유서로 《예문유취》·《초학기》·《북당서초》·《백씨육첩(白氏六帖)》·《세화기려(歲華紀麗)》 및 정서(政書)로 《통전(通典)》을 이용하였다.

《회서상주滙書詳注》(36권)라는 유서는 당·송대 유서의 내용을 채택하여 편찬되었는데, 각 세목細目에 주석을 달고 있다.

명대 유서의 특징 중의 하나는 앞에서도 언급했듯이 과거제도의 진일보한 발전으로 응시대책 전용의 유서가 대량으로 출현하였다는 사실이다. 또한 전대에 비해 한 가지 내용 중심으로 되어 있는 이른바 전문유서가 많아진 사실 역시 하나의 특징으로 들 수 있다. 이를테면《유림》은 전문적으로 옛 사람들의 비유사어譬喩詞語를 수록하고 있으며, 소형 유서인 왕지경王志慶의《고려부古儷府》(12권)는 전문적으로 육조六朝·당唐·송宋의 변체문騈體文 중의 문장들을 뽑아 모았다. 고사전문유서로는 왕앵王罃이 편찬한《군서유편고사群書類編故事》(24권), 왕사의王思義가 편찬한《고사선요故事選要》(14권) 등등이 있다.

그러나 명대의 유서 특히 소형의 유서들 중에는 출처를 밝히지 않거나 교감校勘을 소홀히 한 책들이 상당히 많은데, 이는 명대 사람들의 저작著作 상에 있어서의 일반적인 병폐가 유서 편찬에서도 그대로 나타난 결과라 할 수 있다.

《사고전서四庫全書》 중의 유서 수록 상황으로부터 보면, 자부子部·유서류類書類에 모두 64부를 수록하고 있는데, 그 중에서 명대 유서 13부가 들어있다. 유서류 존목存目에 또한 217부를 수록하였는데, 그 중에서 명대 유서 87부가 들어있다. 존목을 포함한 총 유서 수의 3분의 1 남짓이 명대 유서가 차지하고 있어, 명대에 유서 편찬이 어느 시기보다 활발했음을 알 수 있다. 유서의 판각 상황으로부터 보면,《초학기》·《예문유취》·《태평어람》·

《금수만화곡錦繡萬花谷》·《사문유취事文類聚》·《고금합벽사류비요古今合璧事類備要》 등 당 · 송 양대 유서를 새긴 판목이 각처에 있었을 뿐만 아니라, 또한 7, 8종의 동활자본銅活字本도 있었다.[5] 명대에는 이처럼 새로운 유서의 편찬뿐만 아니라 당 · 송 양대의 유서 간행에도 많은 성과를 거두었다. 건양建陽 한 지역의 서방書坊에서 간각된 유서 수를 보더라도 그 사실을 충분히 알 수 있다. 아래 표는 건양 여씨余氏가 각 시기에 간행한 도서의 수를 사부四部로 나누어 나타낸 것이다.[6]

	易類	書類	詩類	禮類	春秋	五經總義	四書	小學	經部合計	紀傳類	編年類	傳記類	史抄	政書	史評	地理	史部合計
宋	1	3		4	3				11								
元	2	3	5	1	1		3	2	17	1		2		1		1	5
明	3	3	2	4	1	3	5	5	26	3	5	3	3	1	6	1	22
清					1				1								
合計	6	9	7	9	6	3	8	7	55	4	5	5	3	2	6	2	27

	子部總類	儒家	兵家	法家	醫家	天文算法	術數	宗教	類書	子部合計	總集	別集	小說	曲類	集部合計	叢部
宋					3				2	5	1	1			1	
元				1	4				3	8	27	3			4	
明	2	2	1	3	6	2	6	2	26	50	1	5	28	2	62	1
清													1		2	
合計	2	2	1	4	13	2	6	2	31	63	29	9	29	2	69	1

5 송리화(宋莉華), 앞의 책, 239쪽 참조.

6 초동발(肖東發), 《건양여씨각서고략(建陽余氏刻書考略) · 역대각서개황(歷代刻書概況)》(印刷工業出版社, 1991), 127쪽.(여기서는 송리화의 위의 책 240-241쪽 재인용)

위의 표를 보면, 명대에 26종의 유서가 간행되어 집부集部의 총집(27종)과 비슷한 상황을 보여주고 있다. 흥미로운 사실은 소설 역시 28종을 기록하고 있다는 것인데, 이것으로 명대 전체의 도서 출판 상황을 미루어 파악할 수가 있을 것이다. 아무튼 유서와 소설이 명대 도서 출판의 주종을 이루고 있음을 알 수 있다. 건양 여씨가 명대에 간행한 자부子部 50종 중에서 유서가 26종으로 52%나 차지하고 있는 셈인데, 이는 건양 여씨가 명대에 간행한 경부經部의 도서 수와 같음을 알 수 있다.

유서 간행의 성행 내지 보편화는 기타 도서 간행에 비해 비교적 특수한 현상을 띤다고 할 수 있는데, 이는 유서가 자료의 수집과 분류라는 기본적인 속성을 지니고 있기 때문이다. 자료의 수집 면에서 소설과의 관련성을 보면, 일반유서인 경우 소설(고사) 관련 자료도 부분적으로 포함되어 있는 유서도 있을 것이며, 고사전문유서인 경우에는 소설 자료만을 수집하여 싣고 있을 것이다. 분류 면에서 소설과의 관련성을 보면, 당연히 소설(고사)의 제재나 주제와 연관된다고 할 수 있다. 이러한 내용을 포함하여 공구서로서의 유서 분류와 소설(고사) 분류 사이의 관련성 등 구체적인 언급은 뒤에서 다시 하기로 한다.

명대 유서와 소설

여기서는 '유서와 소설의 만남' 이라는 대전제 하에 명대에 간행된 일반유서·고사전문유서故事專門類書와 이른바《태평광기》식의 유서체類書體 소설집에 대해 구체적으로 알아보기로 한다.

일반유서

일반유서 중에도 소설(고사) 자료를 수록하고 있는 유서가 적지 않을 것이다. 이는 송대에 편찬된 가장 전형적인 일반유서인《태평어람》속에 수많은 소설 관련 원시자료가 수록되어 있는 사실에서도 알 수 있다. 여기서는 명대에 편찬된 중국 최대 유서인《영락대전》을 예로 들어 소설과의 관계를 살펴보기로 한다.

《영락대전》〈목록目錄〉권 44에「권지卷之16,890 '소운笑韻'」이 있는데, 전권全卷이 모두 '소담서명笑談書名' 으로 명나라 초기 이전의 소화집笑話集은 모두 여기에 수록되어 있었을 것이다. 안타깝게도 이것들은 이미 실전되었다.[7]

또한《영락대전》〈목록〉에 의거하면, 권13,965~13,991에 희문戲文 33종이 실려 있으며, 권20,737~20,757에는 잡극雜劇 9천여 종이 수록되어 있었다고 한다. 그리고《영락대전》속에는 화본話

7 송리화, 앞의 책, 234쪽 참조.

本도 많이 수록되어 있었다고 한다. 《사고전서총목四庫全書總目》에서 "평화 1문에 수록된 것이 지극히 많다(平話一門, 所收至夥)" 라고 하였다. 이러한 희문 · 잡극과 평화들은 건륭乾隆 시기까지 완전하게 보존되어 있었으나, 집일자輯逸者의 정통문학 관념으로 인하여 즉 평화와 희곡을 통속문학으로 간주하여 집일하지 않았기 때문에 이 진귀한 자료들은 대부분 실전되어 버렸다.

이외에도 《영락대전》 속에는 설부(說部 : 소설) 책들을 적지 않게 싣고 있는데, 그 목록을 보면 다음과 같다.[8]

南唐 劉崇遠 《金華子》 2권
宋 張 洎 《賈氏談錄》 1권
宋 范 鎭 《東齋紀事》 6권
宋 高 晦 《珍席放談》 2권
宋 王 讜 《唐語林》 8권
宋 朱 彧 《萍州可談》 3권
宋 曾 慥 《高齋漫錄》 1권
宋 張知甫 《張氏可書》 1권
宋 陳長方 《步里客談》 2권
작자미상 《東南紀聞》 3권

8 이 목록은 장침석(張忱石)의 《영락대전사화(永樂大典史話)》(北京 : 中華書局, 1986) 중 〈부록(附錄)1 : 《영락대전》 중에서 수집한 실전된 서목(《永樂大典》中輯出的佚書書目)〉을 참조하였음. 이 서목에서는 모두 일서 590종과 부록 44종(그 중 120종은 전해오는 판본이 없음)이 수록되어 있다.

작자미상	《燕丹子》	3권
宋　王　輔	《峽山神異記》	1권
	《笑海叢珠》	1권 : 唐 陸龜蒙이 지었다고 적혀 있음
宋　周守忠	《古今諺》	1권
작자미상	《滑稽小傳》	2권 : 일명《滑稽逸傳》(현재 失傳)
	《笑苑千金》	1권 : 張致和가 지었다고 적혀 있음
작자미상	《醉翁滑稽風月談》	1권 : 일명《醉翁滑稽風月笑談》
작자미상	《玉堂詩話》	1권
	《國淸百錄》	2권 : 이 책은 繆荃孫이 권19,737로부터 집일하였음
宋　吳　淑	《江淮異人錄》	2권 : 일명《江淮異人傳》

위의 책들은《사고전서총목》에서 소설가류小說家類 및 소설가류존목小說家類存目에 기록되어 있는 도서들로, 무전손繆荃孫이 집일한《국청백록》을 제외한 나머지는 모두 사고관四庫館 신하들이《영락대전》으로부터 집일한 책들이다. 송대의 문언소설이 대부분을 차지하고 있는데,[9] 그 중에는 지괴전기소설집(志怪傳奇小說

9 영가우(寧稼雨)의《중국문언소설총목제요(中國文言小說總目提要)》(濟南 : 齊魯書社, 1996)에 의거하면,《골계소전(滑稽小傳)》·《소원천금(笑苑千金)》·《취옹골계풍월담(醉翁滑稽風月談)》도 송대 문언소설에 속한다고 했다. 그리고 청(淸) 주중부(周中孚)의《정당독서기(鄭堂讀書記)》에서는《동남기문(東南紀聞)》을 송말(宋末)·원초(元

集 : 이를테면《강회이인록》), 문언소화집(文言笑話集 : 이를테면《소원천금》·《취옹골계풍월담》), 배해소설집(俳諧小說集 : 이를테면《골계소전》) 등이 포함되어 있다. 특히《취옹골계풍월담》같은 책은《영락대전》이 없었다면, 영원히 그 모습이 사라져버렸을지도 모른다. 그러나 사고관 신하의《영락대전》으로부터의 집일로 1권만이라도 남아 있게 된 것이다.[10]

이처럼 일반유서인《영락대전》속에 전대前代인 송대의 문언소설 자료가 적지 않게 수록되어 있었는데, 이는 일반적으로 유서의 자료 수집 대상 범위가 그만큼 넓다는 의미도 내포하고 있지만, 전대 소설 자료의 보존 및 전파 면에서 유서의 역할이 결코 작지 않다는 의미도 포함하고 있다.

고사전문유서

이른바 고사전문유서(고사유서故事類書라고도 함)는 유서 편찬 시 수집·인용하여 수록하는 자료가 모두 고사(소설)로 되어 있는 유서를 가리킨다. 앞에서도 약간 언급이 되었지만, 명대에는《군서유편고사群書類編故事》·《고사선요故事選要》·《백미고사白眉故事》·《황미고사黃眉故事》·《사류첩록事類捷錄》[11] 등등의 유

初)에 지어진 것이라고 했다.〔후충의(侯忠義) 편찬,《중국문언소설 참고자료(中國文言小說參考資料)》(北京 : 北京大學出版社, 1985), 462쪽 참조〕

10《영락대전》외에 명대 간행된 일반유서 중의 소설(고사) 관련 내용은 여기서는 생략하기로 한다. 그것에 관해서는 차후에 다른 지면을 통해 발표할 예정이다.

서가 바로 고사전문유서에 속한다고 할 수 있다. 여기에는 고사를 단순히 유서의 일반적 분류에 의거해 모아놓은 유서 또는 일반적 분류에 의거하여 문門을 나누면서 각 문에 항목을 나열하고 해당 항목에 관련된 고사를 인용한 유서 등이 있다. 위에서 예로 든 다섯 부의 유서를 가지고 얘기한다면, 앞의 두 부의 유서는 전자에, 뒤의 세 부의 유서는 후자에 속한다고 할 수 있다.

왕앵의 《군서유편고사》(24권)는 천문天文 · 시령時令 · 지리地理 · 인물人物 · 사진仕進 · 인륜人倫 · 선불仙佛 · 민업民業 · 기예技藝 · 문학文學 · 성행性行 · 인사人事 · 궁실宮室 · 기용器用 · 관복冠服 · 음식飮食 · 화목花木 · 조수鳥獸 등 18문門으로 나누고, 그 아래에 열거한 고사는 모두 832목目이 있다. 일반적으로 유서는 고대사회의 정치 · 경제 · 문화 · 제도 · 사회생활의 필요에 따라 분류하고 있는데, 대체로 먼저 천지天地 · 제왕帝王이 나온 후, 전장典章 · 제도制度가 나오고, 그 다음은 기타 인사人事 · 비금飛禽 · 주수走獸 · 초목草木 · 충어蟲魚 등이 등장한다. 천지와 제왕을 먼저 앞세우는 이 배열순서는 중국 고대의 경천敬天 · 존군관념尊君觀念을 반영했다고 할 수 있다.[12] 이러한 천天-지地-인人-사事-물物의 기본적인 배열구조를 《군서유편고사》에서도 기본적으로

11 《백미고사(白眉故事)》 · 《황미고사(黃眉故事)》 · 《사류첩록(事類捷錄)》은 모두 등지모(鄧志謨)가 편찬한 유서로, 이에 관해서는 앞의 〈중국 유서 《백미고사》의 한국 유행 연구〉를 참조하기 바람. 아울러 명대 소설가인 등지모와 유서에 관해서는 뒤에서 다시 언급할 예정이다.

12 이상은 앞의 〈한국 유서의 종합적 연구(II) 한국 유서의 간행 및 특색〉 부분을 참조.

따르고 있음을 할 수 있다. 아무튼 이 책은 유서의 가장 일반적인 분류 체계를 따라 편찬된 유서라고 할 수 있다.[13] 집록한 고사들은 사전史傳 외에 대부분 당 이전 및 당唐·송宋의 설부說部로부터 뽑았다. 예를 들면, 《한무내전漢武內傳》·《수신기搜神記》·《속수신기續搜神記》·《신선전神仙傳》·《유괴록幽怪錄》·《속유괴록續幽怪錄》·《전이기傳異記》·《승이기乘異記》·《이문록異聞錄》[14]·《문견록聞見錄》·《집선전集仙傳》·《태평광기》·《유양잡조酉陽雜俎》·《각소편却掃編》·《일사逸史》·《신서新序》·《설원說苑》·《세설世說》·《속세설續世說》 등등을 들 수 있다. 이 중에서 송대 지괴소설집인 장군방張君房의 《승이기》는 원서原書가 실전되었는데, 이 《군서유편고사》에도 그것의 일문이 들어 있다.[15] 전체적으로 보면 이 유서는 지괴류 고사를 비교적 많이 수록하고 있는 편으로, 아마도 당시 출판업계의 상업적인 이윤 추구와 얼마간의 관계가 있을 것으로 여겨진다. 유서의 형식 특히 분류의 속성을

13 유서의 분류 체계에 관한 논의는 뒤에서 언급할 유서체소설집의 분류와 성격 문제(고사전문유서와 유서체소설집의 비교 문제)와 관련이 있다. 본고에서는 《군서유편고사》와 같이 전형적인 유서 분류 체계를 따른 책을 창작 시 편찬자의 의도가 유서 편찬이었음을 간주하여 고사전문유서에 넣어 논의를 진행하였다.

14 《이문록(異聞錄)》은 바로 당나라 이매(李玫)의 전기소설집(傳奇小說集) 《찬이기(纂異記)》를 가리키는데, 《이문실록(異聞實錄)》이라고도 한다.

15 《승이기》는 《군재독서지(郡齋讀書志)》·《직재서록해제(直齋書錄解題)》·《송사(宋史)·예문지(藝文志)》에 소설가류에 저록되어 있으며, 3권으로 되어 있다. 《유설(類說)》에 11조(條), 《감주집(紺珠集)》에 4조가 인용되어 있다. 또한 《시화총귀(詩話總龜)》·《신편분문고금유사(新編分門古今類事)》·《군서유편고사》·《설부(說郛)》에도 인용되었으나, 모두 《유설》·《감주집》에 있는 것들이다.〔영가우(寧稼雨)의 앞의 책, 13쪽 참조〕

빌어 재미있는 고사들을 주제별로 모아놓음으로써 독자들에게 편리함을 제공하고 아울러 독자들 자신이 필요한 주제에 맞추어 고사를 선별하여 읽을 수가 있었을 것이다.

왕사의의 《고사선요》(14권)[16]는 자子·사史의 이야기를 뽑아 분류하여 편찬하였는데, 모두 15문門으로 나누었다. 그러나 대부분 그 출처를 명기하지 않았으며, 잘못 된 부분이 자주 출현한다.[17]

앞에서도 약간 언급했듯이 《백미고사》·《황미고사》·《사류첩록》 등의 유서는 편찬자가 등지모라는 사실 외에 책의 성격 면에서도 서로 비슷하다. 그 중에서 《백미고사》를 예로 들어 살펴보기로 하자. 앞에서도 보았듯이[18] 이 책은 분류가 매우 상세하고, 아울러 그 분류 자목子目들로부터 이 책은 시문詩文·인물人物·전고典故·천문天文·지리地理·전장典章·제도制度·비금飛禽·주수走獸·초목草木·충어蟲魚 및 기타 많은 사물 등과 관련된 내용을 두루 포괄하고 있음을 알 수 있으며, 심지어 신선·불교·도교·귀신 등과 관련된 내용은 물론, 덕기·용렬·인사부

16 장방영(莊芳榮)의 《중국유서총목초고(中國類書總目初稿) : 서명·저자색인편(書名·著者索引篇)》(臺北 : 臺灣學生書局, 1983)과 장척화(張滌華)의 《유서유별(類書類別)》(北京 : 商務印書館, 1985) 〈존일(存佚)〉편의 유서 목록에서는 모두 《고사선요》 14권으로 저록하였다. 그러나 전자는 이 책에 대해 '존의(存疑)' 라고 했으며, 후자는 '존(存)' 이라고 하였다.

17 송리화, 앞의 책, 238쪽 참조.(필자는 아직 《고사선요》라는 책을 직접 확인하지 못하였음)

18 앞의 〈중국 유서 《백미고사》의 한국 유행 연구〉 부분 중의 《백미고사》에서 나눈 부(部) 및 목(目)을 참조.

등에서는 인간의 심성心性과 관련된 내용도 실려 있음을 볼 수 있다. 각 자목의 매 항목 아래에는 여러 전적典籍들로부터 비교적 잘 알려진 한 가지 고사나 역사 사실을 인용하거나 그 항목이 들어 있는 문장을 인용하였다. 이 책은 비록 천-지-인-사-물의 기본적인 배열 순서를 따르지 않았지만, 그 내용 면에서는 일반 유서의 문門 내용을 초과하고 있다고 할 수 있다. 앞의 《군서유편고사》와는 달리 분문(분부) 아래에 하부 개념인 자목을 두고 다시 그 아래에 항목을 나열하였는데, 이는 이 책이 유서의 일반적인 분류 방법을 더 철저하게 채택하고 있음을 나타낸다. 여기서 우리는 앞에서 들었던 '일념홍一捻紅' 이라는 항목에서도 알 수 있듯이,[19] 편찬자가 서명書名에서 그 의도를 나타냈듯이 간단한 '백미성白眉性의 고사故事' 한 편을 다른 전적典籍에서 인용하여 들고 있어 그 단어가 어떤 배경 하에서 출현하게 되었는지에 대해서도 쉽게 파악할 수 있다. 이밖에도 대부분 흔히 볼 수 있는 성어成語나 전고典故가 내포된 단어들로 항목을 설정하고 있다. 그리고 항목 설명 부분이 한 편의 재미있는 이야기로 되어 있어 독자들이 더욱 쉽게 접근할 수 있었을 것이다.[20] 설사 유서 본래의 용도인 검색을 주목적으로 하여 편찬되었다하더라도, 항목 설명 부분에서의 인용문장이 일반유서에서 보이는 경經 · 사史 · 자

19 앞의 〈중국 유서 《백미고사》의 한국 유행 연구〉 부분 중에서 예로 든 '일념홍(一捻紅)' 항목 참조.

20 앞의 〈중국 유서 《백미고사》의 한국 유행 연구〉 부분을 참조. 《백미고사》는 이와 같은 이유로 조선시대에 대단히 유행했던 유서 중의 하나이다. 이에 관해서도 〈중국 유서 《백미고사》의 한국 유행 연구〉에 구체적으로 설명되어 있으니 참고하기 바람.

子·집集 등등의 잡다한 자료가 아니고 대부분 설부說部로 되어 있다는 것은 하나의 흥미로운 사실이 아닐 수 없다. 이는 유서와 고사의 본격적인 만남(?)이라고 할 수 있다. 《황미고사》나 《사류첩록》 역시 《백미고사》와 같은 맥락에서 설명될 수 있는 명대 고사전문유서라고 할 수 있다. 유서의 서명書名을 '백미고사' 혹은 '황미고사' 등으로 붙인 사실은 어떤 면에서 보면, 유서라는 형식보다 고사라고 하는 내용 자체를 더 강조하기 위해서 인 것 같기도 하다. 그러나 이 책들이 여전히 유서인 점에서 본다면 검색의 기능을 중시하고 있는 것도 사실이다.

일본 학자 사카이 다다오酒井忠夫는 명대의 고사전문유서를 '고사 관계의 일용유서日用類書'라 명명하면서 일본에 소장된 책을 중심으로 소개한 적이 있는데, 그 목록을 정리하면 다음과 같다.

故事雕龍 2卷 丘濬編

重刻楊狀元彙選藝林伐山故事 4卷 楊愼撰

史鑑大方故事 10卷6冊 葉向高編 萬曆乙巳(33年)序刊

精選故事黃眉 10卷 萬曆丙辰(44年)鄧志謨編 萬曆丙辰(44年)董其昌序

新刻故事白眉 10卷 許以忠編 鄧志謨校

新鐫王緱山先生摘纂懸壺故事 5卷5冊 王衡(緱山)編 張以誠(瀛海)校, 書林熊成治(沖宇)梓 "萬曆新歲春月穀旦熊沖宇梓"(熊氏種德堂)

新鐫劉雲嶠太史摘纂然然故事 5卷5冊 劉曰寧編 張以成校

萬曆40年刊(李氏聚奎樓梓)

音釋註解魚倉故事 10卷 趙師聖彙輯 吳道南引 萬曆新歲 書林奇泉陳孫賢繡梓

分類合璧圖像句解君臣故事 3卷

便蒙二十四孝日記故事 1卷1冊 詹應竹校 萬曆辛亥(39年) "書林黃正甫繡梓"

日記故事大全 7卷 張瑞圖校

新刻出像評註百奇故事 4卷 豫章後學從九梅應龍伯子父纂輯 金陵書坊對溪唐富春子和父校梓

施會元巧對故事 12卷 施氏編 朱名世註

繪圖全補故事七寶大成 20卷2冊 仁井田陞博士藏[21]

그는 이들 고사전문유서의 용도를 설명하면서 경학經學이나 과거시험 그리고 초학자 교육 내지 하층독서인들의 교화를 위해 주로 편찬되었다고 하였다. 위에서 예로 들었던 《백미고사》와 같은 유서가 조선시대에 매우 환영을 받았던 사실은 고사 위주의 자료라는 특성을 십분 살려 초학자의 학습 교재용으로 사용될 수 있다는 용도상의 현실성과 밀접한 관련이 있다고 할 수 있다. 재미있는 것은 조선시대의 우리나라 사람들도 동몽 교재용 유서인 《아희원람兒戲原覽》과 같은 책에서 적지 않은 고사를 실어 아동

21 이상 사카이 다다오(酒井忠夫), 〈명대의 일용유서와 서민교육(明代の日用類書と庶民教育)〉, 《近世中國教育史研究 : その文教政策と庶民教育》(東京 : 國土社, 1958), 120-124쪽 참조.

교육용으로 활용하였다는 사실이다.

명대에 들어와 설부說部로부터 자료를 인용하여 유서를 편찬하는 경우가 많아지게 되었다. 《사고전서총목》에서는 이러한 현상에 대해 너무 잡다하고 광범위하게 자료를 뽑았으며, 소설로부터 나온 것은 근거하기에 부족하다고 비판하였다. 그러나 이는 바로 명대 유서가 소설 집록과 전파 방면에서 발휘한 중요한 작용을 반영하고 있다고 할 수 있다. 한편으로는 문인들이 유서 편찬에 열중하였으며, 또 한편으로는 서방書坊에서의 유서 간행이 매우 활발하였으니, 유서가 시중에서 크게 유행할 수밖에 없었다. 이것은 아마도 그 속에 풍부한 소설 내용을 포함하고 있었던 사실과 관계가 없지 않았을 것이다.[22] 이로부터 우리는 명대의 유서 간행 상황을 소설과 연결시켜 생각해 보면, 당시 유서에 대한 수요→명대 출판계의 고사전문유서 간행→유서의 독자 수 증가→유서 간행 더욱 활성화라는 관계 라인을 설정할 수가 있을 것이다.

유서체 소설집

명대의 《태평광기》식의 이른바 유서체 소설집에 관해 파악하기에 앞서, 먼저 유서체 소설집의 형식 원류라고 할 수 있는 《태평광기》에 대해 알아보는 것이 더 마땅할 것이다. 그런데 왜 '유

22 송리화, 앞의 책, 238-239쪽 참조.

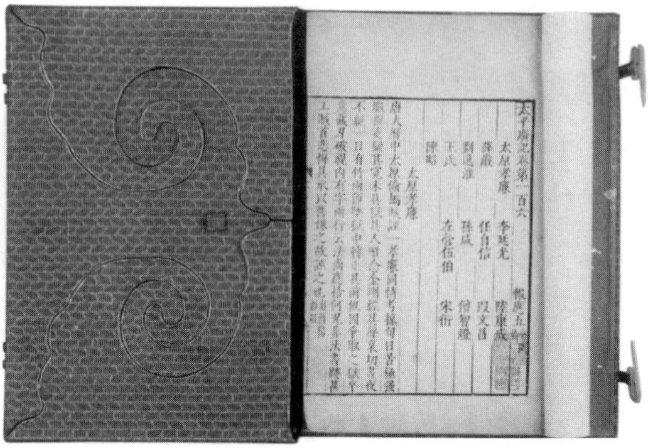

《태평광기》 명 가정嘉靖 각본

서체 소설집'이라고 명명하였는가? 이를 해결하기 위해서는 응당《태평광기》가 유서인가 총집인가에 관한 문제를 해결해야 할 것이다. 지금까지 어떤 학자들은 이 책을 유서에 넣기도 하였으며, 또 어떤 학자들은 총집에 넣기도 하였다.

유서가 분류에 의거하여 자료를 모아 편찬되었음은 주지의 사실이다. 그러나 일반적으로 유서는 부분 자료를 인용하여 분류에 따라 편찬한 책인데 비하여, 총집은 대부분 한 편 한 편 완전한 자료를 끌어 모아 편찬한 책이다. 이러한 관점에서 본다면,《태평광기》는 유서의 속성과 총집의 속성을 모두 지니고 있다. 다시 말해,《태평광기》가 분류에 의거해 자료를 모아놓고 있는 점이 유서의 속성이라고 할 수 있으며, 부분 자료의 인용이 아니라 한 편 한 편 모두 완전한 자료를 모아놓고 있는 면에서 본다면, 총집에 더 가깝다고 할 수 있을 것이다. 그러나 자료의 분류

체계 및 상황을 보면, 《태평광기》는 일반유서의 그것과 많이 다르다. 앞에서 우리는 《군서유편고사》가 유서의 가장 일반적인 분류 체계를 따르고 있어, 설사 인용한 자료가 한 편 한 편 모두 완전하다고는 하더라도 그 책을 유서에 넣었다. 분류 체계를 보고 그 책의 편찬 의도가 유서 편찬에 있다고 보았기 때문이다. 그렇다면, 《태평광기》의 분류 체계는 어떤 의미를 지니고 있는가? 먼저 《태평광기》의 분류 상황을 살펴보자.

神仙・女仙・道術・方士・異人・異僧・釋證・報應・徵應・定數・感應・讖應・名賢(諷諫附)・廉儉(吝嗇附)・氣義・知人・精察・俊辯(幼敏附)・器量・貢擧(氏族附)・銓選・職官・權倖・將帥(雜譎智附)・驍勇・豪俠・博物・文章・才名(好尙附)・儒行(憐才・高逸附)・樂・書・畫・算術・卜筮・醫・相・伎巧(絶藝附)・博戲・器玩・酒(酒量・嗜酒附)・食(能食・菲食附)・交友・奢侈・詭詐・諂佞・謬誤(遺忘附)・治生(貪附)・褊急・詼諧・嘲誚・嗤鄙・無賴・輕薄・酷暴・婦人・情感・童僕奴婢・夢・巫(厭呪附)・幻術・妖妄・神・鬼・夜叉・神魂・妖怪・精怪・靈異・再生・悟前生・塚墓・銘記・雷(風虹附)・山(溪附)・石(坡沙附)・水(井附)・寶(金・水銀・玉・雜寶・錢・奇物附)・草木(文理木・五穀・茶附)・龍・虎・畜獸・狐・蛇・禽鳥・水族・昆蟲・蠻夷・雜傳記・雜錄

이상 총 91부部로 분류하고 있는데, 그 내용이 역사 · 지리 · 종교 · 민속 · 언어 · 문학 · 명물 · 고증 · 전고 · 사장詞章 · 식물 · 동물 등등 일반유서의 분류 내용과 별반 다를 바가 없는 것 같다. 천-지-인-사-물의 기본적인 배열 순서는 철저하지는 않지만 얼마간 따르고 있는 듯하다. 분류 체계 방면에서 유서의 영향을 일정 정도 받았음을 엿볼 수 있다. 그러나 분류 상황을 전체적으로 보면 소설적인 성격을 다분히 띠고 있다. 이것에 대해 장화연張華娟은 "비록 《태평광기》의 분류 역시 고대 천인관념天人觀念의 영향을 받았지만, 또한 변화가 있었으니 그것에 소설성小說性을 반영하고 있다는 것이다. 먼저 천부天部가 비록 앞에 있으나 오히려 우주 객체의 탐색에 착안점을 두지 않고 천상天上의 신선神仙 생활과 신선이 되는 경험을 탐구하였으니, 하늘에 대한 흥미라기보다 사람에 대한 관심 즉 어떻게 하면 사람의 생명이 연장되고 자유롭게 되는 행복과 즐거움을 얻을 수 있는지에 관심을 두었다고 말하는 편이 나을 것이다. ……또한 예를 들면 《태평광기》의 '신선' 류 고사들은 고사로서의 독립성과 개성을 체현하였다. 그것은 항상 이러한 고사의 주인공 이름으로 명명되어졌다……"'[23]라고 하였다. 이처럼 《태평광기》는 총집과 유서의 성격을 동시에 지니고 있으면서, 분류 내용 면에서는 일반유서와는

23 장화연(張華娟), 〈중국 고대 패사 · 소설집의 분류의식에 대한 분석(中國古代稗史 · 小說集的分類意識探析)—《태평광기》 분류와의 대비를 겸하여(兼及與《太平廣記》分類的對比)〉〔한국중국소설학회, 《중국소설논총(中國小說論叢)》 제20집, 2004. 9.〕 참조.

달리 소설적인 성격을 다분히 지니고 있다. 필자는 송리화宋莉華의 명명을 그대로 따라 이러한 책을 유서와는 별도로 '유서체 소설집' 이라고 하였다.[24] 이와 같은 분류 체계와 성격을 지닌《태평광기》는 후세 소설의 분류 및 소설의 귀속에 대해서도 많은 영향을 미쳤다.[25] 이 책이 광범위하게 전파되어 문인들의 호응을 받게 되자, 당 · 송소설이 명대에 유행하게 되었으며, 아울러 명대 문언소설의 창작을 적극적으로 추진하는 작용을 일으켰다.[26] 노신은 "가정嘉靖 연간에 이르러 당인소설唐人小說이 다시 출간되었는데, 서적상들이 종종《태평광기》의 문장을 뽑아다가 다른 책들과 뒤섞어서 총집叢集을 간행하였으니, 진짜와 가짜가 어우러져 있는 대로 자못 성행하였다. 본래 소설과는 인연이 없다고 할 수 있는 문인들까지도 종종 기인奇人이나 협객俠客, 그리고 호랑이나 개, 곤충들에 관한 전傳을 써서 〔자신의〕 문집에 포함시켰다. 대개 기이한 것을 전하는傳奇 이러한 풍조는 명나라 말기에 크게 유행하였으니, 조대가 바뀌어 〔청대가 되어서도〕 바뀌지 않았다"[27]라고 하여,《태평광기》의 전파가 명대 말의 전기소설傳奇小說 창작에 적극적인 작용을 하였음을 밝히고 있다. 아무튼 유

24 송리화(宋莉華)는《태평광기》가 유서 체제로 편성되어 있으나, 그 수록 내용이 설부(說部)를 벗어나지 않고 있는 사실을 들어 그것을 유서체 소설집에 넣었다.(송리화, 앞의 책, 230쪽 참조) 그러나 송리화는 분류 내용에 대해서는 언급하지 않았는데, 그의 말대로라면 앞에서 언급했던《군서유편고사》도 유서체 소설집에 넣어야 할 것이다.

25 장화연, 앞의 논문, 참조.

26 송리화, 앞의 책, 243쪽 참조.

27 노신 저 · 조관희 역주,《중국소설사》(서울 : 소명출판, 2004), 530-531쪽.

서체 소설집인 《태평광기》가 명대 문언소설 창작에 대해 적극적인 작용을 하였음은 부정할 수가 없다.

아울러 명대에 이러한 유서체 소설집이 가장 많이 간행되었다. 명대는 유서체 소설집 편찬의 고조기高潮期라고 할 수 있으며, 수량 상에서도 전대前代를 많이 초과하는데, 이러한 국면은 청대에는 다시 존재하지 않는다. 이는 고대문언소설 전파 과정 중 하나의 특수현상이라고 할 수 있다. 이 고조 현상은 가정嘉靖 연간에 시작되어 만력萬曆 시기에 최고봉에 이르며 융경隆慶·천계天啓에 여전히 그 여파가 남아 있었다.[28] 명대에 간행된 비교적 중요한 유서체 소설집으로 왕기王圻의 《패사회편稗史滙編》, 편자 미상의 《작애집灼艾集》, 시현경施顯卿의 《고금기문유기古今奇聞類記》, 고기원顧起元의 《설략說略》, 섭향고葉向高의 《설류說類》, 목희문穆希文의 《설원說原》, 오경소吳敬所의 《국색천향國色天香》, 여상두余象斗의 《만금정림萬錦情林》, 《연거필기燕居筆記》[29], 양종오楊宗吾의 《검낭수필檢囊隨筆》, 손능전孫能傳의 《익지편益智編》, 번옥형樊玉衡의 《지품智品》, 풍몽룡馮夢龍의 《태평광기초太平廣記鈔》·《지낭智囊》·《지낭보智囊補》·《고금담개古今談槪》(일명 《고금소

28 송리화, 앞의 책, 249쪽 참조.

29 《국색천향》·《만금정림》·《연거필기》는 모두 일본에 소장되어 있는 소설집인데, 일본 소장의 《연거필기》에는 임근양(林近揚)의 《신각증보전상연거필기(新刻增補全相燕居筆記)》〔여사천췌경당간본(余泗泉萃慶堂刊本)〕, 하대륜(何大掄)의 《중각증보연거필기(重刻增補燕居筆記)》〔만력간금릉서사간본(萬曆間金陵書肆刊本)〕, 청초(清初)에 간행한 《증보비점도상연거필기(增補批點圖像燕居筆記)》("明叟馮猶龍增, 書林余公仁批補"라고 적혀 있음) 등 3종 판본이 있다.(송리화, 위의 책, 251-252쪽)

古今笑》·《고금소사古今笑史》)·《소부笑府》·《광소부廣笑府》 등등을 들 수 있다.[30] 이들 유서체 소설집의 분류 내용을 살펴보면, 일반유서 내지 고사전문유서에 비해 대체적으로 《태평광기》의 분류 내용처럼 소설적 성격을 짙게 띠고 있다. 아울러 편찬 내지 자료(소설) 수집 목적에 맞춰 그 분류 항목을 설정하였다. 예를 들면, 풍몽룡은 《고금담개》를 편찬하면서 우부迂腐·괴탄怪誕·치절癡絶·전우專愚·유오謬誤·무술無術·고해苦海·불운不韻·벽기癖嗜·월정越情·조달佻達·긍만矜嫚·빈검貧儉·태치汰侈·탐예貪穢·지인鷙忍·용열容悅·안갑顔甲·규계閨戒·위태委蛻·휼지譎知·현농儇弄·기경機警·수조酬嘲·색어塞語·아랑雅浪·문희文戲·교언巧言·담자談資·미사微詞·구비口碑·영적靈迹·황당荒唐·요이妖異·비족非族·잡지부雜志部 등 총 36부로 나누어 소화笑話를 모아놓고 있는데, 편찬 목적인 소화집笑話集에 맞춰 대단히 상세하게 내용 분류를 하고 있음을 알 수 있다.[31]

이렇듯 명대에는 《태평광기》의 영향 아래, 적지 않은 유서체 소설집이 간행되어 유행하였는데, 이는 곧 유서의 기본 속성 중의 하나인 분류라는 형식을 빌려 소설(주로 문언소설)을 수집해

30 이상 유서체 소설집 목록은 송리화(宋莉華)의 위의 책 249-254쪽을 참조하였음.〔《소부》와 《광소부》는 필자가 첨가하였음〕 오가와 요이치(小川陽一)는 흥미롭게도 명말(明末)의 일용유서인 《문림취보(文林聚寶)》와 《광소부》·《만금정림》·《국색천향》의 관계를 구체적으로 논의한 적이 있다.(오가와 요이치, 앞의 책, 제일편 참조) 다시 말해, 유서와 유서체 소설집의 상호 영향 관계에 대한 논의라고도 할 수 있을 것이다.

31 이와 같이 상세한 분류로 인해 장방영은 《고금담개》를 유서에 넣었다.(장방영, 앞의 책, 28쪽 참조)

놓은 책으로, 앞에서 언급한 고사전문유서가 여전히 검색의 기능에 더 치중하고 있는 반면, 이 책들은 검색 기능보다 독자들에게 읽을거리를 제공한다는 의미에서 그 가독성可讀性을 더 중시하고 있다고 할 수 있다. 즉, 다음과 같이 나타낼 수가 있다.

고사전문유서 : 검색 기능 〉 가독성
유서체 소설집 : 검색 기능 〈 가독성

등지모鄧志謨와 명대 유서

등지모가 명대에 활동한 도교소설가였음은 주지의 사실이다. 그리고 앞에서 등지모가 《백미고사》·《황미고사》·《사류첩록》 등의 유서를 편찬하였음을 언급한 적이 있다. 여기서는 소설가인 등지모의 유서 편찬 및 그것과 그의 소설 창작 간의 관계에 대해 파악해 보았다.[32]

우리에게 명대 도교소설道教小說 작가로 더 잘 알려져 있는 등지모[33]는 평생 소설보다 유서를 더 많이 편찬하였는데, 이 사실은

32 이 절(節)에서 논의하는 내용은 대부분 앞의 〈중국 유서 《백미고사》의 한국 유행 연구〉 부분 중의 일부 내용을 기본으로 그것을 보완하여 작성되었음을 밝힌다.

33 적어도 중국문학 전공자 그 중에서도 특히 중국고대소설 전공자들 중에는 등지모를 유서 편찬자가 아닌 소설가로 인식하는 사람이 더 많다.

그가 소설 창작보다 유서 편찬에 더 심혈을 기울였음을 알 수 있다.

《안인현지安仁縣志》권8 〈은일隱逸〉에 "저서로 《고사원古事苑》·《사류첩록事類捷錄》·《황미고사黃眉故事》·《백미고사白眉故事》등 여러 책이 있다(著有《古事苑》·《事類捷錄》·《黃眉故事》·《白眉故事》諸書行世)"[34]라고 하였다. 그리고 등지모가 창작한 소설 작품으로는 《신계진대허정양득도금교철수기新鍥晉代許旌陽得道擒蛟鐵樹記》〔2권卷 25회回〕·《계당대여순양득도비검기鍥唐代呂純陽得道飛劍記》(3권 13회)·《계오대살진인득도주조기鍥五代薩眞人得道咒棗記》(3권 14회)가 있다. 앞에서 우리는 김문경金文京이 등지모가 편찬한 유서 목록을 정리해 놓은 것을 본 적이 있다.[35] 그 목록에서 김문경은《안인현지》에 소개된 유서 외에《계방훈고사경鍥旁訓古事鏡》〔12권〕을 더 들고 있는데, 이 책은 장방영의 목록(앞의 책)에도 저록되어 있다. 필자의 조사에 의하면, 이 책은 한국에서 보이지 않으나, 나머지 네 부의 유서는 모두 한국에 전입되었다.[36] 이 밖에 한국학중앙연구원 소장《명유名喩》(1906-1907년 필사)라는 유서도 등지모가 지은 것으로 되어 있다.[37] 장척화·장방영의 목록 그리고 김문경의 등지모 저작목록에는 이 책을 저록하지 않

34 오성석(吳聖昔), 〈등지모(鄧志謨)의 고향·자호(字號)·생년(生年) 고찰(鄧志謨鄉里·字號·生年探考)〉〔《명청소설연구(明淸小說硏究)》 1992년 제2기〕에서 재인용.

35 〈중국 유서《백미고사》의 한국 유행 연구〉 부분을 참조.

36 앞의 〈한국 유서의 종합적 연구(Ⅰ)—중국 유서의 전입 및 유행〉 부분 중의 '한국 전입 중국 유서 목록' 을 참조하기 바람.

37 "饒安百拙生鄧志謨著"라고 적혀 있다.

았다. 필자가 확인한 바에 의하면, 이 책은 유서가 분명하다. 즉, 천미擅美·감응感應·근학勤學·사도師道·교도交道·보덕報德·신수愼修·예의禮儀·제사祭祀·평품評品·간험奸險·흉잔兇殘·참참讒譖·사상死喪·궁실사치宮室奢侈·보화寶貨·석교釋教·형체形體·천루舛累·가복가화賈覆嫁禍·천거薦擧·부탁附托·진지眞知·시수時數·출처出處·동이同異·이수理數의 27문으로 나누어 백가어百家語 중에서 가장 기묘한 말을 뽑아 대구對句가 되게 배열하였다. 이 책의 '보화부寶貨部' 중에서 그 예를 들어보면 다음과 같다.

舜棄黃金于嶄岩之山, 禹投白璧于五湖之淵

……

寶土地寶政事寶人民, 諸侯之寶也. 司馬公以陰德遺子孫.

寶善言寶詩書寶子孫, 君子之寶也. 楊伯超以淸白遺後裔.

그 내용을 보면 주로 교훈적으로, 동몽 교재 내지 수신서의 용도로 편찬되었을 가능성이 높다. 장척화의 목록에는 등지모의 또 다른 유서인 《여조麗藻》가 저록되어 있다.[38] 이상에서 우리는 등지모가 적어도 7-8편이라는 적지 않은 유서를 편찬하였음을 알 수 있다. 그가 창작한 소설 작품 수가 3편에 불과한 것에 비하

38 필자는 이 책을 직접 확인하지 못하였다. 이 책이 《명유》와 동일한 책인지는 확실하지 않지만, 그럴 가능성도 전혀 배제할 수는 없으니, 차후의 확인 과정이 반드시 필요하다.

면, 소설 창작보다 유서 편찬에 힘을 더 기울였다고 할 수 있다.

김문경은 등지모의 유서 편찬 동기에 대해 "소설 (창작)에 필요한 어휘 방면을 두고 말하자면, 가장 편리한 참고서는 당연히 사전으로, 이전의 술어述語를 사용하면 곧 유서라고 할 수 있다. 중국은 육조六朝 이후부터 대대로 유서를 편찬하였는데, 그 목적은 시문을 짓는 자들에게 어휘 방면의 참고자료를 제공하는 데 있었다. 명대 소설 작가들은 일반적으로 문인들로, 그들은 시문 방면에 상당히 심후한 소양을 지니고 있었으며, 시문을 지을 때 아마도 당시의 유서를 참고했을 것이다. 그렇다면, 소설을 지을 때도 반드시 유서를 참고했음이 틀림없다. 등지모는 소설작가 겸 유서 편찬자로서, 이 두 방면을 비교하면 그가 편찬한 유서의 수량은 소설 창작을 훨씬 초과하고 있으며, 유서 편찬에 종사한 시간 또한 소설 창작에 종사한 시간보다 길었다. 그래서 그가 소설을 창작할 때 어떻게 유서의 지식을 동원하였는지는 자연히 상상이 가능해 진다"[39]라고 설명하였다. 김문경은 등지모가 소설작가였음에 염두에 두고 그의 유서 편찬 동기를 소설 창작과 연관시켜 파악하였다. 김문경은 실제로 《백미고사》 권 10 음식부飮食部 주류酒類 '청주종사青州從事' 항목과 《비검기飛劍記》 제 2회 중의 '청주종사' 를 예로 들어 그 사실을 증명하였다. 그러나 필자의 생각으로는 《백미고사》보다 《고사원》이 그의 소설 창작에 더 많은 영향을 미쳤을 가능성이 있다고 본다. 《백미고사》(이 책의 자

39 김문경, 앞의 논문.

매편이라고 할 수 있는 《황미고사》도 포함)는 어떤 면에서 보면 초학자들의 학습 공구서용의 성격(검색용 유서 성격)이 짙은 데 반해, 《고사원》은 역대의 많은 사적事蹟들을 여러 전적으로부터 인용하고 있어 오히려 소설 창작에 더 큰 도움이 되었을 것이다.

아무튼 소설가인 동시에 유서 편찬자인 등지모로서는 유서를 편찬하여 자신의 소설 창작에 활용하기도 하였을 것이다. 그리고 앞에서 언급했던 '유서와 소설(고사)의 본격적인 만남' 이라고 할 수 있는 《백미고사》·《황미고사》·《사류첩록》 등과 같은 고사전문유서의 편찬은 등지모로서는 매우 자연스러운 일이라 하지 않을 수 없다. 등지모의 이러한 면은 물론 당시 명대 출판계의 유서와 소설 관련 도서 간행의 활성화라는 전체 분위기와 무관하지 않을 것이다.

결론

이상에서 명대의 유서와 소설에 관해 논의해 보았는데, 먼저 명대 출판계의 상황을 살펴보면, 유서와 소설이 다른 부류의 도서에 비해 특별히 많이 간행되었다는 점이다. 이 사실은 분명 유서와 소설 간에 어떤 밀접한 관련성을 가지도록 했을 것이다. 이 글은 바로 이와 같은 기본적인 관점을 지니고 쓴 것이다.

송대의 《태평어람》과 마찬가지로 명대에 간행된 일반유서 중에도 설부說部 자료를 수록하고 있는 유서들이 적지 않을 것이다. 이를테면 《영락대전》 속의 적지 않은 송대 문언소설 자료들이 그 사실을 증명하고 있다. 이는 일반적으로 유서의 자료 수집 대상 범위가 그만큼 넓다는 의미도 내포하고 있지만, 전대前代 소설 자료의 보존 및 전파 면에서 유서의 역할이 결코 작지 않다는 의미도 포함하고 있다. 또한 고사전문유서는 유서 편찬 시 수집 · 인용하여 수록하는 자료가 모두 설부로 되어 있는 유서를 가리키는데, 명대의 고사전문유서로 《군서유편고사》 · 《고사선요》 · 《백미고사》 · 《황미고사》 · 《사류첩록》 등등을 들 수 있다. 이 책들은 유서 본래의 용도인 검색을 주목적으로 하여 편찬되었다 하더라도, 항목 설명 부분에서의 인용문장이 일반유서에서 보이는 경 · 사 · 자 · 집의 잡다한 자료가 아니라 대부분 설부 자료로 되어 있다는 것은 하나의 흥미로운 사실이 아닐 수 없다. 이는 유서와 소설의 본격적인 만남이라고 할 수 있다. 그리고 이러한 현상은 명대에 있어서 유서에 대한 독자 수를 증가시킴으로써 유서 간행 자체를 더욱 활성화시켰다고 할 수 있다. 이른바 《태평광기》식의 유서체 소설집은 명대에 가장 많이 간행되었는데, 이들 유서체 소설집의 분류 내용을 살펴보면 대체로 일반유서 내지 고사전문유서에 비해 《태평광기》의 분류 내용처럼 소설적 성격을 짙게 띠고 있다. 《태평광기》의 영향 아래 간행된 명대의 많은 유서체 소설집은 곧 유서의 기본적인 속성 중의 하나인 분류라는 형식을 빌려 소설을 수집해 놓은 책으로, 고사전문유서가 여전히 검색의 기능에 더 치중하고 있는 반면, 이 유서체 소설집은 검색

기능보다 독자들에게 읽을거리를 제공한다는 의미에서 그 가독성可讀性을 더 중시하고 있다.

끝으로, 우리에게 명대 도교소설 작가로 더 잘 알려진 등지모와 유서 편찬의 문제이다. 사실 등지모는 평생 소설보다 유서를 더 많이 편찬하였는데, 이 사실은 그가 소설 창작보다 유서 편찬에 더 심혈을 기울였음을 알 수 있다. 아무튼 소설가인 동시에 유서 편찬자인 등지모로서는 유서의 편찬을 자신의 소설 창작에 활용하기도 한 것 같다. 아울러 유서와 고사의 본격적인 만남이라고 할 수 있는 고사전문유서의 편찬은 그로서는 매우 자연스러운 일이라 하겠다. 등지모의 이러한 면은 물론 당시 명대 출판계의 유서와 소설 관련 도서 간행의 활성화라는 전체 분위기와 무관하지 않을 것이다.

【參考文獻】

《四庫全書總目》, 臺北 : 藝文印書館, 1979年5版

鄧嗣禹,《燕京大學圖書館目錄初稿》, 1935.

莊芳榮 編,《中國類書總目初稿 : 書名 · 著者索引篇》, 臺北 : 臺灣學生書局, 1983.

張滌華,《類書流別》(修訂本), 北京 : 商務印書館, 1985.

侯忠義 編,《中國文言小說參考資料》, 北京 : 北京大學出版社, 1985.

方師鐸,《傳統文學與類書之關係》, 天津 : 天津古籍出版社, 1986.

張 石,《永樂大典史話》, 北京 : 中華書局, 1986.

小川陽一,《日用類書による明清小說の硏究》, 東京 : 研文出版, 1995.

寧稼雨,《中國文言小說總目提要》, 濟南 : 齊魯書社, 1996.

魯迅 저 · 조관희 역주,《중국소설사》, 서울 : 소명출판, 2004.

宋莉華,《明清時期的小說傳播》, 北京 : 中國社會科學出版社, 2004.

졸 고,〈한국 類書의 종합적 연구(Ⅰ)－중국 유서의 전입 및 유행〉,《중국어문학》41, 2003. 6.

졸 고,〈한국 類書의 종합적 연구(Ⅱ)－한국 유서의 간행 및 특색〉,《중어중문학》32, 2003. 6.

졸 고,〈中國 類書《白眉故事》 연구〉,《中國學報》제47집, 2003. 6.

吳聖昔,〈鄧志謨鄉里 · 字號 · 生年探考〉(《鄧志謨考論》之一),

《明淸小說硏究》1992:2
〈鄧志謨經歷・家境・卒年探考〉,《明淸小說硏究》1993:3
金文京,〈晩明小說・類書作家鄧志謨生平初探〉, 辜美高・黃霖主編,《明代小說面面觀 : 明代小說國際學術硏討會論文集》, 上海 : 學林出版社, 2002.
松尾幸忠,〈唐代の類書における詩跡的觀點について〉,《中國文學硏究》제29기, 2003. 12.
張華娟,〈中國古代稗史・小說集的分類意識探析——兼及與《太平廣記》分類的對比〉,《中國小說論叢》제20집, 2004. 9.

*참고한 유서 목록은 일일이 열거하지 않았음.

【주요 중국 유서 소개】

《황람皇覽》

현재 집본輯本 1권이 전한다. 삼국三國 위魏나라 왕상王象 등이 황제의 명을 받고 편찬한 책이다. 왕상은 자字가 의백義伯으로, 하내(河內 : 지금의 하남성河南省에 속함) 사람이다. 문헌 기재에 의하면, 편집에 참여한 사람은 왕상 외에도 무습繆襲 · 유소劉劭 · 환범桓範 · 위탄韋誕 등이 더 있다. 《위략魏略》에 "위나라가 천하를 얻고 왕상에게 산기시랑散騎侍郎의 벼슬을 주었는데, 후에 그는 황제의 시종이 되어 열후列侯에 봉해졌다. 왕상이 연강延康 원년(元年 : 220)에 찬집撰集을 시작하여 황초黃初 3년(222)에 완성, 비부秘府에 소장하였다. 모두 40여 부部로, 각 부는 수십 편篇으로 되어 있는데, 총 8백여만 자이다(魏有天下, 拜象散騎侍郎, 遷爲帝侍, 封列侯. 象從延康元年始撰集, 至黃初三年成書, 藏於秘府. 合四十餘部, 部有數十篇, 通合八百餘萬字)(《위지魏志 · 양준전楊俊傳》 배송지裴松之 주注에서 《위략》을 인용하였음)"라고 하였다. 송宋나라 왕응린王應麟은 "유서類書는 《황람》으로부터 기원한다(類事之書, 起於《皇覽》)"라고 하였다. 그러나 《사고전서총목四庫全書總目》은 오히려 양梁 원제元帝의 《고금동성명록古今同姓名錄》을 유서 부분의 맨 앞에 두고, 그것을 중국의 첫 번째 유서라고 보았는데, 이것은 잘못된 견해이다. 양 원제 소역蕭繹은 재위 3년(552-554) 동안에 《고금동성명록》을 편찬하였다. 그런데 왕상 등은 위 문제文帝 조비曹丕의 명을 받들고 《황람》을 편찬하였는데, 조비의 재위 기간은 7년(220-226)이다. 이것에 근거하면 《황람》이 《고금동성명록》에 비해 3백여 년 앞서 있다. 유서는 공구서工具書 중의 하나의 중요한 유형이다. 공구서는 사서辭書 · 보록譜錄 · 연감年鑑 · 수책手册 할 것 없이 대체로 종합성과 전문성의 책으로 크게 나눌 수 있다. 전문성 공구서는 비교적 늦게 나오는데, 유서 또한 예외일 수 없다. 《고금동성명록》이 전문성 유서에 속하며 《황람》보다 늦게 나온 사실은 유서의 발전 규율과도 부합된다. 《황람》이 중국 유서 편찬의 체제를 창조하였기에, 역대 학자는 그것을 "유서의 시작類書之權輿"이라고 보았다. 원서原書의 권질卷帙이 너무 번잡하였기 때문에 양대梁代에는 일찍이 하승천何承天 · 서원徐爰 · 소침蕭琛의 절록본節錄本 · 초합본抄合本이 있었다. 수대隋代 말년에 이르러 이 책들은 모두 사라져버렸다.

《황람》은 청대淸代에 세 가지 집본輯本이 있다. 하나는 가경嘉慶 연간의 심양瀋陽 손풍익孫馮翼 집본으로, 1권으로 되어 있는데, 〈일례逸禮〉 및 〈총묘례冢墓禮〉 2편과 기타 단편적인 몇 가지가 들어 있다. 이 집본은 판각되어 《문경당총서問經堂叢書》에 들어갔으며, 후에는 또한 《총서집성초편叢書集成初編》에 수록되었다. 또 하나는 도광道光 시기의 감천甘泉 황석黃奭 집본으로, 1권으로 되어 있는데, 《한학당총서漢學堂叢書》에 들어 있다. 마지막 하나는 왕모王謨 집본으로, 1권으로 되어 있는데, '황람일례皇覽逸禮' 라 적혀 있다. 이 집본은 판각되어 《한위유서초漢魏遺書鈔》에 들어 있다.

《수광서원壽光書苑》

양梁 무제武帝 소연蕭衍 역시 문학을 좋아하여 즉위 초에 유서 편찬의 명을 내렸는데, 아마도 위魏 문제文帝를 모방한 것 같다. 《수서隋書 · 경적지經籍志》 유서 항렬行列 중에 "《수광서원》 200권은 양나라 상서좌승尙書左丞 유묘劉杳가 편찬하였다(《壽光書苑》二百卷, 梁尙書左丞劉杳撰)"라고 기재되어 있다. 이 책은 개국 초기 황제의 명을 받고 편찬된 유서로서, 천감天監 초년(初年 : 502)에 이미 편찬을 시작하였다. 소연은 도량이 좁은 사람으로, 후에 유준(劉峻 : 462-521. 즉, 유효표劉孝標임)의 《유원類苑》과 경쟁하기 위해 다시 명을 내려 두 번째 유서인 《화림편략華林遍略》을 편찬하게 하였다.

유묘(487-536)는 자字가 토심士深으로, 평원平原 사람이다. 천감 연간 초에 태학박사太學博士가 되었으며, 후에 상서좌승을 역임하였다. 《양서梁書 · 문학전文學傳》에 《화림편략》을 편찬하였다고는 하였으나, 《수광서원》을 편찬하였다는 말은 없다.

이 책은 개국 초기에 편찬이 시작되어 천감 7년(508) 이후에 완성되었다.

양 무제 소연 상

《유원類苑》

《수광서원壽光書苑》이 완성되려 할 때 역사 상 《세설신어世說新語》 주注로 유명한 유효표劉孝標가 소연蕭衍의 동생인 소수蕭秀를 위해 《유원》이라는 유서를 편찬하였다. 《양서梁書 · 안성강왕수전安成康王秀傳》에 "(소수가) 학사 평원平原 유효표를 불러 《유원》을 편찬케 하였는데, 책이 완성되기 전에 이미 세상에 전해졌다(招學士平原劉孝標, 使撰《類苑》, 書未及畢, 而已行於世)"라고 기재되어 있다. 《유원》은 대략 천감天監 10년(511) 좌우에 편찬을 시작하였다.

소수는 유효표의 재주가 뛰어나고 박학博學함을 알고 그에게 유서 편찬을 시켰다. 그리고 양梁 무제武帝 소연은 기량이 좁은 사람으로, 이전에 조정에서 자신의 체면을 훼손시킨 일로 유효표를 싫어하였으므로 그가 편찬한 《유원》과 경쟁하기 위해 《화림편략華林遍略》의 편찬을 명하였다.

《수서隋書 · 경적지經籍志》에서는 "《유원》 120권은 양나라 정로형옥참군征虜刑獄參軍 유효표가 편찬하였다. 양나라 《칠록七錄》에서는 82권이라 하였다(《類苑》一百二十卷, 梁征虜刑獄參軍劉孝標撰. 梁《七錄》82卷)"라고 하였다. 이에 대해 요진종姚振宗은 《수지고증隋志考證》에서 "나의 견해로는, 양나라 《칠록》의 82권은 아마 이른바 '책이 완성되기 전에 이미 세상에 전해졌다' 라고 한 그 미완본未完本일 것이다. 그 후 38권은 즉 보통普通 4년(523) 《칠록》이 이루어진 후에 있었다(案, 梁《七錄》82卷, 殆所謂 '書未成而已行於世'

之未完本也. 其後三十八卷則已在普通四年《七錄》成書之後矣)" 라고 해석하였다. 이 추정은 타당하지 않다. 왜냐하면 유효표는 이미 보통 2년에 세상을 떠났는데, 어떻게 보통 4년 이후에 계속 책을 편찬했겠는가? 이것은 단지, 120권본은 '미완본' 이며 《칠록》에서 저록한 82권본은 더욱이 '미완본' 의 부족본不足本이라고 밖에는 말할 수 없다. 《남사南史 · 유준전劉峻傳》에 "유준이 《유원》을 편찬하여 완성하니 모두 120권이다(峻撰《類苑》成, 凡一百二十卷)" 라고 하였는데, 이른바 "책이 완성되기 전에 이미 세상에 전해진" 당시의 책이 이미 120권이었음을 알 수 있다.

《화림편략華林遍略》

양梁 무제武帝가 학사學士들에게 명하여 《화림편략》을 편찬하게 한 원인에 대해서는 앞에서 이미 언급하였다.

《남사南史 · 문학文學 · 하사징전何思澄傳》에 "천감天監 15년(516), 태자첨사太子詹事 서면徐勉에게 학사를 천거하여 화림원華林園에 들어가 《편략遍略》을 편찬하라고 명하였다. 서면은 하사징何思澄 · 고협顧協 · 유묘劉杳 · 왕자운王子雲 · 종서鍾嶼 등 다섯 사람을 천거하여 선발에 응하게 하였다. 8년 만에 책이 이루어졌는데, 모두 700권이었다(天監十五年, 敕太子詹事徐勉學學士入華林, 撰《遍略》. 勉擧何思澄 · 顧協 · 劉杳 · 王子雲 · 鍾嶼等五人以應選. 八年乃成

書, 合七百卷)"라고 하였다. 책이 이루어진 시기가 이미 보통普通 4년(523)에 이르렀음을 알 수 있다. 《당서唐書 · 경적지經籍志》 · 《신당서新唐書 · 예문지藝文志》에는 모두 "서면이 찬함(徐勉撰)"이라고 하였는데, 〈하사징전〉을 참고하면 서면은 곧 영수인領修人이었음을 알 수 있다. 서면(466-535)은 자字가 수인修仁으로, 섬인剡人이다. 관직은 이부상서吏部尙書를 역임하였으며, 중서령中書令까지 이르렀다. 시호諡號는 간숙簡肅이다. 그러나 《수서隋書 · 경적지經籍志》에는 "서승권 등이 찬함(徐僧權等撰)"이라고 기재하였다. 이는 《일본견재서목록日本見在書目錄》과 같다. 서승권은 동해東海 사람으로, 서백양徐伯陽의 아버지이다. 《남사 · 서백양전》에 서승권은 양나라 동궁통사사인東宮通事舍人이라는 등의 내용이 기술되어 있으나, 그가 《화림편략》을 편찬하였다는 사실은 언급되어 있지 않다. 어떤 사람은 《수지隋志》의 기술이 잘못되었다고 하고, 또 어떤 사람은 두 서씨徐氏가 모두 영수인이라고 하나, 두 가지 모두 확정할 수 없는 견해들이다. 권질卷帙에 대해서는 《수지隋志》 · 《일본견재서목록》 모두 620권이라 하였으며, 《당지唐志》 · 《신당지新唐志》는 모두 600권이라 하였는데, 모두 〈하사징전〉의 800권과는 차이가 있다.

이 책이 완성된 후 그 영향이 꽤 컸는데, 첫째는 광범위하게 전해졌으며, 둘째는 이후에 편찬된 많은 유서가 이 책을 저본底本으로 삼았다는 사실이다. 이는 이 책이 현존하는 고유서古類書에 대해 작용을 했다는 의미이다.

당시 《화림편략》은 북방에서도 환영을 받았다. 《북제서北齊

書 · 조정전祖珽傳》에는 양주揚州 상인이 이 책을 북쪽으로 갖고 와서 후에 북제 문선제文宣帝가 되는 고양高洋에게 읽어보도록 청한 기록과 아울러 고양이 여러 서수書手를 모아 하루 밤낮 동안 《화림편략》을 베끼도록 한 기록이 있으며, 또한 조정祖珽이 그 몇 질帙을 훔쳐 현금으로 저당한 사실 등이 기재되어 있는데, 이는 당시 이 책의 가치가 매우 높았음을 말해 준다.

《삼국전략三國典略》의 기록에 근거하면, 북제에서 《수문전어람修文殿御覽》을 편찬하면서 《화림편략》을 주요 저본으로 삼았다고 하였다. 《대업잡기大業雜記》에 근거하면, 후에 수隋 대업大業연간에 《장주옥경長洲玉鏡》을 편찬할 때에도 이 책을 기본으로 삼았다고 하였다. 당唐 무덕武德 연간에 《예문유취藝文類聚》를 편찬할 때에도 이 책을 충분히 이용하였다.

이 책은 당대唐代에는 여전히 존재했으나, 송초宋初에 이르러 이미 전하지 않았기 때문에 《태평어람太平御覽》은 이 책을 이용할 수 없었다. 그러나 900여 년 후에 돈황敦煌 막고굴莫高窟 석실石室이 열리자, 당인唐人이 필사한 서적 중에서 이 책이 발견되었다. 당시 무명無名의 고유서가 한 부 있었는데, 259행行이 남아 있었다. 나진옥羅振玉은 이 책을 북제에서 편찬한 《수문전어람》이라고 고증하여 교정하였다.(〈수문전어람잔권修文殿御覽殘卷〉, 《국학총간國學叢刊》 제2책 《일적총잔佚籍叢殘》, 1911) 그러나 홍업洪業은 이 잔권殘卷을 《화림편략》이라고 재고증하였다.〔〈이른바 《수문전어람》라는 것(所謂《修文殿御覽》者)〉, 《연경학보燕京學報》 제12기, 1932〕 홍업의 고증은 이 잔권이 《수문전어람》이라는 견해를 동요시켰다. 그리고 사람들로 하여금 이 석실본 고유서 잔권은 응당 남조南朝에서 편찬되었지 북조北朝의 산물이 아님을 느끼게 한다. 《화림편략》인지의 여부는 아직 충분한 증명이 더 필요하다. 그러나 아무튼 이 잔권의 발견으로 가장 오래된 유서를 겨우 보게 된 것(《편주編珠》·《북당서초北堂書鈔》보다 많이 앞서 나옴)은 아마도 틀림없는 사실이라고 말할 수 있을 것이다.

《수지隋志》는 《화림편략》 620권을 기록한 후에 바로 이어서 '《요록要錄》 60권' 1항項을 등록하였는데, 편찬자의 이름은 기록하지 않았다. 이에 대해 요진종姚振宗은 《수지고증隋志考證》에서 《요록》은 《화림편략》의 절록본節錄本이라고 하였다. 그러나 요씨의 이 견해에 대해 확실하게 증명할 수 있는 방법이 없다.

《수문전어람修文殿御覽》

《수문전어람》은 북제北齊 후주後主 고위高緯 시대의 관찬官纂 유서로, 《현주원어람玄洲苑御覽》과 《성수당어람聖壽堂御覽》은 이 책 완성 이전에 사용했던 서명書名이다. 그러나 《수서隋書·경적지經籍志》에는 《성수당어람》으로 기록되어 있다.

고위의 문학에 대한 조예는 조비曹丕나 소연蕭衍에 비해 매우 뒤떨어진다. 고위는 단지 조정祖珽의 건의에 따라 《수문전어람》의 편찬함으로써 문치文治의 명예를 얻고자 했을 뿐이다. 360권의 책을 7개월도 안 되는 기간에 완성한 것으로 보아 그렇게 큰 공력을 소모했다고도 볼 수 없다. 그러나 전후 계승 관계상 이 책은 오히려 중요한 위치를 차지하고 있다. 이렇듯 이 책은 현존 고유서古類書와 직접적인 관계가 있기 때문에, 그것에 대한 자세한 이해가 필요하다고 할 수 있다.

《북제서北齊書 · 후주본기後主本紀》에 "무평武平 3년(572) 2월 경인庚寅, 시중侍中 조정祖珽을 좌복야左僕射로 삼았다. 이 달, 명을 내려 《현주원어람》을 편찬하게 하였는데, 후에 《성수당어람》으로 서명을 바꾸었다. 8월 계사癸巳, 진양晉陽으로 행차하였다. 이 달, 《성수당어람》이 완성되자 사각史閣에 주도록 명하였다. 후에 《수문전어람》으로 바꾸었다(武平三年二月庚寅, 以侍中祖珽爲左僕射. 是月, 敕撰《玄洲苑御覽》, 後改名《聖壽堂御覽》. 八月 癸巳, 行幸晉陽. 是月, 《聖壽堂御覽》成, 敕付史閣, 後改爲《修文殿御覽》)" 라고 기재되어 있다.

《수문전어람》은 360권으로 되어 있다. 《당서唐書 · 경적지經籍志》 · 《신당서新唐書 · 예문지藝文志》 · 《일본견재서목록日本見在書目錄》 · 《숭문총목崇文總目》 · 《송사宋史 · 예문지藝文志》는 모두 《삼국전략三國典略》과 같이 360권으로 저록하였다. 《수지隋志》에서는 비록 서명을 앞서 사용했던 《성수당어람》으로 사용하였지만, 권질은 여전히 360권으로 저록하였다.

《옥해玉海》 권54 〈예문藝文 · 승조찬술편承詔撰述篇〉에서 "《수문전어람》 360권은 군서群書에서 뽑아 240부部로 분류하여 모았다(《修文殿御覽》三百六十卷, 採摭群書, 分二百四十部以集之)" 라고 하였다. 여기서 이 책의 유목類目 총수를 언급하였는데, 조정 등이 북제 후주 고위에게 이 책에 대해 아뢰었을 때에 말한 55부部와는 당연히 모순되지 않는다. 55는 부수部數이며, 240은 부 아래 단계의 유수類數이다. 그런데 《옥해》에서의 '부部' 자는 '유類' 자와 혼돈하여 사용한 것이다.

이 책의 편찬 작업에 참여한 주요 인물에 대해 《북제서 · 문원전文苑傳 · 서序》에 비교적 자세하게 언급되어 있다. 그것에 근거하면, 조정 외에도 태자태사太子太師 서지재徐之才 · 중서령中書令 최할崔劼 · 산기상시散騎常侍 장조張雕 · 중서감中書監 양휴지陽休之(이상 감찬監撰), 통직산기시랑通直散騎侍郎 위도손韋道孫 · 육예陸乂 · 태자사인太子舍人 왕소王邵 · 위위승衛尉丞 이효기李孝基 · 전중시어사殿中侍御史 위담魏澹 · 중산대부中散大夫 유중위劉仲威 · 원석袁奭 · 국자박사國子博士 주재朱才 · 봉거도위奉車都尉 목도한睦道閑 · 고공랑중考工郎中 최자추崔子樞 · 좌외병랑左外兵郎 설도형薛道衡 · 성주객랑중省主客郎中 노사도盧思道 · 사공동각좨주司空東閣祭酒 최덕립崔德立 · 태부행참군太傅行參軍 최표崔儦 · 태학박사太學博士 제갈한諸葛漢 · 봉조청奉朝請 정공초鄭公超 · 전중시어사殿中侍御史 정자신鄭子信 · 산기상시散騎常侍 봉효염封孝琰 · 전前 낙릉태수樂陵太守 정원례鄭元禮 · 위위소경衛尉少卿 두대경杜臺卿 · 통직산기상시通直散騎常侍 왕훈王訓 · 전前 남태주장사南兗州長史 양숙羊肅 · 통직산기상시通直散騎常侍 마원희馬元熙 · 성삼공랑중省三公郎中 유민劉珉 · 개부행참군開府行參軍 이사정李師正 · 온군유溫君悠(이상 찬서撰書), 통직랑通直郎 소방蕭放 · 제주록사참군齊州錄事參軍 소각蕭慤 · 조주공조참군趙州工曹參軍 안지추顔之推(이상

찬례撰例) 등등이 있다. 조정은 자字가 효징孝徵으로, 범양范陽 적도狄道 사람이다. 그는 스스로 재주가 뛰어나고 박학博學하다고 했는데, 《북제서 · 조정전祖珽傳》에서도 그에 대해 "천성적으로 총명하여 어떤 사항에 대해 어렵지 않게 배웠으며, 무릇 모든 기예伎藝에 관심을 두지 않은 것이 없었다. 문장 외에 또한 음률에도 밝았으며, 사방의 이민족 언어 및 음양 · 점술 · 의약술을 이해하였는데, 더욱 그것들에 뛰어났다(天性聰明, 事無難學, 凡諸伎藝, 莫不措懷. 文章之外, 又善音律, 解四夷語及陰陽 · 占候 · 醫藥之術, 尤是所長)"라고 하였다. 그러나 조정의 품성은 오히려 지극히 나빴다. 그는 두 번에 걸쳐 《화림편략華林遍略》을 훔치기도 하였으며, 기타 나쁜 일을 적지 않게 저지르기도 하였다. 그런데 이 책이 오래도록 전해졌던 것은 일부 객관적인 원인들로 인해 그것의 존재가치를 유지했었기 때문이다.

실제로 《수문전어람》은 《화림편략》을 저본으로 삼았다. 그리고 《화림편략》을 몰래 채용한 것이 아니라 공개적으로 그것도 아주 많이 채용하였다. 《화림편략》을 저본으로 삼았기 때문에 편찬 작업은 자연히 수월했을 것이다. 그래서 홍업洪業은 "양나라에서는 8년 만에 책을 완성하였으며, 제나라에서는 7개월 만에 편찬을 마쳤는데, 이것은 곧 창작은 어렵고 모방은 쉽기 때문이다(梁以八年成書, 齊以七月畢纂, 創難而踵易也)"라고 하였다. 이것은 타당한 견해라고 할 수 있다. 당연히 또한 《수문전어람》의 권질이 《화문편략》의 반半밖에 되지 않은 사실도 편찬 기간이 짧은 이유 중의 하나일 것이다.

현재 《수문전어람》의 전서全書를 볼 수 없어 그것의 특징을 논하기는 어려운 점이 있다. 그러나 현재 남아 있는 자료만을 근거하더라도 여전히 그것의 일부 특징들을 엿볼 수 있으니, 이는 이 책이 비교적 오래도록 전해졌던 원인을 충분히 설명하고 있다. 뒤집어 말하면, 오래도록 전해졌던 사실은 또한 약간의 특징들이 반드시 있었음을 설명하고 있다. 그 중에서 가장 특징적인 것은 체제가 엄밀하다는 사실이다. 왜냐하면 책을 편찬하면서 찬례撰例의 책임을 맡는 사람을 별도로 지정하고 있는 사실은 그만큼 체제를 중시하였다는 의미를 지니고 있다. 그리고 그 일을 맡은 안지추가 지극히 실학적인 면을 지닌 사람이었다는 데에서도 그 사실을 알 수 있다. 송대宋代에 편찬된 《태평어람太平御覽》이 《수문전어람》·《예문유취藝文類聚》·《문사박요文思博要》 등을 저본으로 삼았는데, 나눈 부部의 수목數目은 한결같이 《수문전어람》에 의거하였다. 이 사실 또한 《수문전어람》의 체제가 엄밀했기 때문이라고 설명할 수 있다.

조위曹魏와 남북조南北朝의 대유서大類書 중에서 《수문전어람》이 가장 오래도록 세상에 전해졌다고 할 수 있다. 남송南宋 때, 여전히 이 책의 전부가 존재하고 있었는데, 《중흥관각서목中興館閣書目》·《수초당서목遂初堂書目》과 《직재서록해제直齋書錄解題》에서 모두 이 책을 저록하였다. 수초당遂初堂·직재直齋는 모두 개인 장서藏書인데, 직재 역시 360권으로 저록한 것으로 보아 당시에 이 책은 완전무결하였음을 알 수 있다. 그래서 진진손陳振孫은 "《당지唐志》에 저록되어 있는 유서를 살펴보면, 그 앞에

《황람皇覽》·《유원類苑》·《화림편략》 등 6가家가 있는데, 지금 모두 존재하지 않는다. 그래서 이 책(《수문전어람》)이 마땅히 고금 유서의 처음이다(案《唐志》類書, 在前者有《皇覽》·《類苑》·《華林遍略》等6家, 今皆不存, 則此書當爲古今類書之首)"라고 하였다. 남송 말년에 왕응린王應麟이 《옥해》를 편찬하면서, 《수문전어람》을 저록하고 아울러 그것이 240부部(유類)로 분류되었음을 알았는데, 이는 그가 반드시 원서原書를 보았음을 의미한다. 명초明初의 내부內府 장서藏書 《문연각서목文淵閣書目》 권11 유서류에 "《수문전어람》 1부部 45책册이 빠져 있음(《修文御覽》一部, 四十五册, 闕)"이라고 기록하였다. 즉, 이미 완전하지 않음을 알 수 있다. 명말明末 전겸익錢謙益 장서 《강운루서목絳雲樓書目》 권3 유서류에 "《수문전어람》 160책(《修文殿御覽》一百六十册)"이라고 기록하였다. 청淸 건륭乾隆 연간 여요餘姚 노지盧沚 장서 《포경루서목抱經樓書目》에도 "《수문전어람》 160책(《修文御覽》一百六十册)"이라고 기록하였다. 거의 청대 중엽에 이르기까지 이 책이 존재하고 있었음을 알 수 있다. 그러나 명·청대 학자들 중에 이 책을 인용한 자를 보지 못했다. 건륭 연간에 편찬된 《사고전서四庫全書》는 천하의 도서를 널리 수집하였으나, 또한 이 책을 얻지 못했다. 근대 학자들 중에서도 이 책을 직접 본 자는 없는 것 같다. 아무튼 현재 파악할 수 있는 상황으로 보면, 이 책은 명초 이후부터 세상에 전해지지 않았다고 말할 수밖에 없다.

《조옥집琱玉集》

원래는 15권이며, 편찬자를 알 수 없다. 중국 내에서는 실전된 지 이미 오래되었는데, 일본 오와리尾張 진복사眞福寺에 중국 당대唐代에 해당되는 시기에 초록抄錄한 권자본卷子本이 소장되어 있다. 12·14 두 권만이 남아 있는데, 시부에 가네요시澀江全善와 모리 타쓰유키森立之가 지은《경적방고지經籍訪古志》에서는 "각 권수卷首에 '조옥집권제琱玉集卷第몇' 이라고 적혀 있으며, 다음 행行에는 책의 편목篇目을 열거하였다. 14권 끝에 '16장 종이를 이용하여, 천평天平 19년 정해(丁亥 : 중국 당唐 현종玄宗 천보天寶 6년, 747) 3월에 씀(用紙一十六張. 天平十九年歲在丁亥三月寫)' 이라고 적혀 있다. 문자가 웅건雄建하고 힘이 있어 당초唐初 사람의 필적 같다. 정말 드물게 보는 귀중한 책이다. 그러나 이 책에는 편찬자의 이름이 없다. 그 서목書目은 단지《일본견재서목록日本見在書目錄》및《통지通志·예문략藝文略》에만 보이는 것으로 보아, 실전된 지 이미 오래되었음을 알 수 있다. 인용한 서적은《채염별전蔡琰別傳》·《어림語林》·《사기史記》·《진초晉抄》·왕지심王智深《송서宋書》·《제왕세기帝王世紀》와 같은 것들로, 근래 대부분 전하지 않는데, 또한 이 책으로 인해 그 대강만이라도 전해질 수 있게 되었다"라고 하였다.

청淸 광서光緖 초년初年에 의도宜都 양수경楊守敬이 준의遵義 여서창黎庶昌과 같이 일본에 사신으로 가서 그 잔권본殘卷本을 모사摹寫하였는데, 여씨가 그것을 영인하여《고일총서古逸叢書》중에 판각하여 넣은 후부터 세상에 전해지게 되었다.

두 권의 현존하는 유목類目을 보면, 다음과 같다.

〔卷第12〕 聰慧篇第1 壯力篇第2 鑒識篇第3 感應篇第4

〔卷第14〕 美人篇第1 醜人篇第2 肥人篇第3 瘦人篇第4

嗜酒篇第5 別味篇第6 祥瑞篇第7 怪異篇第8

서종원徐宗元은 《제왕세기집존帝王世紀輯存》(1964년 5월 출판)을 집록輯錄하면서 또한 《조옥집》의 인용문을 이용하였다.

《장주옥경長洲玉鏡》

《장주옥경》은 수隋 양제煬帝 양광楊廣 때의 관찬官纂 유서로, 《수서隋書·경적지經籍志》에 238권으로 기록되어 있는데, 편찬자는 적지 않았다. 《대업잡기大業雜記》에는 400권으로 기록되어 있다. 편찬에 참여한 사람으로 비서학사秘書學士 우작虞綽·유고언柳顧言·비서랑秘書郎 우세남虞世南·저작좌랑著作佐郎 유자직庾自直·왕조王曹 등이 있다. 대업大業 초(605)에 편찬을 시작하여 대업 2년(606) 6월에 완성하였다.

《속담조續談助》 권 4에서 당唐 두보杜寶의 《대업잡기》 1조條를 인용하였는데, 이미 실전된 이 책과 관련된 많은 자료를 제공하고 있다. 이를테면 편찬자의 수,《화림편략》을 저본으로 삼은 사실, 자료 채록이 풍부하나《화림편략》의 중복 인용의 병폐가 없어 권질이 적다는 사실 등이다.

《당서唐書 · 경적지經籍志》에는 "《장주옥경》 138권, 우작 등이 편찬함〔《長洲玉鏡》一('二' 字의 잘못)百三十八卷, 虞綽等撰〕" 이라고 기록되어 있으며,《신당서新唐書 · 예문지藝文志》에는 "우작 등의《장주옥경》 238권(虞綽等《長洲玉鏡》二百三十八卷)" 이라고 기록되어 있다. 송대宋代에 이르러 전해지지 않는다.

《편주編珠》

2권. 수대隋代 두공첨杜公瞻이 황제의 명을 받고 편찬하였다.《보유補遺》 2권 ·《속편주續編珠》 2권은 청대淸代 고사기(高士奇 : 1645-1704)가 편찬하였다. 두공첨은 수나라 저작좌랑著作佐郎 겸 산기시랑散騎侍郎을 역임하였는데, 그의 다른 사적事跡에 대해서는 자세히 알 수 없다. 고사기는 자字가 담인澹人, 호號가 강촌江村으로, 전당(錢塘 : 지금의 항주杭州) 사람이다. 관직은 첨사부詹事府 첨사詹事를 역임하였다. 이 책에는 원래 수나라 대업大業 7년(611) 정월에 쓴 편찬자 자서自序가 실려 있는데, 이것에 근거하면 당연히 이 때에 편찬된 것으로 추측할 수 있다. 이 책의 전해오는 판본은 대단히 적은데,《송사宋史 · 예문지藝文志》 이전에는 어느 책에도 기록되지 않았다. 청나라 강희康熙 20년(1681)에 이르러 고사기가 비로소 내고內庫의 폐지廢紙 중에서 그것을 찾았다. 목차에는 원래 4권으로 되어 있는데, 이미 그 반이 실전되어 두루 찾았으나 찾지 못하자, 고사기가 드디어 《보유》 2권을 짓고 또 《속편주》 2권을 지었다. 아울러 앞의 2권 즉 두공첨의 원서原書 각 문류門類 뒤에 보충을 하였다. 그리고 증보한 곳에는 모두 "此下補之(이 아래는 보충하였음)"라고 명기하여 원서와 구분되도록 하였다. 《편주》의 목차를 보면 원래 14부部로 분류하였다. 권1은 천지부天地部 · 산천부山川部, 권2는 거처부居處部 · 의위부儀衛部 · 음악부音樂部, 권3은 복완부服玩部 · 진보부珍寶部 · 증채부繒采部 · 주선부酒膳部, 권4는 서직부黍稷部 · 채소부菜蔬部 · 과실부果實部 · 거마부車馬部 · 주즙부舟楫部로 되어 있다. 현재는 권1 · 권2의 5부만이 남아 있다.

《편주》는 전고典故 · 문장을 수집하여 대구對句로 편찬하였다. '사항들을 모으거나〔徵事〕' '사항들을 서술하는〔敍事〕' 일반유서와는 다르게 '사항들을 대구로 배열하는〔事對〕' 형식을 취함으로써 당시에 문장을 지을 때 이용하도록 하였다. 그것의 체제는 각 사항별로 대구를 이루게 하고 그 아래에 출처를 밝히는 형식으로 되어 있다. 후에 나온 《초학기初學記》 중의 '사대事對' 부분과 같은데, 그 사대에는 3자字 · 2자 · 4자의 몇 가지 유형이 있다.

《편주》가 실전되었다가 다시 출현하게 되며, 고사기가 그것을 찾은 후에 보충하고 속편을 지은 사실로 인해, 그것에 대해 세인世人의 의심을 사기도 하였다. 《사고전서총목四庫全書總目》과 주중부周中孚의 《정당독서기鄭堂讀書記》는 모두 고사기의 위작僞作이라고 의심하였다. 여가석余嘉錫이 먼저 그것은 청나라 사람의 위찬僞撰이 아님을 증명하였다. 호도정胡道靜은 〈편주잔이권인서고編珠殘二卷引書考〉에서 이 책은 실제로 두공첨의 원작이며, 권질卷帙은 비록 적으나 대부분 현존 수隋·당唐·북송北宋의 유서가 아닌 다른 고적古籍들을 인용하였다고 하였다. 통계에 근거하면, 잔존殘存하는 2권에서 194종의 책을 인용하고 있다. 청대 이래, 학자들이 그 위작을 의심하고 교감校勘과 집일輯逸할 때 거의 이 책을 이용하지 않았으나, 앞으로는 여전히 활용 가치가 상당히 많다고 할 수 있다.

《편주》의 판본으로는 청나라 강희 37년(1698) 전당 고사기의 청음당간본淸吟堂刊本, 《사고전서四庫全書》본, 광서光緖 연간 감천甘泉 선철宣哲의 연자배인본鉛字排印本이 있다.

《북당서초北堂書鈔》

160권. 당唐나라 우세남(虞世南 : 558-638)이 편찬하였다. 우세남은 자字가 백시伯施로, 월주越州 여요(餘姚 : 지금의 절강성浙江省에 속함) 사람이다. 수대隋代 말기에 비서랑秘書郎을 역임하였으며, 당나라에 들어와 비서감秘書監과 홍문관학사弘文館學士를 지냈다.

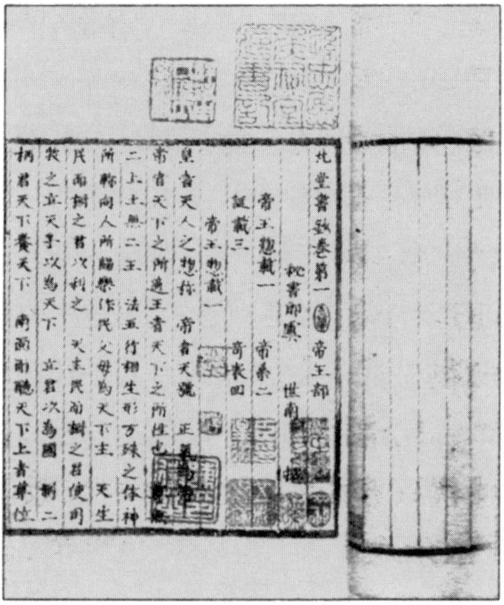

《북당서초》 명 필사본

은청광록대부銀青光祿大夫를 제수받고 벼슬길에서 물러났다. 시호諡號는 문의文懿이다. 이 책은 우세남이 수나라 비서랑을 역임할 때 여러 책에서 전고어휘典故語彙와 시사문구詩詞文句를 뽑아 분류하여 편찬하였는데, 문장과 시를 지을 때 활용하도록 하였다. 비서성秘書省 후당後堂인 '북당北堂'에서 편찬하였기 때문에 '북당서초北堂書鈔'라 하였다.

이 책은 제왕帝王 · 후비后妃 · 정술政術 · 형법刑法 · 봉작封爵 · 설관設官 · 예의禮儀 · 예문藝文 · 악樂 · 무공武功 · 의관衣冠 · 의儀 · 복식服飾 · 주舟 · 거車 · 주식酒食 · 천天 · 세시歲時 · 지地 등 모두 19부部로 분류되어 있으며, 각 부는 다시 유類로 나누어져 있는데, 모두 850류가 된다. 각 류 아래에는 먼저 구절句節을 따와 표제標題로 삼았으며, 표제 아래에는 다시 고적古籍의 문구文句를 인용하였다. 인용한 문구는 《예문유취藝文類聚》만큼 수미首尾가 완비되어 있지 않고, 어떤 것은 출처도 명기하지 않았다. 그리고 각 부 아래에 분류한 유목類目의 수 또한 그 많고 적음이 일정하지 않다. 이를테면 제왕부는 75류, 주식부는 60류, 설관부는 182류 등등으로 분류하였다.

《북당서초》에서 인용한 서적에 관해서는 공광도孔廣陶의 각본刻本 통계에 근거하면 집부集部를 제외하고 약 800여 종이나 된다. 엄가균嚴可均은 일찍이 인용한 서적의 시기적 하한선에 대해 고증을 한 적이 있다. 그는 《철교만고鐵橋漫稿·서진우모각본북당서초후書陳禹謨刻本北堂書鈔後》에서 "초록鈔錄한 서적은 모두 삼대三代·한漢·위魏로부터 송宋·제齊에 이르는 시기에 속한다. 그 중에서 가장 늦은 것은 심약沈約의 《송서宋書》, 소방蕭方 등의 《삼십국춘추三十國春秋》, 최홍崔鴻의 《십육국춘추十六國春秋》, 위수魏收의 《후위서後魏書》이다. 그 시詩·부賦·송頌은 안연지顔延之·사령운謝靈運·포조鮑照의 것이 가장 늦으며, 진陳·수隋의 것은 한 자도 초록하지 않았다(所鈔之書, 皆三代·漢·魏, 迄於宋·齊, 其最晩者沈約《宋書》, 蕭方等《三十國春秋》, 崔鴻《十六國春秋》, 魏收《後魏書》; 其詩賦頌則顔·謝·鮑爲最晩, 陳·隋隻字不鈔)"라고 하였다. 책이 이루어진 시기가 비교적 일러 수나라 이전의 일부 진귀한 자료를 기재하고 있기 때문에 오늘날에 있어서도 고서를 집일輯逸하거나 역사책을 교감校勘하고 역사를 연구하는 데 있어 일정한 작용을 하고 있다. 《북당서초》는 중국 유서 중에서 지금까지 비교적 완전하게 전해진 것으로 가장 오래된 책이라 할 수 있다. 유우석劉禹錫의 《가화록嘉話錄》 기재에 의거하면, 80권 801류로 분류하였다고 하였다. 《당지唐志》에서는 173권이라 하였는데, 조공무晁公武의 《독서지讀書志》에서도 그것을 따랐다. 《중흥서목中興書目》에서는 160권이라 하였는데, 《송사宋史 · 예문지藝文志》에서도 그것을 따랐다. 현존본의 권질卷帙은 《중흥서목》과 같은데, 그 지부地部에서 '이사석泥沙石' 에 이르러 끝을 내고 있는 것으로 미루어 논자들은 완질完帙이 아니라고 의심한다. 혹 그 뒷부분이 송대宋代에 이미 실전된 것이 아닌지 알 수 없다.

이 책은 명대明代 이전에는 각본刻本이 없이 수초본手抄本만이 전해졌다. 명明 만력萬曆 28년(1600) 우산虞山 진우모陳禹謨의 교각본校刻本이 나온 이후에 비로소 전해질 수 있었다. 그러나 진우모가 이 책을 간행할 때 마음대로 첨삭하고 수정하였으니, 결국 당唐 정관貞觀 연간으로부터 오대십국五代十國 사이의 책을 혼입시킴으로써 본래의 모습을 잃어버리게 하였다. 다행히 '주注' 자로 표기를 하여 감별이 가능한 곳도 얼마간 있으나, 진우모가 개찬하고 삭제한 부분은 원래의 모습이 사라져 고증하기가 어렵다. 그래서 《사고전서총목四庫全書總目》은 진우모의 "판각의 공이 그 수정의 과실을 만회할 수 없다(刊刻之功, 不贖其竄亂之過)" 고 비판하였는데, 또한 지나친 견해라고는 할 수 없다.

청대清代 학자 손성연孫星衍 · 엄가균 등은 송 · 명대 선본善本에 근거하여 이 책에 대해 비교적 정밀한 교정校訂을 진행하였다. 청말清末 광서光緖 연간에 공광도는 앞사람들의 기초 위에서

이 책에 대해 전면적인 교정하고 주석하는 작업을 하였는데, 한 방면으로는 각 조목에 출처를 명기하였으며, 다른 한 방면으로는 전서全書에 대해 정밀한 교감을 하였다. 그래서 현재까지 전해지고 있는 《북당서초》는 광서 14년(1888)의 남해南海 공광도간본孔廣陶刊本이 가장 좋을 뿐만 아니라, 비교적 원서原書의 모습에 접근되어 있으며, 또한 비교적 쉽게 볼 수 있다. 대만臺灣 신흥서국新興書局 등에서 1971 · 1974 · 1977년에 각각 공광도간본을 영인하였다. 1973년에 일본 야마다 요시오山田孝雄는 《북당서초인서색인北堂書鈔引書索引》을 일본 나고야名古屋 채화서림출판사采華書林出版社에서 출판하였다.

《예문유취藝文類聚》

100권. 당唐나라 구양순(歐陽詢 : 557-641) 등이 황제의 명을 받고 편찬하였다. 구양순은 자字가 신본信本으로, 임상〔臨湘 : 지금의 호남성湖南省 장사長沙〕 사람이다. 수대隋代 때 태상박사太常博士를 역임하였으며, 당나라에 들어와서는 태자솔경령太子率更令 · 홍문관학사弘文館學士 직을 거쳤다. 당 고조〔高祖 : 이연李淵〕가 무덕武德 5년(622)에 구양순 등 10여 명에게 이 책을 편찬하도록 명하였으니, 7년에 완성을 하게 되었다.

《예문유취》는 고적古籍을 인용하고 분류하여 편찬되었는데,

대부분이 문학작품으로 되어 있다. 천天·세시歲時·지地·주州·군郡·산山·수水·부명符命·제왕帝王·후비后妃·저관儲官·인人·예禮·악樂·직관職官·봉작封爵·치정治政·형법刑法·잡문雜文·무武·군기軍器·거처居處·산업産業·의관衣冠·의식儀飾·복식服飾·주거舟車·식물食物·잡기물雜器物·교예巧藝·방술方術·내전內典·영이靈異·화火·약藥·향香·초草(상上)·초草(하下)·보옥寶玉·백곡百穀·포백布帛·과果·목木·조鳥·수獸·인개鱗介·충치蟲豸·상서祥瑞·재이부災異部 등 모두 48부部(혹은 47부라고도 하며, 또한 46부라고도 하는데, 그 중의 약藥·향香·초부草部의 나누고 합하는 계산 방법이 다르기 때문임)로 분류하였다. 각 부는 또한 약간의 자목子目으로 나누었는데, 모두 727개의 자목이 있다. 각 자목 아래에는 먼저 사실事實을 열거하고 다음에 시문詩文을 나열하였다. '사事' 부분은 경서經書·사서史書와 자서子書 중에서 관련 자료를 적록摘錄하고 아울러 인용한 서명書名을 명기하였다. '문文' 부분은 관련 시문을 인용하고 아울러 그것의 시대·작자와 제목을 밝혔다. 그리고 서로 다른 문체는 〔시詩〕·〔부賦〕·〔찬贊〕·〔잠箴〕 등으로 분별하여 표기하였다. 이렇게 '사'와 '문'을 함께 편찬한 것은 이 책의 일대 특색이라 할 수 있다. 이 체제는 후대의 일부 유서에 채용된다.

《예문유취》 전서全書에서 1,400여 종의 고적을 인용하였는데, 대부분이 당대 이전의 전적典籍들로 현존하는 책은 10분의 1·2에 불과하다. 이러한 진귀한 자료들은 이 책의 수록으로 인해 지금까지 보존될 수 있었기에 고적의 교감校勘과 일문逸文의 집록輯錄에 대한 근거 자료로 활용될 수 있었다. 이 때문에 문학사 연구자들이 이 책을 더욱 중시하고 있다. 송宋나라 섭대경葉大慶은 《고고질의考古質疑》에서 그 중 "정월正月 15일에 소미도蘇味道의 〈야유시夜遊詩〉가 있으며, 낙수문洛水門에 이교李嶠의 〈유락시遊洛詩〉가 있으며, 한식문寒食門에 심전기沈佺期 · 송지문宋之問의 시가 있는데, 이 네 사람은 모두 후인後人들로서 구양순이 어찌 그들을 미리 편입시켰는가?(正月十五日有蘇味道〈夜遊詩〉, 洛水門有〈遊洛詩〉, 寒食門有沈佺期 · 宋之問詩, 四子皆後人, 歐陽安得預編之也)"라고 지적하였다. 이러한 것은 대개 모두 후에 전사傳寫하면서 수정하여 넣은 것이다. 이 밖에 일부 다른 오류들도 있다. 왕무王楙는 《야객총서野客叢書》에서 "그 《한서漢書》 장릉일부토長陵一抔土에 관한 사항에서 '부抔'를 '배杯'로 잘못 알고 '배杯' 문門에 수록하였다(其以《漢書》長陵一抔土事, 誤 '抔' 爲 '杯', 收入 '杯' 門)"라고 지적하였다. 《사고전서총목四庫全書總目》에서는 "책 중의 문목門目의 번잡하거나 간략함이 자못 마땅함을 잃었으며, 나누고 합함도 타당하지 않다. 예를 들면, 산 · 수부의 '오악五嶽'은 삼악三嶽만이 있으며, '사독四瀆'은 하나가 빠져 있다. 제왕부의 삼국三國에는 촉한蜀漢을 수록하지 않았으며, 북조北朝에는 단지 고제高齊만이 기재되어 있다(其中門目, 頗有繁簡失宜, 分合未當, 如山 · 水部 '五嶽' 存三, '四瀆' 缺一, 帝王部三國不錄蜀漢, 北朝惟載高齊)"는 등의 결점을 지적하였다. 그러나 여전히 "여러 유서 중에서 체제가 가장 완전하다(諸類書中體例最善)"라고 했으며, 또한 이 책이 보존하고 있는 자료는 후대에까지 영향을 미칠 수 있다고 하였다.

《예문유취》의 판본으로는 명明 정덕正德 10년(1515) 무석無錫 화씨華氏 난설당蘭雪堂 동활자판인본銅活字版印本과 명 가정嘉靖 7년(1528) 호찬종胡纘宗이 판각한 소자본小字本이 있다. 그리고 1959년에는 중화서국中華書局에서 송간본宋刊本을 영인하였으며, 1965년에는 중화서국 상해편집소上海編輯所에서 왕소영汪紹楹 교본校本을 출판하였다. 1982년에는 상해고적출판사上海古籍出版社에서 왕교본汪校本을 재판하였으며, 아울러 색인을 덧붙였다.

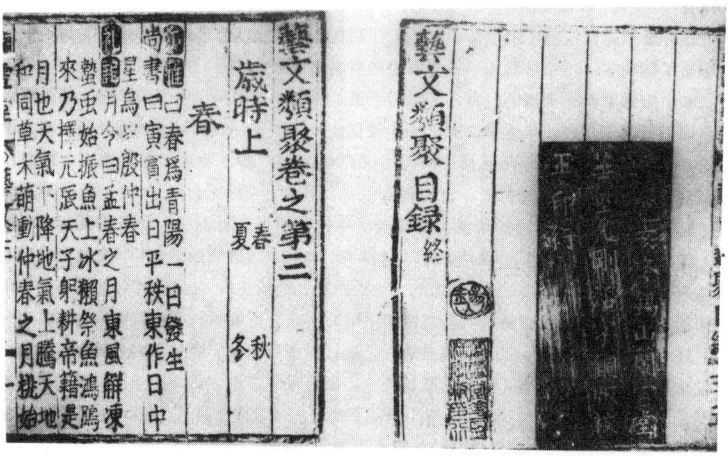

《예문유취》 명 동활자본

《문사박요文思博要》

《당서唐書·경적지經籍志》 병부丙部 자록子錄 유사가類事家에는 "《문사박요》는 목록을 포함하여 1,212권이다(《文思博要》幷目一千二百一十二卷)"라고 기록되어 있다. 《신당서新唐書·예문지藝文志》는 "《문사박요》 1,200권, 목록 12권(《文思博要》一千二百卷, 目十二卷)"이라고 하였다. 《당회요唐會要》 권36 〈수찬문修撰門〉에서는 "정관貞觀 15년(641), 상서좌복야尙書左僕射 신국공申國公 고사렴高士廉 등이 《문사박요》를 편찬하여 완성하였는데, 모두 1,200권이었다. 명을 내려 비부祕府에 소장토록 했다(貞觀十五年十月二十五日, 尙書左僕射申國公〔高〕士廉等撰《文思博要》成, 凡一千二百卷. 詔藏之祕府)"라고 하였다. 이어서 고사렴과 같이 편찬한 사람으로 특진特進 위징魏徵·중서령中書令 양사도楊師道·중서시랑中書侍郎 잠문본岑文本·예부시랑禮部侍郎 안상시顔相時·국자사업國子司業 주자사朱子奢·급사중給事中 허경종許敬宗·국자박사國子博士 유백장劉伯莊·태상박사太常博士 여재呂才·비서감秘書監 방현령房玄齡·태학박사太學博士 마가원馬嘉遠·기거사인起居舍人 저수량褚遂良·진왕晉王의 친구 요사렴姚思廉·태자사인太子舍人 사마택상司馬宅相·비서랑秘書郎 송정인宋正人을 열거하고 있다. 《신당지新唐志》의 《문사박요》 저록 하에 주注가 있는데, 황제의 명을 받고 편찬에 참여한 16인을 열거하고 있다. 여기서는 《당회요》에 비교해 송정인은 없고 사문랑중司文郎中 최행공崔行功·비서승秘書丞 이순풍李淳風을 더 넣었다.

고사렴의 이 책 서문에 의하면, 《문사박요》가 채록한 자료는 대단히 광범위하였으며, 간단하고 자질구레한 말들도 반드시 수록하고 있다고 하였다.

북송北宋 초년初年, 관찬官纂 《태평어람太平御覽》이 《문사박요》를 이용한 적이 있는 것을 보면, 당시 이 책은 반드시 전부 혹은 대부분이 존재했었음을 알 수 있다. 그러나 남도南渡 이후에 전서全書가 실전되었는데, 비각秘閣에 남아 있던 것은 단지 제172권 즉, 당대唐代에 쓴 필사본〔墨跡〕 한 권뿐이었다고 한다. 남송 장서가藏書家인 우무尤袤의 《수초당서목遂初堂書目》 유서류에 《문사박요》가 있는데, 또한 1권만이 있는 것 같다. 이것은 곧 비각의 원본 혹은 부본으로부터 전사傳寫한 것이다.

무측천武則天 때, 명을 내려 《문사박요》를 수정하고 보충하도록 하였으며, 《삼교주영三教珠英》 1,300권 및 목록 13권을 편찬토록 하였는데, 이것은 《문사박영》에 비해 100권이 더 많으며 목록은 1권이 더 많은 셈이다. 《당회요》 권36 〈수찬문〉에서는 "대족大足 원년(元年 : 701) 11월 12일, 인태감麟台監 장창종張昌宗이 《삼교주영》 1,300권을 편찬하여 완성한 후 진상하였다. 당초, 성력聖歷 연간에 이전의 《어람御覽》 및 《문사박요》 등의 책이 자료를 모으는 데에 있어 주밀하지 못한 부분이 많아, 장창종에게 명하여 이교李嶠 · 염조은閻朝隱 · 서언백徐彦伯 · 설요薛曜 · 원반천員半千 · 위지고魏知古 · 우계자于季子 · 왕무경王無競 · 심전기沈佺期 · 왕적王適 · 서견徐堅 · 윤원개尹元凱 · 장설張說 · 마길보馬吉甫 · 원희성元希聲 · 이처정李處正 · 고비高備 · 유지기劉知幾 · 방원양房元

陽 · 송지문宋之問 · 최식崔湜 · 위원단韋元旦 · 양제철楊齊哲 · 부가모富嘉謨 · 장봉蔣鳳 등 26인을 불러 함께 편찬하게 하였던 것이다. 구서(舊書 : 《문사박요》)에 없는 불교와 도교 및 친속親屬 · 성명姓名 · 방역方域 등 부部를 더 추가하였다(大足元年十一月十二日, 麟台監張昌宗撰《三教博要》一千三百卷成, 上之. 初, 聖歷中, 以上《御覽》及《文思博要》等書, 聚事多未周備, 遂令張昌宗召李嶠 · 閻朝隱 · 徐彦伯 · 薛曜 · 員半千 · 魏知古 · 于季子 · 王無競 · 沈佺期 · 王適 · 徐堅 · 尹元凱 · 張說 · 馬吉甫 · 元希聲 · 李處正 · 高備 · 劉知幾 · 房元陽 · 宋之問 · 崔湜 · 韋元旦 · 楊齊哲 · 富嘉謨 · 蔣鳳等二十六人同撰. 於舊書外, 更加佛 · 道二教及親屬 · 姓名 · 方域等部)" 라고 기재되어 있다. 이 밖에 다른 《당회요》 기재 및 《신당지》 · 《신당서 · 서언백전徐彦伯傳》 · 〈서견전徐堅傳〉 등의 자료를 통해 다음과 같은 사실을 알 수 있다.

첫째, 《삼교주영》은 《문사박요》의 기초 상에서 증보하고 수정한 것이다. 성력 연간에 진상한 《어람》은 응당 《수문전어람修文殿御覽》이며, 《문사박요》는 마땅히 《수문전어람》에 의거해 편찬되었다.

둘째, 《문사박요》 등에는 불교와 도교 및 친속親屬 · 성명姓名 · 방역方域 등의 부部가 없어 《삼교주영》이 그것을 보충하였다. 그 서명書名은 바로 이로부터 비롯되었다. 그러나 문종文宗 이앙李昂 때〔개성開成 2년(837)〕에 《해내주영海內珠英》으로 서명을 바꾸었다.

셋째, 그 참가자 명단을 보면, 《삼교주영》 편찬 시 당시의 우수한 인재들은 거의 모두 참가하였음을 알 수 있다. 장창종 · 이

교는 이름만을 걸어 놓은 총령總領으로, 실제로는 서견과 장열이 그 완성을 총괄하였다. 후에 현종玄宗 이륭기李隆基 때에 이 두 사람은 《초학기初學記》 편찬에도 참가하였는데, 이는 그들이 유서 편찬의 명인이 되었음을 의미하고 있다.

넷째, 현종 때에 《삼교주영》은 이미 결여된 부분이 있어서 일찍이 목록에 근거하여 수정과 보완을 하였다. 그러나 남송南宋에 이르러서는 단지 3권만이 남아 있었는데, 조공무晁公武 《군재독서지郡齋讀書志》에서 "《삼교주영》 3권. 《당지唐志》에는 1,300권으로 저록되어 있는데, 지금 남아 있는 것은 이것뿐이다(《三教珠英》三卷. 《唐志》一千三百卷, 今所存者止此)"라고 하였다. 현재는 한 권도 남아 있지 않다.

《초학기初學記》

30권. 당唐나라 서견(徐堅 : 659-729) 등이 편찬하였다. 서견은 자字가 원고元固로, 절강성浙江省 장흥長興 사람이다. 관직은 우산기상시右散騎常侍 · 집현원학사集賢院學士에 이르렀으며, 동해군공東海郡公으로 봉해졌다. 경사經史를 두루 읽었으며 전제典制에 밝아, 일찍이 《삼교주영三教珠英》 · 《대당육전大唐六典》 등 대형 관서官書 편찬에 참여하였다. 《대은전大隱傳》 등을 지었다. 당대 초기에는 변려문駢儷文이 여전히 성행하여 문장을 지을 때는 조탁과 전고典故를 강구하였다. 개원開元 연간에 당 현종玄宗은 황제의 아들들이 작문 시 전고를 인용하고 사류(事類 : 관련된 항목)와 문장을 검색하는 데 편리토록 하기 위해 서견·위술韋述 등에게 명하여 이 책을 편찬토록 하였다. 그래서 서명을 '초학기初學記'라고 하였다. 《초학기》가 일반유서에 비해 분류가 간단하고 개괄적이며, 서술이 요약적인 점은 바로 이러한 배경 때문이다. 《당회요唐會要》 권36 〈수찬편修撰篇〉에 의하면, 서견 등은 이 책을 개원 15년에 완성하여 진상進上하였다.

《초학기》는 여러 경서經書·자서子書와 역대 시부詩賦 및 당초唐初의 제가諸家 작품으로부터 자료를 인용하였다. 이 책은 천天·세시歲時·지地·주군州郡·제왕帝王·중궁中宮·저궁儲宮·제척帝戚·직관職官·예禮·악樂·인人·정리政理·문文·무武·도석道釋·거처居處·기물器物·복찬服饌·보기(寶器 : 화초花草가 덧붙여짐)·과목果木·수獸·조(鳥 : 인鱗·개介·충蟲이 덧붙여짐)부部 등 23부로 나누어져 있으며, 각 부 아래에는 또한 약간의 자목子目으로 분류하였다. 제왕부는 그 중에서 가장 적은 1목目으로 되어 있으며, 직관부는 가장 많은 32목으로 되어 있는데, 총 313 자목이 있다. 각 자목 아래의 맨 앞은 '서사敍事'로서 이 자목에 대해 개괄적으로 설명을 하였다. 그 다음은 '사대事對'로서 관련 대구對句를 선별하여 기록하고 아울러 출처를 명기하였다. 가장 뒤는 '시문詩文'으로서 시문을 단편적으로 인용하였다. 호도정胡道靜은 이 책에 대해 비교적 높은 평가를 내린 적이 있는데, "이 책은 지식에 중점을 둔 한 부의 유서로서, 문장의 전고 및 이름난

문장을 함께 고려하였기 때문에 편집 체제가 일반유서와는 다르다. 이 책의 '서사' 부분은 유송劉宋 안연지顔延之와 양梁 원제元帝 소역蕭繹의 《찬요纂要》(《찬요》는 유서가 아니나, 유서와 유사함)와 비슷하며, '사대' 부분은 《편주編珠》와 닮았으며, '시문' 부분은 《예문유취藝文類聚》와 유사하다. 이 책은 이전의 각종 중요 유서와 준유서準類書의 체제상에서의 장점을 흡수하여 이루어졌으니, 지식을 풍부하게 할 수 있을 뿐만 아니라 또한 문장을 지을 때 사류事類를 검색하는 데 편리하다"라고 하였다. 이어서 그는 또 "'서사' 부분은 세심한 편찬으로 인해 다른 유서의 '유사(類事 : 해당 항목과 관련된 자료)' 와는 다르다. 다른 유서는 단지 수집한 유사를 그대로 베껴놓아 서로 간에 거의 관련성이 없다. 이 때문에 단지 자료의 회집滙輯 성질만을 지니고 있다고 할 수 있다. 반면, 《초학기》의 '서사' 부분은 비록 유사를 모아놓았으나, 한 차례의 조직적인 조작을 거쳐 유사들 간에 관련성을 지니게 하여 한 편의 문장이 되게 하였으니, 자목의 표제(해당 항목)에 대해 근원적으로 설명을 한 셈으로 현대 백과전서의 방법과 더욱 유사하다고 할 수 있다. 또한 앞에서 언급한 대로 지식성이 더욱 풍부하다고도 할 수 있다"(이상 호도정의 말은 《중국 고대의 유서中國古代的類書》를 참조함)라고 강조하였다. 호도정의 이러한 견해는 매우 타당하다고 할 수 있다. 《사고전서총목四庫全書總目》 또한 일찍이 《초학기》의 "서사 부분은 비록 여러 서적으로부터 잡되게 취하였지만, 그 앞뒤가 서로 상관되는 것 같다(敍事雖雜取群書, 而次第若相連屬)"고 하여 그 특징에 대해 기술한 적이 있다.

아울러 《초학기》는 "당나라 유서 중에서 그 방대함은 《예문유취》에 미치지 못하지만, 그 정밀함은 그것을 능가한다(唐人類書中, 博不及《藝文類聚》, 而精則勝之)"라고 하였다.

《초학기》는 비교적 일찍 나온 책으로, 실전된 고서의 일부 조각들을 보존하고 있어 집일輯逸과 현존본 고적古籍의 잘못을 교정하는 데 이용할 수 있다. 예를 들면, 당초唐初 위왕魏王 이태李泰 등이 수찬修撰한 《괄지지括地志》는 5백여 권으로 이루어진 책으로, 중요한 고대 지리 전문저작이라 할 수 있다. 원서는 이미 실전되었는데, 그 '서략序略' 부분이 《초학기》 권8 '총서주군제일總序州郡第一'에 보인다. 이러한 단편적인 기재로부터 당대 정관貞觀 연간의 행정구역의 구분과 주州·현縣의 수량을 엿볼 수가 있다. 청나라 손성연孫星衍이 집일한 《괄지지》 8권은 곧 《초학기》에서 자료를 취하였다. 또한 《초학기》 권27 '견제구絹第九'에서 《진고사晉故事》를 인용하여 서진西晉 전부제도田賦制度의 중요한 사료史料를 기재하였는데, 《진서晉書·식화지食貨志》에는 오히려 이 사료를 기재하지 않았다. 《진고사》의 원문은 일찍이 실전되었는데, 이 때문에 《초학기》 안의 이 사료는 역사 연구자들이 자주 인용하는 자료가 되었다.

《초학기》의 주요 판본으로는 명明 가정嘉靖 10년(1531) 석산錫山 안국安國의 계파관간본桂坡館刊本, 가정 13년(1534) 진번晉藩의 허익당虛益堂 번각안국본飜刻安國本, 명 만력萬曆 15년(1587) 태학太學 서수명徐守銘의 영수당寧壽堂 복각안국본覆刻安國本, 만력 34년(1606) 호림虎林 심종배沈宗培 간행의 건상본巾箱本, 청淸 건륭乾

隆 연간 내부內府 고향재古香齋 판각의 건상본이 있다. 1962년 중화서국中華書局에서 사의조司義祖 교정본校訂本을 출판하면서, 아울러 육심원陸心源의 〈초학기교보初學記校補〉를 각 권 뒤의 교감표校勘表 중에 넣었다. 이 〈초학기교보〉는 바로 청나라 엄가균嚴可均의 미간행《초학기》교본校本을 뒤에 육심원이 교감기校勘記를 기록하여《군서교보群書校補》중에 넣은 것이다.

《당송백공육첩唐宋白孔六帖》

100권. 당唐나라 백거이(白居易 : 772-846)가 편찬하고, 송宋나라 공전孔傳이 속편續編하였다. 백거이는 자字가 낙천樂天, 만호晩號가 향산거사香山居士로, 태원(太原 : 지금의 산서성山西省에 속함) 사람이다. 후에 하규(下邽 : 지금의 섬서성陝西省 위남渭南 동북)로 옮겨 살았다. 정원貞元 연간에 진사進士가 되었으며, 관직은 형부상서刑部尙書에 이르렀다. 저서로는《백씨장경집白氏長慶集》이 있다. 공전은 자가 성전聖傳인데, 일설에 처음 이름은 약고若古, 자는 세문世文이라고도 한다. 공자孔子의 47대손으로, 연주兗州 선원(仙源 : 지금의 산동성山東省 곡부曲阜 동북) 사람이다. 관직은 좌조의대부左朝議大夫·지주知州 등을 역임하였다. 저서로는《동가잡기東家雜記》·《공자편년孔子編年》·《삼계집杉溪集》이 있다. 이 책은 백거이의《백씨육첩사류집白氏六帖事類集》과 공전의《육첩신서六

帖新書》를 합편合編한 것이다.

백거이의 《백씨육첩사류집》은 또한 《백씨경사사류白氏經史事類》·《육첩六帖》·《사류집요事類集要》·《백씨육첩白氏六帖》(이하 《백첩白帖》으로 칭함)이라고도 불리는데, 30권으로 되어 있다. 이 책은 성어成語·역사 사실을 뽑아 분류·배열함으로써 문장 인용에 도움이 되도록 하였는데, 그 체제는 《북당서초北堂書鈔》와 같다. 각 권의 앞머리에 '총목總目'이 있는데, 모두 235목目으로 되어 있으며 1,367문門으로 분류하였다. 따로 503소목小目을 덧붙였다. 그 인용이 난잡하고 대부분 출처를 명기하지 않았다. 남송南宋 조중덕(晁仲德 : 조공무晁公武의 증조)이 그 출처를 고증하여 일일이 주를 단 이후, 그 가치가 배가되었다.

북송北宋 말, 공전은 《백첩》의 체제를 모방하고 당 이래 "시詩·송頌·명銘·찬贊과 기묘한 기록(詩·頌·銘·贊, 奇編奧錄)"을 취하여 분류·편집함으로써, 백거이의 《육첩》을 이은 《육첩신서》를 편찬하였다. 이 책은 또한 《후육첩後六帖》·《속육첩續六帖》(이하 《공첩孔帖》으로 칭함)이라고도 불린다. 30권으로 되어 있다. 남송南宋 소흥(紹興 : 1131-1162) 초기에 완성하였으며, 건도乾道 2년(1166)에 처음 판각하였다. 모두 1,371문으로 분류하였다. 이때부터 사람들은 '백씨白氏'·'공씨孔氏'를 앞에 붙여 칭함으로써 두 책을 구별하였다. 당시 사람들은 이 책을 자못 중시하였으나, 홍매洪邁가 《용재수필容齋隨筆》에서 "세속에서 전해지는 천박한 책이라 할 수 있는 《운선산록雲仙散錄》과 같은 유類는 모두 가장 가소로운 책이데, 공전의 《속육첩》은 그 책의 내용을 모두 기재하여 스스로 자신의 책을 더럽혔다(俗傳淺妄書如《雲仙散錄》之類, 皆絶可笑, 孔傳《續六帖》悉載其中事, 自穢其書)"라고 지적한 것으로 보아, 자료 인용 상에 있어 또한 정밀하지 못한 점도 있음을 알 수 있다.

《당송백공육첩》은 또한 《백공육첩白孔六帖》이라고도 불리는데, 위의 두 책을 합편하였기 때문에 붙여진 서명書名이다. 두 책은 원래 각 30권이었으나, 합편 이후에는 100권이 되었다. 《백첩》을 위주로 하고 《공첩》의 각 사류事類를 그 아래에 덧붙였다. 아울러 1,399문으로 분류하였다. 《백첩》보다는 32문이 많아졌으며, 《공첩》보다는 28문이 증가되었다. 각 문류門類 앞에 '백白' 자로 표지를 단 것은 백거이 책 중의 원문을 가리키며, '공孔' 자로 표지를 단 것은 공전 책 중의 원문을 가리킨다. 《사고전서총목四庫全書總目》에서 "이 책은 두 부의 책을 합편하여 한 부의 책으로 만들었는데, 누가 합쳤는지는 모른다. 또한 100권으로 만들었는데, 이 역시 누가 나누었는지 알 수 없다(此本編兩書爲一書, 不知何人所合, 又作一百卷, 亦不知何人之所分)"라고 하였다.

《당송백공육첩》은 기타 유서와 마찬가지로 약간의 고적古籍 일문逸文을 보존하고 있어 자연히 후세 학술연구에 일정한 공헌을 하였다. 예를 들면, 남당南唐 후주後主 이욱李煜의 시집은 일찍이 실전되었는데, 《공첩》 중에서 그의 시 10구句를 여섯 군데서 인용하고 있다. 이 밖에 고서의 교감校勘 방면에서도 이 책은 일정한 역할을 하고 있다. 예를 들면, 당나라 위응물韋應物이 지은 〈장안우풍저長安遇馮著〉라는 시가 있는데, 《당송백공육첩》 권3

'춘春' 문의 《공첩》에서 이 시의 2구를 인용하고 그 아래에 위시韋詩 〈장안우빈자長安遇貧者〉라고 주를 달았다. 제목이 《위소주집韋蘇州集》과 다르다.

유서로서의 《당송백공육첩》은 많은 결점을 지니고 있다. 첫째, 많은 인용문에 대해 근본적으로 어떠한 해석도 가하지 않았다. 이 때문에 후인들은 그것을 거의 이용할 수 없다. 둘째, 어떤 자료는 출처를 명기하지 않았거나, 혹은 단지 하나의 서명만을 명기하여 검색에 불편하다. 셋째, 어떤 자료는 비록 출처를 명기하였지만, 오히려 잘못 명기하였다. 예를 들면, 권1 '월月' 문의 《공첩》에서 "嘗聞古老言, 疑是蝦蟆精"과 "臣有一寸刃, 可刳凶腸" 등의 시구詩句를 인용하였는데, 이 시구들은 모두 한유韓愈의 〈월식시효옥천자작月蝕時效玉川子作〉에서 나왔다. 그런데 《공첩》은 오히려 이 시구들을 이백李白의 〈고풍古風〉 인용문 뒤에 두고 '동상同上'이라고 표기하였다. 이 사실은 이 시구들이 이백의 〈고풍〉에서 나온 것으로 오해하게 한다.

서명 중의 '육첩六帖'이 어떤 의미를 지니고 있는지 확실하지 않다. 《백씨육첩》 송간본宋刊本은 몇 권卷을 합쳐 1책冊으로 하여 모두 6책으로 만들었는데, 각 책의 판심版心에 '첩일帖一'·'첩이帖二'… '첩륙帖六'으로 표기를 해 놓았다. 아마 이것이 곧 '육첩六帖'이 지니고 있는 의미가 아닌지 모르겠다. 정대창程大昌은 《연번로演繁露》에서 '육첩'은 당 개원開元 연간의 과거시험인 '첩경帖經'의 방법으로 인해 얻어진 이름이라고 여겼다. 《사고전서총목》은 "진사 첩경과는 절대로 상관이 없으며, 그 뜻을 어디서 취했는지는 상세하지 않다(與進士帖經絶不相涉, 莫詳其取義所在)" 라고 하여 그것의 유래에 대해 의문의 태도를 유지하였다.

판본에 관해 살펴보면 다음과 같다. 청대淸代 초기 계창위季滄葦 소장의 남송 소흥 간본刊本은 서명을 《백씨육첩사류집》이라 하였는데, 공전 속서續書 이전의 판본이다. 1923년 강안江安 부증상傅增湘이 그것을 구하였으며, 1933년 오흥吳興 장씨張氏가 그것을 100부 영인하였다. 부증상은 이 책을 영인하는 발문跋文 중에서 송본宋本과 통행본의 다른 점을 지적하였다. 이 발문은 《장원군서제기藏園群書題記》 권4에 보인다. 육심원陸心源 또한 송본을 가지고 있는데, 부증상이 영인한 것과 같다. 뒤에 일본 정가당문고靜嘉堂文庫로 들어갔다. 남송 초기에 양백암楊伯嵒 이 《백첩》과 《공첩》의 미비한 점을 증보增補하기 위해 《육첩보六帖補》라는 책을 편찬하였는데, 모두 20권이나 되었다. 《육첩보》의 판본으로는 《사고전서》본이 있다. 《당송백공육첩》의 판본으로는 명대明代 가정간본嘉靖刊本과 《사고전서》본이 있다.

《태평어람太平御覽》

1,000권. 송宋나라 이방(李昉 : 925-996) 등이 황제의 명을 받고 편찬하였다. 이방은 자字가 명원明遠으로, 심주深州 요양饒陽 사람이다. 관직은 중서시랑中書侍郞에 이르렀으며, 평장사平章事를 제

수받았다. 문집 50권이 있다. 송 태종太宗 태평흥국太平興國 2년(977)에 이방과 호몽扈蒙 등 14명은 황제의 명을 받고 이 책을 편찬하였는데, 전대前代 유서인《수문전어람修文殿御覽》·《예문유취藝文類聚》·《문사박요文思博要》 등의 책을 근거하여 6년에 걸쳐 완성하였다. 처음 서명書名은《태평총류太平總類》(《태평편류太平編類》·《태평유편太平類編》이라고 기재한 데도 있음)였으나, 송 태종이 호학성好學性을 과시하기 위해 하루에 3권을 올리라고 명하고 1년 동안 다 읽고 난 뒤 지금의 서명으로 바꾸었다.

이 책은 모두 55문門으로 나누고, 문 아래 다시 자목子目을 열거하였는데, 총 4,558자목으로 되어 있다. 분류가 세밀한데, 그 55문은《주역周易·계사繫辭》의 "무릇 천지의 숫자는 55이다(凡天地之數五十有五)"라는 말을 근거로 하여 정하였다. 만상萬象을 포괄한다는 의미를 지니고 있으며, 아울러 천天·지地·인人·사事·물物의 순서에 의거해 배열하였다. 그 55문을 보면, 천天·시서時序·지地·황왕皇王·편패偏覇·황친皇親·주군州郡·거처居處·봉건封建·직관職官·병兵·인사人事(상上)·인사人事(하下)·일민逸民·종친宗親·예의禮儀·악樂·문文·학學·치도治道·형법刑法·석釋·도道·의식儀式·복장服章·복용服用·방술方術·질병疾病·공예工藝·기물器物·잡물雜物·주舟·거車·봉사奉使·사이四夷·진보珍寶·포백布帛·자산資産·백곡百穀·음식飮食·화火·휴징休徵·구징咎徵·신귀神鬼·요이妖異·수獸·우족羽族·인개鱗介·충치蟲豸·목木·죽竹·과果·채菜·향香·약藥·백훼부百卉部로 되어 있다. 각 자목은 고대에서 당대唐代까지의 문헌자료를 직접 인용하였으며, 아울러 경經·사史·자子·집集의 순서로 배열하였다. 인용한 자료는 먼저 서명을 명기한 후에 원문을 수록하였다.

이 책은 인용한 서적이 대단히 방대한 것으로 유명한데, 권卷의 앞머리에 총 1,690종의 인용 서적을 열거하였다. 기타 잡서와 고시부古詩賦는 전부 넣지 않았다. 그러나 인용한 자료 중에서 일부는 원서로부터 직접 온 것이 아니고 다른 서적으로부터 베낀 것도 있다. 인용한 고서의 10분의 7·8은 이미 실전되었다. 예를 들면, 농업기술을 논술한 《범자계연范子計然》과 《사승지서氾勝之書》는 그 유명한 《제민요술齊民要術》보다 몇 백 년 앞서 나온 것으로, 원서들이 이미 산일散逸되었지만 《태평어람》이 그 책들을 인용한 덕택으로 2천여 년 전의 농업 생산의 개략적인 모습을 볼 수 있다. 또 《신농본초경神農本草經》의 원서 역시 일찍이 실전되었으나, 《태평어람》의 인용으로 인해 오늘날 원서 내용의 대강을 볼 수 있다. 《태평어람》은 또한 100여 종의 한漢나라 사람 전기傳記와 200여 종의 구지방지舊地方志를 보존하고 있는데, 모두 이미 실전된 책들로 학술연구에 참고할 만한 자료라고 할 수 있다. 다만 명대明代 이래 전해지는 판본들은 그 오류가 특별히 심한데, 사고관四庫館 신하들이 여러 판본을 대조하여 교감·정리하면서 알 수 있는 것은 바르게 고치고 알 수 없는 것은 그대로 두었다. 그러면서 그들은 "고서의 뜻은 오묘하며 문구文句는 후세와 많이 달라, 의문점을 그대로 두는 것이 오히려 억지로 고치는 것보다 낫다(古書義奧, 文句與後世多殊, 闕疑猶愈於妄改也)"라고 여겼다. 이것은 확실히 고적古籍 정리의 정확한 태도라고 할 수 있다. 아무튼 《사고전서총목四庫全書總目》은 “세상에 전하는 송 이전의 책으로 고적의 일문逸文을 고증할 수 있는 것으로는 겨우 6 · 7종이 있는데, 배송지裴松之의 《삼국지주三國志注》, 역도원酈道元의 《수경주水經注》, 유효표劉孝標의 《세설신어주世說新語注》, 이선李善의 《문선주文選注》, 구양순歐陽詢의 《예문유취藝文類聚》, 서견徐堅의 《초학기初學記》와 나머지 하나는 곧 《태평어람》이다(世所傳宋以前書, 可考見古籍佚文者, 僅六 · 七種, 曰裴松之《三國志注》, 曰酈道元《水經注》, 曰劉孝標《世說新語注》, 曰李善《文選注》, 曰歐陽詢《藝文類聚》, 曰徐堅《初學記》, 其一卽此書也)”라고 하였다. 《태평어람》은 고서 인용이 상당히 풍부하기 때문에 많은 진귀한 자료를 보존하고 있다. 아울러 고서 인용 상황도 비교적 완벽한데, 자주 전체 문장 또는 전체 단락을 인용하였다. 이 때문에 역대 학자들은 이 책을 매우 중시하였다. 고서를 집일하는 자는 그것을 하나의 보배로 간주하여, ‘유서 중의 최고(類書之冠)’라고 칭찬하였다.

그러나 이 책의 대부분 자료는 전대前代의 유서로부터 베꼈으니, 전부가 모두 원본에서 나온 것은 아니다. 연대가 오래 될수록 오류들이 쌓여 밝히기가 어려우니, 교정校訂이 정밀하지 않으면 오류들을 그대로 이용할 수밖에 없다. 그래서 이 책의 자료를 인용할 때에는 가능한 한 먼저 고증을 할 필요가 있다.

이 책을 열람할 때에는 책 앞에 있는 ‘총목總目’과 ‘상목詳目’을 활용하면 도움이 된다. 이 밖에 또한 두 가지 색인이 있다. 하나는 전아신錢亞新이 편찬한 《태평어람색인太平御覽索引》인데,

1934년 상무인서관본商務印書館本이다. 다른 하나는 하버드대학 연경학사인득편찬처燕京學社引得編纂處의 홍업洪業이 편찬한《태평어람인득太平御覽引得》인데, 1935년 인본印本이다.

《태평어람》 판본으로는《사부총간삼편四部叢刊三編》의 영인본이 가장 우수하다. 1960년 중화서국中華書局이 이 판본을 근거하여 다시 인쇄하여 발행하였는데, 모두 4책으로 되어 있다. 1968년 중인본重印本이 나왔다.

《책부원귀冊府元龜》

1,000권. 목록目錄 10권. 송宋나라 왕흠약(王欽若 : 962-1025) · 양억(楊億 : 974-1020) 등이 황제의 명을 받고 편찬하였다. 왕흠약은 자字가 정국定國으로, 임강군臨江軍 신유(新喩 : 지금의 강서성江西省 신여新餘) 사람이다. 순화淳化 연간에 진사進士가 되고, 진종眞宗 초년에 참지정사參知政事를 역임하였으며, 대중상부大中祥符 5년(1012)에 동평장사同平章事 · 추밀사樞密使가 되었다. 양억은 자가 대년大年으로, 건주建州 포성(浦城 : 지금의 복건성福建省에 속함) 사람이다. 순화 연간에 진사에 급제하였으며, 관직은 한림학사翰林學士 · 호부시랑戶部侍郎에 이르렀다. 일찍이《태종실록太宗實錄》 편찬에 참여하였다. 진종眞宗 조항趙恒은 경덕景德 2년(1005) 9월에 왕흠약 · 양억 · 이유李維 · 전유연錢惟演 · 하송夏悚 등 15명에

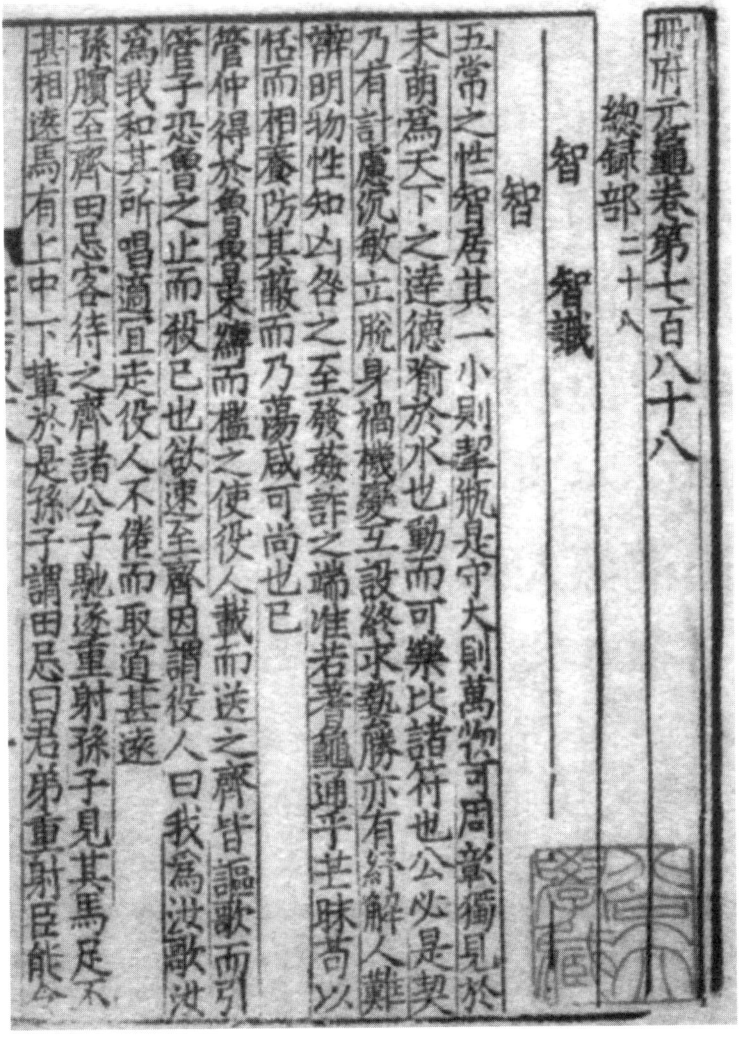

冊府元龜卷第七百八十八
總録部二十八
智　智識
智
五常之性智居其一小則挈缾足守大則萬物可周竟獨見於
未萌爲天下之達德喻於水也動而可樂比諸符也公必是契
乃有討覈沈敏立脱身禍機變互設終求勢勝亦有紓解人難
辨明物性知凶咎之至發姦詐之端准若蓍龜通乎昧者以
恬而相養防其蔽而乃蕩蔵可尚也已
管仲得於魯魯束縛而檻之使役人載而送之齊皆謳歌而引
管子恐魯之止而殺已也欲速至齊因謂役人曰我爲汝歌汝
爲我和其所唱適宜走役人不倦而取道甚遠
孫臏至齊田忌客待之齊諸公子馳逐重射孫子見其馬足不
甚相遠馬有上中下輩於是孫子謂田忌曰君弟重射臣能令

《책부원귀》 송 각본

게 역대 군신君臣들의 미덕을 모아 이 책을 편집토록 명하였는데, 당시는 서명書名을 《역대군신사적歷代君臣事跡》이라고 정하였다. 대중상부 6년(1013) 8월에 편찬을 완성하여 《책부원귀》로 서명을 바꾸었다. '책부冊府'는 책 소장처를 가리킨다. '원귀元龜'는 큰 거북이라는 뜻으로, 옛 사람들은 거북이로 점을 쳐 미래를 예견하고 길흉을 측정할 수 있다고 여겼는데, 그것이 인신引伸되어 '귀감龜鑑'의 뜻을 지니게 되었다. 이 책의 내용은 정치사실을 위주로 하고 아울러 기타 경제·군사·사회·문화 등에 미치고 있어, 한 부의 역사적 성격을 지닌 유서라고 할 수 있다. 모아놓은 자료들은 정경正經·정사正史 위주로 되어 있으며, 아울러 당唐·오대五代의 실록과 조령詔令·주의奏議 및 《국어國語》·《전국책戰國策》·《관자管子》·《안자춘추晏子春秋》·《여씨춘추呂氏春秋》·《한비자韓非子》·《회남자淮南子》 등도 있다. 또한 고대 기타 유서로부터 뽑은 자료도 있다. 소설·잡서들은 일률적으로 수록하지 않았다.

이 책은 31부部, 즉 제왕帝王·윤위閏位·참위僭僞·열국군列國君·저궁儲宮·종실宗室·외척外戚·재보宰輔·장수將帥·대성臺省·방계邦計·헌관憲官·간쟁諫諍·사신詞臣·국사國史·장례掌禮·학교學校·형법刑法·경감卿監·환위環衛·전선銓選·공거貢擧·봉사奉使·내신內臣·목수牧守·영장令長·궁신宮臣·막부幕府·배신陪臣·총록總錄·외신부外臣部로 나누어져 있다. 각 부 아래는 다시 문류門類로 분류하였는데, 총 1,104문으로 되어 있다. 각 부에는 총서總序가 있는데, 해당 부의 사적事跡 연혁을 평하고 서술하고 있어 한 편의 소사小史와 같다. 총서의 자字의 수는 많게는 수천 자가 되며 적게는 수백 자가 된다. 부 아래의 문목門目에는 각기 소서小序가 있는데, 해당 소류小類의 내용을 논술하였다. 자수가 수백 자에서부터 수십 자까지 일정하지 않다. 이러한 총서와 소서는 전하는 바에 의하면 이유李維 등의 6명이 지었는데, 최종적으로 양억의 손을 거쳐 문장이 세련되고 의미가 완벽해졌다고 한다. 이것들은 꽤 참고할 만한 가치가 있다고 할 수 있다. 열거한 역대 인물의 사적 및 조령·주의는 모두 전체 장절章節로서 원문을 수록하고 고치지 않았으며, 문장 중의 속된 말도 없애지 않았다. 그래서 이 책은 수隋·당·오대의 많은 사료史料의 진면목을 보존하고 있다고 할 수 있다.

이 책은 체재가 대단히 잘 갖추어져 있는데, 상고上古로부터 오대에 이르는 17사史에 대한 자료를 인물과 사물에 의거해 분류·배열하고 있어 매우 조리가 있다. 몇 천 년의 역사적 사실을 하나로 연관되게 하였으니, 다른 책에서는 보기 드문 특색을 지니고 있다. 전체 940여만 자로 되어 있는 이 책은 송조宋朝 최대의 유서라고 할 수 있다. 이 책이 인용한 사료는 비교적 풍부하며, 특히 집록輯錄한 역사 서적은 모두 북송北宋 이전의 고본古本이다. 당·오대의 사실은 더욱 상세하여 수·당사 연구자들의 고증에 제공될 수 있다. 이미 실전된 많은 사료들을 싣고 있는데, 이러한 사료들은 사서史書를 교정하거나 역사를 보충하는 데 사용될 수 있으며, 아울러 집일輯逸과 교감校勘 작업에도 사용할 만한 가치가 있다. 단지 인용한 서적에 대해 출처를 명기하지 않은 사실이 하나의 결점이라 할 수 있다. 그래서 이 책을 이용할 때는, 책의 내용에 근거하여 상 · 하 문장의 의미를 분석하거나 혹은 책에 나오는 인명 · 조대명과 역사사실로부터 실마리를 찾아냄으로써 그것이 어느 책으로부터 나왔는지를 미루어 알 수 있는데, 그런 후에 다시 현행 서적을 이용하여 교감을 진행함으로써 그 취사를 결정하면 된다.

《책부원귀》의 판본으로는 명明 숭정崇禎 15년(1642) 예장豫章 황국기간본黃國琦刊本이 있다. 1960년 중화서국中華書局에서 이 판본을 영인하였는데, 권卷의 앞머리에 〈유목색인類目索引〉을 덧붙여 검색에 편리하도록 하였다. 이것이 현재 가장 좋은 판본이다.

《사류부事類賦》

30권. 송宋나라 오숙吳淑이 편찬하였다. 오숙(947-1002)은 자字가 정의正儀로, 단양(丹陽 : 지금의 강소성江蘇省에 속함) 사람이다. 처음에는 남당南唐의 내사內史를 역임하였는데, 송으로 들어가 학사원學士院에 추천으로 임용되어 대리평사大理評事를 제수받았다. 관직은 기거사인起居舍人 · 직방원외랑職方員外郎에 이르렀다. 그는 《태평어람太平御覽》 편찬에 참가하였으며, 게다가 아주 열심히 한 사람 중의 하나다. 이 책은 오숙 개인이 편찬하여 순화淳花 연간에 두 번째 진상進上하였는데, 《태평어람》이 완성된 후였다. 원명原名은 《일자제부一字題賦》로, 모두 100수首의 부賦로 되어 있는데, 주注가 없으며 20권으로 나누었다. 처음 진상 후, 진종眞宗이 오숙에게 주석을 부가하라고 명을 내리자 곧 스스로 주를 가하여 30권으로 확대하고 《사류부》로 서명書名을 바꾸었다.

《사류부》는 4·6변려문騈儷文을 사용하였는데, 명明나라 이렴李濂이 이 책 각서서刻書序에서 "당시 관리를 채용하는 제도를 따랐다(遵當時取士之制)"라는 말에 근거하면, 과거에서의 필요에 의해 편찬되었음을 알 수 있다. 이러한 체제는 오히려 창의적이라 할 수 있다.

《사류부》는 천天·세시歲時·지地·보화寶貨·악樂·복용服用·집물什物·음식飮食·금禽·수獸·초목草木·과果·인개鱗介·충부蟲部 등 14부部로 분류되어 있으며, 각 부 아래는 또 자목子目으로 나누어 놓았는데, 모두 100개의 자목으로 되어 있다. 각 자목은 한 수의 부賦로 이루어져 있다. 자목은 모두 한 자字로 되어 있으며, 모두 100수가 된다. 그래서 원명을 '일자제부一字題賦'라 하였다. 이 명칭은 곧 이교李嶠의 〈단제시單題詩〉에서 유래되었다.

《사류부》의 판본에 관해 살펴보면 다음과 같다. 남송南宋 소흥紹興 16년(1146) 양절동로차염사각본兩浙東路茶鹽司刻本이 있는데, 북경도서관北京圖書館에 두 부(그 중 한 부는 완전하며, 다른 한 부는 11권이 빠져 있음)가 소장되어 있다. 《백송루장서지皕宋樓藏書志》 권59에 원간본元刊本이 있으며, 《평진관감장기平津館鑒藏記·서적書籍》 권1에도 원나라 판본이 있는데, 무전손繆荃孫은 명明 가정嘉靖 개봉간본開封刊本이라 여겼다.(《운자재감수필雲自

在鑑隨筆》 권4) 명대에는 가정 11년(1532) 무석無錫 화린상간본華麟祥刊本〔조로주趙鷺洲의 군재본(郡齋本 : 송대 지방관이 판각한 각본刻本의 일종) 혹은 무석 숭정서원간본崇正書院刊本이라고도 함〕, 가정 13년(1534) 개봉開封 태수太守 남궁백평南宮白玶의 군재본郡齋本, 만력萬曆 17년(1589) 영수당간본寧壽堂刊本이 있다. 《증정사고전서간명목록표주增訂四庫全書簡明目錄標注》의 기재에 근거하면, 또한 명 섭씨葉氏 작덕당作德堂의 무석 화씨본 복각본覆刻本이 있다고 하였다. 청대淸代에는 건륭乾隆 29년(1764) 화희굉華希閎 검광각간본劍光閣刊本(가장 유행하였으나, 자구字句의 오류와 탈락이 많음), 건륭 58년(1793) 수곡繡谷 주씨周氏 영덕당간본令德堂刊本, 가경嘉慶 6년(1801) 문성당간본文盛堂刊本이 있다. 1969년과 1972년에 대북臺北 신흥서국新興書局에서 화린상간본을 영인하였다.

청대에는 오숙이 창조한 체제에 따라 《사류부》를 확충시켜 편찬하기도 하였는데, 즉 화희민華希閔이 편찬하고 주注를 단 《광사류부廣事類賦》 40권(27문門, 291개 자목), 오세전吳世旃이 편찬하고 주를 단 《광광사류부廣廣事類賦》 32권(137수), 왕봉개王鳳喈가 편찬하고 주를 단 《속광사류부續廣事類賦》 30권(11부, 314수), 장균張均이 편찬하고 주를 단 《사류부보유事類賦補遺》 14권(13문, 100수)이 그것들이다. 방간坊間에서 후에 오숙의 원저原著와 함께 《오종사류부五種事類賦》를 판각하기도 하였으며, 또한 조목條目을 모아 《사류통편事類統編》을 판각하기도 하였다. 황보진黃葆眞은 거기에다 다시 부류에 따라 대구對句를 따와 부가한 후, 《증보사류통편增補事類統編》 93권을 편찬하였다. 그러나 오숙의 원저를 제외한 기타 책들은 단지 전고典故를 나열하여 문장을 짓는데 사용될 수 있으나, 고문헌 보존 면에서는 결코 가치가 있다고 할 수 없다. 그리고 합각合刻·회편본滙編本은 오숙의 원저에서 채용한 저본底本 및 교감 모두 정밀하지 못해 오류가 더욱 많다.

《사물기원事物紀原》

10권. 북송北宋 고승高承이 편찬하였다. 고승은 개봉(開封 : 지금의 하남성河南省 개봉시開封市) 사람으로, 원풍元豐 연간에 살았다. 이 책의 몇 가지 각본刻本은 모두 10권으로 되어 있으나, 그 기재한 사항의 수는 각기 다르다. 초각본初刻本은 217개의 사항을 수록하고 있으며, 진진손陳振孫이 본 판본은 이미 수백 개가 넘는 사항으로 되어 있으며, 명대明代 각본은 1,765개의 사항으로 증가되어 있으며, 지금 전하는 《석음헌총서惜陰軒叢書》 본本은 1,764개의 사항으로 되어 있는데, 대개 후인들이 증가시킨 것으로 이미 송본宋本의 원래 모습이 아님을 할 수 있다. 현존 판본을 보면 전서全書를 천지생식天地生植·정삭역수正朔曆數·제왕후비帝王后妃 등 55부部로 분류하였으며, 그 부 아래에는 또한 약간의 사항으로 나누었다. 예를 들면, 농업도어부農業陶漁部 아래는 전무田畝·전업田業·경耕·종種·뇌사耒耜·리犁 등 26개의 사항으로 나누어져 있다. 각 항목 아래에는 곧 인용문을 수록하였다. 《군재독서지郡齋讀書志》는 이 책에 대해 "천지생식 · 예악형정禮樂刑政 · 경적기용經籍器用으로부터 아래로는 박혁희희博奕嬉戲와 같은 미미한 것과 충어비주蟲魚飛走와 같은 유類에 이르기까지 그 기원을 고증하지 않은 바가 없다(自天地生植, 與夫禮樂刑政, 經籍器用, 下至博奕嬉戲之微, 蟲魚飛走之類, 無不考其所自來)"라고 했다. 《사고전서총목四庫全書總目》은 이 책에 대해 "명목名目이 꽤 많으면서 자질구레하며, 그 사물 기원에 대한 고증이 역시 간혹 정확하지 않는 곳이 있다(名目頗爲冗碎, 其所考論事始, 亦間有未確)"라고 비판하였다. 이어서 또한 "그러나 기타 사류事類들은 대부분 그 배열이 상세하고 풍부하여 고증하는 데 충분히 도움을 줄 수 있다. 송대宋代 유서 중에서 진실로 정련성과 중요성을 지니고 있는 책이다(然其他類多排比詳贍, 足資考證. 在宋代類書中, 固猶有體要矣)"라고 하였다. 《정당독서기鄭堂讀書記》는 현존 판본은 "비록 후인들이 중첩하여 증가를 시켰지만, 그 원래의 체제는 바꾸지 않았다. 아울러 모두 고금을 고증하고 그 기원을 찾는 데 있어 간혹 정밀하지 않은 곳도 있으나, 100 중의 1 · 2에 불과할 뿐이다(雖爲後人疊加增益, 而體例無改其舊, 且皆考索古今, 求其緣起, 間有未精審處, 亦百中一二耳)"라고 여겼다. 이러한 견해들은 이 책에 대해 비교적 긍정적인 태도를 유지하고 있다. 《사물기원》은 비교적 일찍 이루어진 사물의 기원과 연혁을 고증하는 전문유서로, 전장제도典章制度 · 관제명물官制名物에 대한 고증 외에도 일부 생활기물 · 식품 등등에 대한 선록選錄도 비교적 많은데, 이를테면 우산 · 다리미 · 호상〔胡床 : 교의(交椅 : 등받이와 팔걸이가 있고 다리를 접을 수 있는 옛날 의 자)〕· 종이 · 붓 · 폭죽 · 만두 · 탕병(湯餠 : 옛날 '탕면湯麵'을 이르던 말) · 포도 · 마늘 · 깨 등을 모두 수록하여 그 기원을 고증하였다. 이러한 고증 자료 중에 적지 않은 자료는 이미 당대當代에 편찬된 사서辭書에서 인용되기도 하였다. 이 밖에 이 책 중의 일부 자료는 과학기술사 연구에도 참고가 될 수 있다.

《사물기원》의 후대에 대한 영향은 매우 크다고 할 수 있다. 명明 정통正統 연간에 조필趙弼은 《사물기원산정事物紀原刪定》 20권을 지었으며, 청淸 옹정雍正 연간에 납란영수納蘭永壽는 《사물기원보事物紀原補》 10권을 지었다.

《사물기원》의 판본으로는 송宋 경원慶元 3년(1197) 건안建安 여씨간본余氏刊本이 있으며, 또한 명 정통 12년(1447) 남창南昌 염경간본閻敬刊本이 있는데, 서명書名을 《사물기원집류事物紀原集類》라고 하였다. 명 성화成化 8년(1472) 성안成安 이과李果는 염경본을 중간重刊하였는데, 이 판본에는 이과의 평점評點이 있다. 청淸 강희康熙 61년(1722) 해녕海寧 진씨陳氏는 건상본巾箱本을 간행하였다. 광서光緖 22년(1896)에는 《석음헌총서》에 간행되어 들어갔다. 1937년 상무인서관商務印書館은 《석음헌총서》본에 근거하여 《총서집성초편叢書集成初編》에 간행하여 넣었다. 1970년대 대만臺灣 예문인서관藝文印書館은 《백부총서집성百部叢書集成》에 간행하여 넣었다. 1989년 중화서국中華書局은 김원金圓 · 허패조許沛藻의 교점본校點本을 출판하였다.

《해록쇄사海錄碎事》

22권. 송宋나라 섭정규葉廷珪가 편찬하였다. 섭정규는 자字가 사충嗣忠으로, 숭안(崇安 : 지금의 복건성福建省에 속함) 사람이다. 정화政和 5년(1115)에 진사進士가 되었다. 덕흥현德興縣 지현知縣을 지냈으며, 소흥(紹興 : 1131-1162) 연간에 태상사승太常寺丞에 임명되었으나 진회秦檜에게 죄를 지었다 하여 천주泉州 군주사(지주)〔軍州事(知州)〕로 나갔다. 학문에 기초가 있었으며, 당시 박학博學함으로 유명하였다. 그는 독서를 좋아하여 매번 사대부 집안에 기이한 책이 있다고 들으면 반드시 빌려서 읽었으며, 읽게 되면 끝까지 읽지 않는 책이 없었다. 돈이 없어 모두 베낄 수 없음을 항상 한탄하였다. 이 때문에 수십 책을 만들었으니, 그 이용할 만한 것을 선택하여 손으로 베껴 '해록海錄'이라 하였다. 이 책의 각 항목은 단지 몇 자字로 표기를 하였으며, 그 주注 역시 몇 마디 말에 불과하다. 대개 그 뜻을 포함시키되 축약해서 취했다고 할 수 있다. 그래서 '쇄사碎事'라고 하였다. 천天 · 지地 · 의관복용衣冠服用 · 음식기용飮食器用 · 성현인사聖賢人事 · 제왕帝王 · 신직臣職 · 귀신도석鬼神道釋 · 백공의기百工醫技 · 상고화재商賈貨財 · 음악音樂 · 농전農田 · 문학文學 · 무武 · 정사예의政事禮儀 · 조수초목鳥獸草木 등 16부部로 나누었으며, 모두 584문門이 있다. 각 문은 또한 약간의 자목子目으로 나누었으며, 그 아래에는 인용문 및 출처가 있다. 단지 빌려온 책에서 손 가는 대로 베껴 수록하였기 때문에 그 배열순서의 편집에 있어 소홀한 점과 잘못된 점이 있음을 면하지 못하고 있다. 그러나 이 책이 기재한 사항들은 대부분 신기하며, 그 문장 또한 간단하고 요약적이라 결국은 취할 만한 곳이 있다.

《해록쇄사》의 판본으로는 명明 만력萬曆 26년(1598) 유봉각본劉鳳刻本, 만력 말년 항주杭州 탁현경각본卓顯卿刻本, 《사고전서四庫全書》본, 일본 문화文化 15년(1818) 각본이 있으며, 1989년 상해사서출판사上海辭書出版社에서 탁각본卓刻本을 영인하였다.

《황조유원皇朝類苑》

또한 《사실유원事實類苑》·《송조유요宋朝類要》·《황조사실유원皇朝事實類苑》이라고 한다. 78권. 송宋나라 강소우江少虞가 편찬하였다. 강소우는 자字가 우중虞仲으로, 절강성浙江省 상산常山 사람이다. 정화政和 연간에 진사進士가 되었다. 서문 머리의 자제自題에 의하면, 좌조左朝가 대부大夫 권발權發에게 청하여 길주吉州 군주사軍州事로 파견하였다고 하였다. 길주는 강서성江西省에 속하는데, 《강서통지江西通志》에는 그에 대한 기록이 없다. 그의 생평 사적事跡은 더 이상 알 수가 없다. 《사고전서총목四庫全書總目》에서는 이 책을 자부子部의 잡가류칠雜家類七에 기록하였다.

편찬자는 송대 조야朝野의 사적事跡을 기록한 자료들이 한 군데에 통합되어 있지 않고 여러 사람의 기록에 산재해 있는 것이 대단히 많아 검색과 고증에 불편함이 있음을 알고, 여러 서적으로부터 자료들을 뽑아 분류하였다. 이 작업은 14년의 노력 끝에 완성되었다. 이 책은 조종성훈祖宗聖訓·군신지우君臣知遇·명신사적名臣事跡·덕량지식德量智識·고문주대顧問奏對 등 24문門으로 분류되어 있다. 자서自序에서는 28문이라 하였는데, 아마 전사傳寫하면서 와전된 것 같다. 각 문 아래에는 또한 여러 항의 자목子目으로 나누었다. 인용한 서적 자료는 유별類別로 모았는데, 전부 원문을 수록하고 첨가나 삭제는 하지 않았다. 각기 서명(書名)을 아래에 명기하였는데, 총 60여 가家나 되었다. 그 수록 대상이 지극히 광범위함을 알 수 있다. 인용한 서적 중의 적지 않은 책은 이미 산일散逸되었는데, 이를테면 《국조사시國朝事始》·《삼조성정록三朝聖政錄》·《삼조보훈三朝寶訓》·《희녕주대熙寧奏對》·《유진지시화劉貢之詩話》·《이학사총담李學士叢談》 등의 책은 현재 그 전본傳本이 남아 있지 않다. 오로지 이 책의 인용으로 인해 그 책들에 대해 약간은 고증해서 볼 수가 있다. 《사고전서총목四庫全書總目》은 "북송北宋의 유문일사遺文逸事는 대략 이 책에 갖추어져 있다(北宋一代遺文佚事略具於斯)"라고 하였다. 왕사진王士禛은 《거이록居易錄》에서 "역사를 보충할 수 있는 책(有裨於史者)"이라고 이 책을 칭찬하였다. 이들은 모두 이 책의 사료史料 가치와 문헌가치를 인정하였다. 오로지 그 중에서 두 서적에 기재된 하나의 사항을 앞뒤에 배열한 사실과 여러 사람의 시화詩話에서 인용하고 있는 당인唐人 시구詩句가 송조宋朝와는 관계가 없는데 그것을 수록한 사실 등은 선별에 있어 소홀함이 있었음을 의미한다. 이 때문에 이 책의 자료를 인용할 때에는 반드시 진지하게 감별하고 대조할 필요가 있다.

이 책의 권수에 대해서는 역대 기재가 모두 다르다. 왕사진은 40권, 《사고전서총목》에서는 63권이라 하였다. 장원제張元濟 소장 구초본舊抄本은 62권으로 되어 있으며, 또한 73권의 초본抄本도 있다. 현재 통행본은 대부분 78권으로 되어 있다. 이 책은 근대에 비로소 사람들의 주목을 받았기 때문에 그 정리와 이용이 아직 부족하다고 할 수 있다.

《황조유원》의 판본으로는 일본 원화(元和 : 1615-1623) 동활자본銅活字本, 청淸 선통宣統 3년(1911) 무진武進 동씨董氏 중간본重刊本이 있는데, 모두 78권으로 되어 있다. 1981년 상해고적출판사上海古籍出版社에서 구제창瞿濟蒼 점교본點校本을 출판하였다. 이 밖에 《사고전서》본은 서명을 《사실유원》이라 하였으며, 63권으로 되어 있다.

《고금사문유취古今事文類聚》

전집前集 60권, 후집後集 50권, 속집續集 28권, 별집別集 33권, 신집新集 36권, 외집外集 15권, 유집遺集 15권. 전 · 후 · 속 · 별집은 송대宋代 축목祝穆이 편찬하였으며, 신 · 외집은 원대元代 부대용富大用이 편찬하였으며, 유집은 원대 축연祝淵이 편찬하였다.

축목의 자字는 화보和甫로, 복건성福建省 건양建陽 사람이다. 어렸을 때 이름은 병丙이었다. 일찍이 주희朱熹에게 수업受業하였으며, 후에 적공랑迪功郎과 함강서원涵江書院 산장山長을 역임하였다. 저작으로는《방여승람方輿勝覽》이 있다. 부대용은 자가 시가時可로, 사천성四川省 남강南江 사람이다. 축연은 자가 종례宗禮로, 축목의 후예이다.

축목은 순우淳祐 연간에 평생 동안의 독서 필기筆記를 정리하고《예문유취藝文類聚》·《초학기初學記》등 유서의 체제를 모방하여, 상고上古에서 송대까지 각기 시대 순서에 따라 분류함으로써 이 책의 전·후·속·별집을 편찬하였다. 각 집은 약간의 부部로 나누어져 있는데, 전집은 천도天道·천시天時·지리地理·제시帝系·인도人道·사진仕進·퇴은退隱·선불仙佛·민업民業·기예技藝·예술藝術·악생樂生·영질嬰疾·신귀神鬼·상사喪事 등 15부, 후집은 인륜人倫·창기娼妓·노복奴僕·초모肖貌·곡채穀菜·임목林木·죽순竹笋·과실菓實·화훼인충花卉鱗蟲·개충介蟲·모충毛蟲·우충羽蟲·충치蟲豸 등 14부, 속집은 거처居處·향차香茶·연음燕飮·식물食物·등화燈火·조복朝服·관리冠履·의금衣衾·악기樂器·가무歌舞·새인璽印·진보珍寶·기용器用 등 13부, 별집은 유학儒學·문장文章·서법書法·문방文房·예악禮樂·성행性行·사진仕進·인사人事 등 8부로 되어 있다. 각 부 아래에는 또한 약간의 유類로 분류하였으며, 각 유목類目 아래에는 먼저 '군서의 중요한 내용〔群書要語〕'을 열거하거나 혹은 '역대의 연혁〔歷代沿革〕'을 서술하였다. 그 다음은 '고금의 사실〔古今事

實〕', 그 다음은 '고금의 문집〔古今文集〕'을 배열하였다. 인용문은 모두 출처를 명기하였으나, 오류가 대단히 많아 의론의 대상이 되고 있다. 한 가지 예를 들면, 《사고전서총목四庫全書總目》에서 "그 중에서 이를테면 쌍남금자雙南金字는 장재張載의 〈의사수시擬四愁詩〉에 처음 보이며, 두보杜甫의 시에도 보인다. 그러나 그 아래에 《회남자淮南子》라고 주注를 붙였는데, 《회남자》에는 실제로 그것이 없다. 또 예를 들면, 나업羅鄴의 〈영초시詠草詩〉 '閑門要路一時生' 구句를 '侯門要路一時生'으로 잘못 기록하였는데, 섭성葉聖은 《수동일기水東日記》에서 그것을 비판하였다. ……전인前人의 정밀함에 극히 미치지 못한다(其中如雙南金字初見張載〈擬四愁詩〉, 再見杜甫詩, 而注其下曰《淮南子》, 《淮南子》實無其文 ; 又如羅鄴〈詠草詩〉'閑門要路一時生' 句, 訛爲 '侯門要路一時生', 亦爲葉聖《水東日記》所譏. ……殊不及前人之精審)"라고 지적하였다. 이어서 또 "그러나 《금수만화곡錦繡萬花谷》과 같은 책에서 수록한 옛 사람들의 저작은 대체로 부분적으로 빼버리고 인용하였는데, 유독 이 책만은 반드시 전문全文을 들고 있다. 그래서 옛 사람들의 실전된 문장들을 간혹 이것들에 의거해 고증할 수 있는데, 이를테면 다른 책에서는 속석束晳의 〈병부餠賦〉, 장부張溥의 《백삼가집百三家集》 중에서 단지 몇 가지를 인용하였으나, 이 책에서는 그 문장을 전부 기재하였다. 이것은 또한 그 체재의 한 장점이다. 송대 유서 중에서 진실로 검색하는 데 참고할 만한 책이다(然《錦繡萬花谷》之類所收古人著作, 大抵刪摘不完, 獨是書所載, 必擧全文, 故前賢遺佚之篇, 間有藉以足徵者, 如束晳〈餠賦〉, 張溥《百三家集》僅採數語, 而此備載其文, 是亦其

體裁之一善. 宋代類書之中, 固猶爲可資檢閱者矣)"라고도 하였다.

부대용은 축목의 이 책 체제에 의거하여 부·유 중에서 완비되지 못한 부분을 증보하여 신·외집을 편찬하였다. 신집은 삼사三師·삼공三公·성관省官·도성都省·성속省屬·육조六曹·추밀원樞密院·어사대御史臺·제원諸院·제사諸寺·제감諸監·전사殿司·제고국諸庫局 등 13부로 분류되어 있고, 총 169류로 되어 있다. 외집은 동궁관東宮官·목친부睦親府·왕부관王府官·절사節使·통군사統軍司·제사사부諸使司部·제제거諸提擧·노관路官·현관縣官 등 9부로 분류되어 있고, 총 55류로 되어 있다. 각 유목類目 아래에 역대연혁 항목을 증가시킨 외에 그 나머지 세 개의 항목은 축목이 편찬한 앞의 몇 집集과 같다.

축연은 신·외집의 유목類目에 여전히 부족함이 있다고 여겨 또한 유집을 편찬하였다. 이 유집은 19부로 분류되어 있으며, 총 118류로 되어 있다.

신집·외집·유집은 모두 축목의 원서原書 체제를 이용하여 그 미비점을 보충하였지만, 그 인용이 난잡하여 원서에 미치지 못한다. 그러나 원대에 편찬되어 고적이 많이 남아 있기 때문에 또한 참고할 만하다.

이상 7집을 합치면 모두 89부 1,227류가 된다. 3가家를 합쳐 한 편編으로 만든 자가 누군지는 알 수 없다. 이 책의 원나라 판본은 마사본(麻沙本 : 송대 건양현建陽縣 마사진麻沙鎭에서 생산된 용수榕樹 목판에 새겨 찍은 책)으로, 아마도 그 중의 한 책은 건양서가建陽書賈에서 제작하였을 것이다.

《고금사문유취》의 판본으로는 원元 태정泰定 3년(1326) 여릉廬陵 무계서원간본武溪書院刊本, 명대明代 경창본經廠本, 명 만력萬曆 32년(1604) 금계金溪 당부춘唐富春 중간본重刊本, 청淸 건륭乾隆 28년(1763) 적수당積秀堂 중간칠집본重刊七集本, 일본 연보延寶 원년(1678) 기이국옥종병위간본紀伊國屋宗兵衛刊本(이 판본은 유집 뒤에 '잡집雜集' 2권이 있음)이 있다.

《산당고색山堂考索》

일명 《군서고색群書考索》이라고도 한다. 전집前集 66권, 후집後集 65권, 속집續集 56권, 별집別集 25권. 송宋나라 장여우章如愚가 편찬하였다. 장여우는 자字가 준경俊卿으로, 절강성浙江省 금화金華 사람이다. 경원慶元 연간(1195-1200)에 진사進士가 되어, 처음에 국자감박사國子監博士를 제수 받았다가 바꾸어 귀주貴州 지현知縣으로 나갔다. 개희開禧 연간(1205-1207) 초년初年에 소환을 받고 시정時政을 진술하다 재상宰相 한탁주韓侂冑에게 죄를 지었다 하여 파직 당하였다. 사서史書에서는 그의 문집이 있다고 하였으나, 지금은 이미 산일散逸되었다. 그가 편찬한 저작으로는 오로지 이 책만이 남아 있다. 이 책은 경經·사史를 고증하고 수정하기도 하였으며, 또한 시정時政을 논의하기도 하여 꽤 특색이 있다고 할 수 있다. 각 집은 약간의 문門으로 나누었는데, 명간본明

刊本에 근거하면 전집은 육경六經 · 제자諸子 · 제경諸經 · 제자백가諸子百家 · 운학韻學 등 15문, 후집은 관제官制 · 관官 · 사士 · 병兵 · 민民 등 9문, 속집은 경적經籍 · 제사諸史 · 문장文章 · 한묵翰墨 · 율력律曆 등 15문, 별집은 도서圖書 · 경적經籍 · 제사諸史 · 예악禮樂 · 율력律曆 등 11문으로 되어 있다. 각 문 아래에는 다시 약간의 유類로 나누었으며, 유類 아래에는 약간의 조목條目이 있다. 전서全書를 종합적으로 보면, 각 집에서 나눈 문 · 유 · 조목은 각기 차이가 있으며, 체제의 전후도 일치하지 않는다. 이것은 대개 이 4집이 한 시기에 편찬된 것이 아니어서 중복과 불일치를 면할 수 없기 때문이다. 그러나 수집한 자료가 매우 풍부하다. 특별히 귀중한 점은 각 조목 아래에 모두 편찬자의 개인적인 설명이 붙어 있는데, 고증에 있어서 또한 스스로의 견해가 있다는 것이다. 이는 일반 유서 체제 중에서는 찾아볼 수 없는 것이다. 《사고전서총목四庫全書總目》에서 "송나라 남도南渡 이후, 모든 유학자들은 성명性命을 중시하고 성취는 경시하였으며, 문인들은 의론을 숭상하고 고증을 드물게 하였다. 장여우의 이 책이 유독 '고색考索'으로 이름을 삼았으니, 말에는 반드시 증거가 있으며 사실에는 반드시 근거가 있다. 제가諸家로부터 널리 뽑아 자신의 견해로 절충하였는데, 역사적 사실에 널리 통달하였을 뿐만 아니라 또한 세상을 다스리는 것을 중심으로 삼았으니, 강학가講學家 중에서 오히려 실제성을 지니고 있다. ……이 책은 송인宋人의 저술 중에서 《문헌통고文獻通考》에 비해 비록 체제가 약간 어지럽기는 하나 경서經書의 해석에 있어서는 우수하며, 《옥해玉海》

에 비해 비록 자료의 방대함은 미치지 못하나 시정時政에는 상세하며, 《황씨일초黃氏日鈔》에 비해 조목이 독창적이고 명확하며, 여씨呂氏의 《제도상설制度詳說》에 비해 원류源流가 갖추어져 있다(宋自南渡以後, 通儒尊性命而薄事功, 文士尙議論而尠考證, 如愚是編, 獨以'考索'爲名, 言必有徵, 事必有據, 博採諸家以折衷以己意, 不但淹通掌故, 亦頗以經世爲心, 在講學之家, 尙有實際. ……在宋人著述之中, 較《通考》雖體例稍雜, 而優於釋經 ; 較《玉海》雖博贍不及, 而詳於時政 ; 較《黃氏日鈔》則條目獨明 ; 較呂氏《制度詳說》則源流爲備)" 라고 하였다. 아무튼 이 책은 송대의 비교적 훌륭한 유서라고 할 수 있다. 아쉬운 점은 그 문 · 유가 번잡하여 검색에 불편한 관계로 지금까지 충분한 이용을 하지 못하고 있다는 것이다.

《산당고색》의 판본으로는 송간본(宋刊本 : 10집 100권), 원元 연우延祐 연간(1314-1320) 간행의 소자건상본小字巾箱本, 명明 정덕正德 3년(1508) 건양建陽 유홍劉洪 신독재간본愼獨齋刊本, 청淸 《사고전서四庫全書》본이 있다. 1969년 대만臺灣 신흥서국新興書局에서 명 신독재간본을 영인하여 출판하였다.

《전방비조全芳備祖》

전집前集 27권, 후집後集 31권. 남송南宋 진영陳詠이 편집하고 축목祝穆이 교정하였다. 진영의 자字는 경기景沂이며, 호號는 비둔肥遯 또는 우일자愚一子로, 천태(天台 : 지금의 절강성浙江省 천태현天台縣) 사람이다. 일찍이 강회江淮 지역을 유람했다. 그의 관직 이력에 대해서는 알 길이 없다. 그의 성姓 · 자 · 호는 모두 이 책의 자서自署에 근거한 것이며, 이름은《황암현지黃岩縣志》·《태주외서台州外書》·《태주경적지台州經籍志》등의 문헌 저록에 근거하였다. 축목의 생평 사적事跡에 대해서는《고금사문유취古今事文類聚》부분에서 이미 언급하였다.

이 책에 있는 한경韓境의 서序와 진영의 자서自序에 근거하면, 이 책은 이종理宗 즉위(1225) 전후에 편찬되었는데, 당시 편찬자의 나이는 대략 30세 좌우였다. 그래서 서에서 '소년의 책少年之書' 라고 하였다. 그 판각 시기는 대략 보우寶祐 1년에서 4년 사이(1253-1256)였는데, 당시 편찬자는 이미 만년에 접어들어 있었다. 정정訂正하여 판각했을 때, 남송은 이미 마지막 황제가 들어서 있었으며, 간행 수도 많지 않아 널리 유행되지 않았다. 이후에 다시 판각도 하지 않았다.

이 책은 전문적으로 식물자료들을 수집하였기 때문에 '방芳' 이라 칭하였다. 그 자서에서 "유독 화花 · 과果 · 초草 · 목木에 대해 완전하게 갖추었으며(獨於花 · 果 · 草 · 木, 尤全且備)", 또 "모두 400여 문門을 수집하였다(所集凡四百餘門)"라고 하였다. 그래서 '전방全芳' 이라고 칭하였다. 각 식물과 관련한 사실事實 · 부영賦詠 · 악부樂府를 인용하면서, 반드시 그 시조始祖를 고증하였다. 그래서 '비조備祖' 라 하였다. 이상으로부터 그 내용의 윤곽과 서명書名의 대의를 알 수 있다.

이 책은 전·후 2집으로, 모두 8부部로 나누어져 있다. 전집은 화부花部로 되어 있는데, 식물 120종 좌우를 저록하였다. 후집은 과果·훼卉·초草·목木·농상農桑·소蔬·약藥 등 모두 7부로 되어 있는데, 식물 150여 종을 저록하였다. 2집의 합계가 300종이 안 되는데, 자서에서는 400여 문이라고 하였다. 합계를 잘못 하였는지 아니면 뒤에 전사傳寫하는 과정 중에 빠진 것이 있었는지 추단하기가 어렵다.

이 책은 식물을 저록하면서 3강綱으로 나누었다. 첫 번째는 사실조事實祖로, 그 아래에는 또 쇄록碎錄·기요紀要·잡저雜著의 3목目으로 분류되어 있다. 다음은 부영조賦詠祖로, 그 아래에는 또 오언산구五言散句·칠언산구七言散句·오언산련五言散聯·칠언산련七言散聯·오언고시五言古詩·칠언고시七言古詩·오언팔구五言八句·칠언팔구七言八句·오언절구五言絶句·칠언절구七言絶句 등 모두 10목으로 분류되어 있다. 마지막은 악부조樂府祖로, 관련된 사詞를 수록하면서 각각 사패詞牌로써 제목을 달았다.

이 책은 식물을 분류하면서 조기早期 '본초本草'의 상·중·하 '삼품三品' 구분법과 《남방초목상南方草木狀》에서의 초草·목木·과果·죽竹 4분류법을 채용하지 않았다. 이 책은 이들의 방법보다 발전된 양상을 보이고 있다. 즉, 식물의 형태(초草·목木) 및 그 이용 상황(화花·훼卉·과果·소蔬·약藥)에 의거하여 분류하였는데, 비록 현대 자연과학의 분류 표준에는 모두가 반드시 부합되지는 않지만, 그것과 동시기의 인식과 습관에는 맞아떨어진다고 할 수 있다. 남송 시기에 이렇게 수백 종의 식물 자료를 한 부의 책에 모아놓은 사실은 '본초' 유類의 약서藥書 외에 보기가 어렵다. 어떤 의의 상에서 응당 창조적인 예에 속한다고 할 수 있다. 이 뒤의 《군방보群芳譜》·《광군방보廣群芳譜》·《채방수필採芳隨筆》 등의 책은 바로 이 책을 본뜬 것이다.

이 책의 사실조·부영조·악부조 세 부분의 편폭篇幅이 고르지 않는데, 대개 사실이 간략하고 부영·악부가 상세하다. 이렇듯 시詩·사詞 등에 비교적 중점을 두었다고 볼 수 있다. 더욱 주의할 만한 것은, 이 책이 희귀하거나 실전된 자료들을 적지 않게 집록輯錄·보존하고 있기 때문에 집일輯逸과 교감용校勘用으로 제공될 수 있어 매우 높은 문헌적 가치를 지니고 있다는 것이다. 양가면梁家勉은 일본 소장 송각宋刻《전방비조》 영인본 〈서序〉에서 이 책이 집록한 자료에 대해 "예를 들면, 정위丁謂《공언집公言集》·왕선王詵《진경사晉卿詞》·왕중보王仲甫《관경집冠卿集》·만사영萬俟詠《대성집大聲集》·왕조汪藻《부계집浮溪集》·유국보兪國寶《성암유주집醒庵遺珠集》·서연자徐淵子《죽은집徐淵子》·서단舒亶《신도집信道集》·정대혜鄭大惠《반우집飯牛集》·〔승僧〕중수仲殊《보월집寶月集》 등등과 같은 것은 모두 인간 세상에서 흔적이 없어진 지 이미 오래되었다. 어떤 작자들은 별집別集이 없거나, 또한 어느 총집總集 중에도 실리지 않았는데, 이를테면 편집자 진영·교정자 축목 및 문각文珏·고변顧卞·사가당史可堂·홍자대洪子大·서개헌徐介軒·장내헌章耐軒·진초각陳草閣·진순옹陳舜翁·정자옥鄭子玉 등의 작품은 이 책에서 그 편린이 남아 있는 것 외에는 다른 문헌에서는 보이지 않거나 드물게 보인다.

……인용한 《광지廣志》·《도경본초圖經本草》·《익주초목기益州草木記》·《진신좌설縉紳脞說》·《계척집鷄跖集》·《남재록嵐齋錄》 등의 책은 이미 모두 전하지 않는다"라고 지적하였다. 이렇듯 이 책의 이러한 자료들을 통해 집일 작업을 진행할 수 있음을 알 수 있다. 이와 동시에 그는 또 "이 책은 700년 전에 인용한 자료의 원래 모습을 보존하고 있어, 여러 차례의 판각을 거치는 과정 중에 달라진 동일 자료도 이 책을 빌어서 상호 교감할 수 있다"라고 지적하였다.

이 책에서 수록한 자료들을 보면, 당대唐代 이전의 것은 거의 없다. 북송北宋 이후의 자료가 특히 자세하게 갖추어져 있는데, 그 중에서 남송의 자료가 더욱 자세하다. 송대의 저명한 사인詞人 이청조李淸照의 저작들은 대부분 산일散逸되고 전하지 않는다. 청대淸代에 편찬된 《사고전서四庫全書》가 모진毛晉의 《시사잡조詩詞雜俎》본에 근거하여 《수옥사漱玉詞》를 수록하였는데, 단지 17수밖에 수록하지 못했다. 그런데 《전방비조》의 각 문門에는 오히려 이청조의 사 6수를 수록하고 있다. 《전방비조》는 식물을 기재하는 전문유서로서, 그 시詩·사詞가 어떤 문류門類에 수록되어 있는가는 곧 그것이 어떤 식물을 읊고 있는지를 나타낸다. 예를 들면, 이청조의 〈취화음醉花陰〉 사의 "簾捲西風, 人比黃花瘦"구句는 전집 권12 국화문菊花門에 수록되어 있으며, 〈여몽령(如夢令)〉 사의 "試問捲簾人, 却道海棠依舊"구는 전집 권7 해당문海棠門에 수록되어 있다. 앞 사람들이 한 집일의 기초 상에서 근대에 들어와 이청조의 사 2수와 시 1수가 집일되었는데, 그 중의 〈남가자南歌子〉 사 1수는 곧 조만리趙萬里가 《전방비조》에서 발견한 것이다.

《전방비조》의 판본에 관해 알아보자. 장기간 동안, 《전방비조》는 줄곧 초본抄本만이 전해져 내려왔는데, 거기다가 종종 빠진 부분이 있어 완전하지 못했다. 문연각文淵閣에 2부가 소장되어 있는데, 2부 모두 그 서목書目 아래에 '궐闕' 자를 명기하여 놓았다. 천일각天一閣 소장본은 서목에 단지 7권으로 되어 있어 또한 완전하지 못하다. 《강운루서목絳雲樓書目》은 권수를 적어놓지 않았다. 다행히 일본 황궁도서료(皇宮圖書寮 : 지금의 궁내청宮內廳 서릉부書陵部)에 송각宋刻 《전방비조》 잔권殘卷을 소장하고 있는데, 전집 14권과 후집 27권으로 모두 41권(전서全書의 70% 이상임)이 남아 있다. 오덕탁吳德鐸이 일본 궁내청 서릉부와 연락, 일본 측의 동의를 얻어 이 잔본殘本의 전체 사진(450여 쪽)을 1979년 10월에 북경北京으로 가져왔다. 농업출판사農業出版社는 《전방비조》의 중인重印을 대단히 중시하여 그것을 《중국농업학진본총간中國農業學珍本叢刊》의 첫 번째로 넣었다. 송각본의 빠진 부분을 서내창徐乃昌 적학재積學齋 초본으로 보충하여 넣은 판본을 1982년에 영인하여 출판하였다.

천일각 장서루 외경

천일각 장서루 내경

《옥해玉海》

200권. 송宋나라 왕응린(王應麟 : 1223-1296)이 편찬하였다. 왕응린은 자字가 백후伯厚, 호號가 심녕거사深寧居士로, 선조는 준의(浚儀 : 지금의 하남성河南省 개봉시開封市) 사람이었는데, 후에 경원(慶元 : 지금의 절강성浙江省 은현鄞縣)으로 옮겨 살았다. 순우淳祐 연간에 진사進士가 되었다. 관직은 예부상서禮部尚書 겸 급사중給事中에 이르렀다. 학문에 뛰어났으며, 역사 사실과 제도制度에 밝았다. 저작으로는 《곤학기문困學紀聞》·《시고詩考》·《시지리고詩地理考》·《옥당유고玉堂類稿》·《심녕집深寧集》 등이 있다. 이 책은 당시의 박학굉사과博學宏辭科 응시를 위해 편찬되었는데, 천문天文 · 율력律曆 · 지리地理 · 제학帝學 · 성제聖制 · 예문藝文 · 조령詔令 · 예의禮儀 · 거복車服 · 기용器用 · 교사郊祀 · 음악音樂 · 학교學校 · 선거選擧 · 관제官制 · 병제兵制 · 조공朝貢 · 궁실宮室 · 식화食貨 · 병첩兵捷 · 상서祥瑞 등 21문門으로 분류하였다. 각 문 아래에는 또한 자목子目으로 나누어져 있는데, 이를테면 천문문天文門은 천문도天文圖 · 천문서天文書 · 의상儀象 · 규경圭景 4목으로 나누었으며, 예문문藝文門은 43목으로 나누었다. 전서全書는 모두 240여 자목으로 나누어져 있다. 각 목 아래에는 예속관계에 의거하여 사물이나 도서 이름으로 약간의 소표제小標題를 열거하였으며, 몇 개의 목目 사이에 때때로 '참견參見'이라는 말을 쓰고 있다. 사실事實은 연대순으로 기록하였는데, 최근의 것을 상세하게 옛 것을 간략하게 기록하여 자못 특색을 지니고 있다. 이설異說

이 있을 경우 고적古籍을 간략하게 인용하여 고증을 하였다.《사고전서총목四庫全書總目》에서 "……왕응린은 각별히 박식하여 이 책을 지었는데, 즉 박학굉사과의 응용을 위해 서였다. 그래서 나열한 조목은 대략 거창한 전장典章이었으며, 그 채록採錄한 역사 사실은 또한 모두 길상선사吉祥善事로, 다른 유서의 체제와는 매우 다르다. 그러나 경經·사史·자子·집集으로부터 백가百家 전기傳記까지 두루 갖추어지지 않은 바가 없다. 게다가 송대宋代의 역사적 사실은 대개 실록實錄·국사國史·일력日曆에 근거하고 있으며, 더욱이 대부분이 뒤의 사지史志에는 상세하지 않은 것들이다. 이 책의 초지일관 정밀하고 심오하며 그 방대함은 당唐·송宋의 유서들이 따를 수 없다(……應麟尤爲博洽, 其作此書, 卽爲詞科應用而設, 故臚列條目, 率巨典鴻章, 其採錄故實, 亦皆吉祥善事, 與他類書體例迥殊, 然所引自經·史·子·集, 百家傳記, 無不賅具, 而宋一代之掌故, 率本諸實錄·國史·日曆, 尤多後來史志所未詳. 其貫串奧博, 唐宋諸大類書未有能過之者)"라고 하였다. 비록 평가가 과장되기는 하였지만, 그 자료 수집이 풍부하다는 사실은 충분히 파악할 수 있다. 또한 인용한 서적들 중의 일부는 일찍이 산일散逸되었기 때문에, 이 책은《송사宋史》연구의 보충자료로 제공될 수 있다. 이 책은 편찬 자체가 잘 되었기 때문에 비록 권질卷帙이 방대하지만 오히려 번잡하고 어지럽지 않다. 그래서 역대 문인·학자들이 이 책을 높이 평가하였다.

책 뒤에《사학지남辭學指南》4권과《옥해부각玉海附刻》13종이 붙어 있으며, 왕응린이 지은《시고》·《시지리고》·《한서예문지고

漢書藝文志考》 및 《소학감주小學紺珠》 등의 저작이 수록되어 있다.

명나라 사람 유홍훈劉鴻訓은 이 책의 규모가 너무 방대하여 휴대와 검색에 불편함을 알고 원서原書의 기초 상에서(원서에서 적록하는 형식으로) 《옥해찬玉海纂》 22권을 편찬하였다.

《옥해》의 판본으로는 원元 지정至正 6년(1269) 경원로유학시간본慶元路儒學始刊本과 명明 정덕正德 2년(1507) 남경국자감보간인본南京國子監補刊印本이 있다. 통행본으로는 청淸 광서光緖 9년(1883) 절강서국중인본浙江書局重印本이 있는데, 청나라 장대창張大昌의 《교보쇄기校補瑣記》 2권이 붙어 있다.

《옥해찬》의 판본으로는 청 금려金閭 왕윤명간본王允明刊本과 광서 5년(1879) 서씨徐氏 팔삼재八杉齋 교간본校刊本이 있다.

《금수만화곡錦繡萬花谷》

전집前集 40권, 후집後集 40권, 속집續集 40권, 별집別集 30권. 편찬자는 알 수 없다. 이 책의 자서自序에 순희淳熙 15년(1188) 10월이라 적혀 있는 것을 보면, 편찬자는 마땅히 송宋 효종孝宗때 사람임을 알 수 있다. 그 후에 소정(紹定 : 1228-1233) · 단평(端平 : 1234-1236) 연간의 사적事跡이 들어간 것으로 보아 이미 순희 연간의 원본이 아님을 알 수 있다. 명明나라 황우직黃虞稷의 《천경당서목千頃堂書目》에는 전집 · 후집 · 속집 외에 또한 별집 30권을 기재하고 있다. 그러나 서序 중의 구화산九華山에서 돌아온 이후 3집을 대충 편집하면서 각 집을 40권으로 하였다는 말로 보아, 별집은 후인後人이 증편한 것으로 원래 편찬의 수數에는 넣을 수 없음을 알 수 있다. 청淸나라 주중부周中孚는 《정당독서기鄭堂讀書記》에서 일찍이 "별집은 명 가정嘉靖 연간에 비로소 판각되었으니, 명나라 사람이 편찬한 것 같다(別集始刻於明嘉靖, 殆明人所編)"라고 하였는데, 대체로 믿을 만하다.

이 책은 각 집마다 약간의 유類로 분류하였는데, 전집은 천도天道 · 천시天時 · 지도地道 등 242류로 분류하였으며, 후집은 인륜人倫 · 창기娼妓 등 326류로 분류하였다. 속집의 경우 앞의 14권은 거처居處 · 향차香茶 등 46류로 분류하였는데, 뒤의 26권은 오히려 성씨姓氏 1류만으로 되어 있다. 별집은 196류로 분류하였다. 이 책의 수록 상황을 보면, 번잡하고 자질구레하며 질서와 조리가 없다. 심지어 황당무계한 담론도 그대로 수록하고 있다. 《사고전서총목四庫全書總目》에서 "특히 그 중에서 산일散逸된 지 이미 오래된 《직림職林》 · 《군국아담郡國雅談》 · 《아언계술雅言系述》 · 《운림이경기雲林異景記》와 같은 책은 이 책으로 인해 약간이나마 남아 있게 되었다. 또한 각 유類 뒤에는 《예문유취藝文類聚》의 체제에 따라 시편詩篇을 부가하였는데, 또한 다른 책에서는 볼 수 없는 이미 실전된 것들을 꽤 많이 수록하고 있다(特其中久經散佚之書, 如《職林》·《郡國雅談》·《雅言系述》·《雲林異景記》之類, 頗賴此以存崖略. 又每類後用《藝文類聚》例, 附錄詩篇, 亦頗多逸章剩什, 爲他本所不載)"라고 하였다. 이 책이 오늘날까지 전해져 내려오면서 집일輯

逸·교감校勘·고증 등 방면에 모종의 작용을 하고 있음을 알 수 있다.

이 책의 서명書名은 마땅히《신당서新唐書·양귀비전楊貴妃傳》의 "10월마다 황제가 화청궁華淸宮으로 행차를 하는데 오색의 수레와 말들이 모두 따랐으며, 집마다 별도로 팀을 만들었는데 각 팀은 하나의 색깔로 되어 있다. 얼마 되지 않아 다섯 집의 팀을 합치자 그 찬란함은 만화萬花와 같았으며, 내와 골짜기는 금수錦繡가 되었다(每十月, 帝幸華淸宮, 五色車騎皆從, 家別爲隊, 隊一色, 俄五家隊合, 爛若萬花, 川谷成錦繡)"에서 나왔다고 할 수 있다.

《금수만화곡》의 판본으로는 명明 홍치弘治 3년(1490) 무석無錫 화수회통관華燧會通館 동활자본(銅活字本 : 100권), 명 가정 14년(1535) 숭고서원간본崇古書院刊本, 명 가정 15년(1536) 석산錫山 진씨秦氏 수석서당간본繡石書堂刊本, 청대淸代《사고전서》본, 대만臺灣 신흥서국新興書局 1969년 영인본(4책)이 있다.

《고금성씨서변증古今姓氏書辨證》

40권. 송宋나라 등명세鄧名世가 짓고, 그의 아들 등춘년鄧椿年이 편집하였다. 등명세는 자字가 원아元亞로, 임천(臨川 : 지금의 강서성江西省에 속함)사람이다. 무주撫州 향공진사鄕貢進士가 되었으며, 관직은 우적공랑右迪功郎에 이르렀으나, 후에 진회秦檜에게 죄를 지었다고 하여 정직停職당하였다.

이 책은 변증辨證에 뛰어난데, 대략《좌전左傳》·《국어國語》를 위주로 채록하였으며,《풍속통風俗通》 이하로부터 각기 그 바르게 된 것을 골라 따랐는데,《원화성찬元和姓纂》에서 채록한 것이 유독 많다. 아울러《희녕성찬熙寧姓纂》·《송백관공경가보宋百官公卿家譜》 두 책으로써 상호 교정하였으며, 또한 종종 사전史傳의 빠진 부분을 충분히 보충하였다. 그래서 이 책은 기타 성씨姓氏 관련 책에 비해 특별히 정밀하다.《주자어류朱子語類》에서 등명세의 학문이 대단히 깊으며 성씨에 대한 고증이 심히 상세하다고 하였는데, 확실히 틀린 말이 아님을 알 수 있다. 왕응린王應麟이 인용한 원서原序에서 국성(國姓 : 황실의 성)으로부터 시작하였으며 그 나머지는 4성聲으로 분류하였다고 하였는데, 그 체제가《원화성찬》과 같음을 알 수 있다.

이 책의 권수卷首에 있는 등춘년의 원서原序에서 그 부친은 평생 성씨학姓氏學에 관심을 가지고 있었으며 부친이 지은《고금성씨서변증》에는 세 가지 판본이 있다고 하였다. 그 5권본은 정화政和와 선화宣和 연간 사이에 이루어졌는데, 당시 검열檢閱할 책이 없었기 때문에 빠진 문장이 대단히 많았다. 그 14권본은 대개 건염建炎 초기에 이루어졌다. 당시 관官에서 공급한 붓과 종이로 문장을 써서 궁정에 바쳤는데, 이 14권본이 바로 그러한 경우이다. 40권본은 원래 등명세가 후에 다른 책을 고증하면서 교정하는 데에 사용한 것으로 책으로는 이루어지지 않았는데, 등춘년이 그 유고遺稿에 근거하여 보충 집록하고 다시 편집하여 만든 책이다. 서序 뒤에 건도乾道 4년(1168)이라 적혀 있는데, 소흥紹興 4년(1134)의 궁정에 책을 바친 시기와는 이미 34년의 거리가 있다.

이 책의 송대 간본刊本은 일찍이 산일散逸되었다. 《영락대전永樂大典》의 천가성千家姓 아래에 흩어져 붙어 있으나, 이미 옛 모습은 아니다. 건륭乾隆 때에 《사고전서四庫全書》를 편찬하면서 사고관四庫館 신하가 《영락대전》으로부터 집록해 내었는데, 여전히 운韻으로 성姓을 예속시키고 다시 편찬함으로써 40권에다 목록 2권으로 정리하였다. 복성複姓은 첫 글자를 위주로 하여 각 운의 뒤에 붙였다. 사이사이 오류를 인증引證하였으며, 아울러 편찬자의 설명을 부가하여 교정하였다.

《고금성씨서변증》의 판본으로는 《사고전서》본, 청淸 가경嘉慶 7년(1802) 홍씨간본洪氏刊本이 있다. 또한 전희조錢熙祚가 손성연孫星衍의 대남각각본岱南閣刻本(즉, 《사고전서》본)을 근거하고 《광운廣韻》에 의거하여 다시 편집하고 교정하여 《수산각총서守山閣叢書》에 넣은 각본刻本이 있는데, 이 판본에는 교감기校勘記 3권이 붙어 있다.

《군서유편고사群書類編故事》

24권. 원元나라 왕앵王罃이 편찬하고 양주梁輈가 교정하였다. 왕영은 명초明初에 광동廣東 조경태수肇慶太守를 역임한 적이 있다. 기타 사적事跡은 고증할 길이 없다. 이 책은《명사明史 · 예문지藝文志》 및 장서가藏書家의 목록에 기록되어 있지 않다. 명나라 막운경가장莫雲卿家藏 원각본元刻本의 영사본影寫本을 원원阮元이 가경嘉慶 연간에 헌상獻上하여《완위별장宛委別藏》에 넣었다.

이 책은 고사故事유서로, 주로 주승비朱勝非의《오색선五色線》체제를 모방하여 유서 중에서 특별한 격식을 갖추고 있다. 전서全書는 천문天文 · 시령時令 · 지리地理 · 인물人物 · 사진仕進 · 인륜人倫 · 선불仙佛 · 민업民業 · 기예技藝 · 문학文學 · 성행性行 · 인사人事 · 궁실宮室 · 기용器用 · 관복冠服 · 음식飮食 · 화목花木 · 조수鳥獸의 18류類로 분류하였다. 각 유 아래에는 고사를 나열하였는데, 자료는 자서子書 · 사전史傳 외에 당唐 · 송宋 필기소설筆記小說에서도 많이 채집하였다. 어떤 것은 서명書名이나 편명篇名을 명기하였으나, 또 어떤 것은 출처를 밝히지 않았다.

전서全書는 모두 832목目으로 되어 있다. 대단히 적게 전해졌다.

《군서유편고사》의 판본으로는 위에서 언급한《완위별장》본이 있는데, 1935년 상해상무인서관上海商務印書館에서 이 판본을 영인하였다. 1981년의 대만臺灣 상무인서관商務印書館《완위별장》본이 있다.

《군서통요群書通要》

73권. 갑집甲集에서 경집庚集까지는 집集마다 각 10권으로 되어 있으며, 신辛·임壬·계癸 3집은 모두 3권으로 되어 있다. 편찬자는 미상이며, 장서가藏書家의 기록에도 보이지 않는다. 권수卷首에 원元 대덕大德 기해(己亥: 1299)에 쓴 왕연제王淵濟의 서序가 있는데, 그 서 중에서 몽옹蒙翁·묵재嘿齋 등을 언급하였으나 누구인지 알 수 없다.

전집全書 각 집이 분류한 문류門類는 그 많고 적음이 일정하지 않다. 갑집은 천문天文·절서節序·지리地理 3문으로, 을집乙集은 인륜人倫·인물人物·선불仙佛·인품人品·예술藝術·기교技巧·우천優賤·양생養生·상사喪事 9문으로 나누었으며, 병집丙集은 인사人事 1문으로 되어 있다. 정집丁集은 문물文物·진보珍寶·악기樂器·기용器用·의관衣冠·침석枕席·향화香火·식찬食饌·가창歌唱·성행性行·효의孝義 11문으로, 무집戊集은 제계帝系·조제朝制·관제官制 3문으로, 기집己集은 유업儒業·영달榮達·사진仕進 3문으로, 경집은 백화百花·초목草木·과실果實·비금飛禽·주수走獸·인충鱗蟲·비유譬喩 7문으로 나누었다. 모두 37문으로 되어 있다. 뒤의 3집은 《대원혼일방여승람大元混一方輿勝覽》이다.

각 문 아래에는 다시 분류를 하였는데, 이를테면 천문문은 태극太極·천天·일日·월月……등의 유類로 분류되어 있다. 총 431류로 분류하였는데, 각 유에는 약간의 조목條目이 열거되어 있다. 표제標題는 2-4자 혹은 5자로 일정하지 않는데, 모두 고적古

籍 중에 실려 있는 고사故事나 시문詩文 중에서 사용한 구절句節로 부터 집록하였다. 아울러 그것의 원문을 아래에 부가하였는데, 이는 각 해당 조목의 표제에 대한 근거를 이해하는 데에 편리하도록 하기 위해서이다.

이 책은 원래 원원阮元의 소장본이었으나, 후에 고궁古宮에 귀속되어 《완위별장宛委別藏》에 들어갔다.

원원은 《사고미수서목제요四庫未收書目提要》 중에서 이 책에 대해 "경전經傳 · 자子 · 사史 및 전인前人들의 시문詩文 중의 성어成語를 뽑아 분류 · 편찬하였는데, 그것에 근거하면 고증에 있어 꽤 도움이 된다. 자료를 나열하여 판매에 도움이 되도록 한 명대明代 유서와는 크게 차이가 난다. 신 · 임 · 계 3집은 즉 《대원혼일방여승람》으로, 아마 중간重刊할 때 증보한 것 같다. 그래서 왕연제의 서에서 그 책을 언급하지 않았다(捃摭經傳 · 子 · 史及前人詩文中成語, 分類排纂, 頗藉以有考, 視明人類書餖飣裨販者, 大相徑庭. 辛 · 壬 · 癸三集卽《大元混一方輿勝覽》, 疑重刊時所增, 故淵濟序中未及其書)" 라고 하였다.

이 책에는 문자 상의 오류와 탈락 등이 많이 있는데, 사용할 때 다른 자료와 대조하는 등 주의하지 않으면 안 된다.

《군서통요》의 판본으로는 원 지정至正 연간 중간본重刊本의 영사본(影寫本 : 장서가藏書家가 비교적 좋은 고서古書를 발견한 후, 질이 좋은 종이를 그 책 위에다 대고 그대로 베껴 쓴 책을 일컬음)이 있으며, 1935년 상무인서관商務印書館에서 《완위별장》본을 영인하였다.

《영락대전永樂大典》

현존 797권. 명明나라 해진解縉·요광효姚廣孝 등이 황제의 명을 받고 편찬하였다. 명 영락永樂 원년(元年 : 1403)에 성조成祖 주체朱棣는 한림시독翰林侍讀 해진 등에게 "천하의 고금사물이 여러 서적에 산재해 있고 권질卷帙도 방대하여 검색이 쉽지 않다. 짐朕이 각 서적에 실려 있는 사물을 모두 뽑아 유별類別로 모으고자 한다…… 무릇 서계書契 이래, 경經·사史·자子·집集과 백가百家의 서적으로부터 천문天文·지지地志·음양陰陽·의복醫卜·승도僧道·기예技藝의 말에 이르기까지 한 부의 책에 집록함으로써 그 방대하고 번잡함으로 인한 불편함을 없게 하라(天下古今事物, 散載諸書, 篇帙浩翰, 不易檢閱, 朕欲悉採各書所載事物類聚之…… 凡書契以

《영락대전》

來, 經 · 史 · 子 · 集百家之書, 至天文 · 地志 · 陰陽 · 醫卜 · 僧道 · 技藝之言, 備輯爲一書, 毋厭浩繁)" 고 명령을 내렸다. 이로부터 편찬을 시작하였는데, 당시 참가자는 147명이었다. 그 다음해 11월에 편찬을 완성하여 《문헌대성文獻大成》으로 서명書名을 정하였다. 그러나 편사編寫 시간이 촉망했고 내용이 간략했기 때문에 주체는 또한 태자소사太子少師 요광효 등에게 다시 편찬하도록 명령을 내렸다. 이 때 편집과 교정 및 초록抄錄에 참여한 인원은 모두 2,169명이나 되었다. 영락 6년(1408)에 책을 완성하여 서명을 《영락대전》으로 바꾸었다. 전서全書는 모두 22,877권 11,095책으로 되어 있으며, 자字의 수는 약 3억 7천만 자에 달한다. 이 책은 송宋 · 원元 이전의 주요 도서문헌 7 · 8천 종을 수집하였는데, 그 중에는 경 · 사 · 자 · 집 · 석장釋藏 · 도경道經 · 희극戲劇 · 평화平話 · 공기工技 · 농예農藝 등 방면의 진귀한 자료를 포괄하고 있어, 그 내용의 방대함이 세계문화사 상에서 이 책과 비견될 만한 것이 없다고 할 수 있다. 게다가 《영락대전》은 그 인용한 서적을 종종 전단락全段 · 전편全篇 · 전서全書 형식으로 한 자도 바꾸지 않고 수록하였기 때문에 대량의 고대 문헌을 보존하고 있다.

청대淸代에 《사고전서四庫全書》를 편찬할 때 《영락대전》에서 일서逸書 총 515종을 집록輯錄해 내었는데, 그 중 저록서著錄書는 388종, 존목서存目書는 127종이다. 또한 이미 집록해 낸 일부 책들 중에는 사고四庫에 들어가지 않은 것도 있다.

《사고전서》에서 집록한 '대전본大典本' 은 당시의 필요에 의해서 집록한 것이다. 그 집록한 책들을 보면 비록 사부四部가 모두 들어 있지만, 오늘날의 관점에서 본다면 마땅히 송대의 사서史書와 송·원대의 문집이 가장 특색을 지녔다고 할 수 있다. 이 밖에도 경부經部 중의 오경집본五經輯本, 사부史部 중의 정서政書·목록서目錄書·인물전기人物傳記, 자부子部 중의 유서類書·의서醫書·천문력산天文曆算, 집부集部 중의 총집總集·시문평詩文評 속에 또한 보기 드문 책들이 많이 있다.

《영락대전》은 명초明初의 관찬官纂 운서韻書인 《홍무정운洪武正韻》에 의거하여 편집되었는데, 즉 그 '범례凡例'의 "운韻으로써 글자를 예속시키게 하고, 글자로써 사실事實을 속하게 하였다(用韻以統字, 用字以系事)"라는 말로부터 그 사실을 알 수 있다. 각 운 아래에는 단자單字를 열거하였으며, 각 글자 아래에는 먼저 《홍무정운》의 음과 뜻을 주석하고 그 다음은 각 운서·자서字書의 반절反切과 해설을 기록하였다. 다시 해당 글자의 전서篆書·예서隸書·해서楷書·행서行書·초서草書의 각종 자체字體를 열거한 후에 이 글자와 관련된 각 문사기재文史記載들을 분류하여 모아 놓았다. 그러나 수록한 조목條目들이 조리가 부족하다. 한 자字·한 구句로써 운을 나눈 것이 있으며, 한 편篇을 취하면서 편명篇名으로 운을 나눈 것도 있으며, 전서全書를 초록하면서 서명으로 운을 나눈 것도 있다. 게다가 입운入韻 방법 또한 정해진 규칙이 없어 찾는 데 어려움을 겪게 한다.

《영락대전》은 정본正本 외에 일찍이 모사摹寫한 부본副本 하나가 더 있었다. 정본은 대략 명나라가 망할 때 훼손되어 없어졌으며, 부본은 청 건륭乾隆·가정嘉靖 이후에 또한 점점 산실되다가

팔국연합군八國聯合軍이 북경北京에 침입했을 때 대부분이 불에 탔는데, 훼손되지 않은 부분은 거의 전부 약탈당했다. 1960년 중화서국中華書局에서 여러 해 동안 수집한 730권을 영인하여 출판하였다. 최근까지 또한 67권을 더 수집하였으나, 모두 합쳐도 전서全書의 4%에도 미치지 못한다. 1986년의 중화서국 영인본에는 모두 797권을 수록하고 있다.

《유림喩林》

120권. 명明나라 서원태徐元太가 편찬하였다. 서원태는 자字가 여현汝賢으로, 안휘성安徽省 선성宣城 사람이다. 가정嘉靖 연간에 진사進士가 되었다. 관직은 이부주사吏部主事와 순천부윤順天府尹을 역임한 적이 있으며, 높게는 형부상서刑部尙書에까지 이르렀다. 이 책은 육조六朝 이전의 고서 중에서 비유比喩와 관련된 것을 수집하여 분류·배열하였다. "회유위림(滙喩爲林 : 비유를 모아 숲을 이룬다)"이라는 의미를 취하여 '유림喩林'이라 명명하였다. 조화造化·인사人事·군도君道·신술臣述·덕행德行·문장文章·학업學業·정치政治·성리性理와 물의物宜 등 10문門으로 나누었으며, 각 문은 또한 자목子目으로 분류하였는데, 모두 584조條의 자목으로 되어 있다. 인용한 자료는 모두 그 아래에 쌍행소자雙行小字로 출처를 명기해 놓았는데, 인용한 책의 서명書名·편명篇名과 권수卷數를 포함하고 있다. 이는 명나라 사람이 편찬한 서적 중에서는 비교적 보기 드문 것이다. 편찬자는 이 책을 20여 년이나 걸려 편찬하였는데, 자서自序에 의하면 400여 종의 책을 보았다고 하였다. 그러나 《사고전서총목四庫全書總目》에서는 "그 열거한 서명을 검사해 보면, 실제로 그 반을 넘지 않는다. 대략 그 수를 든 것으로 상세한 대조는 하지 않은 것 같다(檢其所列書名, 實不逾半, 殆約擧其數, 未及詳核歟?)"라고 하였다. 아울러 《사고전서총목》에서는 이 책 중에 오류가 많다고도 지적하였다. 한 가지 예를 들면, 두예杜預·하휴何休·범녕范寧을 한漢나라 사람으로, 진수陳壽를 위魏나라 사람으로, 이선李善을 수隋나라 사람으로 잘못 알고 있다. 그러나 선진先秦 이래 비유로 의미를 전달하는 예는 많았지만 그 비유를 모아 전문저작으로 이룬 적은 없었다. 그런 점에서 이 책의 창의성은 긍정 받을 만한 가치가 있다.

청淸나라 왕소王蘇가 편찬한 《유림일엽喩林一葉》 24권은 《유림》의 절본節本으로 간주될 수 있는데, 건륭乾隆 59년(1794) 상기생재각본桑寄生齋刻本이 있다.

《유림》의 판본으로는 명 만력萬曆 7년(1579)의 시간본始刊本, 만력 17년(1589)의 80권본, 만력 43년(1615)의 120권본이 있다.

《천중기天中記》

60권. 명明나라 진요문陳耀文이 편찬하였다. 진요문은 자字가 회백晦伯으로, 확산(確山 : 지금의 하남성河南省에 속함)사람이다. 만력萬曆 연간에 진사進士가 되었는데, 관직은 안찰사부사按察使副使에 이르렀다. 저작으로 《경전계의經典稽疑》·《학림정취學林正就》 등의 책이 있다. 그의 치학治學은 고증을 중요하게 여겼다. 천중산天中山 근처에 살았기 때문에 '천중天中'을 이 책의 서명書名으로 삼았으며, 아울러 그 속에는 이 책을 명산名山에 숨긴다는 우의寓意도 지니고 있다.

초굉焦竑의 《국사國史·경적지經籍志》에는 이 책을 50권이라 하였는데, 대개 초각初刻을 하고 완성하지 않은 판본인 것 같다. 60권으로 된 현재본이 마땅히 정본定本이라 할 수 있다. 이 책은 796류類로 나누어져 있으며, 각 유목類目 아래에는 사물 명칭의 표제가 있다. 단지 표기한 서명을 어떤 것은 해당 조條의 머리에 어떤 것은 해당 조의 끝에 두어 그다지 획일적이지 못한 인상을 줄 뿐이다. 수록한 자료를 보면, 고금 중에 늘 보는 것을 망라하고 있기도 하지만 또한 보통의 이목耳目으로는 미치지 못하는 견문도 넓게 수집하고 있어, 그 인용 범위가 지극히 방대하다. 또한 모두 출처를 명기하였으며, 증거를 가지고 기술하였다. 체제도 비교적 훌륭하다. 사이사이에 고증을 하였는데, 전적典籍의 잘못을 지적하고 아울러 이전 유서의 오류를 정정하였다.

이 책의 결점은 편차編次가 문란하고 질서가 없으며, 일부 유목類目의 소속이 분명하지 않아 검색하기가 어렵다는 점이다. 단지 《사고전서총목四庫全書總目》에서 "(이 책) 제1권 안의 편목篇目이 이미 끝났는데, 다시 장형張衡의 〈영헌靈憲〉 1편을 붙였다(第一卷內篇目已畢, 復綴以張衡〈靈憲〉一篇)"라고 한 말은 잘못되었다. 여가석余嘉錫은 《사고제요변증四庫提要辨證》에서 "이 책 제1권 뒤에 붙은 것은 곧 장형의 〈주천대상부周天大象賦〉 1편이지 〈영헌〉이 아니다. 장형이 지은 〈영헌〉은 《속한서續漢書 · 천문지天文志》의 주注에 보이는데, 이 부와는 완전히 다르다. 《사고전서총목제요四庫全書總目提要》는 아마 이 부를 보고 장형으로 적은 것 같다. 평시에 이미 익숙하게 된 것으로, 단지 장형에게는 〈영헌〉이 있음을 알았지 이른바 〈주천대상부〉가 있는지는 몰랐다……(此書第一卷之後所附, 乃張衡〈周天大象賦〉一篇, 非〈靈憲〉也. 衡所著〈靈憲〉, 見於《續漢書 · 天文志》注, 與此賦絶然不同, 《提要》殆見此賦, 題爲張衡, 而平時所耳食以熟者, 只知衡有〈靈憲〉, 不知有所謂〈周天大象賦〉……)"라고 지적하였다. 여가석은 더 나아가 《곤학기문困學紀聞》 권9를 인용하여, 〈주천대상부〉는 비록 《관각서목館閣書目》에서 장형이 짓고 이순풍李淳風이 주注를 달았다고 되어 있지만, 실제로는 오히려 이순풍의 아버지인 이파李播가 지었다고 고증하였다. 아울러 그것으로부터, 《제요》에서 장형이라고 적은 것은 대개 송본宋本의 잘못을 그대로 따른 것이며, 또한 《관각서목》의 오기誤記로부터 연유된 것이라고 고증하였다. 여기서 이 복잡한 문제는 완전히 해결되었다고 할 수 있다.

《천중기》는 명 융경隆慶 · 만력 연간에 50권본이 간행되었는데, 각 표제標題를 검은 바탕에 흰 글자로 표기하였다. 이것이 바로 원본原本이다. 만력 23년(1595) 간본刊本은 각 표제를 흰 바탕에 검은 글자로 표기하면서 방형으로 둘레를 쳤는데, 이것은 번각본飜刻本이다. 또한 만력 37년(1609)에는 60권본이 간행되었는데, 이것이 바로 정본이다. 이 밖에도 청淸 광서光緖 4년(1878) 민후閩侯 임씨林氏 청우산방각본聽雨山房刻本이 있다.

《당유함唐類函》

200권. 명明나라 유안기兪安期가 편찬하였다. 유안기의 처음 이름은 명책名策이며, 자字는 공임公臨이었다. 후에 안기로 개명하고, 자字는 선장羨長으로 하였다. 소주蘇州 사람이다. 만력萬曆 말의 선비였는데, 관직은 역임하지 않았다. 이 책은 당대唐代 유서인《예문유취藝文類聚》·《초학기初學記》·《북당서초北堂書鈔》·《백씨육첩白氏六帖》의 자료를 모아 중복된 부분을 빼고 편찬한 책이다. 또한 당나라 한악韓鄂의《세화기려歲華紀麗》중에서 세시歲時와 관련된 자료와 두우杜佑의《통전通典》중에서 직관職官·예악禮樂·식화食貨·병형兵刑 등과 관련된 내용을 취함으로써 위의 4부 유서의 결점을 보충하였다. 이 책이 집록한 것이 당나라 유서의 자료이기 때문에 '당유함唐類函'이라 칭하게 되었다.

《당유함》은 천天·세시歲時·지地 등 43부部로 나누었으며,

각 부는 또한 약간의 목目으로 나누었다. 이를테면 문학부文學部에는 서사書寫·장서藏書·교서校書·구서求書·차서借書·문자文字·저술著述 등의 목으로 분류하였다. 전서全書는 모두 1,961목으로 되어 있다. 각 목의 자료 배열은 《예문유취》를 위주로 한 후에 《초학기》·《북당서초》·《백씨육첩》 순으로 하였다. 《예문유취》의 원문에 대해서는 삭감하지 않았으며, 《북당서초》 등 세 부의 책에 대해서는 중복된 것을 뺀 후에 넣었다.

이 책의 각 목 자료 배열은 모두 상술한 네 부의 유서 순서에 의거하였는데, 각기 석명釋名을 먼저 두고 그 다음은 역사 사실·사대(事對 : 대구對句)가 왔으며, 그 뒤에는 시가문부詩歌文賦가 왔다. 인용문은 육조六朝 이전의 각종 고적古籍으로부터 많이 채록하였는데, 당나라 초기의 것은 단지 제영題詠 몇 편만이 있고 고실은 수록하지 않았다.

실용적인 각도에서 보면, 이 책은 단지 석명과 고실 두 부분만이 참고할 만하다. 그 나머지 사대와 시가문부는 시詩·부賦를 짓는 자들의 검색을 위한 것으로 현재는 이미 그 사용 가치가 적어졌다고 할 수 있다.

《사고전서총목四庫全書總目》에서는 이 책의 자료 집록에 대해 긍정적인 평가를 하였다. 동시에 그 중에 오류가 많음을 지적하면서, 이 책을 존목서存目書 부분에 넣었다.

《당유함》의 판본으로는 명 만력 46년(1618) 덕취당간본德聚堂刊本이 있다.

《유준類雋》

30권. 명明나라 정약용鄭若庸이 편찬하였다. 정약용은 자字가 허주虛舟 또는 중백中伯으로, 강소성江蘇省 곤산崑山 사람이다. 생졸년은 미상인데, 왕세정王世貞과 친구 사이로 연배는 조금 높았으며, 약 90살 가까이 살았다. 저작으로는 《길강집蛣蜣集》이 있다. 그는 또한 작곡作曲에 뛰어났는데, 《옥결기玉玦記》가 세상에 전해진다. 젊은 나이에 문장으로 명성이 있었는데, 조강왕趙康王 후욱厚煜이 자신의 집으로 초빙하여 붓과 종이를 주고 그로 하여금 《초학기初學記》와 《예문유취藝文類聚》의 체제에 의거하여 유서를 편찬하게 하였다. 당시 번부藩府는 장서藏書 · 각서刻書의 풍기가 매우 성행하였는데, 조강왕의 집에도 장서가 대단히 많았다. 정약용은 그 책들을 두루 열람하면서 당나라 이전의 의미심장한 말들을 모아 20년 만에 이 책을 완성하였다. 책 앞에는 왕세정 · 장대기張大器의 서문 두 편이 있으며, 책 뒤에는 왕용정王用楨 · 왕공汪珙의 발문跋文 두 편이 있다. 상해사서출판사上海辭書出版社 도서관에 이 책의 초인본初印本이 소장되어 있는데, 즉 그것을 영인함으로써 400년 동안 묻혀 있었던 비적秘籍으로 하여금 세상에 그 모습을 드러나게 하였다. 반경정潘景鄭은 영인본의 서언序言을 지어 이 책의 편사編寫 · 유전流傳 · 영인의 전체 과정을 간략하게 언급하였다. 책을 완성하고 서명書名을 '유준類雋'이라고 한 것은 "분류하여 모은 것이 의미심장하지 않은 것이 없기 때문이다(以所類靡非雋者)." (왕세정의 말)

전서全書는 천문天文 · 시령時令 · 지리地理 · 천족天族 · 인륜人倫 · 인품人品 · 황실皇室 · 예술藝術 · 신체身體 · 의복衣服 · 음식飮食 · 기용器用 · 포백布帛 · 진보珍寶 · 악기樂器 · 선불仙佛 · 화목花木 · 과실果實 · 금조禽鳥 · 주수走獸 등 20류類로 나누었다. 각 유類 아래에는 또한 약간의 자목子目으로 분류하였는데, 이를테면 기용은 또한 주舟 · 거車 · 정鼎 · 상床 · 장帳 · 침枕 · 점簟 · 렴簾 · 유帷 · 궤几 · 석席 · 병풍屛風 · 장杖 · 경鏡 · 선扇 · 등燈 · 촉燭 · 화火 · 향로香爐 등 19자목으로 나누었다. 이 책은 사물事物 · 전고典故를 위주로 하여 수집하였는데, 그 수집 범위가 매우 광범위하였다. 아울러 가장 초기의 출처를 명기하였는데, 이를테면 '천일(주)〔千日(酒)〕'는 장화張華의 《박물지博物志》에도 보이고 간보干寶의 《수신기搜神記》에도 보이는데, 이 책에서는 비교적 일찍 나온 《박물지》를 인용하였다. 또한 '팔랍八臘' 조條에서는 《주례周禮》에서, '적로的顱' 조에서는 《세설신어世說新語》에서, '분세分歲' 조에서는 《풍토기風土記》에서, '수세守歲' 조에서는 소식蘇軾에서 나왔다고 주를 달았는데, 모두 가장 초기의 출처를 제공하고 있다. 이 책은 사어詞語 · 사물 · 전고의 검색용으로 제공될 수 있을 뿐만 아니라, 또한 사서辭書편찬을 위한 자료의 실마리가 될 수 있어, 어느 정도 상에서 사용 가치가 있다고 할 수 있다. 특별히 영인본은 '사목색인詞目索引'을 만들어 붙임으로써 검색에 더욱 편리하게 하였다.

이 책 역시 일부 부족한 점이 몇 가지 있다. 첫째, 원문 자료의 적록摘錄에 있어 빼버리거나 빠뜨린 부분이 너무 많다. 이를테면

'범경泛梗' 조의 《설원說苑》 인용상황을 보면, 그 원문에 비해 대량으로 절節을 삭제하여 인용하고 있다. 또한 인용 원문의 수미首尾가 완전하지 않은 예도 많이 있다. 둘째, 사어詞語 표제標題가 너무 간단하여, 어떤 것은 사어가 될 수 없으며, 어떤 것은 그 뜻을 개괄할 수도 없다. 이를테면 '천일주千日酒'를 '천일千日'로, '이도살삼사二桃殺三士'를 '살사殺士'로, '목경지환木梗之患'을 '범경泛梗'으로 표제를 달았다. 모두 타당하지 않은 표제라고 할 수 있다.

이 밖에도 소수의 사어를 보면, 그 자료의 집록이 부당한 경우도 보인다. 예를 들면, 《시경詩經》 중의 〈상중桑中〉·〈진유溱洧〉 두 편을 '음부淫婦' 조에 넣었는데, 이는 바로 인용하는 자료의 의미 및 의의를 잘못 이해하여 초래된 결과라 할 수 있다.

《유준》의 판본으로는 명 만력萬曆 6년(1578) 왕공각본汪珙刻本이 있는데, 1991년 상해사서출판사에서 이 각본을 영인하여 출판하였다.

《연감유함淵鑒類函》

450권, 총목總目 4권. 청淸나라 장영(張英 : 1637-1708)·왕사진(王士禛 : 1634-1711) 등이 강희제康熙帝 현엽玄燁의 명을 받들고 편찬하였다. 장영은 자字가 돈복敦復, 호號는 낙포樂圃로, 안휘성安

徽省 동성桐城 사람이다. 강희康熙 연간에 진사進士가 되었으며, 관직은 문화전대학사文華殿大學士 겸 예부상서禮部尚書에 이르렀다. 일찍이 《대청일통지大淸一統志》·《정치전훈政治典訓》 총재總裁를 역임하였다. 저작으로 《주역총론周易總論》·《독소당문집篤素堂文集》 등이 있다. 왕사진은 자가 자진子眞, 또 다른 자가 이상貽上, 호가 완정阮亭, 또 다른 호가 어양산인漁洋山人으로, 산동성山東省 신성(新城 : 지금의 환태桓台)사람이다. 순치順治 연간에 진사가 되었으며, 관직은 형부상서刑部尙書에 이르렀다. 시호諡號는 문간文簡이다. 신운설神韻說이라는 시론詩論을 주장하였다. 저작으로 《대경당집帶經堂集》·《어양산인정화록漁洋山人精華錄》 및 필기筆記 《거이록居易錄》·《지북우담池北偶談》 등이 있다.

《연감유함》은 《당유함》의 미비점을 보완하는 관점에서 그것을 증보하여 이루어진 책으로, 강희 40년(1701)에 완성되었다. 《당유함》은 당초唐初까지의 자료만 수집하였는데, 이 책은 또한 《태평어람太平御覽》·《사류합벽事類合璧》·《옥해玉海》·《공첩孔帖》·《금수만화곡錦繡萬花谷》·《사문유취事文類聚》·《문원영화文苑英華》·《산당고색山堂考索》·《잠확유서潛確類書》·《천중기天中記》·《산당사고山堂肆考》·《기찬연해紀纂淵海》·《문기유림問奇類林》·《왕씨유원王氏類苑》·《자사유기字詞類奇》·《한원신서翰苑新書》·《당시유원唐詩類苑》 등 17부의 유서와 총집總集의 내용을 뽑아 엮어놓았다. 아울러 21사史·자부子部·집부集部와 잡서雜書에서도 채록하였으니, 원元·명明 이전의 문장 역사 사실을 광범위하게 인용하였으며, 당대唐代부터 명 가정嘉靖 때까지의 자료를 보충하여 넣었다. 《당유함》에 원래 있었던 자료에는 모두 '원原' 자로 표기하였으며, 보충한 것은 '증增' 자로 표기함으로써 구분되게 하였다.

《사고전서총목四庫全書總目》은 이 책의 제요提要 중에서 《당유함》이 "육조六朝 이전 전적典籍의 대략적인 내용을 잘 보존하고 있다(六朝以前之典籍, 頗存梗概)"라고 긍정적인 평가를 내린 적이 있다. 그러나 "무덕武德·정관貞觀 이후는 겨우 제영題詠 몇 편만이 보인다. 고실은 대개 언급하지 않았다(至武德·貞觀以後, 僅見題詠數篇, 故實則概不及焉)"라고 하여 그 결점에 대해 불만을 표시하였다. "유안기兪安期는 유서를 편찬하면서 당대 이전을 단대斷代로 하였으며, 대개 명말明末에 있어 오히려 칠자七子의 여론餘論을 많이 지니고 있다(安期編次類書, 以唐以前爲斷, 蓋明之季年, 猶多持七子餘論也)"라고 하여, 《당유함》의 편찬자인 유안기가 칠자의 복고사상의 영향을 받았다고 여겼다. 《당유함》의 이러한 미비점이 곧 《연감유함》 편찬의 동기로 간주할 수 있다.

이 책은 천天·세시歲時·지地·제왕帝王·후비后妃·저궁儲宮·제척帝戚·설관設官·봉작封爵·정술政術·예의禮儀·악樂·문학文學·무공武功·변새邊塞·인人·석교釋敎·도道·영이靈異·방술方術·교예巧藝·경읍京邑·주군州郡·거처居處·산업産業·화火·진보珍寶·포백布帛·의식儀飾·복식服飾·기물器物·주舟·거車·식물食物·오곡五穀·약藥·채소菜蔬·과果·화花·초草·목木·조鳥·수獸·인鱗·충치蟲豸 등 45부部로 나누었는데, 기본상 《당유함》의 부 분류와 같다. 《당유함》은 43부로 나누었는데, 이 책에서는 그 중의 '약채부藥菜部'를 '약부藥部'와 '채소부菜蔬部'로 갈랐으며, '화부花部'를 새로 첨가하였다. 각 부는 또한 약간의 소류小類로 나누었는데, 총 2,536소류로 되어 있다.

각 유類의 내용은 다음과 같이 다섯 항목으로 나누어져 있다.

첫째, 석명釋名·총론總論·연혁沿革·연기緣起. 그 자료의 배열은 《석명釋名》·《설문해자說文解字》·《이아爾雅》를 앞에 두고, 그 다음은 경經·사史·자子·집集을 두었다.

둘째, 전고典故. 시대 순에 의거해 배열하였다.

셋째, 대우對偶. 정교함을 위주로 하였으며, 조대朝代에는 구애받지 않았다.

넷째, 적구摘句. 어떤 것은 서序·기記에서, 어떤 것은 시詩·부賦에서 뽑았는데, 화려한 문장을 취하였다.

다섯째, 시문詩文. 문체별로 모았는데, 짧은 문장은 전부 인용하였으며, 긴 문장은 절록節錄하였다.

인용문에는 모두 출처를 명기하였다. 만약 다섯 가지 항목 중에서 해당 내용이 없는 항목은 비어두었다. 즉, 모든 소류가 반드시 다섯 항목으로 분류된 것은 결코 아니다. 항목을 세울지의 여부는 자료 내용에 근거하여 결정되었다.

《연감유함》의 권수는 《태평어람》의 반에도 미치지 못한다. 그러나 각 권卷의 내용이 모두 풍부하기 때문에, 전서全書의 양은 실제로 《태평어람》에 비해 배나 많다.

《연감유함》의 판본으로는 청 강희 49년(1710) 내부간본內府刊本, 건륭乾隆 13년(1748) 무영전간武英殿刊 고향재수진본古香齋袖珍

本, 청淸 광서光緖 9년(1883) 상해上海 점석재點石齋 영인본, 광서 13년(1887) 상해 동문서국同文書局 영인본, 1916년 상해 동문도서관同文圖書館 영인본, 1932년 상해 소엽산방掃葉山房 영인의 동문본同文本이 있다.

《변자유편騈字類編》

240권. 청淸나라 장정옥張廷玉 등이 황제의 명을 받고 편찬하였다. 강희康熙 58년(1719)부터 편찬하기 시작하여 옹정雍正 4년(1726)에 이르러 완성하였으니, 8년이 걸린 셈이다. 이 책은 《패문운부佩文韻府》와 마찬가지로 문장 검색용으로 편찬되었다. 그러나 두 책의 사어詞語 집록 형식 및 배열 방법은 서로 다르다. 《패문운부》의 사어 집록 형식은 2자字 · 3자 · 4자로, 끝 자〔尾字〕가 같은 것을 함께 배열하였다〔齊句尾〕. 《변자유편》의 사어는 모두 대구對句로 이루어진 것〔騈字〕이며 쌍음사雙音詞와 구句를 포함하고 있는데, 첫 자〔首字〕가 같은 것을 함께 배열하였다〔齊句首〕. 이 때문에 우리는 이 두 책을 함께 사용하는 것이 서로 보완하는 면에서 더 좋을 것 같다.

《변자유편》은 전부 쌍음사를 취하였으며, 아울러 사어의 첫 자에 의거하여 부部를 나누어 배열하였다. 이러한 편찬 방법은 근대 사전의 서막을 열었다고 할 수 있다.

《변자유편》은 천지天地 · 시령時令 · 산山 · 수水 · 거처居處 · 진보珍寶 · 수목數目 · 방우方隅 · 채색彩色 · 기물器物 · 초목草木 · 조수鳥獸 · 충어蟲魚 등 13문門으로 나누었으며, 또한 인사人事 1문을 보충하였다. 각 문 아래에는 또한 약간의 세목細目으로 나누어져 있는데, 각 세목은 곧 사어의 첫 자를 표기한 것이다. 전체 총 1,604개의 세목이 있는데, 13개 문류門類 중에 나누어져 속해 있다. 이를테면 천지문天地門에는 첫 자를 표기한 세목이 모두 58개가 있는데, 즉 천天 · 일日 · 월月 · 성星 · 풍風 · 운雲 · 우雨 · 노露 · 뇌雷 · 전電 · 상霜 · 설雪 · 홍虹 · 예霓 · 연煙 · 하霞 · 무霧 · 소霄 · 지地 · 토土 · 교郊 · 야野 · 원原 · 습隰 · 고皐 · 농壟 · 상坰 · 은垠 · 양壤 · 단壇 · 경徑 · 수隧 · 황隍 · 기圻 · 굴窟 · 혈穴 · 지坻 · 참塹 · 갱坑 · 당塘 · 언堰 · 요坳 · 제堤 · 파坡 · 애崖 · 안岸 · 전田 · 장場 · 포圃 · 정町 · 여畬 · 이泥 · 사沙 · 진塵 · 회灰 · 애埃 · 화火가 바로 그것이다. 이 58개의 각 1자字가 곧 하나의 소류小類가 된다. 그 중에 이들 첫 자로 구성된 2자의 사어도 약간 조條가 있는데, 이들 역시 이 소류 중에 속한다. 이를테면 '천天' 자 소류 아래에 변자인 천지天地 · 천일天日 · 천월天月 · 천풍天風 · 천운天雲 · 천우天雨 · 천연天淵 · 천황天潢 · 천하天河 · 천부天府 등 1천여 조가 있는데, 제1권에서 제5권까지 열거되어 있다. 또한 '성星' 자 소류 아래에 변자인 성신星辰 · 성숙星宿 · 성두星斗 · 성상星象 · 성산星散 · 성변星變 등 수백 조가 있는데, 제7권에 열거되어 있다. 이들 각 사조詞條 아래에는 이것과 관련된 자료를 나열하였는데, 경經 · 사史 · 자子 · 집集의 순서로 되어 있다. 인용한 자료는 모두 서명書名 · 편명篇名 혹은 시문詩文의 제목을 명기하여 놓았기 때문에 최초의 출처를 찾는 데 편리하다. 이렇듯 체제가《패문운부》보다 잘 갖추어진 것이 이 책의 장점이라 할 수 있다.

이 책은 첫 자를 표기한 것에 의거하여 배열하였으나, 첫 자로 구성된 변자의 수가 서로 같지 않다. 예를 들면, '천天' 자로 구성된 변자는 지극히 많으나, '저坻' 자로 구성된 변자는 단지 5조에 불과하다. 이처럼 그 많고 적음이 일정하지 않다는 것이다. 게다가 중국의 한자는 수만 자가 되는데,《패문운부》에서는 1만여 자를 수록한 반면, 이 책에서는 오히려 1,604자만을 수록하였다. 그래서 많은 사어를 이 책에서는 찾아볼 수 없다. 또한 어떤 글자는 그것이 어느 유類에 속하는지 단번에 알 수 없으며, 이 책의 색인도 구하기 어렵다. 이 때문에 검색이 그다지 편리하지 않다. 이러한 것들이 이 책의 단점이라 할 수 있다.

《변자유편》의 판본은 비교적 많은데, 청 광서光緒 13년(1887) 상해上海 동문서국同文書局 석인본石印本이 통행본이라 할 수 있으며, 1984년 북경시北京市 소재 중국서점中國書店에서 상해 동문서국본을 영인한 적이 있다.

장위사莊爲斯가 편찬한《변자유편인득騈字類編引得》이 대북臺北 사고서국四庫書局에서 1966년에 출판되었다.

《패문운부佩文韻府》

444권. 청淸나라 장옥서(張玉書 : 1642-1711) 등이 황제의 명을 받고 편찬하였다. 뒤에 《운부습유韻府拾遺》 112권이 붙어 있다. 장옥서는 자字가 소존素存, 호號가 윤보潤甫로, 강소성江蘇省 단도丹徒 사람이다. 순치順治 18년(1661)에 진사進士가 되었다. 관직은 문화전학사文華殿學士 겸 호부상서戶部尙書에 이르렀다. 일찍이 《강희자전康熙字典》을 주편主編하였다. '패문佩文'은 강희제의 서재명書齋名이다. 운韻으로 분류한 책은 당대唐代 안진경顔眞卿의 《운해경원韻海鏡原》에서 비롯되지만, 이 책은 전해지지 않는다. 지금까지 전해지는 책으로는 음유우(陰幼遇 : 음시부陰時夫)의 《운부군옥韻府群玉》과 능치륭凌稚隆의 《오거운서五車韻瑞》가 있다. 《패문운부》는 즉 이 두 책을 저본底本으로 삼아 비교적 많은 증보를 하였으며, 아울러 각종 고서古書의 어휘 · 전고典故를 광범위하게 수집하여 이루어진 책이다. 그 두 책에 원래 있었던 사어詞語는 앞에다 열거하면서 '운조韻藻'라고 칭하였으며, 증보한 것은 뒤에 열거하면서 '증增'자로 표기하였다. 강희 43년(1704)에 편찬을 시작하여 강희 50년(1711)에 완성하였다. 처음에는 106권으로 되어 있었는데, 건륭乾隆 연간 《사고전서四庫全書》를 편찬할 때 쪽수가 많다는 이유로 444권으로 갈랐다. 단자單字는 1만 개를 수록하였으며 2-4자 사어는 48만 조條를 수록하였으니, 자료가 비교적 풍부하다. 단자로써 사어를 통괄하였는데, 단자는 《평수운平水韻》의 106운에 의거하여 배열하였으며, 각 글자 아래에

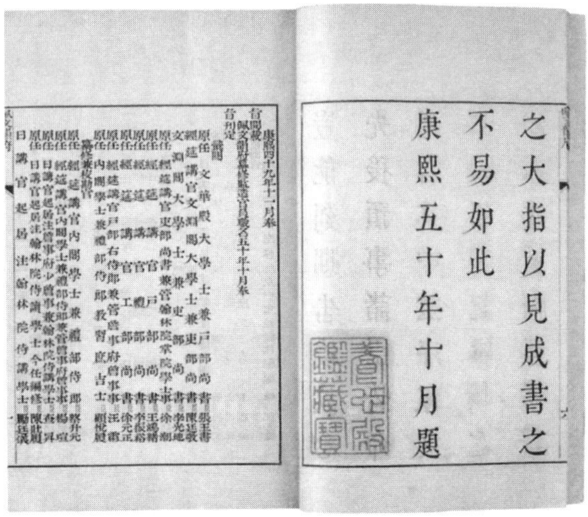

《패문운부》 청 강희 연간 내부본內部本

는 반절反切과 해석이 있다. 그 아래에는 해당 단자와 끝 자 및 첫 자가 같은 '운조韻藻' (사어)를 열거하였는데, 2자 · 3자 · 4자의 3류類로 분류하였다. 5자로 된 사어는 지극히 적다. 자字의 수數가 많고 적음에 의거하여 순서를 정하였다. '운조' 뒤에는 대어對語 · 적구摘句를 열거하였다. 대어는 2자 · 3자로 된 대구對句이며, 적구는 해당 글자가 포함된 시구詩句를 열거한 것이다. 이 책은 원래 과거제도 하에서 시詩 · 문文 · 사詞 · 부賦를 지을 때 문장 검색용으로 제공된 것인데, 현재는 사어 · 전고의 출처를 검색하는 데 사용될 수 있다. 이 책은 또한 운으로 분류하여 배열한 사서辭書이기 때문에 그 수록한 자료가 일반 사전詞典에 비해 많다.

이 책이 완성된 후에 빠뜨린 것을 수집하여 강희 59년(1720)에 또한 《운부습유》 106권(건륭 때 112권으로 갈음)을 편찬하였다. 《패문운부》에 이미 수록된 단자에 대해서는 단지 운서韻書의 음音만을 증가시켰으며, 수록되지 않은 자에 대해서는 음音 · 의義를 모두 명기하였다. 《패문운부》에 수록되지 않은 '운조' 에 대해 증보할 때는 '보조補藻' 라고 표기하였으며, 이미 수록된 것에 대해 예문을 보충하여 인용할 때는 '보주補注' 라고 하였다.

이 책이 수집한 자료는 매우 풍부하다. 그러나 여러 전사傳寫 과정을 거치면서 진지한 대조를 거치지 않아 오류도 많다. 게다가 인용한 책에 대해 서명書名만을 명기하고 편명篇名을 밝히지 않았으며, 시문을 인용하면서 작자만을 명기하고 제목을 밝히지 않았다. 이 때문에 독자들이 원문을 검색하고 대조하려고 할 때 어려움에 부닥치게 된다. 이러한 점이 이 책의 결점이라 할 수 있다. 이 밖에도 이 책은 운에 의거하여 분류하였기 때문에, 운각韻脚을 이해하지 못하는 사람은 매우 불편하다. 먼저 찾고자 하는 사어의 끝 자가 어느 운에 속하는지 조사하여 파악한 후에야 비로소 운에 의거하여 찾을 수 있으니, 비교적 복잡하다. 상무인서관商務印書館 영인본에는 사각호마색인四角號碼索引이 붙어 있어 비교적 빠르게 검색할 수 있다.

《패문운부》의 판본으로는 청 강희 50년(1711) 내부간본(內府刊本 : 《운부습유》가 없음)이 있으며, 또한 1937년 상무인서관 《만유문고萬有文庫》 이집본二集本이 있다. 1983년 상해고적서점上海古籍書店은 상무인서관본을 영인하였으며, 아울러 《색인》을 붙였다.

《고금도서집성古今圖書集成》

10,000권, 목록 40권. 청淸나라 진몽뢰陳夢雷가 처음 편찬하였으며, 장정석蔣廷錫 등이 황제의 명을 받고 증보하였다. 진몽뢰는 자字가 측진則震, 호號가 성재省齋로, 복건성福建省 민후閩侯 사람이다. 이 책은 원래 성친왕誠親王 윤지胤祉가 그의 문객門客인 진몽뢰에게 명하여 편찬한 것으로, 당시 원고가 이미 뒤에 인쇄할 때의 규모인 만 권을 갖추고 있었다고 한다. 즉, 진몽뢰는 《송학산방집松鶴山房集 · 상성친왕(회편)계上誠親王(滙編)啓》에서 "100편篇으로 1권을 삼으면 3,600권이 된다. 만약 옛 사람의 권질卷帙로

계산하면 1만여 권이나 된다…… 전대前代의 《태평어람太平御覽》·《책부원귀冊府元龜》와 비교하면 그 방대하고 정밀함이 어찌 10배에 그치겠는가?(以百篇爲一卷, 可得三千六百餘卷. 若以古人卷帙計之, 可得萬餘卷…… 較之前代《太平御覽》·《冊府元龜》, 廣大精詳, 何止十倍?)" 라고 하였다. 처음에는 《회편滙編》이라고 서명書名을 정하였다. 강희 45년(1706)에 책이 이루어졌으나, 판각은 하지 않았다. 옹정제(雍正帝 : 세종世宗) 윤진胤禛이 즉위한 후, 호부상서戶部尙書 장정석 등에게 《회편》을 다시 편집하고 교정하도록 명을 내렸는데, 대체로 모두 진몽뢰의 원래 〈범례凡例〉에 따랐으며 편폭篇幅을 더욱 확대하였다. 옹정 3년(1725)에 완성을 하였으며, 4년에 어제서문御制序文을 붙이고 윤지·진몽뢰 등의 이름을 뺀 후 《고금도서집성》으로 서명을 바꾸었다. 6년에 동활자銅活字로 모두 64부를 인쇄하였다.

이 책은 전체적으로 6회편滙編·32전典·6,109부(현재 8부가 빠져 있는데, 실제로는 6,117부로 되어 있음)로 나누어져 있다. 6회편은 역상曆象·방여方輿·명륜明倫·박물博物·이학理學·경제經濟이며, 32전은 건상乾象·세공歲功·역법曆法·서징庶徵·곤여坤輿·직방職方·산천山川·변예邊裔·황극皇極·궁위宮闈·관상官常·가범家範·교의交誼·씨족氏族·인사人事·규원閨媛·예술藝術·신이神異·금충禽蟲·초목草木·경적經籍·학행學行·문학文學·자학字學·선거選擧·전형銓衡·식화食貨·예의禮儀·악률樂律·융정戎政·상형祥刑·고공考工이다.

이처럼 이 책은 '회편'·'전'·'부'의 세 개 등급으로 나누어 자료를 배열하고 있는데, '부'는 그 중에서 가장 작은 유목類目으로, 그 아래에는 또한 회고滙考·총론總論·도표圖表·열전列傳·예문藝文·선구選句·기사紀事·잡록雜錄·외편外編 등의 항목에 의거하여 자료를 배열하였다. 만약 어떤 한 항목의 자료가 없으면, 빼버리고 열거하지 않았다. 각 '부'에 수록한 자료의 많고 적음은 구체적인 상황에 근거하여 정하였다. '부' 아래에서 자료를 배열하고 있는 각 항목의 내용은 대체로 다음과 같다.

1. 회고滙考 : 연年·월月을 기록할 수 있는 것은 편년대사기編年大事記 형식을 사용하였으며, 편년할 수 없는 것은 경經·사史·자子·집集의 순서에 의거하여 배열하였다. 고서古書를 인용하여 그 시말을 고증하였다.

2. 총론總論 : 경·사·자·집 중의 중요한 의론議論을 수록하였다.

3. 도표圖表 : 강역疆域·산천山川 및 금수禽獸·초목草木·기용器用 등의 형체는 도상圖象을 이용하여 나타냈으며, 표로써 설명할 필요가 있는 것은 표를 이용하여 나타냈다.

4. 열전列傳 : 관련 인물의 전기傳記를 수록하였다.

5. 예문藝文 : 해당 유목類目과 관련 있는 시문詩文을 수록하였는데, 편목篇目이 많은 것은 선록選錄하였으며, 적은 것은 전부 수록하였다. 대체로 수隋·당唐 이전의 것은 상세하고, 송宋 이후의 것은 간략하다.

6. 선구選句 : 시문 중으로부터 미려美麗한 문장이나 대구對句를 뽑아 실었다.

7. 기사紀事 : 대사大事는 '회고' 에 넣었는데, 여기서는 전할 가치가 있는 세세한 소사小事를 수록하였다.

8. 잡록雜錄 : '총론' · '회고' · '예문' 에 넣기 어려운 자료들을 수록하였다.

9. 외편外編 : '잡록' 에서조차 수록하지 않은 미신 · 신화 및 황당무계한 자료를 수집하였다.

이 책에서 사용하고 있는 각 단계 유목類目 명칭은 현재의 통상적인 것과는 거리가 있다. 예를 들면, 방여(회편)方輿(滙編) · 명륜(회편)明倫(滙編) · 세공(전)歲功(典) · 서징(전)庶徵(典) · 직방(전)職方(典) · 황극(전)皇極(典) · 전형(전)銓衡(典) · 융정(전)戎政(典) 등인데, 일반적으로 그것들이 수록하고 있는 내용을 알기가 쉽지 않다. 그것의 분류 역시 현대의 습관적인 분류 방법과는 다르다. 그래서 검색하기 전에 먼저 책 앞의 목록을 숙지해야만 보다 용이하게 이용할 수 있을 것이다.

이 책의 궁위宮闈 · 관상官常 · 씨족氏族 · 규원閨媛 · 예술藝術 · 신이神異 · 학행學行 · 문학文學 · 자학字學 등 9전 중에는 각각 한 항목의 열전이 있는데, 이것들은 각 책에서 인물 사적事跡에 관한 자료를 집록한 것이다. 이를테면 문학전 제52권 문학명가열전文學名家列傳 40의 당대唐代 시인 '두보杜甫' 에는《당서唐書 · 문원전文苑傳》·《구당서舊唐書 · 문원전》의 전문全文과《운선잡기雲仙雜記》중의 단편斷片을 집록하고 있다. 또 제55권 문학명가열전 43의 '유우석劉禹錫' 에는《당서 · 본전本傳》·《구당서 · 본전》의 전문과《전당시화全唐詩話》·《운계우의雲溪友議》·《운선잡기》

중의 단편을 집록하고 있다.

《고금도서집성》은 현존 유서 중에서 규모가 가장 크며, 내용이 가장 풍부하며, 체제가 가장 완비된 유서라고 할 수 있다. 외국인은 그것을 '강희백과전서康熙百科全書'라고 칭하기도 하였는데, 아무튼 국제간에도 상당한 영향력을 지니고 있다. 이 책은 1만 권으로, 전체 총 1억 字로 되어 있다. 영국인 L. Giles는 "11판의《대영백과전서大英百科全書》는 약 4천만 자로 되어 있다. 중국의 문언文言 100자를 번역하는 데 영문 약 150자가 필요하다. 그러므로《고금도서집성》이 가장 거대한 영문백과전서보다 3·4배 크다고 할 수 있다"라고 하였다. 우리는 그의 이 말로부터《고금도서집성》의 내용이 지극히 광범위함을 알 수 있는데, 단지 그것이 반영하고 있는 것은 300년 전의 학술 수준이라고 할 수 있다.

《고금도서집성》은 자료 수록이 풍부할 뿐만 아니라, 또한 분류가 세밀하고 체제가 엄밀하여 이전 유서의 부류部類 중복과 분합分合 부당의 결점을 교정하였다고 할 수 있다. 인용문은 일일이 상세하게 출처를 명기하였는데, 서명·편명과 작자를 표기하여 원서原書를 대조하는 데 편리하도록 하였다. 이러한 장점으로 인해 이 책은 역대 유서의 총결일 뿐만 아니라, 관찬官纂 유서의 대표라고 할 수 있다. 단지 이 책의 자료 대부분이 다른 유서로부터 전사傳寫되었기 때문에 그 중에 누락되었거나 오류가 있는 부분도 있다. 그래서 인용할 때 원문과 대조하거나 뒤에 붙은《고증考證》을 참고해야 한다.

《고금도서집성》의 판본으로는 청 옹정 6년(1728) 동활자 인본

印本이 있다. 1934년 상해중화서국上海中華書局에서 동활자본을 영인하였는데, 이것이 통행본이다.

《소지록小知錄》

12권. 청淸나라 육봉조陸鳳藻가 편찬하였다. 육봉조는 자字가 단의丹扆로, 생졸년은 미상이며, 강소성江蘇省 오현吳縣 사람이다. 가경嘉慶 연간에 거인擧人이 되었다. 그는 시詩와 고문사古文辭에 뛰어났다. 저작으로는《방여제요方輿提要》·《문기내외편問奇內外編》·《군옥부群玉府》등이 있는데,《소지록》이 가장 유명하다. 기타 몇 종류는 지금 모두 전하지 않는다. 육봉조는 옛 것을 좋아하고 배움을 게을리 하지 않았으니, 여러 서적들을 광범위하게 두루 보면서 매일 "아침저녁으로 초록抄錄하면서 새롭고 독특한 견해를 표명하거나 받아들였으니, 반년半年이 지나자 그 모은 것이 한 편編이 되었다(晨夕抄撮, 標新領異, 積有半年, 滙成一編)." (전대흔錢大昕의 서序) 정사正史·야사野史·총집總集·별집別集·필기筆記·소설小說·유서類書에서 대량의 명물名物·사어詞語·전고典故를 집록해 내었으며, 아울러 일일이 변증과 해석을 하였다. 내용은 천문天文·지리地理·인신人神·귀괴鬼怪·정치군사政治軍事·직관예의職官禮儀·생활기거生活起居 등 각 방면에 미치고 있다. 전서全書는 건위乾緯·세시歲時·곤악坤岳·천석泉石·주군州

郡・변수邊陲・사예四裔・황요荒徼・형체形體・윤품倫品・인사人事・직관職官・과목科目・인물人物・규원閨媛・범종梵宗・도장道藏・신기神祇・유괴幽怪・예제禮制・정제政制・문학文學・예술藝術・무비武備・음악音樂・궁실宮室・복식服飾・기용器用・주거舟車・음식飮食・단약丹藥・곡소穀蔬・과목果木・화훼花卉・백초百草・금조禽鳥・서수庶獸・인개鱗介・곤충昆蟲 등 39류로 분류되어 있다.

이 책의 특징은 아래와 같다.

1. 사람들이 드물게 아는 사어・전고를 많이 수록하고 있다. 예를 들면, 권10 음식류에 수록된 '점이' 병 '黏而' (餠)・'불탁' (박병) '不托' (薄餠)・'박취' (호병) '薄脆' (胡餠)・'관초' (호병) '寬焦' (胡餠)・'옥삼갱' (산우) '玉糝羹' (山芋) 등이 바로 그것이다. 음식류에는 또한 황봉黃封・연하주輦下酒・백타白墮・관중주關中酒・금알金瀾・연산주燕山酒・추로백秋露白・양주주揚州酒・이화춘梨花春・죽엽청竹葉青・항주주杭州酒・약하若下・오정주烏程酒・마고홍麻姑紅・금화주金華酒・명성주明星酒・낙하주洛下酒 등 각종 주류酒類를 수록하였다.

2. 대량의 고대 명물・문사장고文史掌故의 실마리를 제공하고 있다. 예를 들면, 권7 문학류 '일경逸經' 조條에는 각 서적에 기재된 선진先秦 일경逸經의 편명을 열거하고 있으며, '칠위七緯' 조에는 《주역周易》・《서경書經》・《시경詩經》・《예기禮記》・《악기樂記》・《효경孝經》・《춘추春秋》의 7경經 위서緯書를 열거하고 있으며, '항창자亢倉子' 조에는 《항창자亢倉子》・《서경잡기西京雜記》・

《승乘》·《도올檮杌》·《현경玄經》·《공총孔叢》·《마의麻衣》·《문자文子》·《관윤關尹》·《항명창亢命倉》·《삼분三墳》·《음부陰符》 등 책의 위작자僞作者 성명을 열거하고 있으며, '문학연기文學緣起' 조에는 부賦·가歌·이소離騷·조詔·새문璽文·책문策文·표表·양표讓表·상서上書·서書·대책對策·상소上疏·계啓·주기奏記 등 수십 종 문장체재의 최초 작자를 열거하고 있으며, 권4 인물류 '동성명同姓名' 조에는 역대 저명 인물 중의 동성동명인同姓同名人을 열거하고 있다. 동성동명인의 예를 들면 다음과 같다.

《史記》兩淳于髡－見〈孟子傳〉後, 一見〈滑稽列傳〉, 兩韓信－楚王, 一韓王, 兩徐幹－作《中論》, 一班超司馬, 兩王肅－曹魏, 元魏, 三李密－養祖母, 一後魏, 一隋末, 兩智永－梁書僧, 一宋畵僧, 兩韓文公－昌黎伯, 一熙載, 三王建－晩唐詩人, 一唐末據蜀, 一石晉隸州刺史, 兩李商隱－玄宗朝, 見《舊唐書》, 一義山, 兩呂東萊祖居仁, 孫伯恭, 俱以《東萊》名集.

3. 배열 방식을 보면, 내용이 서로 관련되어 있거나 가까운 것들을 한 조條에 넣어 서술하였다. 예를 들면, 절단折丹〔방도창方道彰·손이巽二·봉가십팔이封家十八姨·맹파孟婆·타吒·풍수馮修〕는 모두 풍신風神으로, 이것들을 동일한 조에서 서술하면서 아울러 순서에 의거하여 그 출처를 소개하였다. 또한 쌍궁雙弓〔나도羅闍·백고분白膏粉·양화죽楊花粥·납팔죽臘八粥·장생죽長生粥·

방풍죽防風粥]은 모두 죽명粥名으로, 이것들을 또한 동일한 조에서 서술하면서 아울러 순서에 의거하여 그 출처를 소개하였다.

이 책의 결점을 찾아보면 다음과 같다. 첫째, 인용과 서술에 있어 때때로 오류를 범하였다. 예를 들면, "권4 '유효儒梟' 조에서 《후한서後漢書》를 인용하면서 '동중수지위유효董仲綬智爲儒梟' 라고 하였으나, 《후한서》에는 오히려 동중수董仲綬라는 사람이 없다. 또한 권9 '선석鮮錫' 조에서 《이아爾雅》 주注의 '석약石藥' 을 인용하였으나, 《이아》를 보면 '석약' 도 그 주注도 보이지 않는다. 또한 '자명공봉' 은 본래 당唐 무종武宗의 고사故事인데, 이 책에서는 오히려 한漢 무제武帝 고사라고 오류를 범하였다." (이 책 〈출판설명出版說明〉) 둘째, 어떤 조목에서는 성질이 다른 것을 한 조에 함께 서술하여, 과학적이지 못한 면을 드러냈다. 게다가 자주 이런 잘못을 범하였다. 예를 들면, 권7 문학류 '장서藏書' 조에서 유흠劉歆의 《칠략七略》· 순욱荀勗의 《사부목四部目》· 완효서阮孝緖의 《칠록七錄》 등의 목록서에 근거하여 장서 수량을 통계 내었는데, 이는 당연히 정확한 것이다. 그러나 이어서 또한 "명明 영락永樂 연간에 해진解縉에게 명하여 편찬토록 했으며, 요광효姚廣孝 등 사방의 명망 있는 학자들에게 다시 명하여 증집과 교정을 하게 하여 22,900권이 되었는데, 이를 《영락대전永樂大典》이라고 하였다(明永樂時, 命解縉纂集, 復命姚廣孝等四方宿儒增葺二萬二千九百卷, 曰《永樂大典》)" 라고 서술하였는데, 《영락대전》이라는 대형 유서의 권수를 장서수로 삼은 것은 타당하지 않다. 당시에는 이 《영락대전》 외에도 또한 대량의 국가 장서와 사가私家 장서가 있었다. 셋째, 사물의 기원과 연혁을 서술함에 있어 자주 오류를 범하기도 하였으며 정확성이 부족한 곳도 있다. 예를 들면, 권7 문학류 '조본(마사)雕本(麻沙)' 조의 원주原注에서 조상雕像 및 찬경撰經 문제를 조판인쇄雕版印刷와 결부시켜 서술하고 있는데, 이는 앞서 이 문제를 언급한 사람들의 잘못을 그대로 답습하고 있는 것이다.

《소지록》의 판본으로는 청 가경 9년(1804) 초각본, 동치同治 12년(1873) 회남서국淮南書局 중간본重刊本이 있다. 1987년 상해고적출판사上海古籍出版社에서 회남서국본을 저본底本으로 삼아 표점과 교정을 하여 출판하였다.

《격치경원格致鏡原》

100권. 청淸나라 진원룡(陳元龍 : 1652-1736)이 편찬하였다. 진원룡은 자字가 광릉廣陵, 호號가 건재乾齋로, 절강성浙江省 해녕海寧사람이다. 강희康熙 연간에 진사進士가 되었다. 관직은 문연각학사文淵閣學士에 이르렀으며, 시호諡號는 문간文簡이다. 저작으로《애일당문집愛日堂文集》이 있다. 이 책은 강희 47년(1708)에서 48년(1709)에 이루어졌는데, 송대宋代 고승高承의《사물기원事物紀原》을 모방하여 편찬한 것으로, 송대 이래 사물의 기원을 고찰한 유서의 발전과 총결이라 할 수 있다. 그 중의 사물 기재에 관한 자료는 전대前代의 각종 서적에서 채록하였는데, 경經 · 사史를 위주로 하고 잡기雜記·속설俗說과 야승野乘을 덧붙였다. 이 책은 고적 중의 박물博物과 공예 관련 기재를 전문적으로 모았기 때문에 '격치格致' 라고 하였으며, 각 사물에 대해서는 반드시 그 원시 연혁을 기술하고 출처를 명기하였기 때문에 '경원鏡原' 이라고 하였다.

이 책은 건상乾象·곤여坤輿·신체身體·관복冠服·궁실宮室 등 30류로 나누어져 있으며, 각 유類는 다시 그것이 소속된 물명物名에 의거하여 목目으로 분류되어 있다. 예를 들면, 건상류乾象類는 천天·일日·월月·성星·풍風·뇌雷·운雲·우雨·노露·상霜·설雪·박雹·홍예虹霓·무霧의 14목으로 나누어져 있다. 전서全書는 총 886목으로 되어 있는데, 그 중에 단독으로 1목에 열거할 수 없는 것은 관련되는 물명 뒤에 붙였다. 예를 들면, 혼천의渾天儀·각루刻漏·후기候氣는 '천天' 목에 붙였으며, 어렵漁獵·공예용구工藝用具는 '경직기물耕織器物' 목에 붙였다. 어떤 한 사물이 자료가 많으면, 총론總論·명류名類·칭호稱號·기이紀異로 나누어 그 머리에 열거하였다. 인용문은 대부분 원서原書 선본善本에 근거하였으며, 아울러 서명書名을 문장 앞에 두었다. 서명을 들 수 없는 것은 모인某人이 말했다고 주를 달았다.

《사고전서총목四庫全書總目》은 이 책에 대해 "(자료) 채록이 지극히 방대하며, 편집은 조리가 있다(採擷極博, 而編次具有條理)" 라고 평가하였다. 아울러 "명대明代 유서가 대부분 원서명原書名을 기재하지 않은 것은 옛 것을 탈취하여 스스로 이익을 본 것이다(明人類書多不載原書之名, 攘古自益)" 라고 하면서, 반면 이 책은 "각기 출처를 고증하고 정정訂正하여 반드시 원서명과 함께 하였다. 비록 근거한 바가 간혹 근대의 책으로부터 나와 그 기원을 완전히 밝힐 수는 없었으나, 그 체제가 질서정연하며 수미일관首尾一貫하여 제가諸家의 자질구레하고 번잡함의 병폐가 없으니, 또한 거의 정밀精密하다고 할 수 있을 것이다(各考訂所出, 必系以原書之名, 雖所據或間出近代之本, 不能盡溯其源, 而體例秩然, 首尾貫串, 無諸家叢冗猥雜之病, 亦庶幾乎稱精核矣)"라고 하였다. 이 책의 인용문은 대부분 원서로부터 채록하였으며, 또한 대부분 선본에 근거하고 교감이 세밀하였으므로 오자나 탈자가 매우 적다. 이 책은 중국 고대 과학기술사와 문화사 연구에 참고할 가치가 꽤 있다고 할 수 있다. 예를 들면, 조판기술과 관련된 기재는 기타 유서에서는 매우 적게 보인다.

《격치경원》의 판본으로는 청 강희 56년(1717) 해령海寧 진씨광주각본陳氏廣州刻本, 청 옹정雍正 13년(1735) 해녕 진씨중인본陳氏重印本, 청 광서光緒 14년(1888) 상해上海 대동서국大同書局 석인본石印本, 청 광서 22년(1896) 상해 적산서국積山書局 석인본이 있다. 1971년 대만臺灣 상무인서관商務印書館에서 옹정 13년 진씨중인본을 영인하고, 사각호마색인四角號碼索引을 붙였다.

청 옹정제 상

【參考文獻】

洪湛侯,《中國文獻學要籍解題》, 杭州 : 杭州大學出版社, 1997.

吳小如 · 吳同賓 編著,《中國文史工具資料書擧要》, 天津 : 天津古籍出版社, 2002.

胡道靜,《中國古代的類書》, 北京 : 中華書局, 1982.

張忱石,《永樂大典史話》, 北京 : 中華書局, 1986.

裴　芹,《古今圖書集成硏究》, 北京 : 北京圖書館出版社, 2001.

祝鴻熹 · 洪湛侯 主編,《文史工具書詞典》, 杭州 : 浙江古籍出版社, 1996.

趙國璋 · 潘樹廣 主編,《文獻學大辭典》, 揚州 : 廣陵書社, 2005.

영남대학교 중앙도서관 소장 귀중본 유서 해제

《고금원류지론古今源流至論》

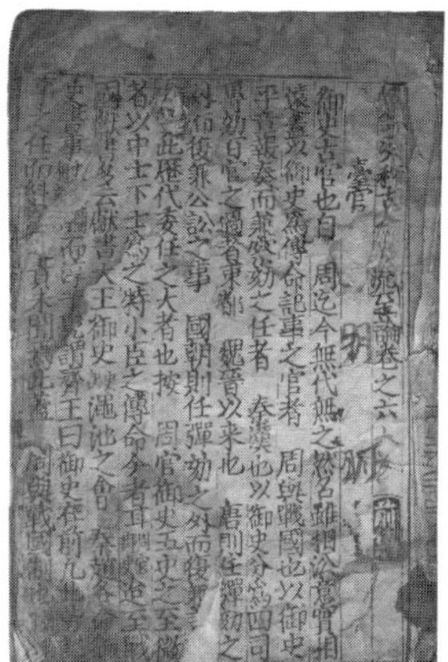

新箋決科古今源流至論 / 林駉[宋] 編

木板本(中國本)

1冊[零本] : 四周雙邊, 半廓 18.6×11.9cm, 有界, 12行22字, 注雙行, 上下大黑口, 上下下向黑魚尾 ; 22×14.4cm

版心題 : 至論

表紙書名：源流至論

本館所藏：1冊(前集 卷6-10)

《원류지론源流至論》이라고도 한다. 전집前集·후집後集·속집續集 각 10권은 송宋나라 임경林駉이 편찬하였으며, 별집別集 10권은 송나라 황이옹黃履翁이 편찬하였다. 임동은 자字가 덕송德頌이며 영덕(寧德：지금의 복건성福建省에 있음)사람으로, 그의 사적事跡은 《민서閩書》라는 책에 보인다. 황이옹의 자는 길보吉父이며, 그의 관적貫籍은 알 수 없으나 아마도 복건 사람인 것 같다.

송나라는 신종神宗 황제부터 과거시험에서 시부詩賦를 없애고 책론策論을 사용하였다. 이에 종종 여러 전적典籍에서 문장들을 뽑아 관련되는 것끼리 배열한 후, 책으로 만들어 과거 응시자들이 활용하도록 공급하는 사람들이 있었다. 이러한 목적으로 만들어진 책으로는 당시 마사(麻沙：복건성 건양현建陽縣 서쪽 마양계麻陽溪 북안北岸에 있는 지명) 서방書坊 간본刊本이 가장 많았는데, 대체로 시골 서당의 유생儒生들에 의해 편찬되었으며, 대부분 가치가 별로 없는 책들이었다. 그러나 그 중에서 오로지 장준경章俊卿의 《산당(군서)고색山堂(群書)考索》이 가장 뛰어난 책이라 할 수 있다. 조선시대에도 전문적으로 과거시험 준비를 위해 편찬된 유서들이 적지 않게 보이는데, 이를테면 《기적전부記蹟全部》·《소빈국笑嚬局》·《책류策類》·《천금구千金裘》 등이 이에 속한다. 아울러 중국의 과거시험용 전문유서인 《옥해玉海》·《영가팔면봉永嘉八面鋒》·《산당고색》·《우주문망宇宙文芒》 등의 책들도 조선에 전입되어 활용되었는데, 《고금원류지론》 역시 그 중의 하나이다.

이 책은 경사백가經史百家의 다른 점 · 같은 점과 역대 제도의 연혁에 대해 분류하였는데, 특히 송대의 조장국전朝章國典에 대한 서술이 상세하며, 기존 전적에 기재되어 있지 않은 사료史料들이 많아 고증에 충분히 활용할 수 있다.

원元나라 연우간본延祐刊本 · 명明나라 가정간본嘉靖刊本 · 《사고전서四庫全書》본이 있다. 현재 한국에는 중국 목판본은 물론 조선 목판본과 경자자본庚子字本이 있으며, 필사본도 보인다. 본관 소장본은 원元나라 목판본으로, 책 표지의 서명은 "원류지론源流至論"으로 되어 있다. 영본零本으로 1책(전집 권6-10)만 남아 있다.

【參考文獻】

《四庫全書總目》, 臺北 : 藝文印書館

祝鴻熹 · 洪湛侯 주편, 《文史工具書詞典》, 杭州 : 浙江古籍出版社, 1996.

崔 桓, 〈한국 類書의 종합적 연구(Ⅰ) : 중국 유서의 전입 및 유행〉, 《中國語文學》 제41집(2003. 6).

崔 桓, 〈한국 類書의 종합적 연구(Ⅱ) : 한국 유서의 간행 및 특색〉, 《中語中文學》 제32집(2003. 6).

《신편고금사문유취新編古今事文類聚》

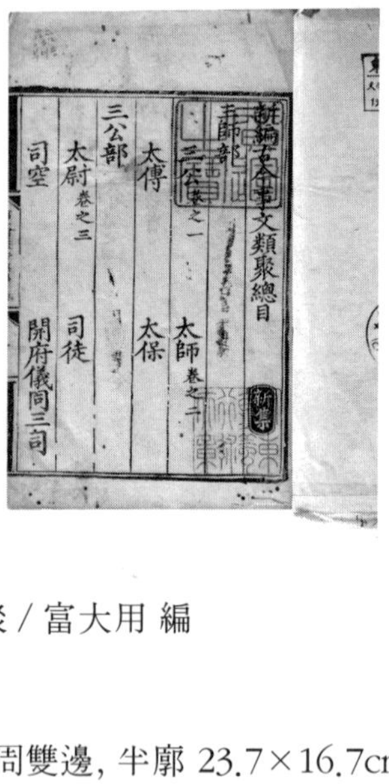

新編古今事文類聚總目
三公 卷之一 太師 卷之二
太傅 太保
三公部
太尉 卷之三 司徒
司空 開府儀同三司

新編古今事文類聚 / 富大用 編

木板本(中國本)

5冊1匣[零本] : 四周雙邊, 半廓 23.7×16.7cm, 有界, 10行18字, 注雙行, 上下大黑口, 上下下向黑魚尾 ; 31.7×20.1cm

印：廣運之寶

本館所藏：5册(新集 目錄, 卷26-36)

《고금사문유취古今事文類聚》(일명 《사문유취事文類聚》라고도 함)는 조선에서 목판본 · 활자본으로 간행되기도 하였으며 필사되기도 하였다. 또한 초록抄錄 형식으로 편찬된 책도 꽤 많이 활용된 듯하다.

이 유서는 송宋나라 축목祝穆이 전집前集 60권 · 후집後集 50권 · 속집續集 28권 · 별집別集 33권을 편찬하였으며, 그 후 원元나라 부대용富大用이 신집新集 36권과 외집外集 15권을, 원나라 축연祝淵이 또 유집遺集 15권을 편찬하였는데, 조선시대〔중종中宗-명종明宗 간(1506-1567) 및 조선 후기〕에는 각 집集 모두 간행 되었다.

축목은 자字가 화보和甫로, 복건성福建省 건양建陽 사람이다. 어릴 때 이름은 병丙으로, 일찍이 주희朱熹로부터 학문을 배웠다. 후에 적공랑迪功郎과 함강서원涵江書院의 산장山長이 되었다. 저서로는 《방여승람方輿勝覽》 등이 있다. 부대용은 자가 시가時可로, 사천성四川省 남강南江 사람이다. 축연은 자가 종례宗禮로, 건안建安사람이며, 축목의 후예이다.

현존 기록으로만 근거한다면, 이 유서가 조선에 전입된 시기는 성종成宗 12년(1481)인데, 당시 명나라 헌제憲帝가 하사했다[1]는 기록이 있다. 그 후 동왕 24년(1493)에는 이 책을 출간하여 90건件을 문신文臣에게 나누어 주었다[2]는 기록이 보이며, 또한 중종 37년(1542)에도 이 책을 나주어 주었다[3]는 기록이 있다. 명종 7년

(1552)에는 설경說經 안수安璲가 금후今後에 서책을 출간하여 나누어 줄 때에는 소수서원紹修書院에도 한 건件을 하사해 줄 것을 청함에 따라 이 책을 하사했다[4]는 기록이 있다. 《사고전서총목四庫全書總目》에서는 이 책의 문장 인용에 있어 전문全文 인용 사실을 들어 송대의 유서 중에서 진실로 검색할 만한 가치가 있는 책으로 평가하였는데,[5] 조선시대에도 이 책을 비교적 높이 평가하여 여러 방면에서 이용한 것으로 보인다.

이 책은 《예문유취》와 《초학기》 등의 체제를 모방하여 상고上古에서 송대에 이르는 자료들을 문류門類로 나누어 수록하였는데, 각 집集 아래에 또한 약간의 부部로 나누고 있다. 유서의 체제상에서 보면, 유편유서類編類書에 속한다. 전집前集은 천도天道·천시天時·지리地理·제계帝系 등 13부로, 후집後集은 인륜人倫·창기娼妓·노복奴僕·초모肖貌 등 14부로, 속집續集은 거처居處·향차香茶·연음燕飮·식물食物 등 13부로, 별집別集은 유학儒學·

1 《성종실록(成宗實錄)》 권136 성종12년 12월 : "欽賜《資治通鑑》·《程氏遺書》·《眞西山集》·《事文類聚》·《致堂管見》·《宋朝文鑑》各一部, 銀一百兩."

2 《성종실록》 권282 성종24년 9월 : "庚申, 校書館印進《事文類聚》, 命以九十件頒賜文臣."

3 《신편고금사문유취·내사기(內賜記)》.

4 《명종실록(明宗實錄)》 권13 명종7년 3월 : "說經安璲曰 : '慶尙道豐基郡有紹修書院, 高麗人安裕之故居也. 一道儒生濟濟相聚, 如朱文公之白鹿洞. 有志之士欲博覽諸書, 而窮鄕下邑, 簡册稀罕, 必貽有志之嘆. 請於印册之時, 各頒一件.'" 同4월 : "(領經筵事沈連源)又曰 : '豐基地紹修書院, 儒士多聚焉. 前以經筵官所啓, 已賜四書五經, 而所乏者《綱目》及《事文類聚》耳, 若國有餘藏, 特命賜之. 則有益於藏修學問矣.' 答曰 : '…… 紹修書院給册事, 如啓.'"

5 《사고전서총목(四庫全書總目)》 권135 : "……獨是書所載, 必擧全文, 故前賢遺佚之篇, 間有藉以足徵者, ……而此備載其文, 是亦其體裁之一善. 在宋代類書之中, 固猶爲可資檢閱者矣."

문장文章 · 서법書法 · 문방文房 등 8부로 나누었다. 각 부部 아래에 또한 약간의 유類로 나누었으며, 각 유목類目 아래에는 먼저 '군서요어群書要語' 를 두어 역대 연혁沿革과 관련된 말들을 열거하였다. 그 다음에는 '고금사실古今事實' (사事)을, 그 다음에는 '고금문집古今文集' (문文)을 열거하였다. 그리고 인용문장에는 모두 출처를 밝혔다. 뒤의 부대용과 축연이 각각 원서의 미비한 점을 보충하여 유목類目을 늘려 신집 · 외집과 유집을 편찬한 사실로 보아 원서의 중요성을 충분히 인식했음을 알 수 있다. 《예문유취》에서 시도된 '사事+문文' 이라는 새로운 유서 체제를 따르고 있는 이 책은 '사' 와 '문' 에 앞서 '군서요어' 를 더 첨가한 점에서 더 완벽한 체제를 갖추었으며, '문' 의 인용에서도 《예문유취》에 비해 수적으로 많았을 뿐 아니라 또한 '문' 부분에서 전문全文을 비교적 완벽하게 인용하고 있어 검색과 이용에 훨씬 편리하고 효율성이 높았을 것이다. 이러한 점들이 조선시대에 이 책이 널리 보급되고 유행하게 된 원인으로 작용했을 것이다.

이 책의 주요 판본을 소개하면 다음과 같다.

1. 元 泰定 3年(1326) 廬陵武溪書院刊本.
2. 明 經廠刊本.
3. 明 萬曆 32年(1604) 金溪唐富春重刊本.
4. 淸 乾隆 28年(1763) 積秀堂重刊七集本.
5. 日本 延寶 6年(1678) 紀伊國屋宗兵衛刊本. 이 판본은 유집遺集 뒤에 잡집雜集 2권이 있다.

본관 소장의 이 책은 부대용이 편찬한 신집으로, 삼사三師·삼공三公·성관省官·성속省屬·육조六曹·추밀원樞密院·어사대御史臺·제원諸院·국사國史·제사諸寺·제감諸監·전사殿司·제고국諸庫局의 총 13부部로 분류하고 있는데, 그 내용은 모두 관제官制에 관한 것이다. 이 책은 원元 초간본初刊本을 모각摹刻한 명대明代 간본이며, 영본零本으로 5책(목록권, 26-36권)이 남아 있다. 장서인藏書印을 보면, 명나라 선종神宗의 어장서御藏書였음을 알 수 있다.

【參考文獻】

《四庫全書總目》, 臺北 : 藝文印書館

南京大學 圖書館·中文系·歷史系 編寫組 편,《文史哲工具書簡介》, 天津 : 天津人民出版社, 1980.

洪湛侯,《中國文獻學要籍解題》, 杭州 : 杭州大學出版社, 1997.

崔 桓,〈한국 類書의 종합적 연구(Ⅰ) : 중국 유서의 전입 및 유행〉,《中國語文學》 제41집(2003. 6).

《운부군옥韻府羣玉》

 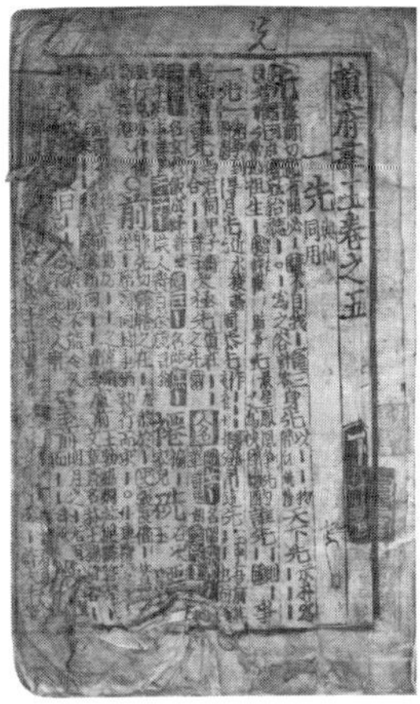

韻府羣玉 / 陰時夫[元] 編輯 ; 陰中夫[元] 編註

木板本

1册[零本] : 四周雙邊, 半廓 20.3×12.6cm, 有界, 10行字數不定, 注雙行, 上下大黑口, 上下下向黑魚尾 ; 25.5×15.9cm

本館所藏 : 1册(卷5-6)

조선시대에 유행한 중국 유서 중의 한 부로 원元나라 음시부陰時夫의 《운부군옥韻府群玉》〔음시부의 형인 음중부(陰中夫 : 이름 유달幼達)가 주注를 닮〕을 꼽을 수 있다. 음시부는 이름이 유우幼遇로, 강서성江西省 봉신奉新 사람이다. 송宋나라 보우寶佑 연간에 구경과九經科에 급제했으나, 원나라에 들어가서는 벼슬길에 나가지 않았다.

이 유서는 운자韻字를 4성聲에 106운韻으로 분류한 다음 각 운에 해당하는 중요한 글자들을 중심으로 채록하였으며, 한 글자가 여러 곳에서 나오는 경우는 약기略記하고 주註로써 상세히 기록하였다. 본문은 총 20권으로 구성되어 있는데, 권1-4에 상평성上平聲, 권5-8에 하평성下平聲, 권9-12에 상성上聲, 권13-16에 거성去聲, 권17-20에 입성入聲의 운자 및 그와 관련된 내용들이 수록되어 있다. 체제는 먼저 운자와 그에 대한 설명을 기록한 다음, 그 운자에 속하는 한자들을 차례로 수록하였다. 그리고 각 한자마다 글자 밑에 세주細註 형식으로 한자의 음과 뜻, 그 글자가 포함된 단어들, 주요 전적典籍에서의 용례 및 인용 출처, 인명 · 지명 · 시가詩歌 등에서 사용된 예 등을 차례로 정리하였다.

이 유서는 조선에서 목판본으로 간행되기도 하였으며, 각 목록서에서도 대단히 많이 등장하는 책이다. 그리고 현존 기록에 의하면, 조선 세종世宗 18년(1436)에 이 책의 인간령印刊令이 있었으며,[6] 그 이듬해인 동왕 19년(1437)에는 경연經筵 소장 《운부군옥》의 선본善本 두 부部를 강원감사江原監司(남수문南秀文)에 보내 판각하게 했다.[7] 이 때에 간행된 것으로 보이는 목판본의 영본零本은 국내외 도서관에 산견된다. 고려대 만송문고晩松文庫에도 영본 3책(권5 · 6 · 7)과 영본 1책(권6)의 두 종이 소장되어 있다.[8] 또

6 〈운부군옥발(韻府群玉跋)〉.
7 〈운부군옥발〉.

한 중종 35년(1540)에는 영의정領議政 윤은보尹殷輔 등이《운부군옥》및《아음회편雅音會編》의 출간을 청하자 허락했다[9]는 기록이 있다. 동왕 39년〔인종仁宗 즉위 년, 1544〕에《운부군옥》의 오류를 바로 잡고 중복을 삭제하기 위해 시킨 이희보李希輔가 사임했다[10]는 기록도 보인다. 그 후에《운부군옥》의 속편이라 할 수 있는《증속회통운부군옥增續會通韻府群玉》(명明 포유包瑜 증편增編,《운부속편韻府續編》혹은《유취고금운부속편類聚古今韻府續編》이라고도 함)[11]도 활자본으로 간행되었다. 즉, 명종明宗–선조宣祖 연간에 을해자乙亥字로 간행되었고,[12] 광해군光海君–효종孝宗 연

8 심경호, 〈《대동운부군옥(大東韻府群玉)》의 구조〉,《국문학 연구와 문헌학》(서울 : 태학사, 2002) 참조.

9《중종실록(中宗實錄)》권94 중종35년 11월 : "(尹)殷輔等議啓曰 : '……且天使若出來, 則以我國爲文獻之邦, 必以詩文相接也. 中朝之重我國, 亦以此也.《韻府群玉》最要於述詩, 合新增而設局, 令能文堂上郎官主之. 以大字刊出七律五律, 以韻類聚. 如《雅音會編》亦設局刊出, 則便於文士之見, 而切於救時之急也.' 傳曰 : '……《韻府群玉》·《雅音會編》印出事, 皆依啓.'"

10《중종실록》권104 중종39년 8월 : "大護軍李希輔上疏曰 : '…… 不意黃髮殘年, 謬撰萃《群玉》之任, 自受命以來, …… 伏願殿下憐臣衰病, 察臣情懇, 亟遆不稱之任, 以授可堪之人. …….'"

11《사고전서총목》권137에는《운부속편(韻府續編)》이라는 서명으로 저록되어 있는데, 음씨(陰氏)의《운부군옥》의 빠진 부분을 보충하여 편찬한 책이라 하였다. 장척화(張滌華)의《유서유별(類書類別)》(修訂本 ; 北京 : 商務印書館, 1985) 중의 목록에서도 동일 서명으로 이 책이 저록되어 있는데,《손씨사당서목(孫氏祠堂書目)》에서는 이 책을《유취고금운부속편(類聚古今韻府續編)》이라고 하였다는 설명이 붙어 있다. 장방영(莊芳榮)의《중국유서총목초고(中國類書總目初稿) : 서명 · 저자색인편(書名 · 著者索引篇)》(臺北 : 臺灣學生書局, 1994)에서는 이 두 가지 서명을 모두 저록하면서 각기 따로 열거하였다. 한국의 목록서에서는 포유(包瑜) 속편(續編)《증속회통운부군옥(增續會通韻府群玉)》이라는 서명으로 저록되어 있다.

12 고려대학교 만송문고(晩松文庫)에 영본(零本) 2책이 소장되어 있다.

간에도 훈련도감자訓鍊都監字로 간행되었다.[13] 또 숙종肅宗 43년(1717)에 교서관校書館에서 중인重印되었다.[14] 또한《신증설문운부군옥新增說文韻府群玉》과《증산운부군옥정본增刪韻府群玉定本》과 같은 증산본增刪本도 보이고 있다. 이러한 사실들은《운부군옥》이 조선시대에 매우 중시되고 유행하였음을 충분히 설명하고 있다. 중종 때 윤은보 등이 임금에게《운부군옥》은 시를 짓는 데에 가장 요긴하다고 아뢴 적이 있는데, 이 사실에 비추어 보아 이 책은 당시 시문창작 방면에 있어 매우 중요한 유서였음을 알 수 있다.[15] 또한 이희보는 중종에게 올리는 상소문에서 "《운부군옥》의 글은 유가儒家의 큰 모범이므로, 하나라도 잘못된 데가 있으면 만세에 폐단을 끼치게 됩니다(況《韻府》之書, 儒家大範, 一有所誤, 貽弊萬世)"[16]라고 하였는데, 이 말은 당시《운부군옥》이 매우 중요한 책이었음을 단적으로 보여주고 있다.

또한 이 책은 편찬 체제상에서 보면 운자韻字에 따라 자료들을 배열한 운편유서韻編類書에 속하기 때문에 항목에 따라 분류한 유편유서類編類書에 비해 당시 운韻을 이해하고 있었던 시인이나 문인들의 입장에서는 검색이 더욱 편리했다는 점도 이 책이 유행하게 된 요인 중의 하나로 작용했을 것이다. 뒤에 권문해權

13 국학자료보존회(國學資料保存會) 편찬,《한국전적종합목록(韓國典籍綜合目錄)》(4) 중의 성암문고(誠庵文庫)〔조병순(趙炳舜) 장(藏)〕 부분 364쪽 참조. 고려대학교 만송문고에 영본(零本) 18책이 소장되어 있다.

14 《중속회통운부군옥 · 인출기(印出記)》.

15 주 9 참조.

16 《중종실록》 권104 중종39년 8월.

文海는 이 책을 모방하여 《대동운부군옥大東韻府群玉》이라는 유서를 편찬하였다.

이 책의 중국 판본으로 원나라 대덕간본大德刊本 · 명明나라 초기 간본 · 가정嘉靖 44년(1565) 유씨간본劉氏刊本이 있다. 본관 소장의 이 책은 여말선초麗末鮮初에 원간본元刊本을 복각覆刻한 것이며, 영본零本으로 1책(권5-6)만이 남아 있다.

【參考文獻】

《四庫全書總目》, 臺北 : 藝文印書館

國學資料保存會 編, 《韓國典籍綜合目錄 4》(誠庵文庫), 1975.

서울大學校奎章閣, 《奎章閣韓國本圖書解題-續集-》(經 · 子部 2), 서울 : 민창문화사, 2001.

張滌華, 《類書類別》(修訂本), 北京 : 商務印書館, 1985.

莊芳榮 編, 《中國類書總目初稿 : 書名 · 著者索引篇》, 臺北 : 臺灣學生書局, 1994.

祝鴻熹 · 洪湛侯 주편, 《文史工具書詞典》, 杭州 : 浙江古籍出版社, 1996.

심경호, 〈《大東韻府群玉》의 구조〉, 《국문학 연구와 문헌학》(서울 : 태학사, 2002).

崔 桓, 〈한국 類書의 종합적 연구(Ⅰ) : 중국 유서의 전입 및 유행〉, 《中國語文學》 제41집(2003. 6).

《고사촬요攷事撮要》

 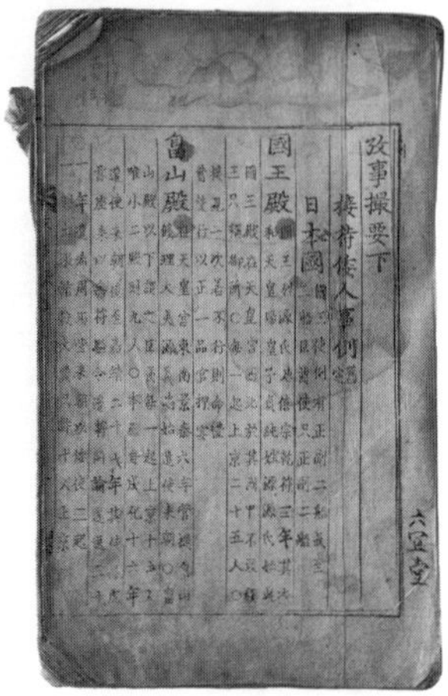

攷事撮要 / 魚叔權 等編

木活字本(訓鍊都監字)

1冊[零本] : 四周雙邊, 半廓 26.1×17.1cm, 有界, 10行17字, 注雙行, 上下內向六瓣黑魚尾 ; 28.1×20.7cm

卷末 : 地圖15張(筆寫)

卷頭 數張은 缺落됨

本館所藏 : 1冊(卷下)

《고사촬요攷事撮要》는 명종明宗 9년(1554)에 어숙권魚叔權이 편찬하였는데, 간행년도를 알 수 있는 한국 유서 중에서 비교적 이른 시기인 선조宣祖 연간에 간행되었다.

어숙권은 본관이 함종咸從, 호는 야족당也足堂 또는 예미曳尾

이다. 좌의정左議政 어세겸魚世謙의 서손庶孫이며, 감찰監察 어맹렴魚孟濂의 서자이다. 조선 전기 저명한 이문학자吏文學者이자 《훈몽자회訓蒙字會》의 저자이기도 한 최세진崔世珍의 문인으로 스승의 성향을 계승하여 중종中宗대에 이문학관에 참여하였다. 《제왕역년기帝王歷年記》와 《요집要集》의 내용이 소략하고 상세함이 한결같지 않음을 보고는 이들을 참조하여 《고사촬요》를 편찬하였다. 당시 영의정領議政인 심연원沈連源과 대제학大提學 정사룡鄭士龍 등의 주선으로 이 책을 주국鑄局에서 간행하여 널리 알려지게 되었다. 그는 외국어에 능하여 외교에 많은 공헌을 하였으며, 박학하고 문장에 뛰어나 시평 · 시론에 일가를 이루어 이이李珥를 가르칠 정도였으나, 미천한 출신이어서 끝내 현달하지 못하고 말았다.

이 책은 조선시대의 사대교린事大交鄰 문제를 중심으로 하여 기타 관제官制 · 과거科擧 · 서식書式 · 서책書册 및 약물藥物의 가격 · 도로 등 여러 가지 상식들을 부분적으로 포함한 유서이다.

이 책은 어숙권의 원찬原撰에서부터 영조英祖 47년(1771) 서명응徐命膺이 《고사신서攷事新書》로 대폭 개정 · 증보하기까지 무려 12차에 걸쳐 간행되기도 하였다.[17] 또한 숙종肅宗 원년(1675)에 이 책을 나누어 주었다[18]는 기록과 동왕同王 10년(1684)에는 이식李植이라는 사람이 《속고사촬요續攷事撮要》를 베꼈으나 병자丙子 이

17 한국정신문화연구원, 《한국민족문화대백과사전》2(1991), 512쪽 참조.
18 《고사촬요 · 내사기(內賜記)》.

후에 산일散佚하여 거두지 못하였으니 제조提調 1인으로 하여금 1질秩을 편성編成할 것을 남구만南九萬이 청했다[19]는 기록이 있다. 특히 현종顯宗 5년(1664)에 왜인倭人이 이 책을 알고 구입하려 했으나, 불허했다는 기록도 남아 있다. 이러한 사실은 조선 전기의 대표적 유서라고 할 수 있는 《고사촬요》가 조선시대에 꽤 주목을 받고 유행하였음을 증명하고 있다.

초간본은 현재 전하고 있는 것이 없으나 후간본에 의해서 그 체제와 내용이 짐작되며, 현존하는 가장 오래된 판본은 선조宣祖 1년(1568)에 발간된 을해자본乙亥字本이다. 간본 중 선조 9년(1576)에 간행된 을해자본 복각본은 방각본坊刻本 중 가장 오래된 것으로 인정되어 방각본 연구에 도움을 준다. 선조 18년(1585)에 간행된 목판본은 그 다음으로 오래 된 방각본으로 우리나라의 방각본이 이미 임진왜란壬辰倭亂 이전에 시작되었다는 것을 입증해 주는 좋은 자료이다. 본관 소장의 이 책은 경오자체庚午字體 훈련도감자본訓鍊都監字本이며, 영본零本으로 1책만이 남아 있다. 그 내용은 조선시대 각 도의 필사筆寫 지도地圖가 대부분이며, 뒤에는 중국 지도도 붙어 있다.

19 《숙종실록(肅宗實錄)》 권15下 숙종10년 8월 : "九萬曰 : '事大交隣文書, 藏置承政院, 而丙子以前, 故判書李植抄《續攷事撮要》, 其後散佚不收, 宜令提調一人句管, 編成一帙, 以作掌故之資. …….'"

20 《현종실록(顯宗實錄)》권8 현종 5년 윤(閏)6월 : "倭人求貿《退溪集》·《攷事撮要》, 不許."

【參考文獻】

서울大學校奎章閣,《奎章閣韓國本圖書解題-續集-》(經 · 子部 2), 서울 : 민창문화사, 2001.

한국정신문화연구원,《한국민족문화대백과사전》2 · 14, 1991.

崔　桓, 〈한국 類書의 종합적 연구(II) : 한국 유서의 간행 및 특색〉,《中語中文學》제32집(2003. 6).

《거가필용사류전집居家必用事類全集》

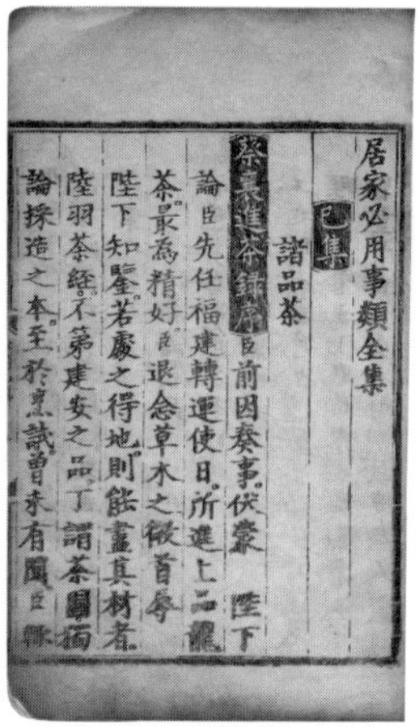
居家必用事類全集
巳集 諸品茶
茶錄進茶錄序 臣前因奏事伏蒙 陛下
論臣先任福建轉運使日所進上品龍
茶最為精好臣退念草木之微首蒙
陛下知鑒若處之得地則能盡其材昔
陸羽茶經不第建安之品丁謂茶圖獨
論採造之本至於烹試曾未有聞臣輒

居家必用事類全集

木板本(中國本)

1冊[零本] : 四周雙邊, 半廓 21.6×15.2cm, 有界, 9行16字, 注雙行, 上下大黑口, 上下內向黑魚尾 ; 29×18.3cm

表紙書名 : 居家必用

本館所藏 : 1冊

편찬자는 미상未詳으로, 역대 명현名賢의 교훈 및 거가일용居家日用과 관련된 일을 싣고 있는 유서 형식의 책이다. 유서의 용도상에서 보면, 이른바 일용유서日用類書에 속한다고 할 수 있다. 일용유서는 문자 그대로 일상생활 중에서 수시로 활용할 수 있도록 관련 사항들을 유별로 정리하여 편찬된 책으로, 일용에 필요한 상식성常識性의 유서라 할 수 있다. 한국 유서 중에는 공문서식과 편지글 관련 책들이 거의 대부분이 이에 속한다. 예를 들면, 서식 용례집이라 할 수 있는 《유서필지儒胥必知》나 공사公私 전반의 소식문消息文에 관한 용어·문례文例·서식 등을 매우 상세하게 소개하고 있는 《한훤차록寒暄箚錄》 등은 활용도가 꽤 높은 책이었다. 《죽교편람竹僑便覽》은 상례喪禮·제례祭禮 및 농업 관련 일상사를 다루고 있다. 농업에 관한 전문유서라고 할 수 있는 《임원십륙지林園十六志》 등과 같은 유서도 일용유서의 성격을 지닌 책으로 간주할 수 있다. 한편 한국에 전입된 중국 유서 중에서는 《거가필비居家必備》·《만보전서萬寶全書》 등이 이에 속한다.

《사고전서四庫全書》에서는 이 책이 자부子部 잡가류雜家類에 저록著錄되어 있다. 10간干으로 집集을 나누었으며, 체제가 매우 간결하다. 신집辛集 중에 대덕大德 5년 오군吳郡 서원서徐元瑞의 〈이학지남서吏學指南序〉가 있는데, '성조聖朝'라는 글자를 모두 한 행行씩 당겨 위로 올려놓았다. 또한 《영락대전永樂大典》에서는 자주 이 책을 인용하였다. 이러한 사실에 비추어 이 책은 의심할 여지가 없이 원元나라 사람이 편찬한 것이라 할 수 있다. 황우직黃虞稷의 《천경당서목千頃堂書目》에서 "어떤 사람은 웅종립熊宗立이 찬했다고 말한다或謂熊宗立撰"라고 했으나, 반드시 그렇다고는 할 수 없을 것 같다.

본관에는 기집己集 1책만이 소장되어 있는데, 중국 목판본으로 명明 가정嘉靖 연간의 방원간본仿元刊本이다. 책 앞에 기집己集 목록이 있다. 기집은 제품차諸品茶·제품탕諸品湯·숙수류熟水

類 · 장수류漿水類 · 법제향채法製香菜 · 과식류果食類 · 주국류酒麴類 · 조제초법造諸醋法 · 제장류諸醬類 · 제고류諸鼓類 · 온조엄장일醞造醃藏日 · 음식류飮食類 · 엄장어품醃藏魚品 · 조자품造鮓品으로 분류하고 있는데, 차 · 국 · 식초 · 간장 · 젓갈 등등 주로 음식의 제조법에 관한 내용으로 되어 있다.

【參考文獻】

《四庫全書總目》, 臺北 : 藝文印書館.

崔　桓, 〈한국 類書의 종합적 연구(II) : 한국 유서의 간행 및 특색〉, 《中語中文學》 제32집(2003. 6).

《사류부事類賦》

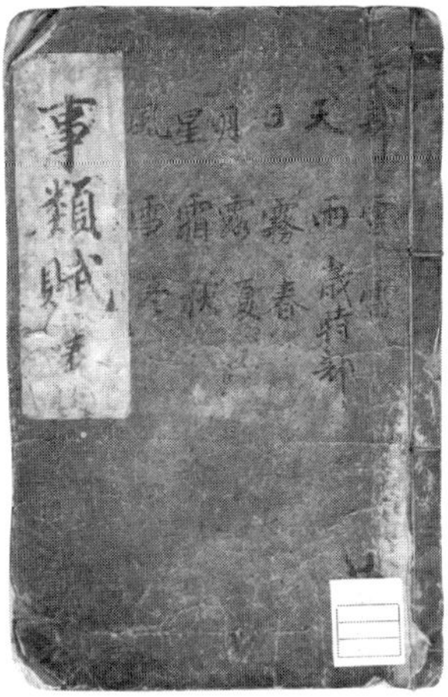

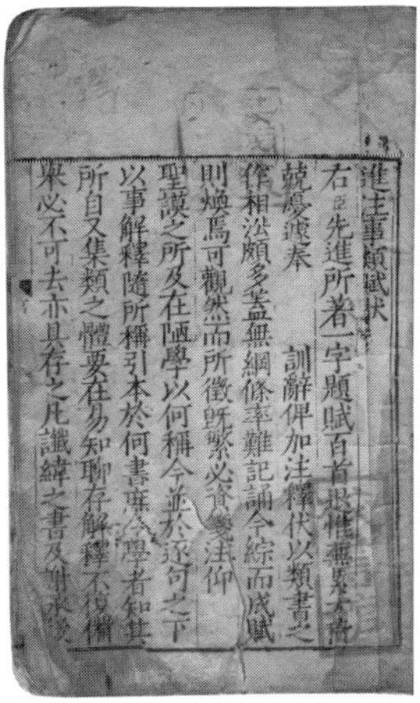

進注事類賦狀

右臣先進所著一字題賦百首退惟蕪[illegible]

[illegible]謹奏　訓辭俾加注釋伏以類書之

作相沿頗多蓋無綱條率難記誦今綜而成賦

則煥焉可觀然而所徵既繁必資[illegible]注仰

聖謨之所及在陋學以何稱今並於逐句之下

以事解釋隨所稱引本於何書庶令學者知其

所自又集類之體要在易知聊存解釋不復備

舉必不可去亦具存之凡讖緯之書及[illegible]

事類賦 / 吳淑[宋] 編

木板本(中國本)

4冊[零本](全30卷6冊) : 上下單邊 左右雙邊, 半郭 19.4×14.5cm, 有界, 12行20字, 注雙行, 上下向黑魚尾 ; 27.5×17.4cm

版心下端에 刻手名 記入

印 : 校書館, 芸閣藏

本館所藏 : 4冊(卷1-20)

《일자제부一字題賦》라고도 한다. 송宋나라 오숙(吳淑 : 947-1002)이 편찬하였다. 오숙은 자字가 정의正儀로, 단양(丹陽 : 지금의 강소성江蘇省에 있음)사람이다. 처음에는 남당南唐에서 내사內史 벼슬을 하였는데, 송宋에 들어온 이후 관직이 기거사인起居舍人 · 직방원외랑職方員外郎에 이르렀다. 일찍이 《태평어람太平御覽》과 《문원영화文苑英華》 편찬에 참여하였으며, 저서로는 《자의字義》 · 《강회이인록江淮異人錄》 · 《비각한담秘閣閑談》 등이 있다.

이 책은 유서로서, 처음 황제에게 이 책을 받칠 때의 서명이 《일자제부》로 20권이었으며, 주注가 없었다. 주석을 부가하라는 태종太宗의 명을 받고 자주自注를 달아 30권으로 확충하였다. 천天 · 세시歲時 · 지地 · 보화寶貨 · 악樂 · 복용服用 · 집물什物 · 음식飮食 · 금禽 · 수獸 · 초목草木 · 과果 · 인개鱗介 · 충蟲의 14부部로 분류하였으며, 모두 100개의 자목子目이 있다. 매 자목은 한 자字로 표제標題를 세워 부賦 한 수를 지어놓았으며, 또한 구句에 관련되는 문장을 인용하였다. 아울러 인용한 서명을 명기하였다. 유서를 편찬 체제상에서 분류하면, 유편유서類編類書 · 운편유서韻編類書 · 자편유서字編類書 · 수편유서數編類書 · 시편유서時編類書로 나눌 수 있는데, 이 책은 한 자로 표제를 세우고 있어 이른바 자편유서에 속한다고 할 수 있다. 중국 유서 중에서 자편유서에 속하는 것으로는 이 책 외에도 《분류자금分類字錦》 · 《변자유편騈字類編》 등이 더 있다.

한국 유서 중에서는 자편유서가 보이지 않는다. 그러나 《사요보감四要寶鑑》 같은 유서는 기본적으로는 유편유서에 속하지만 그 분류 방법상에 있어서는 자편유서의 성격을 얼마간 띠고 있다고 볼 수 있다. 그 분류 상황을 보면 다음과 같다.

天：天道門 / 地：人道門 / 玄：人倫門 / 黃：人品門 / 宇：異端門 / 宙：性理門 / 洪：德 / 荒：命·性 / 日：心 / 月：情·志·意·氣 / 盈：仁 / 昃：義 / 辰：禮 / 宿：智 / 列：信 / 張：善 / 寒：誠 / 來：敬 / 暑：學術門 / 往：知行門 / 秋：言行門 / 收：經籍門 / 冬：文學門 / 藏：民生門 / 閏：稽古門 / 餘：三代總論 / 成：濂洛諸賢

즉, 《천자문千字文》의 글자 순으로 크게 분류를 하였는데, 이는 유목類目 분류와는 상관없이 일련번호와 같은 작용을 하는 기호에 불과하다. 그러나 앞뒤의 문별門別 분류 외에 중간 부분(성리문性理門에 속함)에는 글자 한 자로써 유목을 삼고 있는데, 이는 자편유서의 글자 위주의 표제와 닮아 있다.

《사고전서총목四庫全書總目》에 이 책을 저록著錄하고 있는데, 유서로서 "부를 연결하여 지어놓은 것으로는 오숙으로부터 시작되었다……. 또한 주와 부가 한 사람의 손에서 나왔으며 내용에 잘못이 없는 까닭으로 지금까지 전송傳誦되고 있다(聯而爲賦者, 則自淑始……. 又注與賦出自一手, 事無舛誤, 故傳誦至今)"라고 하였다. 오숙은 서현徐鉉의 사위로, 학문에 깊이가 있고 견문이 넓었으며, 그가 지은 부는 매우 정교하고 우아하였다. 이 책을 받칠 때 지은 〈진서장進書狀〉에서 "무릇 참위讖緯의 책 및 사승謝承의 《후한서後漢書》·장번張璠의 《한기漢記》·《속한서續漢書》·《제계보帝系譜》·서정徐整의 《장력長歷》·《원중기元中記》·《물리론物理論》은 모두 현재 실전되었으나, 저술가들이 서로 이어 사용하고 있어

차마 버리지 못하고 또한 다시 사용하였다(凡讖緯之書及謝承《後漢書》·張璠《漢記》·《續漢書》·《帝系譜》·徐整《長曆》·《元中記》·《物理論》皆今所遺逸, 而著述之家相承爲用, 不忍棄去, 亦復存之)"라고 하였는데, 이는 이 몇 종種의 일서逸書들 외에 나머지는 모두 원서原書에서 인용하고 있음을 의미하고 있어, 이곳저곳에서 뺏기고 모은 후세의 유서들과는 비교할 수 없다고 할 수 있다.

이 책의 판본으로는 남송南宋 소흥紹興 16年(1146) 양절동로다염사각본兩浙東路茶鹽司刻本 · 청淸 건륭乾隆 29년(1764) 화희민검광각간본華希閔劍光閣刊本 · 《사고전서四庫全書》본이 있다. 본관 소장의 이 책은 영본零本으로 4책이 남아 있으며(2책 결여), 교서관校書館(운각芸閣) 구장본舊藏本이다. 책 앞에 오숙의 〈진주사류부장進注事類賦狀〉 · 소흥紹興 병인(丙寅 : 1146)에 변돈덕邊惇德이 작성한 〈사류부서事類賦序〉 그리고 목록이 있으며, 각 권卷 앞에는 "宋博士渤海吳淑撰註 皇明都事錫山華麟祥校刊"이라 적혀 있다.

【參考文獻】

《四庫全書總目》, 臺北 : 藝文印書館.

祝鴻熹 · 洪湛侯 주편, 《文史工具書詞典》, 杭州 : 浙江古籍出版社, 1996.

崔 桓, 〈한국 類書의 종합적 연구(II) : 한국 유서의 간행 및 특색〉, 《中語中文學》 제32집(2003. 6).

《만물유취萬物類聚》

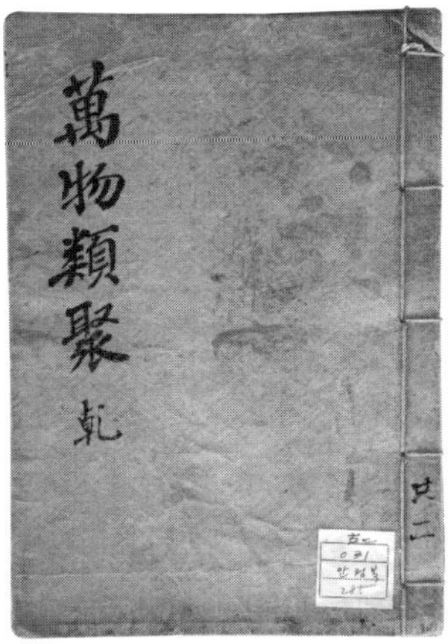

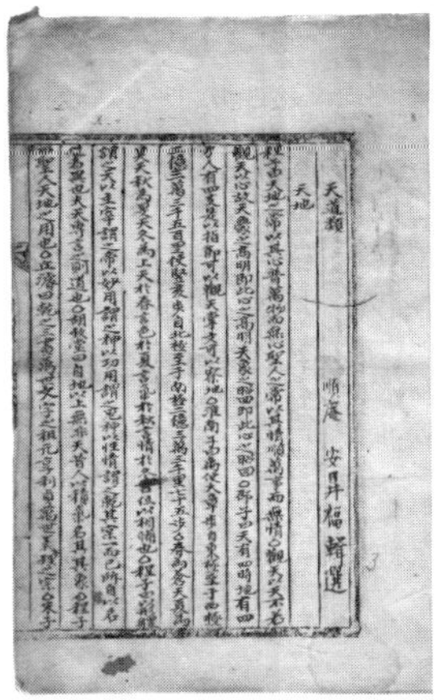

萬物類聚 / 安鼎福 著

筆寫本(匡廓은 木板)

1冊[零本](全2冊) : 四周雙邊, 半廓 16.8×11cm, 有界, 10行, 上下向四瓣黑魚尾 ; 23.4×16.2cm

이 책은 유서로서 그 체제상에서 보면, 유편유서類編類書에 속한다. 유편유서는 사류事類에 따라 부部와 유類 등으로 나누어 편찬한 유서를 말한다. 이 체제는 유서 편찬에서 가장 보편적으로 사용된 것으로, 대부분의 유서들이 이 체제를 사용하고 있다. 이 책은 원래 2책으로 권수卷數로는 나누지 않았는데, 본관에는 제1책인 건권乾卷만을 소장하고 있다. 건권 앞에 건권의 목록이 실려 있다. 이 건권을 보면, 천도류天道類 · 지리류地理類 · 동식류動

植類로 크게 분류하면서, 다시 각 유類에 많은 항목을 열거하고 각 항목마다 기존의 관련 자료들을 인용하였다. 천도류에는 '천지天地'를 비롯하여 55개 항목, 지리류에는 '지형地形'을 비롯하여 16개 항목, 동식류에는 '초草'를 비롯하여 29개 항목을 들고 있다.

이 책의 편찬자는 안정복(安鼎福 : 1712-1791)으로, 그는 이 책 외에도《잡동산이雜同散異》·《소빈국笑嚬局》·《성호사설유선星湖僿說類選》등의 유서를 더 편찬하였다. 안정복은 조선 후기의 실학자實學者이다. 본관本貫은 광주廣州, 자字는 백순百順, 호號는 순암順菴·한산병은漢山病隱·우이자虞夷子·상헌橡軒으로, 제천堤川 출신이다. 그의 집안은 전통적으로 남인南人이었기 때문에 다른 남인의 집안과 마찬가지로, 그 아버지 때부터 당쟁에 희생이 되어 벼슬길이 끊긴 불우한 집안이었다. 그러나 그는 어려서부터 공부를 시작하여 경학經學은 물론, 역사·천문·지리·의약 등에 걸쳐 넓고도 깊은 경지에 도달하였다. 그러면서도 그는 과거에는 단 한번도 응시하지 않았다. 1746년 35세 때 이익李瀷의 문하에 들어가서 공부하면서부터 학문의 목표를 경세치용經世致用에 두고 이를 위해서 진력하였다. 1749년 처음으로 만녕전참봉萬寧殿參奉에 부임한 것을 시작으로, 내직으로는 감찰監察·익위사익찬翊衛司翊贊을 역임하였고, 외직으로는 65세 때에 목천현감木川縣監을 지냈다. 그러나 70세 이후에 받은 통정대부通政大夫·가선대부嘉善大夫 등의 여러 직책은 고령에 따른 예우에 지나지 않았다. 어쨌든 그는 노령에 들자 80세의 나이로 죽을 때까지 학문연구와 선비로서 갖추어야 할 몸가짐을 게을리 하지 않았다. 당시는 이른바 실학의 학풍이 선구적인 학자·사상가들에 의해서 개진·선양되고 있었는데, 그는 이러한 실학의 한 지도자인 이익의 학문과 사상을 계승하여 이를 구체적으로 밝히고자 하였다. 그렇지만 성호학파星湖學派에 속하였던 그는 다른 사람들과는 달리 천주교에 대해서는 어디까지나 비판적이었다. 그는 철저한 주자朱子학자였고 전통성을 고집하는 전통적인 조선학인이었다. 이러한 이유로 유서인 이 책에서도 주자나 정자程子의 말을 적지 않게 인용하고 있다. 또한 유서의 용도상에서 본다면, 유서와 조선시대 실학과는 밀접한 관계가 있다. 당시 실학자들은 백과사전적인 실학저술을 유서의 체제형식을 빌어 편찬하면서 자신들의 실학사상을 그 책들을 통해 표현하였던 것이다. 바꾸어 말하면, 실학적인 박학태도를 표현하기 위해서는 자료 회편匯編이라는 유서 체제가 가장 적합하였으며, 거기에다 자신들의 견해나 고증적인 내용을 덧붙임으로써 저술의 성격이 가미되었던 것이다. 비교적 저명한 한국 유서 중에서 적지 않은 책들이 조선시대의 실학자 및 그 사상과 관련이 있는데, 이를테면 이수광李睟光의 《지봉유설芝峯類說》·권문해權文海의 《대동운부군옥大東韻府群玉》·김육金堉의 《유원총보類苑叢寶》·이익李瀷의 《성호사설星湖僿說》·서명응徐命膺의 《고사신서攷事新書》 등등이다. 이익의 문하로서 실학자였던 안정복 역시 이러한 배경 하에서 유서들을 편찬하였다고 볼 수 있다. 그러나 이 책은 편찬자인 안정복이 개인적으로 차후의 활용을 위해 전인前人의 저술 중에서 필요한 사실만을 적록摘錄하고 분류하여 편찬한 비망록의 성격을 지닌 유서라고도 할 수 있다.

이 책의 본문 첫 장 '천도류天道類' 제목 아래에 "順菴安鼎福輯選"이라고 적혀 있다.

【參考文獻】

한국정신문화연구원,《한국민족문화대백과사전》14, 1991.

崔 桓,〈한국 類書의 종합적 연구(II) : 한국 유서의 간행 및 특색〉,《中語中文學》제32집(2003. 6).

《신각만용불구인편람전서新刻萬用不求人便覽全書》

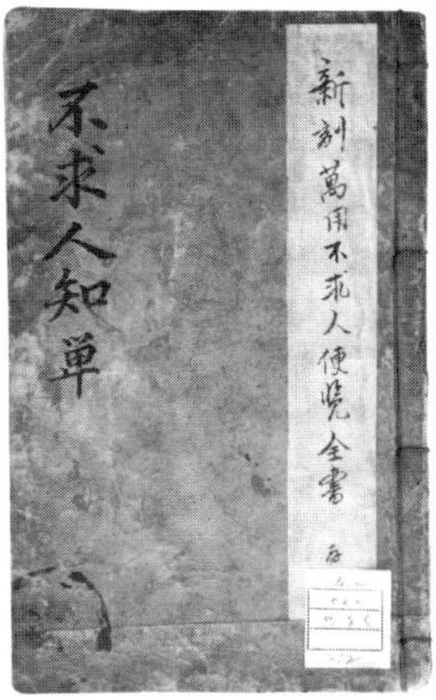

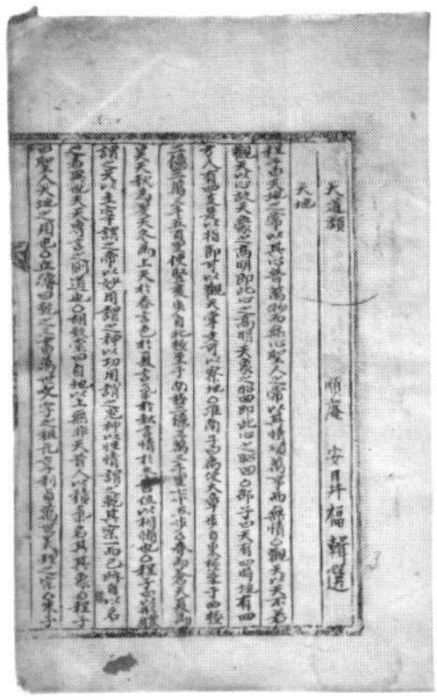

木板本(中國本)

1冊[零本] : 挿圖, 四周單邊, 半廓 20.6×11.8cm, 有界(一部分無界), 行字數不定, 注雙行, 上下向黑魚尾 ; 23.1×14.1cm

本館所藏 : 1冊(卷14, 17, 27)

卷14의 第1-2張, 卷27의 第10張 以後는 缺落됨

이 책은 유서로서 그 편찬 용도상에서 보면 일용유서日用類書에 속하는데, 서명書名만을 두고 보더라도 그 사실을 분명히 알 수 있다.

이 책의 선본(善本 : 명明 만력萬曆 연간 각본刻本)은 미국 국회도서관에 소장되어 있는데, 서명이 《만용정종불구인전편萬用正宗不求人全編》(35권 12책)으로 되어 있다. 원래 "京南龍陽子精輯, 藝林

□□□梓行”이라고 적혀 있다. 간행자의 이름을 삭제하였는데, 여문태余文台가 틀림없다. 용양자龍陽子가 어떤 사람인지는 자세하게 알 수 없지만, 책머리에 있는 〈소인小引〉에서 “숭문관崇文館에서 수업을 하였기에 용양자 무리와 같이 할 수 있었다. 내가 그 책을 보니, 천문天文 · 지여地輿 · 기도紀圖 및 《산해경山海經》 · 《박물지博物志》 · 《괴이부록怪異符錄》 · 《제이전諸異傳》 · 《남월지南越志》 · 《서역기西域記》 등등 두루 보지 않은 바가 없었다. 나는 그 중에서 용이하게 이용할 수 있는 것을 적록摘錄하고 번잡한 것을 없애어 편찬하였으니, 서명을 《학부전편學府全編》이라 하였다(因肄業於崇文館, 得與龍陽子伍. 余觀其書, 乃天文地輿紀圖及《山海經》· 《博物志》·《怪異符錄》·《諸異傳》·《南越志》·《西域記》, 總總琳琳无不遍閱. 余是以摘其捷用者錄之, 刪其繁亂者去之, 故彙纂成帙, 名曰《學府全編》)”라고 하였다. 〈소인〉에는 서명을 하지 않았는데, 그것은 마땅히 출판계 사람이 지은 것이다. 그러나 반드시 여문태가 지었다고는 할 수 없다. 이 책은 대개 용양자가 처음으로 편찬을 하였으며, 그의 숭문관 동학同學이 그것을 정리하여 《학부전편》이라 이름 붙였다. 여문태는 〈고백告白〉에서 “세상의 여러 책들이 잡다하게 판각되었으나 대부분 구 형태를 답습하였으니, 그 중에서 하나를 취하고 열을 버렸으며, 정밀한 것을 버리고 조잡한 것을 취하였다. 본당本堂에서는 최근 이 책을 판각하여 《만용정종萬用正宗》이라 이름 붙였는데, 문류門類를 나누고 정하였으며 모든 것을 갖추어 실었으니, 책을 펼쳐 읽으면서 모든 활용에 일목요연하게 하였다(坊間諸書雜刻, 然多沿襲舊套, 採其一, 去其十 ; 棄其精, 得其

粗. 本堂近鋟此書, 名爲《萬用正宗》者, 分門定類, 俱載全備, 展卷閱之, 諸用了然)"라고 하였다. 즉, 여문태의 이 책은 《학부전편》을 증집增輯한 것 같다. 그래서 책 속의 서제書題가 동일하지 않다. 대체로 권4 이전에는 "鼎鋟崇文閣彙纂士民萬用正宗不求人全編"이라 적혀 있으며, 권5 이후에는 "鼎鋟崇文閣彙纂四民捷用分類學府全編"이라 적혀 있다. 권35 뒤의 패기牌記에서 "萬曆歲次丁未潭陽余文台梓"라고 하였다.

명대明代의 또 다른 유서인 《전서비고全書備攷》(34권)는 그 내용을 고찰해 보면 여문태의 본서를 줄여서 편찬된 책이다.

본관 소장본은 원말명초元末明初 방각본坊刻本으로 14·17·27권만 남아 있는데, 각 권마다 서명이 달리 적혀 있다. 즉, 14권 끝에는 "一覽不求人"으로 되어 있으며, 17권 첫째 장에는 "新刻萬用不求人便覽全書"으로 되어 있으며, 27권 첫째 장에는"新刻萬用全書不求人"으로 되어 있다. 그리고 책 표지에는 서명書名을 "不求人知"으로 필사해 놓았다. 하란下欄은 12行 18字, 상란上欄은 14행 15자로 되어 있으며, 그림이 들어 있다. 공교롭게도 본관에 남아 있는 14·17·27권의 내용은 모두 도교道教의 신선神仙 및 양생술養生術 등과 관련되어 있다.

【參考文獻】

王重民,《中國善本書目提要》, 臺北 : 明文書局, 1984.

유서 자료의 검색과 이용[1]

서론

유서는 중국 전통 공구서의 일종으로, 각종 자료를 부문별로 나누어서 배열하고 있다. 내용면에서 모든 만물을 망라하고 풍부한 자료를 수집하고 있어 자료를 제공하고 지식을 검색하는 기능을 갖추고 있다. 이 때문에 중국의 백과전서라고 일컬어지지만, 그 성격은 또한 오늘날의 백과전서와는 다르다. 백과전서는 모든 자료를 수집한 후에 다시 편집하여 쓴 것이다. 이에 반해, 유서는 자료를 직접적으로 기록하고 더 이상 어떤 변화를 가하지 않기 때문에, 오히려 오늘날의 자료 휘편彙編과 비슷한 성격을 가진다. 총괄적으로 말하면, 유서는 백과전서와 자료 휘편의 특징을 겸하고 있으며, 분류가 그 특징이라 할 수 있다.

1 이 글은 임경창(林慶彰) 주편의《학술자료의 검색과 이용(學術資料的檢索與利用)》(臺北 : 萬卷樓圖書股份有限公司, 2003) 중에서 정의혜(鄭誼慧)의 〈유서 자료의 검색과 이용(類書資料的檢索與利用)〉을 우리말로 번역한 것임.

유서는 학술연구자에게 많은 도움을 준다. 유서가 수집한 내용은 경經·사史·자子·집集 4부部 이외에도 다른 역사서적에서 수록하지 않은 역사와 전설 등의 자료를 포함하여, 고증의 기능을 구비하고 있다. 게다가 원전原典의 자료를 채록하여 수정을 가하지 않기 때문에, 그것을 이용하여 집일輯佚과 교감校勘을 할 수 있다. 이 외에도, '유類'가 위주가 되고, '유' 아래에 같은 주제의 다른 유형의 자료들을 수집하였기 때문에, 사용자들이 가장 짧은 시간 내에 대량의 관련 자료들을 찾을 수 있도록 하여, 시간과 노력은 줄이면서도 많은 수확을 얻도록 하였다.

종합성 유서와 전문성 유서

유서의 기원은 매우 이르며, 삼국시대의 《황람皇覽》이 중국 최초의 유서이다. 그 후의 각 조대마다 유서가 계속 편찬되었다. 통계에 의하면, 현재 200여 종의 유서가 보존되어 있다고 한다. 이 유서들은 수록한 내용에 따라 종합성 유서와 전문성 유서로 나눌 수 있다.

종합성 유서

《북당서초北堂書鈔》(唐)虞世南 編/(清)孔慶陶 校注, 北

京：中國書店, 1989年 3月

《북당서초》는 모두 160권이다. 이 책은 고적 중에서 시문에 사용될 수 있는 전고와 어휘 및 시문의 어구를 수집하여 적록摘錄하였고, 부문별로 나누어서 배열하였다. 모두 19부 851류로 나누었다. 각 부에는 먼저 자구字句를 발췌하여 큰 글자로 써서 배열하고, 다시 두 줄〔行〕에 맞춰 작은 글자로 주를 달았는데, 각 문구의 출처와 상하문上下文 및 관련된 해석을 그 내용으로 하고 있으며, 가끔 우세남虞世南의 평어〔按語〕가 보이기도 한다.

《북당서초》에서 인용한 서적은 대부분이 수나라 이전의 옛 서적으로 집부集部 이외에도 800여종의 서목書目이 보인다. 그 중의 80-90%는 이미 소실된 서적으로, 《북당서초》는 집일輯佚에 활용할 수 있는 중요한 유서임을 알 수 있다. 우리가 육조六朝 이전의 문장전고 및 각종 문헌자료를 찾는 데 상당한 도움을 준다.

야마다 요시오山田孝雄가 편찬한 《북당서초인서색인北堂書鈔引書索引》(臺北：文海出版社, 1975年 6月)은 필획의 순서에 따라 배열하고 있어서 검색할 때에 매우 편리하다.

《예문유취藝文類聚》 (唐)歐陽詢 等 編著, 上海：上海古籍出版社, 1999年 5月

《예문유취》는 모두 100권이다. 이 책은 현존하는 가장 오래되고 가장 완전한 유서이다. 모두 46부 727소류小類로 나누어져

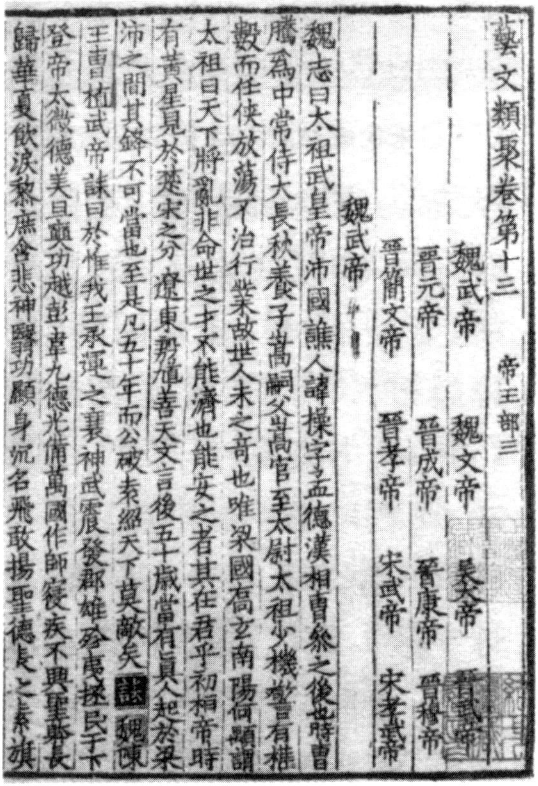
藝文類聚卷第十三　帝王部三
魏武帝　魏文帝　吳大帝　晉武帝
晉元帝　晉成帝　晉康帝　晉穆帝
晉簡文帝　晉孝武帝　宋武帝　宋孝武帝
魏武帝
魏志曰太祖武皇帝沛國譙人諱操字孟德漢相曹參之後也時曹
騰爲中常侍大長秋養子嵩嗣父嵩官至太尉太祖少機警有權
數而任俠放蕩不治行業故世人未之奇也唯梁國橋玄南陽何顒謂
太祖曰天下將亂非命世之才不能濟也能安之者其在君乎初桓帝時
有黄星見於楚宋之分遼東殷馗善天文言後五十歲當有眞人起於梁
沛之間其鋒不可當也至是凡五十年而公破袁紹天下莫敵矣 誄 魏陳
王曹植武帝誄曰於惟我王承運之衰神武震發郡雄殄夷拯民于下
登帝太微德美旦奭功越彭韋九德光備萬國作師寢疾不興聖躬長
歸華夏飲淚黎庶含悲神翳功顯身沉名飛敢揚聖德長之表旗

《예문유취》 송 각본

있다. 각 유類 아래는 고사故事를 앞에 나열하고, 시문은 뒤에 두었다. 출처를 밝히고 있으며, 시대에 따라 배열하였다. 또한 문체에 따라 '시詩'·'부賦'·'찬贊' 등으로 명시하였다.

이전의 유서 체제에서는 '사事'와 '문文'이 나누어져서, '사'는 유서로 전고와 사물의 기원을 검색하는 데 쓰였고, '문'은 총집으로 시문작품을 검색하는 데 쓰였다. 《예문유취》는 '사'와 '문'을 하나로 합쳐서 '사는 앞에 두고, 문은 뒤에 두는(事在前, 文

在後)' 새로운 체제를 채택하였다. 이로 인해 이 유서를 사용하는 사람은 더욱 편리해졌다. 또한 이때부터 유서의 새로운 체제의 기초가 다져졌다.

《예문유취》는 '사'와 '문'을 합병하는 새로운 체제를 채택하여, 당唐나라 이전의 문헌자료를 대량 보존하였다. 학자들의 통계에 의하면, 《예문유취》는 1,400여 종의 당나라 이전의 고적을 인용하고 있다고 한다. 그 중 현존하는 것은 10분의 1에도 이르지 못하며, 대부분이 이미 소실된 자료들이다. 이 때문에 학자들은 《예문유취》를 매우 중시하였는데, 역대로 이 책에 근거하여 교감과 집일을 하였다. 오늘날의 학술계에도 이 책은 상당한 이용가치를 지니고 있다.

《예문유취》를 검색할 때는 이검웅李劍雄과 유덕권劉德權이 합편合編한 《예문유취인명편명색인藝文類聚人名篇名索引》(臺北 : 大化書局, 1980年 12月)을 이용할 수 있다.

《초학기初學記》 (唐)張說 · 徐堅 等 編著, 臺北 : 鼎文書局, 1976年

《초학기》는 모두 30권이다. 이 책은 당唐 현종玄宗이 아들의 작문 공부에 전고를 인용하고 사류事類와 문장을 검색하는 데 편리하도록 만든 유서이다. 이 때문에 '지식' 방면에 많은 자료를 싣고 있는 책이다. 모두 23部 313개 조목〔子目〕으로 나누어져 있다. 각 조목에는 먼저 '서사敍事'가 있고, 다음으로 '사대事對'가 있으며, 그 다음으로 시문을 배열하였다. 그러나 이 책의 가장 큰 특색은 서사 부분에서 자료의 내용을 연결하여 한 편의 문장을 이루었다는 것이다. 자료의 선택과 배열에 있어서는 모두 한 차례의 안배를 거쳤다. 이 때문에 《사고제요四庫提要》에서 이 책에 대해 "그 근엄함을 제거하면 대부분 응용할 수 있다. 당나라 유서 중에서 《예문유취》에 미치지 못하지만, 그 정밀함은 《예문유취》보다 낫다.(去其謹嚴, 多可應用. 在唐人類書中, 博不及《藝文類聚》, 而精則勝之.)"라고 하였다. 《초학기》에는 수隋나라 이전의 고적 외에도 당나라 초기의 시문과 기타 저술(전장제도 등)을 수록하고 있어, 이 책을 고증의 용도로 활용할 수 있다.

《초학기》를 검색할 때는 허일민許逸民이 편찬한 《초학기색인初學記索引》(北京 : 中華書局, 1980年)과 일본 나카쓰하마 와타루中津濱涉가 편찬한 《초학기인서인득初學記引書引得》(京都 : 彙文堂書店, 1973年)을 이용할 수 있다.

《태평어람太平御覽》 (宋)李昉 等 編著, 石家莊 : 河北教育出版社, 1994年

《태평어람》은 모두 1,000권이다. 이 책의 인용 자료는 방대한 것으로 정평이 나 있으며, 인용한 서적은 1,500여 종이 넘는다. 오대五代 이전의 고적문헌을 가장 많이 보존한 유서이다. 이 책은 모두 55부部로 나누었으며, 각 부 아래에 다시 유類로 나누었는데, 모두 5,426류가 있다. 배열방식은 시대에 따라 배열하였는데, 먼저 서명書名이 있고 그 다음에 원문原文을 기록하였다. 먼저 사류事類를 나열하고 뒤에 시문詩文을 열거하였다. 《태평어람》에서 책을 인용할 때는 다른 유서처럼 문구文句만을 기록하여 문의文義를 깨거나 중단시키지 않고, 대부분 전편全篇의 모든 단락을 수록하였으며, 아울러 그 출처를 밝혔다. 오늘날 소실된 많은 고적이 이로 인해 보존되어졌으니, 그 공헌이 매우 크다. 이 때문에 청淸나라 이후의 교감 혹은 집일을 하는 학자들은 《태평어람》을 매우 중시하여, 이 책을 '집일의 보물산' 이라 보았다.

《태평어람》을 검색할 때는 전아신錢亞新이 편찬한 《태평어람 색인太平御覽索引》(上海 : 商務印書館, 1934年)을 이용할 수 있다.

《영락대전永樂大典》 (明)解縉 · 姚廣孝等編, 北京 : 中華書局 1986年 6月

《영락대전》은 모두 22,877권으로 이루어져 있으며, 10,095책册으로 나누어져 있었으나, 현재는 약 800권만이 남아 있다. 이 책은 《홍무정운洪武正韻》의 22부部 운목韻目에 따라 나누었는데, 운韻에 따라 단자單字를 나누어 배열하였으며, 단자 아래에서는 먼저 '해자解字' 즉, 글자의 음운音韻을 달고 뜻을 해석하였다. 그 다음에는 해당 글자의 각종 글자체를 상세하게 나열하였으며, 또한 글자와 관련된 천문지리天文地理와 인사명물人事名物, 심지어는 시사詩詞 · 전고典故 · 잡예雜藝 등의 각 기록을 분류하여 모아 놓았다. 단자의 주해 중에 있는 서명과 작자의 이름은 붉은 글씨로 나타내었다. 글자 아래에 수록된 자료는 모두 전부 · 전편 · 전 단락을 수록하였으며, 아울러 글자 하나도 수정하지 않아 고서를 집일하는 데 정말 귀중한 책이다. 청淸나라 때《사고전서四庫全書》를 편찬하면서《영락대전》으로부터 소실된 책 500여 종을 수집하였으니,《영락대전》의 문헌 보존가치가 매우 크다는 것을 알 수 있다.

《영락대전》은 중국 유서 역사상 최대의 유서이며, 또한 15세기 최대의 책이기도 하다.《영락대전》에서 수집하고 인용한 서적은 선진先秦 이후부터 명초明初까지 7,000-8,000여 종에 이른다. 그 중에는 농업과 수공업 · 과학기술 · 의학 · 불교와 도교의 경전 · 평화平話 · 희극戱劇 등과 관련된 자료도 포함되어 있어 진귀한 문헌으로서의 가치가 인정된다. 유서 편찬사상《영락대전》은 최초로 유서를 백과전서의 형식으로 전환시킨 책이기도 하다. 이전의 유서들은 포함된 내용이 완전하지 않거나 검색이 쉽지 않은 경우가 있었다. 그러나《영락대전》은 "운韻으로써 글자를 나누어 배열시키고, 자字로써 항목 내용을 분류하였다(用韻以統字, 用字以繫事)." 이 때문에 검색에 있어 매우 편리하다. 또한 내용면에서도 이전의 유서들에 포함되지 않은 부분까지도 널리 수록하고 각종 사물을 망라하여, 백과전서의 특성을 구비하였다.

《영락대전》을 검색할 때는 일본 사람 고로모가와 쓰요시衣川强가 편찬한《영락대전색인永樂大典索引》(東京 : 白帝社, 2001年)과 난귀명欒貴明이 편찬한《영락대전색인永樂大典索引》(北京 : 作家出版社, 1997年 10月)을 이용할 수 있다.

《고금도서집성古今圖書集成》(淸)陳夢雷 編, 成都 : 巴蜀書社, 1985年 10月

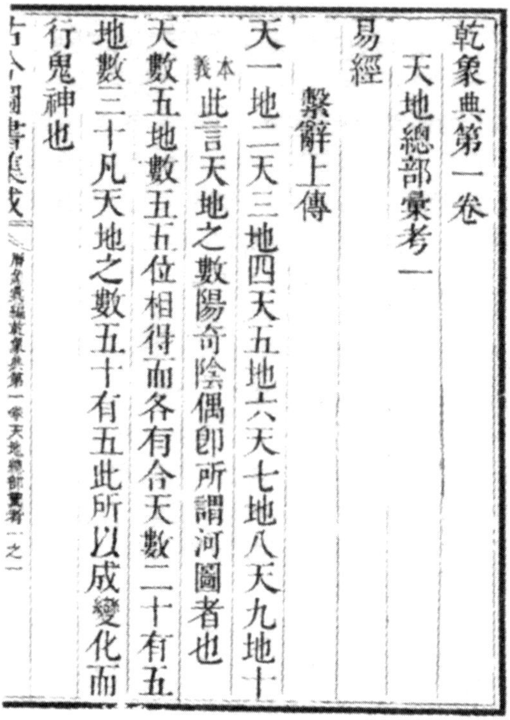
乾象典第一卷
天地總部彙考一
易經
繫辭上傳
天一地二天三地四天五地六天七地八天九地十
本義 此言天地之數陽奇陰偶卽所謂河圖者也
天數五地數五五位相得而各有合天數二十有五
地數三十凡天地之數五十有五此所以成變化而
行鬼神也
古今圖書集成 曆象彙編乾象典第一卷天地總部彙考一之一

《고금도서집성》 청 옹정연간 동활자본

《고금도서집성》을 검색할 때는 양가락楊家駱이 편찬한 《고금도서집성각부열전종합색인古今圖書集成各部列傳綜合索引》(臺北 : 鼎文書局, 1988年 7月)과 광서대학고금도서집성색인편사조廣西大學古今圖書集成索引編寫組가 편찬한 《고금도서집성색인古今圖書集成索引》(成都 : 巴蜀書社, 1985年 10月) 및 홍콩명대전기편찬위원회香港明代傳記編纂委員會가 편찬한 《고금도서집성중명인전기색인古今圖書集成中明人傳記索引》(香港 : 香港明代傳記編纂委員會, 1963年)을 이용할 수 있다. 이 외에도 임중상林仲湘이 주편主編한 《무영전고금도서집성전자판武英殿古今圖書集成電子版》(桂林 : 廣西師範大學出版社, 2000年)의 자료도 이용할 수 있다.

《고금도서집성》은 모두 10,000권으로 이루어져 있어 《영락대전》 다음 가는 유서로, 오늘날까지 소실된 부분이 없기 때문에 현존하는 최대의 유서라 할 수 있다. 이 책은 모두 역상曆象 · 방여方輿 · 명륜明倫 · 박물博物 · 이학理學 · 경제經濟의 여섯 가지 큰 회편滙編으로 나누었다. 회편 아래에는 다시 32전典으로 나누었으며, 각 전 아래에는 또한 부部로 나누었는데, 모두 6,109부가 있다. 부 아래에는 대사大事를 기재한 '회고滙考', 경經 · 사史 · 자子 · 집集의 의론議論을 기록한 '총론總論', 도표를 나열한 '도표圖表', 인물의 생평生平을 서술한 '열전列傳', 시문을 뽑아놓은 '예문藝文', 여사우구麗詞偶句를 다수 발췌한 '선구選句', '회고滙考'에 기록하지 않은 사소한 일을 기록한 '기사紀事' · '회고滙考'와 '총론總論' 및 '예문藝文'에 수록하지 않은 자료인 '잡록雜錄', 황당무계한 말들을 수록한 '외편外編'으로 나누었다. 체제가 완벽하고 순서의 구분이 분명하다.

《고금도서집성》은 완벽한 체제 외에도 풍부한 내용을 수집하고 모든 만물을 망라하고 있다. 청淸나라 이전의 서적은 대부분 이 책에서 찾을 수 있어 그 용도가 매우 넓다. 또한 자료를 집록할 때 원서原書의 원편原篇 전 단락을 한 글자도 고치지 않고 수록하고 있으므로, 그것을 고증과 교감에 이용할 수 있다. 또한《고금도서집성》은 지금과 시간적으로 비교적 가까운 시기에 편찬되어 훼손이 없으므로 그 이용 가치가 매우 높고 검색할 때에도 상당히 체계적인 자료를 얻을 수 있다.

전문성 유서

전문성 유서는 수록된 내용이 정해진 범위의 자료가 위주가 되거나 편집 목적이 특별히 정해진 유서를 가리킨다. 그러므로 유형을 나눈 종합적인 유서와는 차이가 난다. 이러한 전문성 유서는 그 범위가 제한적이기 때문에 종합성 유서에 비해 수록한 자료가 많고 전문적이다. 이 때문에 학술 연구 상에 매우 편리하게 사용된다. 내용에 따라 아래의 몇 가지 유형으로 나눌 수 있다.

역사자료의 조사

이 유형의 유서는 전문적으로 각 조대朝代의 역사사실이나 정치사건을 위주로 하고 있는데, 역사총집歷史總集과 같다.

《책부원귀冊府元龜》(宋)王欽若 · 楊億 奉詔編修, 北京 : 中華書局, 1982年 11月(유목색인類目索引이 첨부되어 있음)

상고上古부터 오대五代까지의 군신들의 사적史蹟과 치국治國의 책략을 수록하였다. 내용은 정사正史가 주가 되며, 경부經部와 자부子部를 겸하여 언급하였다. 또한 사류事類와 인물人物에 따라 분류하고 배열하였다. 정사를 위주로 실록實錄의 조령詔令과 주의奏議를 겸하여 수록하였으며, 대부분 완전하게 초록抄錄하였다. 또한 오대五代의 사실史實을 많이 보유하고 있다. 만약 하나의 사실史實을 검색하거나 하나의 문류門類을 검색하면, 역대 각 조대의 같은 유형의 사실도 찾아낼 수 있다.

《옥해玉海》(南宋)王應麟 編, 京都：中文出版社, 1986年 10月

《옥해》는 과거응시를 위해 전문적으로 편찬한 유서로, 전장제도典章制度와 상서롭고 훌륭한 일들이 위주가 되어 있으며, 아울러 약간의 고증을 덧붙이고 있다. 송宋나라 때의 역사적 사실은 대부분 실록實錄과 회요會要에서 가져온 것으로 특별히 상세하면서 빠짐이 없다. 이 때문에 《옥해》는 송나라 역사를 연구하는 데 없어서는 안 될 중요한 공구서이다. 《옥해》가 훌륭한 문장 등의 자료를 수록하고 있으며, 문학과 사학 방면의 적지 않은 지식을 싣고 있기 때문에, 후대 사람들은 그것을 '천하의 기서' 라고 불렀으니, 그 책의 중요성을 충분히 알 수 있다.

이 방면의 유서에는 위에서 나열한 것 외에도 몇 권의 책이 더 보인다. 송宋 장여우章如愚의 《산당고색山堂考索》이 있는데, 송나라의 정치 상황을 상세하게 기록하였다. 명明 풍기馮琦의 《경제유편經濟類編》은 그 체제가 《책부원귀》와 비슷하며, 명明 진요문陳耀文의 《천중기天中記》도 그 체제가 《책부원귀》와 유사하다.

사물의 조사

이 유형의 유서는 사물의 기원 및 기타 자료 조사를 포함한다.

• 사물의 기원

《사물기원事物起原》(宋)高承 編, 北京 : 中華書局, 1989年

《사물기원》은 사물의 기원과 연혁을 고증한 비교적 이른 시기의 유서이다. 사물의 크기를 나누지 않고, 기원과 명명命名의 유래를 상세하게 고증하고 조사하였다. 특히 생활기물 및 식품에 대해 비교적 많은 자료를 수록하고 있어 고대의 생활과 과학기술을 연구하는 사람들에게 활용도가 매우 높다.

《격치경원格致鏡原》(淸)陳元龍 編, 臺北 : 臺灣商務印書館, 1983年(《四庫全書》 第1031-1032册)

《격치경원》은 사물의 기원과 특성을 기록한 유서로, 일상생활의 기물 및 동식물에 치중하고 있다. 인용한 자료의 대부분이 원서原書에서 나왔고 그 출처를 밝혀 놓았기 때문에, 당시 사람들이 매우 중시하였다. 특히 고대 문화사와 과학 기술사를 연구하는 학자들에게 많이 이용되었다.

이러한 유형의 유서로는 또한 명明 왕기王圻의 《삼재도회三才圖會》(上海 : 上海古籍出版社, 1997年, 《속수사고전서續修四庫全書》 제1232-1236책)와 명明 장황章潢의 《도서편圖書編》(臺北 : 成文出版社, 1971年)이 있는데, 도화圖畵와 문자文字 두 방면에서 사물의 기원을 설명하고 있어, 그 가치가 매우 높다.

• 식물의 조사

《전방비조全芳備祖》 (宋)陳景沂 編, 北京 : 線裝書局, 2001年

《전방비조》는 식물에 관한 유서이다. 이 책은 전후前後 2집集으로 나누어져 있는데, 전집前集은 '화花' 집 27권으로 이루어져 있고, 후집後集은 '과果 · 훼卉 · 초草 · 목木 · 농상農桑 · 소蔬 · 약藥' 31권으로 이루어져 있다. 각 부部 아래에는 먼저 품종을 나누고, 다시 '사실조事實祖' 와 '영부조詠賦祖' 두 유형으로 나누었는데, 식물의 과학지식과 관련 시사詩詞를 포함하고 있다.

• 여성에 대한 자료 조사

《염사奩史》 (淸)王初桐 編, 北京 : 書目文獻出版社, 1988年

(《北京圖書館古籍眞本叢刊》 第72册)

《염사》는 여성 자료에 관한 최초의 유서이다. 수록한 자료를 보면, 위로는 상고시대까지, 아래로는 청나라 초까지 이른다. 외국 여성과 소수민족 여성의 자료도 함께 수록하고 있다. 전장제도부터 사물의 이름과 형상 하나 하나까지 여성생활을 반영하는 자료들은 모두 수록하여 중국 여성 자료를 집대성했다.

전고의 조사

유서 중에서 이 유형의 유서가 가장 많다. 고전문학과 고한어古漢語 및 수사修辭를 연구하는 사람에게 참고할 가치가 있다.

• 성편成篇

《사류부事類賦》(宋)吳淑 編, 揚州 : 江蘇廣陵古籍出版社, 1989年

《사류부》는 모두 30권으로, 14부部로 나누어져 있으며, 자목子目 100편으로 이루어져 있다. 하나의 사事가 하나의 목目이며, 하나의 목은 하나의 부賦로 되어 있다. 부마다 모두 출처를 밝히고 훈석訓釋을 덧붙였는데, 매우 세밀하고 포괄적이다. 옛 사람들이 이 책을 매우 중시하여, 역대로 이 책의 속편續編을 펴내거나, 그 체제를 모방한 유서를 편찬한 사람들도 있었다. 예를 들면, 청淸 화희민華希閔이 편찬한《광사류부廣事類賦》40권(上海 : 上海古籍出版社, 1997年)과 청淸 황보진黃葆眞이 편찬한《증보사류부통편增補事類賦統編》93권(臺北 : 新文豊出版公司, 1976年)과《사류부事類賦》를 집대성한 책이다. 또한 청淸 등지모鄧志謨의《고사원古事苑》16권(臺南縣 : 莊嚴文化事業公司, 1997年,《四庫存目叢書》第231册)과 청淸 요지사姚之駰의《유림신영類林新詠》36권은 모두《사류부》의 체제를 모방하여 편성한 중요한 유서들이다.

• 자사字詞

《패문운부佩文韻府》(淸)張玉書 奉敕編, 上海 : 上海古籍出版社, 1983年

《패문운부》가 수록한 단어는 19,000여 개이고, 어휘는 140여만 조條이다. 이 책은 평수운平水韻 106운韻에 따라 배열하였으며, 운韻의 아래에 단자單字를 나열하고, 단자의 아래에는 다시 마지막 글자와 이 글자와 같은 단어 전고를 나열하였는데, 2자·3자·4자의 순서대로 배열하였다. 사어전고四語典故 이외에도 대구사對句詞와 발췌한 문구를 나열하였다. 예를 들면, '의衣' 자 아래의 '지의地衣' 에는 대구어인 '천막天幕' 과 발췌한 문구인 '苔色上春衣'·'一燈秋老木綿衣' 등을 나열하였다.

왕운오王雲五가 주편主編한《색인본패문운부索引本佩文韻府》(臺北 : 臺灣商務印書館, 1989年)는 사각호마四角號碼로 검색하도록 되어 있어, 독자들의 검색에 편리하다.

《변자유편騈字類編》(淸)張廷玉 奉敕編, 北京 : 中國書店, 1988年 12月

《변자유편》은 기능면에서《패문운부》와 상호 보완적인 유서이다.《패문운부》는 운韻 위주로 되어 있으므로 검색하는 것은 마지막 글자이지만, 《변자유편》에서 검색하는 것은 첫 번째 글자이므로, 두 책은 서로 보완적이다. '변자駢字'는 쌍음사雙音詞이거나 쌍음구雙音句이므로, 수록한 것은 두 글자의 단어가 주가 된다. 《변자유편》은 모두 13문門으로 나누어져 있는데, 천지天地·시령時令·산수山水 등에 따라 분류하여 배열하였다. 문門 아래에는 단자單字를 표기하였으며, 자字 아래에는 단사單詞를 나열하였는데, 사詞 아래에는 출처를 밝혔다. '검劍' 자를 예로 들면, 자 아래에 '검산劍山'·'검정劍井' 등의 단사單詞를 나열하였으며, 사詞 아래에는 출처를 표기하였다.

《변자유편》을 검색할 때는 하관의何冠義 등이 편찬한 《변자유편색인駢字類編索引》(北京 : 中國書店, 1988年 12月)과 정천범程千帆·도운陶芸이 편찬한 《변자유편음서색인駢字類編音序索引》(武漢 : 武漢出版社, 1995年) 그리고 장리張利 등이 편찬한 《변자유편사목색인駢字類編詞目索引》(呼和浩特 : 內蒙古大學出版社, 1999年 10月)을 이용할 수 있다.

이 유형의 유서 중에 자주 사용되는 것으로는 경서經書로부터 선별하여 편찬한 청淸 주세장周世樟의 《오경유편五經類編》 28권과 청淸 대조춘戴兆春의 《사서오경유전집성四書五經類典集成》 34권이 있으며, 청나라 성조聖祖의 칙명으로 자서子書·사서史書로부터 선별하여 편찬한 《자사정화子史精華》 162권(北京 : 北京古籍出版社, 1991年)가 있다. 그리고 청淸 하작何焯 등이 칙명을 받들어 사부四部와 설부說部로부터 선별하여 편찬한 《분류자금分類字錦》 64

권(臺北 : 世界書局, 1986年, 《四庫全書薈要》 제314-317책)이 있다. 이 책들은 모두 단어와 전고를 검색할 때 사용할 수 있다.

유서의 검색

유서는 중국에서 그 발전역사가 매우 오래되었으며, 아울러 다양한 용도의 유서들이 출현했다. 현존하는 유서들의 성격을 알아보려면, 먼저 아래에 열거한 공구서를 통해 검색해 볼 수 있다.

《중국유서목록초고中國類書目錄初稿》 鄧嗣禹 編, 臺北 : 古亭書屋, 1970年 11月

《중국유서목록초고》의 원명原名은 《연경대학도서관목록초고燕京大學圖書館目錄初稿 : 유서지부類書之部》(北京 : 燕京大學圖書館, 1935年 4月)이다. 유서 316종이 수록되어 있는데, 모두 당시 연경대학도서관燕京大學圖書館에 소장된 것이다. 모든 유서를 '유사문類事門' · '전고문典故門' · '박물문博物門' · '전제문典制門' · '성명류姓名類' · '패편문稗編門' · '동이문同異門' · '감계문鑑戒門' · '몽구문蒙求門' · '상식문常識門' 10류로 나누고 있고, 유類 아래에는 다시 유형〔系屬〕에 따라 구분하고 있다. 예를 들면, '성명류' 아래에는 '동성명지속同姓名之屬' 과 '소명별호지속小名別號之屬' 으로 나누고 있다. 각 유서 아래에는 제요提要를 써넣어, 서명 · 권수 · 작자 · 판본 및 내용과 특성을 설명하고 있어 유서를 검색하는 자들이 참고할 만한 유서목록이다.

《중국유서총목초고中國類書總目初稿 : 서명 · 저자색인편書名 · 著者索引篇》 莊芳榮 編, 臺北 : 臺灣學生書局, 1983年 10月

《중국유서총목초고 : 서명 · 저자색인편》은 《중국유서목록초고》를 기초로 하여, 그것을 확대하고 보충하여 쓴 책으로, 모두 766종의 유서를 수록하고 있어 가장 완비된 유서목록이라 할 수 있다. 이 책은 서명의 필획에 따라 배열하고 있으며, 유문類門을 나누지 않았다. 조목條目 아래에는 서명과 권수 · 편저자 및 대만臺灣의 영인판본影印版本을 기록하고 있어 검색하는 자들이 이용할 수 있다.

유서가 분류의 방식으로 자료를 나열하였기 때문에 검색에 있어 먼저 문류門類를 알아보는 것이 중요하다. 종합성 유서는 수집한 자료가 모든 범위를 포괄하고 있기 때문에 배열은 대부분 '천지天地' · '인사人事' · '박물博物' 위주가 된다. '천지' 는 천문天文 · 지리地理 · 기상氣象 · 역산曆算 등의 내용을 포함하며, '인사' 는 정치政治 · 경제經濟 · 문화文化 · 교육敎育과 연관된 사물들이 주가 되며, '박물' 은 의衣 · 식食 · 주住 · 행行 및 동물動

物・식물植物 등과 연관된 자료들을 나열하였다. 이러한 배열을 통해 모든 사물을 그 속에 포함시킨다. 《고금도서집성》을 예로 들면, 그 책에서는 역상曆象・방여方輿・명륜明倫・박물博物・이학理學・경제經濟의 여섯 가지 큰 휘편彙編으로 나누었는데, 그 중에서 역상과 방여는 '천지'에 속하고, 명륜明倫・박물博物・경제經濟는 '인사'에 속하며, 박물博物은 '박물'에 속한다. 검색할 때 찾는 사물이 어느 문류에 속하는가를 알고 그 문류에 따라 검색하면, 필요한 자료를 대부분 찾을 수 있다.

전문성 유서는 수집한 자료에 정해진 범위가 있고 제한이 있기 때문에, 문류의 표준과 구분은 종합성 유서와 다르다. 《옥해》를 예로 들면, 그 책은 과거를 위해 편찬된 것이기 때문에, 그 부류部類는 종합성 유서와는 달리 천문天文・율력律曆・지리地理・제학帝學・성문聖文・예문藝文・조령詔令・예의禮義・거복車服・기용器用・교사郊祀・음악音樂・학교學校・선거選擧・관제官制・병제兵制・조공朝貢・궁실宮室・식화食貨・병첩兵捷・상서祥瑞 등 21부문으로 나누고 있다. 검색 할 때 먼저 찾을 사물의 특성이 어느 문류에 속하는지를 알아본 후에 그 문류에 따라 검색하면 된다.

유서의 배열방식은 '운韻'이나 '자字'를 위주로 한다. 《영락대전》과 《패문운부》는 운韻에 따라 배열한 유서이고, 《변자유편》은 字에 따라 배열하였다. 《영락대전》은 《홍무정운》 22부목部目에 따라 편성하였으며, 《패문운부》는 평수운 106운에 따라 편성하였다. 그러므로 검색할 때 먼저 자字로부터 찾아야 한다. 운부

韻部에 익숙하지 않은 사람은《패문운부》에 있는 '필획색인筆劃索引'과 '사각호마색인四角號碼索引'을 이용할 수 있다. 이처럼 자字가 위주인 배열방식은 검색할 때 그 자가 '관건사關鍵詞' 작용을 한다.

일반적으로 유서에서 나누어 배열한 문류門類의 일부는 오늘날의 학문분류에는 적용되지 않는다. 그러므로 검색할 때 찾지 못하는 경우도 있을 것이다. 이 경우에 이전 사람들이 편찬한 색인을 사용하면 적은 노력으로 많은 효과를 거둘 수 있을 것이다.

결론

유서는 오늘날의 자료 휘편과 상응하는 책으로, 자료의 내용에 따라 부문별로 나눈 책이다. 많은 연관된 자료들을 모아놓았기 때문에 연구자들이 가장 짧은 시간 내에 가장 완전하고 가장 많은 자료들을 얻을 수 있다. 또한 유서는 많은 고대 자료들을 보유하고 있고, 그 중 일부분은 오늘날 이미 소실된 것이므로 유서의 문헌적 가치는 매우 크다. 자료를 찾고 사물의 기원을 찾을 수 있다는 것 이외에도, 유서를 통해 교감하고 고증하며 고서를 집록할 수 있다. 고대의 소실된 서적을 많이 보존하고 있으므로 학술 연구자에게 있어 연구가치가 매우 크다.

유서는 현대 자료창고의 일종으로, 비교적 늦은 시기에 편찬된 유서는 그 이전의 자료를 수록하여 배열하고 유형을 분류하였으므로, 사물 발전과 변화를 기록하고 있어 상관 연구자에게는 이용 가치가 매우 높다. 이 밖에도 유서가 수록한 자료들은 모든 만물을 포함하고 있기 때문에 옛 사람의 생활기록을 들여다볼 수 있을 뿐만 아니라, 학술 연구 상에도 많이 활용될 수 있어 더욱 큰 성과를 이룰 수 있다.

《고금도서집성古今圖書集成》의 구조와 체제[1]

구조와 체제는 하나의 저작을 구성하는 기본 요소이며, 저작의 골격이다. 유서類書에 있어 구조와 체제가 어떠한가는 더욱 중요해 보인다. 왜냐하면 유서는 이미 있는 문헌 자료들을 모아 정리한 것이기 때문에, 구조와 체제는 책 전체를 지탱하는 중심 골격일 뿐만 아니라 강령이 되는 것으로, 편집하고 검색하는 방법은 유서의 문헌자료에 대한 계통성과 수용력 및 그 정리의 깊이와 검색 기능에 관계되어 있다. 중국의 고대 유서를 종합적으로 살펴보면, 구조와 체제의 각도에서 주로 크게 두 가지 유형으로 나눌 수 있다. 하나는 '이류상종(以類相從 : 종류에 따라 서로 묶는 것)' 분류법分類法이고, 다른 하나는 '운으로 글자를 묶고, 글자로 사물을 묶는(以韻係字, 以字係事)' 성운법聲韻法이다. 두 가지는 각각 오랜 시간 동안 서로 보완하면서 발전해 왔다. '이류상종以類

1 이 글은 배근(裴芹)의 《고금도서집성연구(古今圖書集成研究)》(北京 : 北京圖書館出版社, 2001) 중의 〈거대한 규모 · 세밀한 분류 · 긴밀한 연결 · 정연한 순서 《고금도서집성》의 구조와 체제를 논함(規模宏大 · 分類細密 · 縱橫交錯 · 次序井然 談《古今圖書集成》的結構體例)〉를 번역한 것임.

《고금도서집성》

相從' 은 사람들이 사물에 대한 인식에서 출발하여 상응하는 문헌 자료를 찾는 데에 편리하며 유서의 정통과 주류이다. 그렇지만 '이류상종以類相從' 분류법에서 '유類' 는 종종 때 · 장소 · 일 · 사람에 따라 달라지므로 강한 불확정성을 가지고 있으므로 편집과 검색을 어렵게 만든다. 성운법은 편집과 배열의 순차성이 매우 강해서 당대唐代 이후 점점 많은 유서들이 사용한 방법이다. 고대 최대의 유서인 《영락대전永樂大典》은 바로 이 방법을 사용하여, 책 전체가 운목韻目에 따라 매 글자를 나열하였고, 글자에 따라 이 글자에 해당하는 각 항목의 문사文史 기록을 편집해 넣었다. 그것은 운목韻目을 취하는 표준이 일치하지 않았기 때문에 "혹은 한 글자 한 구절로써 운을 나누었고, 혹은 한 편을 절취하여 편명으로 운을 분류했고, 혹은 한 책을 기록하여 서명으로 운을 분류했는데, ……매우 이치에 맞지 않은 편찬 체제이며(或以一字一句分韻; 或折取一篇, 以篇名分韻 ; 或全錄一書, 以書名分韻, ……殊乖編纂之體)", "천차만별이었다(參差無緖)." (《사고전서총목제요四庫全

書總目提要》) 그러므로 검색에도 상당한 어려움이 있다. 고대 유서 중 분류법을 취해 편집한 것으로는 《고금도서집성》이 대표적으로, 이것은 전체에서부터 분류하고 경목經目과 위목緯目을 세워 서로 긴밀하게 연결시켰으며, 문헌자료를 수용하는 거대한 공간과 상하좌우 순서가 분명한 연결망을 구성하고 있어 비교적 뛰어난 검색 기능을 지니고 있다. 청대清代 학자 법식선法式善은 그의 《도로잡록陶盧雜錄》 중 《영락대전》과 《고금도서집성》에 대해 간단하게 비교를 한 것이 있는데, 그는 《영락대전》의 문헌 보존의 기능을 긍정적으로 평가하여 "송宋 이후의 책은 이것에 의존해 보존되었다(宋以後之書, 賴此以存)" 고 하였으나, 그것이 "운에 의해 분유함으로써 마침내 정도正道를 손상시켰다(依韻排類, 終傷雅道)" 고 비판하였다. 법식선은 《고금도서집성》은 "고금의 기록을 모아 혹은 분류하고 혹은 합쳤으니 아주 훌륭하였으며, 범례를 세우고 강목을 들고 펼쳤다(薈萃古今載籍, 或分或合, 盡善盡美, 發凡起例, 綱擧目張)" 고 찬탄하였다. 법식선의 말은 비록 편협하고 과도하게 포장되었다는 의심이 들기도 하나 이치에 어긋난 것은 아니다. 편찬 방식의 각도로 보면 《고금도서집성》은 확실히 《영락대전》보다 뛰어난 것으로 분류를 위주로 하여 기타 편집 방법을 융합하여 운서법韻序法·시서법時序法·지서법地序法·수서법數序法 등을 포함하고 있으며 전면적으로 고대 유서의 편찬 경험을 정리하였다. 이것의 구조와 체제를 연구하는 것은 그것을 더욱 잘 이용하는 데에 좋을 뿐만 아니라 또 현재 공구서工具書를 편찬하고 분류하는 데에도 어느 정도 참고할 만한 점이 있다.

《고금도서집성》의 구조는 상당히 복잡한데, 개괄적으로 말하자면 다음의 표로써 나타낼 수 있다.(《고금도서집성색인古今圖書集成索引》을 참고하여 작성함)

《고금도서집성》 구조의 경목經目 · 위목緯目 일람표

總	經目			緯目										
	匯編	典(卷數)	部(數)	匯考	總論	圖	表	列傳	藝文	選句	紀事	雜錄	外編
序言表文凡例	曆象	乾象(100)	21	21	20	8	4		21	19	21	21	19
		歲功(116)	43	43	12	1	1		43	30	43	43	38
		曆法(140)	6	6	6	5	6		5	3	5	4	
		庶征(188)	51	51	25	2	2		43	8	51	34	11
		(544)	121	121	63	16	13		112	60	120	102	68
	方輿	坤輿(140)	21	21	5	2	1		18		21	21	17
		職方(1544)	223	223	14	201			200	1	200	161	124
		山川(320)	401	401	34	201			348	43	286	207	156
		邊裔(140)	542	542	12	52			35	1	40	16	9
		(2114)	1187	1187	65	456	1		601	45	547	405	306
	明倫	皇極(300)	31	14	25	1	1		30		25	28	1
		宮 (140)	15	15	10	3		8	15		15	14	5
		官常(800)	65	61	32	3		57	61		65	59	4
		家範(116)	31	27	30				21		31	27	17
		交誼(120)	40	14	36	1	1		37	24	40	38	14
		氏族(640)	2696	2056	1			2508	76	19	143	15	5
		人事(112)	97	58	40	2			67	1	96	73	23
		閨媛(376)	17	4	1	1		14	17	1	17	15	13
		(2604)	2992	2251	175	11	2	2587	324	45	432	269	80
	博物	藝術(824)	43	36	13	12	7	14	37	11	43	41	18
		神異(320)	70	62	34	7		7	66	31	61	55	49
		禽蟲(192)	317	317	4	244			185	33	223	204	120
		草木(320)	700	698		568			318	238	317	284	118
		(1656)	1130	1113	51	831	7	11	606	313	544	584	305

	理學	經籍(500)	66	66	58	2	1	(別傳1)	56	1	64	60	7
		學行(300)	97	1	97	4	1	6	93	9	85	88	9
		文學(260)	49	26	45	1	1	1	43	8	48	46	5
		字學(160)	24	24	12	3	3	1	20	13	23	22	11
		(1220)	236	117	212	10	6	9(1)	212	31	220	216	32
	經濟	選擧(136)	29	27	19		1		28	11	29	28	6
		銓衡(120)	12	12	9				12		12	12	2
		食貨(360)	83	83	83	19	6		64	65	82	81	51
		禮儀(348)	70	70	50	14	2		64	19	63	61	14
		樂律(136)	46	46	8	36	3		35	29	43	41	21
		戎政(300)	30	29	16	18	1	1	28	6	30	21	1
		祥刑(180)	26	26	19	2		1	18	1	25	23	16
		考工(252)	155	153	13	72		1	134	36	150	133	85
		(1833)	451	217	217	161	13	3	383	167	434	400	196
總計	6	32(10000)	6117	5233	718	1472	35	2620 (別傳1)	2248	2661	2400	2016	987

《고금도서집성》의 본문 앞에는 세 편의 자료가 있는데, 옹정제雍正帝의 어제 〈서언序言〉 · 장정석蔣廷錫 등이 바친《고금도서집성》 표表 · 〈범례凡例〉가 있다. 서언과 표문의 시간은 각각 옹정 4년(1726) 9월 27일과 옹정 3년(1725) 12월 27일로 서명되어 있는데 모두 《고금도서집성》의 편찬이 완성된 후이다. 그리고 〈범례〉는 이것이 없으면 편찬 작업을 할 수 없기 때문에 당연히 《고금도서집성》을 편집하기 시작할 때 쓰여 졌다. 그것은《고금도서집성》 편찬의 강령과 중심 틀이다. 《고금도서집성》의 구조와 체제를 여기에서 명확한 규정과 설명을 해 주고 있다. 〈범례〉 47조는 네 개의 단계로 나눌 수 있다. 첫째 단계(1조)는 책 전체의 6개 회편匯編의 명칭과 배열순서 및 그 이유를 설명하고 있다.

둘째 단계(2-7조)는 각 회편이 포함하고 있는 전典의 명칭과 배열 순서 및 그 이유를 설명하고 있다(모두 32개 전典이다). 셋째 단계(8-17조)는 부部 아래에 있는 10개의 가로 목록의 명칭과 그 함의 및 속뜻과 그 특징에 대해 말하고 있다. 넷째 단계(18-47조)는 각 전의 특수한 문제와 특수한 처리방법 및 전典들 사이의 관련성과 호환성을 설명하고 있다. 〈범례〉는 엄격하게 총목에서 분류로 정正에서 변變으로의 논리적 순서를 지키고 있으며 종횡으로 맞물려 있는 원칙을 규정하고 설명함으로써 책 전체의 분류와 편집의 엄밀성을 보장하였다. 〈범례〉의 개별 조항은 책을 편집하는 과정에서 수정이나 보완을 가했지만, 총체적 원칙은 편찬을 시작할 때 명확하게 해 놓았다. 〈범례〉는 부部에 대한 설명이 매우 간단한데, 책 전체에서 부部는 6,117개로 나눠져 있는데 〈범례〉에는 다만 "부部가 육천여 개 있다(爲部六千有餘)"라고만 설명하고 있다. 부部는《고금도서집성》의 기초 분류 목록으로 그 아래에 병렬로 항목項目을 두었으며 관련된 문헌자료들을 망라해 놓았다. 〈범례〉가 부部에 대한 설명이 이렇게 간단한 것은 분명 편집자의 일시적 소홀 때문이 아니라 부部의 확정과 배열순서가 너무 복잡해서 편집자가 하나의 통일된 부의 표준을 정리해 내지 못했고, 각 전典에서 때에 따라 처리해야 하기 때문이다. 그러므로 그것에 대해《고금도서집성》의 실제 상황에 근거하여 연구할 필요가 있다.

《고금도서집성》의 분류는 일종의 사물 분류로, 사물의 분류로 사물과 관련된 문헌자료를 만들었다. 하나의 부部가 한 사물이거나 혹은 사물 문헌자료의 회편으로 현재 주제어의 성격을 지니고 있다. 분류의 문제는 문헌 작업에서 매우 복잡한 문제이다. 일반적으로 말해 문헌 분류는 비록 종종 사물로써 분류의 기초를 삼지만 사물분류와 완전히 같은 것은 아니다. 분류의 기초는 사람들의 사물에 대한 인식이며 사람들이 사물의 성질 및 관련된 인식의 깊이를 반영하고 있으며, 인류의 사물에 대한 인식은 결국 끊임없이 향상되고 심화되는 것이다. 그러므로 절대적으로 절대 변하지 않는 분류는 있을 수 없다. 객관 사물에 대한 과학적 분류는 근대 과학 발전의 산물이며, 그것은 여전히 끊임없이 발전하고 변화하고 있다. 중국은 고대에 분류의 문제를 중요시했는데,《역경易經》중에 이미 분류에 관한 언급이 있다. 〈계사繫辭〉에서 "일은 (선악이) 같은 종류끼리 모으고, 사물은 (선악이 같은) 무리로 나눈다(方以類聚, 物以群分)"라는 사상 원칙을 제시하였으며, '동인同人' 괘卦에서는 "군자는 이 괘상卦象을 거울삼아 동질의 부류를 유별하고 천차만별의 사물을 분별한다(君子以類族辨物)"라고 하였다. 선진先秦 제자諸子의 저작 중 '이류족변물以類族辨物'은《역경》의 이러한 사상을 계승하여 발전시켰다. 춘추전국春秋戰國 시대에 이루어진《이아爾雅》는 분류를 그 주된 편집 수단으로 삼아 중국 역사상 최초의 분류사전이 되었다. 한대漢代에 최초로 부部를 분류하여 배열한《설문해자說文解字》는 사실상 분류자전으로, 하나의 부部가 하나의 유類이다. 중국 고대 분류 사상의 영향 아래 비로소 조曹씨 위魏나라 황초黃初 연간의《황람皇覽》이 나왔는데, 이 책의 분류 조직이 고대 유서의 정통적인 배열

방식이 되었다. 중국 고대의 전통적인 학술사상은 총체적인 파악에는 강하나 분석에는 약하며, 객관 사물에 대해 전면적이거나 계통적인 과학적 분류가 불가능하기 때문에 어떤 사람은 유서가 아무리 발달했다고 하더라도 비교적 안정된 엄밀하고 과학적 논리를 지닌 분류표를 만들어낼 수 없다고 하였다. 고대의 분류는 거의 모두 각자 다루어지고 피차간의 분류는 각기 서로 다르다. 《고금도서집성》의 〈범례〉는 47조를 나열하고 있는데, 회편匯編과 전典의 확정과 명명, 순서에 대해 상당히 정련된 규정과 설명을 하고 있으며, 부部 아래의 10개 항목에 대해 상당히 상세한 규정과 해석을 내려 고대 유서의 여러 저작과 비교해 이미 군계일학群鷄一鶴이라 할 수 있으며 동시대에 나온 《연감유함淵鑑類函》·《변자유편騈字類編》·《분류자금分類字錦》 등 유서에 비해 훨씬 더 뛰어나다. 그렇지만 그것은 기본분류 부部에 대한 확정 및 그 배열에 대해 상당히 큰 곤란에 빠졌다. 당시 사물에 대한 인식이 깊지 않아 부部의 분류 표준을 확정할 수 없었기 때문이다. 그러므로 부득이하게 고대 유서의 유목類目을 참고할 수밖에 없었고, 사람들의 습관과 청초淸初의 정치 형세에 의거해 정리하고 첨삭함으로써 부류 및 순서를 확정지었던 것이다. 그러므로 애매모호하거나 심지어 잘못을 피할 수가 없었다. 예를 들어 연煙과 화火가 하나의 부部로 되어 있으며, '건상乾象'에 속한다. 다茶의 기본 속성은 식물임이 당연한데, 《고금도서집성》은 〈초목전草木典〉에 수록하지 않고 〈경제회편經濟匯編·식화전食貨典〉에 수록하였다. 《고금도서집성》의 이러한 배열은 언제나 원인이 있다. 연煙과 화火는 음양陰陽 팔괘八卦의 관점에서 보아 분명 '건상乾象'이고, 다茶 역시 분명 주된 음료로, 경제적 가치가 매우 높은 식물이므로 '식화食貨'에 넣어도 이치에 맞지 않는 것은 아니다. 하나의 사물은 종종 여러 성질을 가지므로 서로 다른 각도로 관찰하면 서로 다른 부류로 편집할 수 있다. 《고금도서집성》의 편집자는 아마도 이미 이러한 문제를 인식했던 것 같다. 그래서 쉽게 여러 가지로 해석이 가능한 부部에서는 안주按注를 이용해 부部를 만든 이유 혹은 다른 부部와의 관계를 설명해 주었다.〔상세한 것은 〈《고금도서집성》의 안주 연구(《古今圖書集成》的按注研究)〉[2]를 참고할 수 있다〕 부류部類의 내포와 외연이 불분명한 것들은 사회사물의 전典에 많은데, 안按과 주注로 설명한 것도 비교적 많다. 〈선거전選擧典〉은 모두 29부部를 헤아리는데, 특별히 부가 설명한 것이 13개 부部에 달한다. 〈선거전選擧典 · 과거부科擧部 · 회고일匯考一〉하下의 안주按注 하나는 무려 200자에 가까운데, "과거는 수隋나라 때 시작되어 역대로 연혁이 서로 다르다(科擧自隋始, 歷來沿革不同)"라고 하였으며, 이 때문에 안주按注로 상세하게 22종의 과거 명목名目을 향시鄕試 · 회시會試 · 전시殿試 · 하제下第 · 사제賜第 · 등제登第 · 급제及第 · 신동神童 · 무거武擧 등 9개의 부部로 나누었으며, 마지막에 "……이 과거부는 여러 과거를 개괄하고 향시와 회시 과장의 조례를 총괄하여 말하고 있어 분석하기 어려운 것이 상세히 열거되어 있다. 한위육조의 현

2 이 논문은 배근의 앞의 책에 실려 있음.(역자 주)

량효수는 따로 향거 · 이선 · 징벽 · 대책 등 부에 들어가 있다(……玆科擧部, 惟諸科兼括及總言鄕會科場條例, 難以分析者, 乃詳列焉. 漢魏六朝賢良孝秀, 則另入鄕擧 · 里選 · 徵辟 · 對策等部)"라고 하였다. 이 구절과 비슷한 안주按注가 〈관상전官常典〉에도 있는데, 《고금도서집성》이 청대의 직관職官을 기준으로 소급하여 분류했으며, 역대 직관의 변화가 매우 크기 때문에 "직관에 의해 부를 만들었으니, 각 역사의 본기와 편년은 이것으로 직관의 연혁을 고증하였다(依官入部, 則各史本紀編年, 以考一官的沿革)." "〈전형전銓衡典〉의 체제는 각 역사의 백관지의 전체 기록을 대조하고 명대의 제도를 가지고 서로 참고하였으며, 열람자가 책을 보는데 일목요연하도록 하였다(〈銓衡典〉成制俱列, 則照各史百官志全錄, 以明一代之制度, 互爲參考, 庶使閱者覽券了然也)." 이상 안어按語의 설명은 직관이 동일하여도 서로 다른 각도로부터 다른 부部를 만들었다는 것이다. 《고금도서집성》은 '경사제자백가의 집대성(經史諸子百家之大成)'을 도모하였으며, 천문 · 지리 · 자연 · 인사의 각종 문헌자료를 총괄하고 있어서, 하나의 통일된 부部의 표준을 정리해 내는 것은 불가능하여, 전典에 따라 달라지는데, 동일한 전典 내에서도 부部가 같아도 하나의 등분선 상에 있지 않다. 어떤 것은 한 종류의 사물로써 부部를 분류하고, 어떤 것은 한 부류의 사물로써 부部를 분류한다. 예를 들어 〈초목전草木典〉 · 〈금충전禽蟲典〉은 기본적으로 하나의 구체적인 식물과 동물이 부部가 되지만, 한 부류의 사물이 부部가 되는 것도 있다. 예를 들어 초부草部 · 목부木部 · 화부花部 · 과부果部 · 화곡부禾穀部 · 소부蔬部가 있다. 《고금도서집성》은 상세하게 고증할 수 없거나 혹은 일일이 명칭을 붙이기 어려운 것에 대해 하나의 부部를 만들었는데, '잡×부(雜×部)' 혹은 '××제×부(××諸×部)' 라고 하였다. 예를 들어 〈초목전草木典〉에는 잡소부雜蔬部 · 잡화초부雜花草部 · 잡화부雜花部 · 잡수부雜樹部 · 잡과목부雜果木部 등이 있고, 〈금충전禽蟲典〉에는 잡조부雜鳥部 · 잡어부雜魚部 · 잡충부雜蟲部 등이 있고, 〈악률전樂律典〉에는 잡악기부雜樂器部가 있고, 〈경적전經籍典〉에는 잡저부雜著部가 있고, 〈선거전選擧典〉에는 잡류부雜流部가 있고, 〈융정전戎政典〉에는 잡기계부雜器械部가 있고, 〈고공전考工典〉에는 잡음기부雜飮器部 · 잡식기부雜食器部 · 잡집기부雜什器部 · 잡농기부雜農器部가 있다. 이렇게 '잡×부(雜×部)'로 부部를 만든 것에 대해 《고금도서집성》은 두 편의 안주按注로 설명을 해놓았는데, 그 하나는 〈선거전選擧典 · 잡류부雜流部 · 회고匯考〉 아래의 안주按注로 "〈선거전〉 각 목록은 종류로 나누었는데, 삼교구류의 유사 · 승도관 · 천문생 · 음양생 · 의생 · 악무생 · 사역관생 · 재랑 · 만랑 · 공장 · 무복 등은 모두 출신의 길이 달라 각기 하나의 부를 만들어 말하였다(〈選擧典〉名目各以類分, 惟三教九流如儒士 · 僧道官 · 天文生 · 陰陽生 · 醫生 · 樂舞生 · 四譯館生 · 齋郎 · 挽郎 · 工匠 · 巫卜等官, 俱有出身之路, 故立一部云)"라고 하였다. 〈금충전禽蟲典 · 잡조부雜鳥部 · 회고匯考〉 아래 안주按注에서는 "잡조와 이조는 각 항을 두 개의 부로 나눌 수 없어서, 잡조와 이조 두 개의 부를 잡조로 개괄하였다(雜鳥與異鳥既不能各項分部, 以雜 · 異二部概括之)"라고 하였다. 안주按注는 이 부部의 자료 배열의 융통성 있는 처리에 대해서도 해석을 덧붙이고 있는데, "만약 책에 따라 순서를 정한다면, 어떤 한 사물이 각 책에 실려 있는 전후 조대가 너무 멀어 다른 책과 다른 사물을 같은 종류로써 모을 수 없어 고증이 명확하지 않게 된다. 지금 두 부部의 격식은 거의 변하지 않았다. 그림이 있는 것은 앞에다 두고 그림 뒤에는 각 가家의 설명을 두었다. 그림이 없는 것은 사물이 여러 책에 모두 실려 있으면 하나의 종류로 보아 그림이 있는 것 뒤에 두었다. 매 항목에 이르러 단지 하나의 조목만 있으면 책에 따라 순서를 정하였으며, 또 그림이 없는 여러 조목의 뒤에 두었다. 이렇게 무리지어 있는 것을 나누고 다른 것을 묶어 혼란스럽지 않게 하여 사물의 고증이 고르게 하였다(若照書爲次第, 有一物而各書載前後朝代甚懸, 以他書他物勢不能因類而聚, 而考訂眉目不淸, 今二部之格少變: 其有圖者在前, 圖後卽綴以各家說; 無圖者, 有一物而諸書備載, 則自爲一類, 卽次於有圖者之後. 至每項僅有一條, 則照書敍次, 又次於無圖數條者之後. 如此, 則群分族異, 不至於混淆而逐物之考訂斑斑矣)"라고 하였다. 고증을 할 수 없거나 너무 사소한 것은 '××제×부(××諸×部)'라고 하였는데, 〈변예전邊裔典〉에는 동방미상제국부東方未詳諸國部·서방미상제국부西方未詳諸國部·남방미상제국부南方未詳諸國部·북방미상제국부北方未詳諸國部·사방미상제국부四方未詳諸國部가 있고, 〈융정전戎政典〉에는 공수제기부攻守諸器部가 있다. 〈씨족전氏族典〉의 부部는 아주 간단해서 기본적으로 하나의 성씨를 하나의 부로 만들어 놓았는데, 다만 희귀한 성은 자료가 적어 몇 개 혹은 몇십 개 성씨를 하나의 부로 만들었다. 예를 들어 '융융제성부融茙諸姓部' 에는 융성融姓 · 융성茙姓 · 궁성躬姓 · 동성鄓姓 · 숭성嵩姓 · 동성侗姓 · 봉성芃姓 · 몽성夢阝姓 · 동성倲姓 · 융성狨姓 · 웅성鴆姓 · 풍성凬姓 · 공성空姓 · 농성瓏姓 등 14종의 성씨가 있고, '아……성부(兒……姓部)' 에는 많게는 41종류의 성씨가 있다. 이런 '잡×부(雜×部)' , '××제×부(××諸×部)' 는 하나의 사물이 하나의 부部가 되는 것이 아니고 하나의 부류가 하나의 부部가 되기 때문에 검색의 각도에서 보면 검색 메뉴가 포함하고 있는 내용이 명확하지 않아 검색할 때 특별히 주의해서 빠지는 것이 없게 해야 한다.

《고금도서집성》의 부部에 있어 또 한 가지 상황에 대해 특별히 설명할 것이 있는데, 바로 총부總部이다. 총부는 두 가지 상황으로 나눌 수 있다.

1. 전총부典總部. 32개의 전典에는 각각 하나의 전총부가 있다. 〈건상전乾象典〉의 총부를 '전치총부天地總部' 라고 한 것 외에는 모두 전명典名을 총부명總部名으로 쓰고 있다. 전총부 아래에는 각 항목을 나누어 놓았는데, 그 전典의 총체적인 것과 관련된 문헌자료를 수록하고 있다.

2. 분석총부分析總部. 전典 아래에는 속부屬部들이 비교적 많은데, 어떤 부部들 사이에는 일정한 종속관계를 가지고 총부와 일반 부 사이에 위치해 있기 때문에 분석총부를 만들었다. 전형적인 것으로 〈직방전職方典〉이 있는데, 이것은 기본적으로는 부府 혹은 부府의 주州 · 위衛 · 소所 · 토사土司로 하나의 부部가 된다. 〈직방전〉에는 전총부가 있다. 청조淸朝의 행정체제에서 각

《고금도서집성》 청 각본

부府는 각 행성行省이 다스리며 이 성省은 일급의 중요 행정기관으로, 어떤 문헌자료 중에는 각 부府가 수용할 수 없는 것들이 있어서 성총부省總部를 두어 그것들을 모아두고 있는데, 이런 것에는 경기총부京畿總部·성경총부盛京總部·산동총부山東總部 등이 있다. 〈산천전山川典〉에는 산총부山總部·오악총부五嶽總部·천총부川總部·사독총부四瀆總部가 있고, 〈금충전禽蟲典〉에는 우금총부羽禽總部·축총부畜總部가 있고, 〈식화전食貨典〉에는 폐백총부幣帛總部·보화총부寶貨總部가 있고, 〈고공전考工典〉에는 궁실총부宮室總部·기용총부器用總部가 있다. 이러한 총부 아래에는 각 항목을 두어 관련된 자료들을 수록하고 있으며, 그것들은 전典에 소속되어 있지만 다른 부部들에 대해서도 종속관계를 지니고 있다. 총부와 분석총부 그리고 부 아래에는 모두 항목을 나누어 문헌자료를 수록하고 있는데 다만 수록된 자료의 내용과 범위가 서로 다를 뿐이다. 분석총부는 비록 분류의 한 단계는 아니지만 그것은 각 부의 배열이 한 무더기 형태를 이루게 하고 각 부의 배열 순서를 더 명확하게 만들어 준다.

《고금도서집성》의 부部에는 하나의 통일된 기준이 없어서 부部의 배열순서가 더욱 다양하다. 그렇지만 〈범례〉에서 분명히 한 대원칙을 실현하지 않은 것이 없으며, 혹자는 〈범례〉의 여러 원칙이 맞물려 응용되고 있는데, 원칙의 핵심은 분명 청조 통치가 봉건사회의 질서와 봉건적 윤리도덕을 숭상하고 있다는 점이라고 말한다. 인문색채가 비교적 농후한 전典과 부部에서 더욱 선명하다. 예를 들어 〈직방전〉이 반영하고 있는 청초의 판도版圖

자료, 특히 〈직방전 · 총부總部 · 회고匯考〉의 안어按語에서 "우리 청나라가 개국하여 기틀을 마련하고 성교聲教를 내려 사방에 이르니, 여기에 상세하게 나열하여 훌륭한 공적이 끝이 없게 하고 원대한 계획이 썩지 않게 한다(我皇清創業開基, 以聲教四訖, 詳列於此, 凡以休烈於無疆, 志鴻圖於不朽也)"라고 하였다. 전典 아래 부部의 배열은 황제의 거주지 경기京畿를 맨 앞에 두고, 청나라 통치의 발원지 성경盛京을 그 다음에 두었다. 청의 통치자는 이것으로 중국 역사의 정통적 지위를 자처하였다. 《고금도서집성》의 〈산천전〉은 '오악五嶽' · '사독四瀆'을 산천의 맨 앞에 두고, 청나라의 지배민족 만족滿族의 발상지 장백산長白山 · 혼동강混同江을 그 다음에 두었다. 《고금도서집성》을 편찬한 목적은 청대의 '문文을 숭상하는 훌륭한 정치(右文之盛治)'를 칭송하는 것으로, 청나라 통치자의 사상관념이 《고금도서집성》의 분류 · 배열 · 취사 · 포폄에 모두 녹아 있다. 《고금도서집성》의 분류 구조는 그 당시 사회의 한 축소판 혹은 그 당시 사회의 또 하나의 동일한 구조라고 볼 수 있다. 《고금도서집성》의 탄생 후 지금까지 역사 또한 2세기가 넘게 전진하였고 사회도 크나 큰 변화를 하였으며, 사람들의 사회적 관념이나 사상인식의 변화는 더욱 컸다. 그러므로 간단하게 현재의 관념과 인식을 가지고 바로 《고금도서집성》의 분류에 대입시킨다면 완전히 맞아떨어지기가 어렵다. 이러한 상황에 근거하여 대만臺灣의 정문서국鼎文書局은 《고금도서집성》을 재판할 때 원래의 부명部名의 의미가 분명하지 않거나 순서가 합당하지 않거나 부명이 중복되거나 비슷한 것은 부部의 순서를 정리하였고, 고딕 활자活字의 아라비아 숫자로 원래의 위치를 밝혀 놓았다. 이렇게 하면 현대인의 인식에도 맞고 원래 부部의 순서로 남겨둘 수 있어 유익한 조치라 할 수 있다.

중국에서 현존하는 고대 유서 중에서 《고금도서집성》은 걸출한 대표 유서로 내용도 가장 풍부하고 또 풍부한 내용에 상응하는 구조체제도 지니고 있다. 다음의 세 가지 특징으로 나누어 설명할 수 있다.

세밀한 분류

여기에서 잠시 고대 몇몇 저명한 유서의 분류 등급 상황을 비교해 볼 수 있다.

<table>
<tr><th rowspan="3">書 名</th><th colspan="4">分 類</th></tr>
<tr><th colspan="3">經 目</th><th rowspan="2">緯 目</th></tr>
<tr><th>一級</th><th>二級</th><th>三級</th></tr>
<tr><td>北堂書鈔</td><td></td><td>19部</td><td>852類</td><td></td></tr>
<tr><td>藝文類聚</td><td></td><td>46部</td><td>727類</td><td>事, 文</td></tr>
<tr><td>初學記</td><td></td><td>23部</td><td>313子目</td><td>敍事, 事對, 詩文</td></tr>
<tr><td>太平御覽</td><td></td><td>55部</td><td>4558子目</td><td></td></tr>
<tr><td>册府元龜</td><td></td><td>31部</td><td>1104門</td><td></td></tr>
<tr><td>玉 海</td><td></td><td>21部</td><td>240類</td><td></td></tr>
<tr><td>唐類函</td><td></td><td>43部</td><td>1916目</td><td>釋名, 典故, 對偶, 摘句, 詩文</td></tr>
<tr><td>淵鑒類函</td><td></td><td>45部</td><td>2707類</td><td>釋名, 典故, 對偶, 摘句, 詩文</td></tr>
<tr><td>古今圖書集成</td><td>6匯編</td><td>32典</td><td>6117部</td><td>匯考, 總論, 圖, 表, 列傳,
藝文, 選句, 紀事, 雜錄, 外編</td></tr>
</table>

위의 표에서 우리는 《고금도서집성》 이전의 유서는 아래로

두 가지 등급으로만 나누었고,《고금도서집성》만 세 개의 등급으로 나누었음을 알 수 있다. "회편匯編에서 전典으로 또 부部로 층층이 통괄되어 형성된 이 분류 계통은 이전의 유서와 비교해서 확실히 규모도 더 크고 구분의 단계도 더욱 깊이가 있으며, 구조도 조리가 더욱 분명하며 자연계와 인류사회의 만사만물萬事萬物을 그 속에 질서 있게 담고 있어, 고도의 추상적이고 개괄적인 구분의 수준을 이루어 내었다."(주천준朱天駿 · 이국신李國新,《중문공구서교정中文工具書敎程》) 검색기능의 각도로 보면 유서의 기본목록은 바로 하나의 검색 메뉴 혹은 검색의 출발점이라 할 수 있으므로 중복되어서는 안 된다. 이 점은《고금도서집성》에서 비교적 규범화되어 있어, 6,117개 부部에 각각 자신의 명목名目과 내용이 있다.《책부원귀冊府元龜》의 31개 부部는 1,104개의 문門을 통괄하고 있지만 중복되는 것들이 많고 동일한 문목門目이 세 번 이상인 것도 43종이나 있고, 가장 많이 중복된 것은 12번에 달한다. 이렇게 자목子目을 검색 메뉴로 삼는 것은 매우 곤란하고 검색할 때 누락하기 쉽다. 이런 결함을 보완하기 위해 중화서국中華書局은《책부원귀》를 영인할 때 책 끝에 그들이 만든 부목部目색인을 실었으며, 이것은《책부원귀》를 사용하는 데 있어 누락을 피하게 해 주는 중요한 참고 공구서工具書이다. 전체적으로 볼 때,《고금도서집성》상하 분류가 3단계로 되어 있고 일부 회편匯編과 전典에서 많게는 4단계에서 5단계에 이른다. 예를 들어〈직방전職方典〉의 각 성省은 분석총부分析總部를 가지고 있는데 한 단계가 될 수 있고, 위목緯目의 회고匯考 아래 또 자항목子項目을 만들어 놓았다. 여기에는 건치고建置考 · 강역고疆域考 · 성야고星野考 · 산천고山川考 · 수리고水利考 · 성지고城池考 · 관량고關梁考 · 봉건고封建考 · 공서고公署考 · 학교고學校考 · 호구고戶口考 · 전부고田賦考 또는 부역고賦役考 · 병제고兵制考 · 물산고物産考 · 풍속고風俗考 · 역체고驛遞고 · 사묘고祠廟考 · 해운고海運考 · 하방고河防考 · 염정고鹽政考 등 105종이다. 이 때문에 〈직방전職方典〉의 실제적 분류 등급 상황은 전典 분속총부分析總部 부部 회고匯考 회고자항목匯考子項目의 5단계 이상이다. 〈예술전藝術典 · 의부醫部〉는 하나의 기본 유목類目으로 그 아래의 회고匯考가 상당히 복잡하다. 회고匯考 아래에 문門을 나열하고 있는데, 순서대로 소문素問 · 영추경(靈樞經 : 전체가 실려 있음) · 맥법脈法 · 외진外診 · 장부문臟腑門 · 경락문經絡門 · 운기문運氣門과 100여 종의 병증문病症門이 있고, 병증문 아래에 다시 변증辨證 · 방方 · 단방單方 · 침구針灸 · 도인導引 등 자항목子項目을 두었다. 《고금도서집성》은 3등급의 분류의 원칙 하에 실제 수요에 근거해 1부部에서 전典으로 나누며, 부部는 또한 다소 융통성이 있어 분류를 더욱 세밀하게 만들었으며 이렇게 해서 중간점을 추가하여 그 문헌을 수용하는 능력과 검색기능을 확대하였는데, 이러한 상황은 고대 유서에서 극히 드문 것이다.

긴밀한 연결, 정연한 순서

고대 유서에서 《예문유취藝文類聚》는 사문事文을 분리하고, 사

事를 앞에 두고 문文을 뒤에 두는 체제를 취하여 유서의 편찬에서 큰 발전을 보였다. 《초학기初學記》는 왕자들의 초학에 대한 필요에 편리하도록 맞추어져서 체제에서 또한 독창적인 면이 있으며, 매 부部 아래의 항목은 먼저 사事를 서술하고 고문헌의 관련 기술을 인용했으며, 그 다음은 '사대事對' 인데, 대구對句가 되는 단어마다 아래에 출처를 밝혀 놓았으며, 맨 끝은 시문이다. 《당유함唐類函》의 기본 분류는 목目이라 했으며, 그 아래의 문헌자료들의 배열 방법은 기본적으로 《초학기》와 같은데, 우선 석명釋名이 있고, 다음은 고실故實이며, 그 다음은 사대事對이고, 그 다음이 비로소 문文으로 시詩 · 가歌 · 문文 · 부賦가 있다. 전체적으로 볼 때 유서는 모두 상하 분류를 주로 하고 있으며 상하 분류의 기초 분류 아래 병렬로 항목項目을 나누었으며, 항목 즉 위목緯目에 대해 가장 세분하였으며 설명도 가장 상세한 것이 바로 《고금도서집성》으로 회고匯考 · 총론總論 · 도圖 · 표表 · 열전列傳 · 예문藝文 · 선구選句 · 기사紀事 · 잡록雜錄 · 외편外編 등 10항으로 나누었다.

(1) 회고匯考. 사물의 발전과 변화를 고찰한 자료를 수록. 두 가지 상황으로 나눌 수 있다. ① 고증할 수 있는 연도와 달이 있는 중대 사건으로 《통감강목通鑒綱目》의 체제를 모방하여 일을 세로로 연도를 가로로 하고 시간의 순서에 따라 관련 문헌을 인용하였다. ② 고증할 수 있는 연도와 달이 없는 사건으로 경經 · 사史 · 자子 · 집集의 순서에 따라 문헌자료를 인용하였다. 회고匯考는 위목緯目 중 차지하는 비율이 가장 큰 항목이며, 전체 6,117

개의 부部에서 회고匯考가 있는 것이 5,233개이다. 10개 항목 중 회고匯考는 중심과 골간이 되는 것이다.

(2) 총론總論. 역대 사물을 평론한 자료를 수록. 수록의 기준은 '순수하고 올발라서 실행할 만한 것(純正可行)', '논지가 합당한 것(論得其當)' 이다.

(3) 도圖. 사물과 관련된 그림 수록. 예를 들면 천문도天文圖·지도地圖·화초수목도花草樹木圖·수금충어도獸禽蟲魚圖·옥사기물도屋舍器物圖 등이다.

(4) 표表. "표가 아니면 상세하게 기록할 수 없는 것은 모두 표를 열거하였다(非表不能詳者則皆列表)." 역사서 중의 연월표年月表는 포함하지 않았다.

(5) 열전列傳. 인물과 관련된 전기傳記자료를 수록.

(6) 예문藝文. 사물과 관련된 부賦·문文·시詩·사詞 등 문학작품을 수록.

(7) 선구選句. 어떤 사물과 관련된 미사여구·대구對句 등을 따서 수록. 속담도 포함되었다.

(8) 기사紀事. 사물이 사소하나 취할 만한 점이 있는 자료들을 수록. 회고匯考의 보충.

(9) 잡록雜錄. 한 사물에 대해 전문적으로 논하지 않았으나 인용하거나 비유하면서 언급한 것, 혹은 "고찰이 진실되지 않아(考察未眞)" '회고匯考' 에 넣기 어려운 것, 혹은 "의론이 편협하여(議論偏駁)" '총론總論' 에 넣기 어려운 것, 혹은 "문사가 다듬어지지 않아(文詞未工)" '예문藝文' 에 넣기 어려운 흩어진 자료들을 수록.

(10) 외편外編. 제자백가諸子百家 및 불교와 도교 서적 중 "기록이 황당하여 믿기 어렵거나 우언을 담아 비유한 문장과 억측으로 만들어낸 말(所記有荒唐難信及寄寓譬托之辭, 臆造之說)"과 같은 자료들을 수록.

10개 항목은 두 개의 그룹으로 나눌 수 있다. 앞의 6개는 주요한 것으로 문헌내용과 형식체제의 두 방면으로 고려할 수 있다. 뒤의 4개는 앞의 6개에 대한 보충과 보완으로 수록한 문헌에 대한 평가를 포함하였다. 이것은 '잡록雜錄'·'외편外編' 두 가지 항목 중에서 더욱 두드러진다. '잡록雜錄'이 인용한 자료는 '회고匯考'·'총론總論'·'예문藝文'에 수록될 자격이 부족한 자료이고, '외편外編' 중의 자료는 더더욱 "기록하더라도 고증할 수는 없지만(錄之則無稽)" 다만 "버리기에는 누락할까 걱정이 되어(棄之又疑於掛漏)" 사람들이 참고하도록 제공하는 것이다. 여기에서 우리는 《고금도서집성》이 유類를 정하고 목目을 만드는 데 무진 애를 썼음을 볼 수 있다. 가능한 한 문헌 수록을 완전하게 하면서 또한 일률적으로 대하지 않고 두 가지 방면을 모두 살펴, 편찬한 책이 가장 충분한 검색 인용 기능을 보유할 수 있도록 하였다.

《고금도서집성》은 부部 아래에 10개 항목項目을 만들어 놓았는데, 1개의 부部의 관련 자료들을 10개 항목項目 안에 구별하여 정리해 넣었고 항목項目 아래의 자료 정리에서도 순서에 매우 주의했다. 혹은 조대朝代 순으로 했고, 혹은 경經·사史·자子·집集 순으로 했고, 혹은 문체인 부賦·문文·시詩 순으로 했는데, 문체 안에서 또 조대朝代 순에 따라 선후로 배열했으며, 혹은 지역

순으로도 배열했는데, 단계가 매우 분명했다. 내용에서 여러 가지 해석이 가능하거나 어떤 이유로 융통성 있게 처리한 것은 자주 작은 글자체를 사용해 안주按注를 달아 설명하였다. 예를 들어 〈직방전職方典〉의 각 부部의 회고匯考 아래에는 회고匯考의 자목子目들을 많이 만들었고, 자목子目 아래의 자료는 부府에서 현縣까지 통지通志·부지府志·현지縣志 순으로 배열했고, 문헌자료가 많은 자목子目 아래에는 또 안주按注를 달아 "이상은 ××현이다(以上××縣)" 혹은 "모 현에는 ××가 없다(某縣無××)"라고 밝혀 놓았다. 이상의 논술에서 우리는 《고금도서집성》이 부部아래에 횡렬로 항목項目을 두고 있을 뿐만 아니라, 항목項目 아래의 자료 배열 중에서는 종렬 순서에 주의를 기울여, 횡렬 중에서도 종렬이 있음을 알 수 있다. 이렇게 책 전체를 보면, 종렬 중에 횡렬이 있고 횡렬 중에 종렬이 있어서 크기가 서로 다른 종횡 교착점이 형성되어, 모아서 수록한 문헌들이 서로 다른 종횡 교착점 위에 놓임으로써 방대하지만 지극히 질서정연한 문헌 집합체를 형성하게 되었다. 이것이 바로 《고금도서집성》이 가장 성공한 점이라 말할 수 있다.

관련성 중시, 상호간 변통

우주 만물과 인류 사회는 형형색색으로 여러 모습을 지닌 하나의 통합체를 형성하고 있으며, 매 사물들은 독립된 것인데 사물들 사이에는 모두 서로 관계를 지니고 있어서 어느 한 사물이 여러 방향으로 관계를 지니고 있으면 다양한 속성을 지니고 있다. 그래서 같은 한 사물이 다양한 속성과 관계에 의해 서로 다른 각도로 분석하여 서로 다른 유형으로 분류할 수 있다. 다시 말해 유서의 분류의 대상은 문헌자료인데, 같은 책 · 같은 문장에서 같은 글귀에 이르기까지도 서로 다른 다양한 사물을 언급할 가능성이 있다. 그것은 분류가 서로 다른 부류에 속할 수 있다. 타당성 있게 이 문제를 해결하는 것이 유서 편찬자의 난제 중의 하나이다. 《고금도서집성》은 비록 완벽하게 처리하지는 못했지만, 이 문제를 상당히 중시했고 여러 가지 효과적인 조치를 취하여 우리에게 도움이 되는 제안들을 하였다. 그 조치는 주로 〈범례〉를 사용해 규정하고 안주按注 설명을 덧붙이는 것이다. 〈범례〉에서는 편編을 나누고 전典을 나눈 이유와 근거를 분명히 설명하고 있으며 상당히 큰 편폭을 써서 각 전典의 특수한 문제를 설명하면서 각 전典의 관계와 변통에 대해 설명하였다. 〈직방전職方典〉과 〈산천전山川典〉이 인용하여 수록한 문헌은 기본적으로 같은데, 전典을 만든 각도는 서로 다르다. "산천은 이미 〈직방전〉에 실려 있지만, 〈직방전〉은 각 부府에 따라 부部를 나누어서, 한 두 명산과 큰 강은 수십 개의 군읍郡邑을 넘기 때문에 통지通志 한 두 개로는 말할 수 있는 것이 아니다. 그래서 특별히 하나의 전(〈산천전〉을 말한다)을 만들었다. 산은 그 형태를 기록한 지도가 있고 그것이 걸쳐 있는 지역의 경계를 고증하였다. 그것은 군읍의 이름이 같으나 실제로는 다른 것, 어떤 산이 물과 산물이 많고 적음, 불교와 도교 사찰과 고적古迹의 홍폐 등을 모두 기록하였다〔山川已載

〈職方典〉中, 然〈職方〉以各府分部, 一二山名大川連跨數十郡邑, 非通志一二語可了, 故別立一典(指〈山川典〉), 山則有圖志其形, 幷考其跨連地界也. 他郡邑名同實殊者, 一山之中水泉物産之多寡, 寺觀古迹之廢興者, 皆志之〕." 이것은 다시 말해 〈직방전〉과 〈산천전〉이 인용한 자료들은 기본적으로 비록 같으나, 이 자료들을 아우르는 주제가 다르다는 것이다. 〈직방전〉의 주제는 행정구역의 구별로, 이 지역의 산천산물 · 풍속민정 · 현황과 역사와 관련된 자료들을 모아놓았다. 그러나 〈산천전〉에서 부部로 나눈 주제는 산천으로, 모某 산山 모某 천川 관련 문헌자료들을 모아 놓았다. 〈범례〉에서 두 전典의 차이를 설명하고 동시에 또 그들의 관련성을 설명하였다. 사회생활에서 관원官員의 임용과 고찰은 그 관계가 매우 밀접한 두 가지 일이다. 《고금도서집성》에서는 〈선거選擧〉와 〈전형銓衡〉 두 개의 전典을 두었는데, 〈범례〉에서 특별히 설명을 하였다. "한 가지 일을 두 개의 전으로 나누었는데, 〈선거전〉에는 선비를 뽑는 과목을 실었고, 〈전형전〉에는 관리의 법도를 실었다(一事分爲二典, 〈選擧〉載取士之科, 〈銓衡〉則官人之法)." 유사한 현상으로 관계가 밀접하고 내용과 문헌이 서로 겹치는 것이 있는 전典에는 〈경적전經籍典〉과 〈학행전學行典〉 · 〈문학전文學典〉 · 〈자학전字學典〉 · 〈관상전官常典〉이 있고, 〈예의전禮儀典〉과 〈악률전樂律典〉이 있으며, 〈인사전人事典〉과 〈학행전學行典〉 그리고 〈융정전戎政典〉과 〈예술전藝術典〉 등이 있다. 이러한 전典의 행위 주체는 모두 사람으로, 경학대사 · 문학가 · 문자학자 등으로 한 사람이 여러 가지 직무를 맡는 경우가 많은데, 편집자는 〈범례〉에서 설명한 것 외에도 관련된 곳에 안주按注를 달아 설명을 덧붙였다. 예를 들어 〈경적전經籍典 · 총부總部〉의 도학전道學傳에서 주돈이周敦頤에 관한 내용 아래에 주注를 달아 "도학을 하는 여러 유학자들의 모든 전기를 모두 〈학행전〉에 실었는데, 여기에서는 특히 그 저서의 대략적 내용을 기록하였다(道學諸儒全傳俱載〈學行典〉, 此特記其著書大略)"라고 설명하였다. 〈경적전經籍典 · 경학부經學部 · 명유열전名儒列傳 · 송일宋一〉의 목록 뒤에는 안주按注를 달아 "송대의 구양수 · 사마광과 같은 사람은 일대의 명유들이다. 그들은 경적 찬술도 매우 풍부하였지만, 전기에 상세하게 실리지 못하였다. 지금 구양수의 전기를 이미 '당서부'에 실었으며, 사마광의 전기를 '통감부'에 실었기 때문에, 다만 앞에 그 이름을 열거하여 명유의 목록을 갖추어 놓았다. 기타 명유들은 송대에 당연히 많지만, 모두 본전에 실리지 않아 다시 기록하지 않았다. ……(宋世如歐陽修, 司馬光, 一代名儒也, 其于經籍撰述也甚富, 而傳不及詳收. 今歐陽修全傳已載 '唐書部', 司馬光傳已載 '通鑒部', 故但列其名于前, 以備名儒之目, 其他名儒, 宋代當多, 皆以本傳未載傳經事, 故不復錄. ……)"라고 설명하였다.

《고금도서집성》의 어떤 사물에 대한 부部들은 습관에 의하면 갑전甲典 안에 분류되어야 하는데, 이 사물은 또한 다른 전典의 사물과 서로 관련되어 있어서 또 다른 전典으로 나누어 놓아 적당히 융통성 있게 처리하였다. 그래서 〈범례〉에서 특별히 설명을 하였다. 예를 들어 수리시설 · 악기 · 문구 · 군사기물은 제조 방면에서 보면 마땅히 〈고공전考工典〉에 있어야 하지만, 실제로는 〈산천전山川典〉·〈악률전樂律典〉·〈자학전字學典〉·〈융정전戎政典〉 등에 나뉘어 실려 있다. 이렇게 변통한 이유는 다음과 같다. "수세와 지형이 일치하지 않고 차고 빠져나가는 것이 각기 달라 〈산천전〉에 넣었다(水勢地形不一, 蓄洩各殊, 故附於〈山川〉)." "악기는 〈악률전〉에 넣었는데, 음률을 살피는 데에 중점을 두었기 때문이다(樂器附於〈樂律〉, 重審音也)." "문방은 〈자학전〉에서 상세하게 다루었는데, 그 종류를 따른 것이다(文房詳於〈字學〉, 從其類也)." "군사기물은 〈융정전〉에서 상세하게 다루었는데, 군사훈련에서 실제로 사용되기 때문이다(軍器詳於〈戎政〉, 練軍實也)." 《고금도서집성》에서 전典 사이의 구별·연관·변통에 관한 규정 및 설명은 주로 〈범례〉에 있는데, 부部의 분류에 대한 이유, 조목의 위치 처리 및 기타 문제에 대한 설명은 안주按注 형식으로 나타나며, 그 수량은 상당히 많고 유형도 다소 복잡하다. 따로 이것을 전문적으로 다룬 〈《고금도서집성》의 안주 연구〉라는 문장이 있으므로 여기에서는 다시 언급하지 않겠다.

상술한 《고금도서집성》의 세 가지 특징은 또한 이 책이 일반 유서들보다 우위를 차지하는 세 가지 우수성이며, 이 책을 고대 유서의 최고 위치에 놓이게 한 특징이다. 그러나 거리낌 없이 말하자면 이 책에도 부족한 부분과 문제점이 있다. 어떤 것은 그 당시 극복하기 어려운 시대적 한계인데, 예를 들어 봉건시대의 봉건사상 아래에서는 과학적인 분류가 있을 수 없었다. 역사적 한계는 뛰어넘기 어려운 것으로 억지로 요구할 수 없는 것이다. 비판을 해야 할 부분은 그 당시에는 피할 수 있는 문제였는데, 예를 들어 양가락楊家駱은 《고금도서집성속편古今圖書集成續編》의 지어識語에서 다음과 같은 문제들을 지적하였다. "농사일에 대해 간략하여 중국의 중농정신을 나타내는 데 부족하였다(略於農圃之事, 不足以表現我國重農之精神)." 《고금도서집성》은 〈경적전經籍典 · 총부總部〉에서 정초鄭樵의 《교수략校讐略》을 인용하지 않아 "정초의 오묘한 이치를 책 전체에서 중시하지 않았다(於鄭氏精詣, 全書未能重視)." 〈관상전官常典〉에는 '국자감부國子監部'가 있고, 〈선거전選擧典〉에는 '학교부學校部'가 있고, 〈직방전職方典〉의 각 부部에는 모두 '학교고學校考'가 있지만 학교學校의 "전체 제도에 대해서는 상세하다는 인상을 주지 못한다(整個制度, 仍不能予人以淸晰印象)" 등이다.

《고금도서집성》의 편찬에서는 《연감유함》 등 유서들처럼 어떤 한 유서를 모방한 것을 토대로 하여 증가하고 보충한 것이 아니라 수집한 도서 문헌을 원료로 하여 다시 요지를 설명하고 범례凡例를 들고 구성하고 배열하였는데, 이것이 일반 유서들 보다 뛰어난 가장 주요한 원인이다. 그렇지만 이 책은 문헌의 수집과 수록 면에 있어 약간의 부족한 점이 있는데, 어떤 〈범례〉 중에는 비록 명확한 규정이 있다 하더라도 실제로는 이루어지지 않은 것들이 있다. 어떤 〈범례〉 중에는 명확한 규정이 없어서 체제 면에서 불완전한 점이 있다. 중국 역사상 두 가지 거대한 도서인 《영락대전》과 《사고전서四庫全書》가 최고의 저작이 된 원인 중 하나는 문헌의 수집이 매우 완비되었다는 점이다. 이 두 도서와 비교하여 《고금도서집성》은 확연히 한 단계 아래이다. 《고금도서집성》의 편찬을 시작할 때의 문헌 기초는 단지 진몽뢰陳夢雷의 개인 장서였으며, 책의 내용도 명대明代까지 국한되어 있었다. 나중에 윤지胤祉가 협일당協一黨의 도서를 내주어 책의 내용이 청대清代까지 연장되었다. 그렇지만 청대 도서에 대한 수록은 전면적이지 못했으며, 강희제康熙帝가 《고금도서집성》의 입관立館을 허락한 후에도 전문적으로 이 책의 편찬을 위해 도서를 수집하지는 않은 것 같다. 《고금도서집성》 속의 자료로 추론해 볼 때 입관 이후 보충한 것은 주로 강희 연간의 관찬官纂 도서이다. 예를 들면 《주자전서朱子全書》·《만수성전萬壽盛典》·《주역절중周易折中》·《강희자전康熙字典》 및 대량의 지방지地方志이다. 《고금도서집성》에서 가장 늦은 자료는 강희康熙 57년(1718) 12월의 조서詔書이다. 청대에는 일반적으로 개인의 시문 작품은 한 편도 수록되지

《강희자전》 청 내부본

않았고 개인의 저작에 대한 수록도 극히 드물었으며, 내용은 경학사·역사·천문역법 및 의학이 다수를 차지했는데, 예를 들어 수록한 용량이 비교적 큰 것은 고염무顧炎武의 《일지록日知錄》, 주이존朱彝尊의 《경의고經義考》 등이고 또 저명하지 않은 작가의 이름도 많다. 《고금도서집성》은 비록 '고금古今'이라 명명하였지만, '금今'의 문헌 방면을 수록함에 있어서 아주 큰 편협성을 가지고 있다. 만약 《고금도서집성》의 편찬이 전면적이고 계통적으로 문헌자료를 수집할 수 있었다면 혹은 그것이 청나라 사람의 도서를 가능한 한 수록할 수 있었다면, 편집의 질이 더욱 높았을 것이고 충분히 '고금도서집성古今圖書集成'의 특징을 실현하여 공구서工具書의 역할과 역사 문헌적 가치를 크게 높일 수 있었을 것이다.

《고금도서집성》에서 인용한 명대의 도서문헌은 비교적 많은데, 명나라 사람의 전기傳記 자료가 가장 많다. 이 중간에 청대의 관찬 도서를 최대한 수록한 경향이 있는 것 같다. 제기부帝紀部 맨끝에 다음과 같은 안주按注가 있는데, "《명사明史》가 아직 완성되지 못하였는데, 이상에서 모두 《명산장名山藏》에 의거하여 실은 것이 목종穆宗에 이르렀다(《明史》尙未告成, 以上俱按《名山藏》, 所載至穆宗)"라고 하였다. 명사부明史部에서 고증하여 왕기王圻의 《속문헌통고續文獻通考》를 인용하여 실었는데, 역사적 고증 하에 안주按注를 달아 다음과 같이 설명하였다. "《명사》가 아직 완성되지 않아 실을 만한 정사正史가 없어, 별사別史가 이미 수록한 것을 취해서 모두 고증하였다(《明史》未成, 無正史可載, 止就別史已著錄者采

之, 以備稽考)"라고 설명하였다. 《명사》는 이십사사二十四史 중에서 편찬 시간이 가장 길었던 것으로, 순치順治 · 강희康熙 · 옹정雍正 삼대에 걸쳐 90여 년이 걸렸다. 강희 말년에 《명사》가 거의 완성되었는데, 《고금도서집성》은 이미 만들어진 열전列傳 부분을 대량으로 인용하여 《명외사明外史》라 이름 붙였다. 양가락은 《명외사》를 《명사》의 원고로 여겼다. 《명외사》의 이름은 목록학 저작에 잘 보이지 않아, 《고금도서집성》에서 인용한 《명외사》의 문장을 현행의 《명사》와 비교해 보면, 여러 편이 서로 차이가 거의 없어 《명외사》가 《명사》의 한 원고라 추론할 수 있다. 《집성集成 · 경학부經學部 · 전경명유열전삼십이傳經名儒列傳三十二 · 명오明五》에는 작은 글자체의 안어按語로 "이하는 모두 《명외사》 신본이다(以下皆《明外史》新本)"라고 표명하였다. 여기에서 그것이 인용한 것이 한 종류의 원고만이 아니라는 것을 알 수 있다. 《고금도서집성》은 인용한 문헌의 하한선에 대해 명확하고 통일된 규정이 없는데, 그것이 인물자료에 대한 취사에 반영되었다. 청대 인물 자료는 기본적으로 수록하지 않았다고 볼 수 있는데, 왕공대신, 장수와 유명인의 전기 자료라고 해도 모두 싣지 않았지만, 오히려 몇 명의 승려와 천 명이 넘는 열녀烈女와 절부節夫의 자료들은 수록하여 주객이 전도되었는데, 실제로는 고의로 실수한 것이라 할 수 있다.

체제 면에서 볼 때, 《고금도서집성》은 또한 우수함 속에 부족한 면이 보이는데, 우수함 속의 부족함이란 《고금도서집성》의 편집자도 이미 인식하고 있어 조치를 취하였는데, 안타깝게도 〈범례〉의 수준까지 미치지는 못하여 명확한 규정과 철저한 실행으로써 현실화시키지 못하였다.

1. 인용문의 출처로 밝힌 저서들이 엄격하게 일치하지 않는다. 유서는 일종의 집록輯錄으로 사람들이 검색하여 인용할 수 있도록 제공한 문헌들을 가진 공구서工具書이며, 인용문의 출처에 대해 상세하게 주석을 다는 것이 반드시 필요하다. 고대 유서 중 이 문제에서 결함이 있는 것들이 많아 독자들이 인용문을 대조하고자 할 때 매우 곤란을 겪었다. 유서는 문헌을 집록하고 있는 것으로 원래의 문헌에 대해 생략을 할 수밖에 없다. 그래서 유서를 사용할 때 원래의 문헌을 대조하는 것이 아주 중요해 보인다. 만약 유서의 인용문에 출처에 관한 주석을 달지 않는다면 원문을 찾아 대조하는 것은 바다에서 바늘을 찾는 일처럼 어렵게 된다. 고대 유서 중에서《고금도서집성》은 인용문의 출처가 되는 저서에 대해 가장 완전하고 상세하다. 더욱이 이 책의 '회고匯考' 부분은 우선 목록에서 시대 · 저자 · 저작(서명이나 편명)을 명시하고 있으며, 정문의 목록 아래의 인용문은 우선 '안按'으로 표시를 하고 다음에 조대 · 저자 · 저작(앞이 서명 뒤가 편명으로, 같은 책인데 편이 다른 경우 인용문의 가장 먼저 나오는 편명 앞에 서명을 붙였다)을 써 놓았다. 이처럼 인용문 출처 항목을 수록한 것은 고대 유서에서 보기 드문 것이다. 아쉬운 점은 이 책이 아직 엄격한 규정을 만들어 일관성 있게 책 전체에 관철시키지 못했다는 것이다. 몇몇 부部와 항목項目 중에서 인용문 저작 항목은 자주 생략되어 있고 저작이 약칭으로 되어있는 것도 있다. 예

를 들어《정주부汀州府·잡록雜錄》에 인용문 출처로《부지府志》·《항지杭志》·《양지楊志》·《구지舊志》·《양구지兩舊志》·《소지蕭志》·《서지徐志》 등이 있는데, 정주부의 방지方志에 익숙하지 않은 사람이라면 그것이 무슨 책인지 분명하게 알기가 어렵고 인용문을 대조하기 어렵다. 이 밖에《고금도서집성》의 인용문 출처인 저작에는 서명과 편명의 선택이 일치하지 않는 현상이 나타난다. 예를 들어《화양국지華陽國志》·《서단書斷》과 같은 책들은 어떤 곳은 두루뭉실하게《화양국지》·《법서요록法書要錄》 등으로 명명하고, 어떤 곳은 직접 그 중의 한 편명을 표제로 썼는데, 예를 들면《유선생전劉先生傳》·《유후주전劉後主傳》·《기구전耆舊傳》·《서단書斷》 등으로, 그 사이의 관계에 익숙하지 않은 사람은 두 권의 책으로 오해하기 쉽다.

2. 안주按注는 통일된 규정이 부족하다. 유서의 편집자는 문헌을 인용하면서 배열을 한 것 외에 안주按注를 덧붙여 어떠한 문제에 대해 설명을 하였는데, 이것은 중요한 편찬 방법이다.《예문유취》에서는 '사구×××(事具××)'로 시작하고,《책부원귀》의 부部에는 총서總序가 있고, 문門에는 소서小序가 그 뒤를 잇는데, 모두 어느 정도 유서의 기능을 강화시켜주었다.《고금도서집성》의 안주按注는 수량과 유형이 매우 많은데, 이것으로 부部를 나누고 유類를 만든 이유·문자의 상호 참조와 대조·항목項目과 조목條目의 위치 변화·문자의 삭제 이유·판본의 글자 차이·글자의 주석과 교감 등을 설명하고 있으므로 이 책의 문헌 가치와 검색 기능을 크게 높였다. 아쉬운 점은 이 조치가 아직 더욱

정리되고 다듬어지지 않아, 기본적 원칙을 세워 〈범례〉의 수준에까지 이르러 책 전체에 사용되지 못하고 다소 제멋대로이며 분산되어 있어, 더 설명해야 하는데도 설명을 하지 않은 곳이 꽤 많다는 것이다. 한 권의 저작, 한 편의 문장도 많은 사람 · 사건 · 사물들을 언급하고 있기 때문에, 사람 · 사건 · 사물을 분류한 유서는 문헌을 인용함에 있어 문자의 중복은 피할 수 없는 것이다. 서로 참조하고 대조하는 방법은 문자의 중복을 줄일 수 있는 중요한 수단이다. 《고금도서집성》은 안주按注의 형식으로 상호 참조와 대조에 있어 좋은 효과를 거두긴 하였는데, 이 책은 이러한 방법을 큰 범위에서 보편적으로 사용하지 않았고, 전典들 사이, 부部들 사이, 심지어 동일한 부部 내에서의 문자 중복 현상이 꽤 많다. 길거나 짧게 교차하면서 중복되는 것도 있고, 완전히 중복되는 것도 있다. 예를 들어 원元나라 사람 우집虞集의 전기傳記 자료는 주로 《원사元史》의 본전本傳을 인용했는데, 〈관상전官常典〉 · 〈씨족전氏族典〉 · 〈경적전經籍典〉 · 〈문학전文學典〉 · 〈자학전字學典〉과 중복되어 인용되었을 뿐만 아니라, 〈경적전經籍典〉 내의 경학부經學部 · 역경부易經部 · 춘추부春秋部 · 논어부論語部 · 맹자부孟子部 · 국어부國語部 · 집부集部 · 유서부類書部의 자료에도 중복된 것이 있다. 만약 대조의 방법으로 처리했더라면 《고금도서집성》의 부피를 줄일 수 있어 인쇄와 보관에 편리했음에 틀림없다.

《고금도서집성》은 매우 깊이 시대의 흔적을 남겼으며, 그것은 이미 봉건시대 유서 발전의 최고봉이 되었다. 위에서 설명한 두 가지 문제점에서 '우수함 속의 부족함(美中不足)' 이라 했던 이

유는 그것이 이미 기미를 보여준 조치를 '범례凡例' 화시켰으며, 또한 책 전체의 보편적인 규칙으로 규정화시켰으나, 사실상 그렇게 하지 않았기 때문이다. 그 후에도 후세 사람들에게 고귀한 경험을 남겨주었다. 고대 유서는 《고금도서집성》에 와서 이미 쇠퇴기에 이르렀다. 이후 비록 유서들이 세상에 나왔지만 전문적인 소형의 책들이 많아 심화되고 발전되는 추세가 있었으나 다시는 대형의 종합적인 유서가 나오지 못했다. 근대에 이르러 중국의 사회제도 · 생활방식 · 사상의식 등이 상당한 변화를 가져왔는데, 유서의 문헌자료 수집과 편리한 검색 기능은 점차 자료회편資料匯編과 색인 두 부류의 공구서工具書로 대체되는 추세를 보이고 있다. 고대와 비교해 보자면 유서의 세상이 좁아져서, 비록 새로 나오는 유서들이 있지만 유서의 구조양식과 분류체계에서 이미 근본적인 변화가 일어났으며, 특히 최근에 나온 유서는 대부분 주제와 학과學科를 분류의 강령으로 삼고 있어서, 고대 유서의 천天 · 지地 · 인人 · 사事의 분류 방법과는 확연히 다르다. 중국의 고대 문헌을 집대성한 신형 유서 《중화대전中華大典》이 곧 출판되는데, 소개의 글들을 통해 이것이 수집한 문헌이 광대하고 내용이 풍부하며 분류가 세밀하여 이전을 크게 뛰어넘어 유서의 최고 자리에 서게 될 것임을 알 수 있다. 그러나 고대 유서의 최고의 성과물인 《고금도서집성》은 그것을 탄생시켰던 그 시대처럼 역사책 속에 기재되어 영원히 빛을 발휘하며 사람들에게 사용되어지고 귀감이 될 것이다.

찾아보기
서명

ㄱ

ㅁ

ㅅ

ㅈ

ㅊ

ㅌ

찾아보기

인명

ㅇ